旅游地理与市场营销

李锦东　杜倩　田芳　著

辽海出版社

图书在版编目（CIP）数据

旅游地理与市场营销 / 李锦东，杜倩，田芳著. --
沈阳：辽海出版社，2017.12
ISBN 978-7-5451-4637-0

Ⅰ.①旅… Ⅱ.①李… ②杜… ③田… Ⅲ.①旅游市
场－市场营销学－研究 Ⅳ.①F590.82

中国版本图书馆 CIP 数据核字(2017)第 330897 号

责任编辑：丁　凡　高东妮
封面设计：瑞天书刊
责任印制：程　祥
责任校对：齐巧元

北方联合出版传媒（集团）股份有限公司
辽海出版社出版发行
（辽宁省沈阳市和平区 11 纬路 25 号沈阳市辽海出版社　　邮政编码：110003）
廊坊市国彩印刷有限公司　　　全国新华书店经销
开本：710mm×1000mm　　　1/16　　印张：24　　字数：370 千字
2017 年 12 月第 1 版　　2023 年 8 月第 3 次印刷
定价：84.00 元

前　言

改革开放后，社会经济迅速发展，人们的生活水平有了很大提高，城乡居民普遍开始关注和重视自己的生活质量，于是度假、休闲等旅游需求急剧增加，国内旅游的发展如火如荼。中国旅游业开始从新的经济增长点迈向新的支柱产业，从世界旅游大国迈向世界旅游强国。中国旅游业正处于蓬勃兴旺时期，近年来取得了辉煌成就，各地的旅游开发也蔚为壮观，旅游公司如雨后春笋般兴起，它们纷纷展示自己的优势，加大宣传力度，极力吸引游客，形成了激烈的旅游市场营销竞争。

传统的营销是一种交易营销，它强调将尽可能多的产品或服务提供给尽可能多的顾客，因此传统营销片面重视眼前利益，企图保持稳定或趋升的市场占有率。与实力强大的国有大型企业相比，我国现代旅游产业要充分利用自身优势，建立新型产业机制，发挥自主创新精神，在迅速发展的新型经济社会开拓出属于自身的领域。

旅游市场已成为拉动经济的新增长点，相对其他产业而言，旅游产业改革成本低、操作便利、社会震荡小、新机制引入快。因此，在改革进程中，旅游产业往往是试验区和突破口。现代旅游市场营销的各项改革成果，为其他行业的改革实践提供了有益经验，也为创造多种经济成分共同发展的大好局面做出了贡献。

旅游行业是推动国民经济发展、促进社会稳定的基础力量。尤其在当今经济全球化的发展下，旅游产业在确保国民经济适度增长、缓解就业压力、实现科教兴国、优化经济结构等方面，均发挥着越来越重要的作用。所以，正确指导现代旅游市场营销改革，大力扶持现代旅游市场营销发展，已成为当前一项重要的战略任务。旅游行业已成为我国多种所有制经济共同发展的重要载体，而经营战略是实现旅游行业远景和目标的有效方法和基础。

随着全球经济化时代的到来，市场由卖方市场转入买方市场，我国旅游行业面临着新的经营环境，我国旅游市场营销还要面对外来企业的冲击，形势严峻。若想在激烈的市场竞争中生存，我国旅游行业必须制定、实施适合自身条件和遵循市场经济规律的市场经营战略，以形成其独特的竞争能力。只有具有长远的发展眼光的经营战略，才能在市场竞争中起到正确指导企业利用有限的资金、人力、物力等作用，随时适应市场在各个时期的需要，不被市场所淘汰。

本书共十二章，合计 37 万字。由来自山东省威海市水产学校的李锦东担任第一主编，负责第一章至第四章的内容，合计 11 万字以上。由来自广东农工商职业技术学院的杜倩担任第二主编，负责第九章至第十二章的内容，合计 11 万字以上。由来自沈阳师范大学的田芳担任第三主编，负责第五章至第八章的内容，合计 11 万字以上。

在本书的编写过程中，我们参阅了大量国内外教材和论著等文献资料，由于篇幅有限，恕不一一列出，在此对这些文献的作者一并表示诚挚的谢意。同时，由于编者水平和能力所限，书中难免存在错误与遗漏，我们诚恳地希望各位专家、学者和广大读者批评指正，特别是请任课教师和使用本教材的同学们能够提出宝贵意见，以便今后进一步完善。

目 录

第一章 旅游管理概述

第一节 旅游及旅游活动

一、旅游及其相关概念

（一）旅游的定义

作为一种人类活动，旅游已有数千年的历史，作为一种广泛的社会现象，旅游有数百年的历史。20 世纪以来，伴随着世界旅游活动的不断发展，人们对旅游的认识逐渐加深。由于旅游的重要性和综合性，以及研究目的的多样性，长期以来，国内外许多学者和有关国际组织，从各种不同的角度对旅游进行了研究，提出了不同的旅游定义。这些定义的出发点和侧重点各不相同，主要有两个方面：一种是从旅游者活动角度出发，比较强调旅游活动的目的、时间、流动、个人审美体验特点等；另一种是从旅游活动整体出发，强调旅游者的旅游活动及其所引发的各种现象和关系。

1. 交往定义

1927 年以蒙根、罗特为代表的德国学者在其出版的《国家科学词典》中对旅游的定义是："狭义的理解是那些暂时离开自己的住地，为了满足生活和文化需求，或个人各种各样的愿望，而作为经济和文化商品的消费者逗留在异地的人的交往。"

2. 目的定义

1966 年法国学者让·梅特森对旅游下的定义是："旅游是一种休闲活动，它包括旅行或在离开定居地点较远的地方逗留。其目的在于消遣、休息或为了丰富他的经历和文化教育。"

3．时间定义

1995 年世界旅游组织的定义是："旅游是人们为了休闲、商务和其他目的，离开他们惯常的环境，到某些地方去以及在那些地方停留的活动（这种在外地的暂时停留不超过 1 年）。"

4．体验定义

1999 年谢彦君在《基础旅游学》中对旅游的定义是："旅游是个人以前往异地寻求审美和愉悦为主要目的而度过的一种具有社会、休闲和消遣属性的短暂经历。"

5．整体定义

1942 年瑞士学者汉泽克尔（W．Hunziker）和克拉普夫（K．Krapf）在他们合著的《普通经济学纲要》中提出："旅游是非定居者的旅行和暂时居留而引起的现象和关系的总和。这些人不会导致长期定居，并且不从事任何赚钱的活动。"20 世纪 70 年代该定义被旅游科学专家国际联合会（International Association of Scientific in Tourism，IAST）正式采用，所以被称为"艾斯特"定义。

以上两种类型的定义各有其合理性。从字面上理解，旅游是指"旅行"和"游览"，本意是旅游者的旅游活动。旅游活动是一切旅游现象和关系的中心和引擎。因为旅游首先是作为旅游主体的人的活动，即旅游者的旅游活动导致了各种需求，旅游者的活动进而产生了旅游供给，即旅游业的活动。所以，从旅游者体验活动的角度定义旅游，有利于深入研究旅游活动的本质和特性，这是旅游产业、旅游文化、旅游影响等旅游研究领域的基础。但旅游又不仅仅是旅游者的活动，更是一个综合性的社会现象。旅游者往返于出发地与目的地的旅游活动和在目的地逗留期间的访问活动，会引起广泛多样的经济现象、社会现象、文化现象等。而旅游者、旅游企业、目的地政府以及目的地居民之间也会因不可避免的直接或间接接触而产生错综复杂的关系。在这个意义上，旅游的定义不应仅仅是指旅游者的活动，还应包括旅游活动引发的各种现象和关系。

"艾斯特"定义被认为是"较为科学和影响广泛"的定义，其由两部分内容构成：一部分是旅游活动即旅游者往返于出发点与目的地之间的旅行（或空间转移）活动以及在目的地停留期间的访问活动；另一部分则是指由此而引起的各种现象和关系。所谓各种现象，主要是指由于旅游者的旅游活动所产生的有关经济现象、社会现象、文化现象乃至政治现象。各种关系主要是指旅游者、旅游企业、目的地政府以及目的地居民四者之间各种不同的利益彼此间直接或间接接触，在此过程中引发的各种错综复杂的关系。所以，"艾斯特"定义所界定的旅游，是包括旅游活动在内的整个旅游学研究领域。它的重要意义不仅在于它体现了旅游活动的异地性、暂时性和非就业性等基本特性，更在于它明确指出了旅游是一种由于旅游活动而产生的各种现象和关系的总和，是一种综合社会现象，而不仅是一种旅游者的旅游行为，这样才能全面认识和研究旅游，把握旅游的本质和客观规律。

（二）旅游的本质属性

随着经济社会的发展，旅游已从贵族阶段的享乐活动，发展成大规模的，涉及社会、经济和文化等多个领域的大众性活动，体现了多种社会现象和社会关系。因而，旅游不仅仅是个人离开居住地到异国他乡访问的现象，而且是一种社会行为，从整体上看，旅游的本质是社会经济文化活动。

1. 旅游产生于社会经济发展的一定阶段。在远古时期，人类出于生存需要，部落从一个地方迁徙到另一个地方的现象，只是一种旅行而已。随着三次社会大分工的出现，即畜牧业、手工业和商业从农业中分离出来，以及生产技术的进步，剩余产品的增加，产品交换的数量和范围的扩大，产生了专门从事商品交换的商人阶级，从而在人类历史上出现了经商旅行。虽然最初的经商旅行是个人出外谋生性的活动，然而，它是一种社会的必然，是社会生产发展的需要。由于社会生产的进一步发展，人们需要到其他地区了解生产情况，在不同地区间开展产品或商品交换。所以，经商旅行的产生和发展实际上是不同地区间社会经济联系加强的反映，经商旅行本身也成为整个社会经济活动的组成部分。

人类经过奴隶社会、封建社会进入资本主义社会以后，特别是产业革命之后，科学技术的进步及其在生产中的应用，给人类社会带来了一系列的变化。交通运输条件的改善，劳动生产率的大幅提高和社会经济的迅猛发展，不仅使从前的经商旅行、宗教旅行等有了新的发展，而且以消遣为目的的旅行游览活动也迅速发展起来，从而使旅行在许多方面开始具有现代意义上旅游的特点。旅行人数的大量增加使它开始对社会经济的发展具有较为普遍的意义，而社会也为其发展创造了较便利的条件，如专业性的商业服务设施等。虽然这种以消遣为目的的旅游在形式和内容上表现为个人的行为，但却是在一定的社会经济条件下即商品生产和商品交换发展到一定水平时产生和发展起来的。只有当社会经济发展到一定阶段，人们才有能力超越生存的需要，追求较高层次的精神和文化生活。因而消遣性旅游与社会经济发展紧密相连，就其本质而言，是一种社会文化活动。

2. 社会经济的发展促进了现代旅游的发展，使旅游成为整个社会生活的组成部分。空间移动是实现旅游活动的前提，闲暇时间和可自由支配的收入是实现旅游活动的必要条件。二战以后，世界经济得以迅速恢复，一系列科技发明和创造推动了社会经济迅猛发展。随着人们收入水平的提高，闲暇时间的增多，旅游活动空间范围的拓展，旅游需求日益旺盛，使国际国内旅游业稳定增长，旅游发展成为大众旅游。尤其是程式化进程的推进，极大地改变了人们的生活方式，使旅游活动发生了质的变化。旅游成为人们的基本生活需要，人们通过旅游，短期改换一下生活环境，或欣赏山水风光，或体验异域风土人情，从而愉悦身心，陶冶情操，开阔视野，增长见识，获得精神和物质上的享受。旅游在社会生活中的地位日渐重要，旅游开始成为具有相当意义的社会现象，整个社会生活的组成部分。

3. 旅游的重要性日益突出，与社会经济文化的关系密不可分。旅游的重要社会意义主要体现在旅游的经济性和文化性上。为满足旅游者的旅行和游览活动而提供食、住、行、游、购、娱等行业的服务产品，直接促进了旅游业的发展。随着旅游规模的扩大，旅游需求多元化的发展，旅游业及其相关行业面临着巨大的发展机遇。由于旅游属于高层次精神文化活动，旅游目的地的吸引力就在于其与客源地的文化差异，旅游者的旅游动机在于对目的地文化的期望。因而目的地所有的旅游服务都应有自己的服务文化特色，文化设施既要满足旅游者的需求，又要充满文化性。目的地要深入挖掘文化旅游资源的内涵，开展文化旅游活动，展示传播当地的旅游文化。所有这些还包括当地的风土人情，构成了目的地的文化氛围，成为旅游者评价和选择目的地形象的重要依据。

（三）旅游的特点

从个体的旅游行为来看，旅游还具有以下特点。

1．旅游是一种精神享受型的消遣活动

从人类需要发展的角度看，随着社会的发展，人类的需要会经历由单一向多元化发展、由低级向高级发展的过程，人们对物质需要和精神需要的层次也会不断提高。旅游消费活动主要是满足人们的精神需求，旅游产品的无形性，使旅游消费成为精神享受产品，美丽的风景、难忘的经历、让人魂牵梦绕的民俗风情等，只能给人们留下美好的回忆，即使是在目的地购买的旅游纪念品，因为它的纪念意义，带给旅游者的主要是具有象征意义的非同寻常的感受，或是旅游者向亲朋好友"炫耀"旅游经历的载体，或是旅游者传递亲情和友情的特别方式。无论怎样，旅游都会带给旅游者极大的精神享受。

从整个社会发展看，旅游需要作为人的总体需要的一个组成部分，是人们的基本物质需要如衣、食、住、行等满足之后，开始向寻求享受、寻求发展迈进的时候，才会进行的非基本需要性的消费。所以，旅游是一种高级的精神享受型的消费活动。

2．旅游是一种独特而积极的交往活动

交往活动是人类社会固有的现象，也是人类社会生活中的一种最基本的社会活动，通过交往，从而建立与协调一定的人际关系。在现代社会，科技发展不仅提高了人们的生活水平，也变革了人们的生活方式，社会交往的意义也愈加重要。

交往的方式有很多，如工作交往、日常生活交往等。旅游的异地性决定了旅游交往是不同于其他交往方式的独特交往活动。交往对象的文化多样性、陌生的社会关系、异域背景等这些不同的交往因素，使旅游者可以达到"自我"的境界，从而对旅游活动中的交往产生积极的影响。淳朴、友好、平等的交往方式能够增进彼此的理解和宽容。通过旅游轻松了解各地的社会风貌和风俗民情，感受和体验更多的地域精神和文化现象，增长见识。丰富的旅游活动内容，使旅游活动更加愉悦，令旅游者彻底放松身心，为工作和生活注入新的活力。

3. 旅游是一种以审美愉悦为特征的休闲活动

旅游活动总是由一系列休闲娱乐活动组成的，如购物、娱乐表演、观光、户外娱乐（划船、露营、徒步旅行、滑雪运动等）。旅游目的地的休闲活动是旅游者作出行选择和决定时的中心概念，这些活动的娱乐性程度和旅游目的地的基础资源条件，往往是旅游者能否获得满意体验的决定因素。

由于工业化和程式化水平的提高，工作节奏加快，居住环境拥挤，加上都市的喧嚣与污染，人们迫切需要每年有一段时间放松一下身心，呼吸新鲜空气，以消除工作的紧张与疲劳。正是鉴于这种情况，世界许多国家的政府都通过法律赋予人们休息的权利。早在20世纪30年代中期，国际劳工组织的一次年会上正式承认了劳动者享有带薪假期的权利。第二次世界大战后，西方一些国家先后普遍实行了一年2-3周带薪假期的制度，加上每周工作时间缩短为40小时，使劳动者享受休息的权利有了切实的保障。随着收入水平的提高，使他们利用这些休息时间外出旅游和度假成为可能。

在旅游中，人们摆脱了日常事务的羁绊，走向大自然，追新猎奇，领略秀丽的风光和名胜古迹，参加体育娱乐活动，享受工作之余的乐趣，不仅实现了全身心的放松，有益于消除疲劳和紧张，增强体质，而且通过旅游了解和学习新的知识，增长了见识，结交了新朋友，建立了新友谊，使精神更加充实、饱满和愉悦。所以，旅游作为一种积极、健康的休闲活动，迎合了现代社会发展和个人发展的需要，因而会不断地发展壮大。

（四）与旅游相关的概念——闲暇、休闲和游憩

1．闲暇和休闲

在古汉语中，"闲暇"一词的含义是："空闲，暇时"；"平安无事"。一般认为闲暇是一种可自由支配的时间（free time），与生活必需时间、工作学习时间和家务劳动时间所并列，即日常所说的空闲时间。但由于失业而拥有的大量时间不属于闲暇时间范畴，这是因为人们对闲暇时间的需求是在基本生存得以保障的前提下产生的（王晓云，2005）。

在《现代汉语词典》中，"休闲"是："停止工作或学习，处于闲暇轻松状态"和"农田在一定时间内闲置不种，使地方得以恢复"。休闲通常有三种含义：其一指闲暇时间；其二指休闲活动；其三指一种精神状态。

显然，"闲暇"与"休闲"在词义的解释上有相近的地方，都包含着一段空闲的时间。但是，它们的含义并不相同。就它们的渊源而言，"休闲"应是个现代词汇。

从空闲时间所从事的活动来看，作为现代词汇的"休闲"，应有比"闲暇"更丰富的活动内容。如现代的娱乐活动、现代的户外体育活动等，都是古代没有的。因为休闲是经济社会发展到一定阶段的产物，并随着经济社会的发达而大众化。

在英文词汇中，"闲暇"和"休闲"对应的英文都是"leisure"，其含义就是"空闲"或"空闲时间"。辞典解释是："空闲时间，闲暇；悠闲，安逸"或"空闲的，业余的；有闲的，不以工作为生的；失业的。"在英语表达中，闲暇也经历了一个发展的过程。由于古代的"leisure"到了工业社会和后工业社会后，其所指的现象已大大丰富，还包括丰富多彩的各类娱乐、庆典活动，"leisure"已远远不能够描述现代的休闲活动，所以在英文文献中往往使用"leisure and recreation"来表示休闲。因为"recreation"这个词是娱乐活动的意思，缺乏时间维度，加上表示空闲时间的"leisure"，就能较准确地表达现代休闲的含义了。

现代社会已将休闲演绎为一种全新的生活形态——为人们在职业生活以外个人兴趣的充分发展、身体素质的全面提高、心理构架的合理完善、人格

精神的现代化乃至社会群体意识的现代化，提供现实的条件和实施的载体。休闲已成为基本的社会需求，休闲理念的确立是人类社会走向现代文明的重要标志。所以，现在的"休闲"是指在人们工作之外的空闲时间所从事的一切活动。

2. 游憩

游憩（recreation）是一个与旅游和休闲紧密相关的概念，是指人们在闲暇时间里所从事的各种活动。游憩活动可以恢复人的体力和精力，它包括的范围极其广泛，是游憩者在居住地户外（离开住家）进行的不过夜的休闲活动。

为了与旅游和休闲相区别，应从空间和时间上界定游憩的概念。

"游憩"（recreation）的辞典解释是"获得娱乐和消遣的手段；工作后身体和精神的恢复和振作；闲暇时间令人愉快的活动"。其英文解释是"（form of）play or amusement；refreshment of body and mind；sth.that pleasantly occupies one's time after work is done"。可见，在英文中游憩强调"娱乐活动""娱乐场所或设施"，是一个很确定的概念。因而，对游憩空间范围的界定应有利于"娱乐活动""娱乐场所或设施"的设计和规划，从而提高游憩活动的质量。

1933 年 8 月国际现代建筑协会第 4 次会议通过的关于城市规划的理论和方法的文件《雅典宪章》中，"游憩"与"工作""居住""交通"一起被列为城市的四项基本功能。该文件中"游憩"所对应的英文就是"recreation"。所以，尤其在城市研究、旅游研究领域里，"recreation"总是被称作"游憩"。游憩作为城市的基本功能，就规定了游憩活动的空间和时间。从空间来看，就应该是在住家以外的城乡范围内。这样，有利于城乡统筹规划和建设游憩设施和其他的要素，也有利于游憩活动的设计。从时间上看，很显然，城乡游憩活动以不过夜的频率和规模最大。况且，"不过夜"从时间上就与旅游区别开来了。

综上所述，游憩活动是指游憩者在住家以外的城乡进行的不过夜的休闲活动。

3．旅游与休闲和游憩的区别

从空间和内容上看，旅游活动可分为在异地进行的观光、度假、娱乐和健身等活动，以及在异地进行的公务、商务、会议、展览和文化修学等活动。前者是在工作和学习之外的闲暇时间进行的用于休闲的活动，后者则不是。休闲活动除包括在异地进行的观光、度假、娱乐和健身等活动外，还包括在居住地进行的娱乐、体育、参观游览和影视戏曲等活动。可见，旅游和休闲有个交集，即在异地进行的观光、度假、娱乐和健身等活动。

休闲可以是在家休闲，如看电视、阅读等；也可以是在户外休闲，如散步、购物等。游憩更注重游乐设施的使用和户外活动的参与。

WTO 把国际游客分成了两类：一类是"tourists"；一类是"excursionists"。后者是指那些在一国停留时间不超过 24 小时的短途一日游游客。将这种划分原则应用于国内背景时，就能区分"tourism"和"recreation"了。两者的区别在于：旅游者必须在空间上发生一个"旅行"的特征，在时间上发生一个"至少停留一个晚上"的特征时，才会发生"旅游"；而"游憩"则无需这些。因此，游憩往往和游憩者在居住地的休闲娱乐活动以及一日游等近程出游活动联系在一起。

二、旅游活动的构成及特征

与认识其他现象一样，在中国，对旅游活动的认识也经历了一个逐步完善和深入的过程，曾在相当长一段时间盛行旅游活动"六要素说"和"三体说"。前者认为：旅游活动主要包括行、游、住、食、购、娱六个要素。后者则提出："旅游主体、旅游客体和旅游媒体三者的联系与运动产生了旅游活动。"不难看出，"六要素"实际上只是旅游者在旅游活动中消费的六个环节，而"三体"只是旅游活动产生的必要条件。所以，"六要素"说和"三体说"实际上都是对旅游活动直观的、片面的和表面的现象总结。

国内外一些学者认为，旅游是一种人类经历、一种社会行为，是一种地理现象、一种财源、一种商业活动和一种行业。旅游活动是一个开放的复杂系统，它既包括旅游者活动，也包括旅游产业活动，还有为这两种活动提供支持的支撑系统，以及旅游活动带来的各方面的影响系统。全面认识旅游活动，要以旅游现象的整体而不是以它的某一组成部分为研究对象。所以，从系统理论的观点出发，旅游活动包括旅游者活动系统、旅游产业活动系统、旅游支撑系统和旅游影响系统四部分。

旅游者是旅游活动的主体，没有旅游者的旅游需要，就不可能发生旅游行为，继而产生旅游活动，也不可能有旅游产业活动。所以，在整个旅游活动中紧紧抓住旅游者需求、旅游者行为的特点和变化，将有利于旅游业的发展，发挥旅游业的多种功能。

旅游产业是旅游活动的供给系统，依赖于旅游目的地的开发、旅游服务的提供和旅游产品的销售。虽然旅游产业的范围至今没有明确的界限，但与旅游活动相关的行业是很多的，如交通运输业、旅游商品加工业、信息产业、农业等。可见，旅游业的又好又快发展，需要相关行业的协调，需要旅游业内部各要素的优化配置，需要不断提升产业素质。

旅游支撑系统主要由旅游资源和社会保障构成。旅游资源是旅游活动的基础，旅游资源的品质是影响旅游市场兴衰的重要因素，世界遗产旅游资源已成为吸引国际入境旅游者的主要资源。社会保障主要是旅游发展的宏观环境，如旅游法律法规政策体系的完善程度、当地居民对旅游者的态度等。完善的旅游法律法规政策体系是旅游市场秩序和旅游者正当权益的保证；当地居民对旅游者的态度会影响目的地的旅游形象，进而影响旅游者对目的地的选择。社会保障因素是旅游业可持续发展不可或缺的必要保障。

现代旅游活动对旅游目的地和客源地的经济、社会、文化环境的多元影响，以及旅游客源地、目的地的社会经济、文化、科技发展水平等因素对旅游活动的促进或限制影响，构成了旅游与经济、旅游与社会文化、旅游与环境保护、旅游与科学技术发展彼此互相作用的复杂关系，这是旅游影响系统的主要内容。

第二节 旅游的产生及发展

旅游活动是一种高层次的精神享受,是社会经济发展到一定阶段的产物,并随着社会经济的发展而发展,从而在不同经济发展阶段表现出不同的特点。所以,旅游活动不是从来就有的,它是从古代旅行活动发展而来的。

一、古代旅行活动的产生和旅游活动的萌芽

在古代自给自足、生产力水平低下的社会里,产品没有剩余,人类时刻都受到饥饿和灾难的威胁。所以,人类最初的旅行活动不是消遣和度假,而是商品经济发展以后开始的经商旅行,是原始社会生产的一部分。在原始社会末期和奴隶社会初期,随着金属工具的问世,农业、畜牧业和手工业有较快的发展,社会劳动生产率进一步提高,产品有了剩余,各部落之间产生了交换剩余产品的需要,并最终导致第三次社会大分工,即商业从农业、畜牧业和手工业中分离出来,商品经济得到发展,社会上开始出现不从事生产、专门来往于各地之间从事商品交换的商人阶层,出于贸易的需要,经商旅行随之出现,标志着人类旅行活动的开始。所以,旅行活动的产生是以商品生产的发展为前提的,并随着商品经济的发展而发展。

随着社会经济的发展,古代旅行活动的类型日趋多样化,出现了宗教旅游、帝王巡游、士人漫游、娱乐观光、考察旅游、探险旅游、教育旅游、节庆旅游等旅行活动。罗马帝国时代还出现了特权阶级以寻求享乐为目的的闲暇性旅行,如"矿泉浴"。罗马人在矿泉浴场,不仅沐浴,还观看戏剧表演,举行庆祝会、运动会以及其他形式的娱乐活动和社交活动等。旅行超越了商务、宗教信仰目的,出现了鉴赏艺术、疗养、徒步行走、观光游览等各种各样目的的旅行,为旅行服务的交通、旅店、饭馆、商贩也不断增加。

在中国的唐代,为了适应商业发展的需要,统治者很重视交通的畅达。

水陆交错,形成了四通八达的运输网络,为人们出行提供了舟楫之便。随着交通业、农业、手工业的发展,商业也渐渐繁荣;夹岸沿路,皆有店肆;客舍、邸店、车坊等与人们出游相关的业务大量涌现。杜甫在《忆昔》中写道"九州道路无豺虎,远行不劳吉日出",说明当时人们出行已不再是一件苦差事。同时,唐代的旅游景观数量众多、丰富多彩,除了大量自然景观外,唐人还开发营造了许多人文景观,如亭台楼阁、道观佛寺等。园林艺术在唐代达到了相当水准,使园林成了一道特别的人文景观。这些为观光游览活动创造了优越的条件。

伴随着旅行的发展,旅行人数不断增加,旅行范围不断扩大,尤其是非经济目的、非事务性的旅行活动开始出现,以及为旅行服务的设施和商人也大量出现,人类的旅游活动开始萌芽。

二、古代旅行活动的特点

古代的旅行活动指 19 世纪中叶以前,出现在人类文明发源地如埃及、印度、巴比伦、中国、古希腊和古罗马,以及资本主义诞生地欧洲等地的旅行活动。

(1)旅行活动以经商旅行为主,类型多样,不同地区、不同国家旅行类别不同。

古代旅行活动中,商务旅行占主导地位,参加人数多、涉足地域广,而且贯穿于整个古代时期。

中国自汉代起,西有"丝绸之路",东有掌握先进航海技术的"神舟"商船,国内国际贸易十分发达。公元前 3000 年时,腓尼基人开始在地中海和爱琴海进行商业旅行和海上贸易。巴比伦文明中,商业色彩也极其浓厚,巴比伦城成为国际贸易中心。地跨欧、亚、非三洲的波斯帝国,公元前 6 世纪中叶修建了数千千米长的两条"御道":一条从帝国首都直抵地中海,沿途设有一百多处驿站;另一条自巴比伦城直到大夏和印度边境,这条路成为以后"丝绸之路"西段的基础。这两条道路的修建,为人们外出旅行提供了交通的便利，商人、游人往来不断。环球航行和新航线的发现等都是与古代的商品贸易直接联系的重大事件。

除了经商旅行外，古代还出现了宗教旅行、以教育为目的的贵族子弟的教育旅行、帝王巡游、士人漫游、以考察为目的的探险旅行、以保健为目的的温泉旅行等不同类型的旅行活动。

（2）西方和中亚宗教旅行较为盛行，东方的帝王巡游和文人漫游影响较大。

在中世纪，宗教朝拜的旅行活动很盛行。古埃及曾大规模兴建金字塔和神庙，吸引大批参观朝拜的人。古希腊在公元前 5 世纪宗教旅行就很兴盛，古希腊的提洛岛、特尔斐和奥林匹斯山是当时著名的宗教圣地。在建有宙斯神庙的奥林匹亚，"奥林匹亚庆典"的节庆活动最负盛名。其既是宗教集会，又是体育的盛会，体育竞技活动，如赛马、赛车、赛跑、角斗等吸引了大量的参赛者和参观者。这种活动一直延续至今，发展成为现代奥林匹克运动会。阿拉伯帝国时代，伊斯兰教实行朝觐制度，穆斯林到麦加胜地的朝拜，促进了长距离的宗教旅行活动。

中国古代封建帝王为了维护统治、弘扬功绩、炫耀威力、震慑臣民，往往巡游各地。秦始皇是中国历史上第一位巡游的君主，一生喜好巡游，并最终死于巡游途中。汉武帝在公元前 119 年，封禅泰山，至东海求仙；又北抵碣石、辽西，再由九原返回，行程达 9000 千米。此行是中国封建帝王巡游的一次壮举。此外，隋炀帝扬州观琼花，清康熙、乾隆下江南等都是尽人皆知的帝王巡游的典型事例。

中国古代的文人漫游以唐朝为盛。在唐朝这个充满朝气的浪漫时代，举国上下，上至帝王，下至庶民，奢于宴游，以不耽玩为耻。这些人中，漫游热情最高的是文人，尤其盛唐文人，大多都有过漫游的经历，如著名诗人孟浩然、高适、杜甫等，最典型的游者是李白，其一生几乎就是在漫游当中度过的。

（3）旅行活动的兴衰同一个国家或地区的政治经济发展状况一致。在国家统一、政治稳定和经济繁荣时期，旅行活动便趋于发展；反之，则停滞或倒退。社会生产力水平制约着旅行活动的范围、规模、内容和形式。

罗马帝国时代，因政治统一，经济强盛，交通便利，货币统一（全国使用统一的罗马铸币），没有语言障碍（希腊语和拉丁语为官方语言），而成为世界古代旅行的全盛时期。其疆域空前广大，海陆运输发达，海上贸易繁荣。在全国境内以罗马为中心，修筑了许多宽阔的大道，为欧洲各国之间的旅行和交流提供了方便。由于道路分段由当地部门管理，并有军队保护，社会治安逐渐好转，外出旅行的人数逐渐增多，沿途出现了许多旅店，除供政府公务人员中途歇息外，后来也开始接待往来的民间旅客。

（4）古代旅行参加人数有限，消遣性旅行只局限于统治阶级及其附庸阶层的人士，如罗马帝国时期奴隶主的享乐旅行，而普通民众则没有这种消费能力。同时，受生产力水平制约，旅行活动范围较小，主要是以国内旅行为主，远距离的洲际旅行较少。

三、近代旅游的兴起和旅游业的诞生

（一）旅游的兴起

19 世纪，在产业革命的直接推动下，社会经济迅速发展，出现了火车和轮船，人们的生活也发生了巨大的变化，外出旅行的人数日益增多，尤其是因消遣目的外出旅游的人数增加。1830 年伦敦约有 10 万游客乘蒸汽机船到马盖特旅游；1865 年伦敦"水晶宫"举行的第一次"世界博览会"吸引了十几万英国游客和欧洲一些国家的游客；1875 年英国全年客运周转量已超过 6 亿人/英里；从 1840 年到 1882 年，美国旅欧人数由 0.8 万人增至 5.28 万人，到 1890 年，猛增到 12.41 万人。大规模、远距离、有组织、具有社会意义的旅游活动随之兴起，在 19 世纪初产生的"旅游"一词也是证明。近代旅游兴起有以下条件。

1. 产业革命促进社会经济的发展是前提

据麦迪逊教授计算，西方资本主义发达国家在公元 1000 年时，其国内生产总值不到世界国内生产总值的 12%；到 1820 年时，所占比例翻了一番，上升到 25%；到 1950 年，则进一步上升到 57%。产业革命促进社会经济的发展，造就了工业资产阶级和工人阶级。资产阶级随着财富的增加,逐渐加入到娱乐、消遣的旅游活动之中。工人阶级通过不断的斗争,提高了工资,有了带薪假期。旅游不再是贵族的特权活动,旅游人数扩大,旅游阶层更加广泛。

2．人们旅游需求的产生是动力

产业革命促使了程式化进程,人们从农村来到城市工作和生活,原来那种忙闲有致的多样性农业劳动被单一枯燥的工业劳动所取代。人们工作和生活在"水泥森林"中,空间狭小,生活节奏加快,工作压力增大,与自然的距离越来越远,从而大大激发和强化了人们的旅游动机,迫切需要通过外出旅游度假,调节身心健康。旅游活动由原来少数特权阶级的享乐行为,发展为社会消费的一种特定需要。

3．技术进步带来的交通运输条件的改善是必要条件

产业革命前,人们一直以人力、畜力或自然力来驱动交通工具,速度慢,运载量小,费用高。产业革命使交通运输业发生了革命性的变化:蒸汽机技术用于交通工具,从此人类有了机械动力的运载工具——火车和轮船。新式交通工具不仅速度快、运载量大,还具有票价相对低廉的优势,这使得远距离大规模的人员流动成为可能。

（二）旅游业的诞生

产业革命为旅游活动的发展提供了丰富的物质基础,快速交道工具的使用让旅游活动更为轻松,旅馆业的发展为旅游活动提供了较为舒适的休息场所,一些休闲度假地的开发建设进一步吸引了旅游者外出消遣度假。旅游需求逐渐形成社会化规模,越来越多的人需要有人代他们处理从启程到返家过程中的一系列事务,这意味着专门为旅游者服务、为旅游者活动提供便利条件的社会需求的产生。英国人托马斯·库克最先认识到这种社会需要,于1845年正式创办了世界上第一家旅行社——托马斯·库克旅行社,从而开创了旅游业的先河,被誉为近代旅游业的创始人。

1845年8月4日,库克首次组织350人从莱斯特至利物浦的团体消遣旅游。出于商业经营的目的,他采用了包括住宿在内的全包价形式,全程组织

旅游活动，包括旅游过程中的交通、食宿安排和游览娱乐活动，创造了包价旅游这种旅游的基本服务方式。为组织包价旅游，库克进行了线路考察，分别向不同的交通运输公司购买车票，预先确定了旅游内容和食宿安排，为旅游者编印了旅游指南。在旅游活动中，他亲自担任了陪同和导游，并在沿途一些地方聘请了地方导游。总之，库克组织的这次活动开创了旅行社业务的基本模式。

1855 年，他组织了从英国莱斯特到法国巴黎的旅游，全程采用一次性包价，这是世界上组织出国包价旅游的开端。库克还创造出一种代金券，旅游者持这种代金券可在同托马斯·库克旅行社有合同关系的交通运输公司和旅游接待企业中用于支付，并可在指定的银行兑取现金。这种代金券实际上是最早的旅行支票。1872 年，库克又首次组织了环球旅游。在当时，托马斯·库克父子公司已经成为世界上最大的一家专门经营旅游供给业务的资本主义企业，后来他在美洲、非洲、亚洲都设立了分公司。

在库克的影响下，世界其他国家相继成立了许多类似的组织。1857 年和1885 年，英国先后成立了登山俱乐部和帐篷俱乐部；1890 年，法国和德国成立了观光俱乐部；美国运通公司 1850 年开始兼营旅行代理业务并于 1891 年发售旅行支票；1893 年，日本设立了专门接待外宾的"嘉宾会"；1918 年，德国成立了中欧旅行社。1927 年，意大利成立了意大利旅行社；1929 年，苏联成立了国际旅行社等。随着旅行社行业的发展，旅游活动空前兴盛，作为旅游媒体的旅游业应运而生。

四、现代旅游的发展

旅游业虽然产生于 19 世纪中叶，但由于条件限制，其发展非常缓慢。第二次世界大战以后，尤其是 20 世纪 60 年代以后，由于科学技术的突飞猛进给人类社会带来一系列新突破，经济社会的深刻变化和迅速发展，使旅游活动有了前所未有的大发展，出现了一系列新特点，兴起了大众旅游。旅游业在社会经济中的地位和作用日益突出，其产业构成不断复杂化、产业内容不断丰富、产业链条不断延长、产业辐射性和关联带动性也不断增强。因此，把 20 世纪 60 年代后的旅游活动称为现代旅游。

（一）现代旅游发展的原因

（1）有利的国际政治背景。二战以后，各国都致力于经济的恢复和发展，和平与发展成为世界的主旋律，为世界经济和旅游活动的迅速发展创造了良好的政治环境。

战后，世界各国家和地区在经济发展中都高度重视旅游业。各国政府出于为国家赚取外汇、改善和提高国家在世界上的形象、为国民增加就业机会以及缩小国内地区之间差距等目的，都先后在不同程度上支持和鼓励本国积极发展旅游业，在刺激旅游发展上采取了许多优惠政策。

（2）人们收入水平的提高。战后，在科技进步的推动下，世界经济出现了持续的增长。特别是进入 90 年代以后，发展中国家的经济增长速度超过了发达国家，一些发展中国家和地区进入中等发达国家行列。经济增长提高了人们的收入水平，收入的增加提高了消费水平，是旅游活动的物质保障。

（3）劳动生产率的提高，增加了人们的闲暇时间。二战后，科学技术的进步使劳动生产率大大提高，劳动时间得以缩短，休息时间延长。1965 年工人平均劳动时间为每周 46 小时，80 年代降到 39 小时，2002 年法国开始实行每周 35 小时工作制度。周末休息时间由原来的 1 天增加到 2 天，人们有条件到周边旅游，促进了短途旅游的发展。目前，世界上许多发达国家都普遍实行了带薪假期制度，如法国 6 周，德国 30～40 天，意大利 2 周，西班牙 30 天等。较长的带薪假日推动了中、远程旅游的发展。

（4）交通运输工具的巨大发展，使人们出游更加快捷、舒适。二战后，科学技术促进了各种运输工具的现代化，进一步缩短了旅游的时空距离，使旅游活动更加便捷。1964 年日本建成了第一条高速铁路，时速超过 200 千米。目前法国巴黎至里昂的高速铁路时速超过 500 千米。宽体、大运载量、速度快、航程远的民用客机不断投入使用，海上则出现了万吨级远洋巨轮，发达国家拥有小汽车的家庭数量在不断增加，交通工具的发展丰富了人们的旅游方式。空间障碍对旅游活动的制约作用越来越小。

（5）信息技术发展的有力推动。20 世纪后期，随着互联网的发展及完善，改变了人们获取信息的方式。互联网以快捷、方便、费用低廉等优势，使网络使用者指数迅猛增长。2015 年全球上网人数超过 33 亿，2016 年我国互联网上网人数 7.31 亿人。网络的使用一方面增强了人们了解世界的兴趣，使人们出游的欲望更加强烈；另一方面，旅游电子商务的发展使旅游服务更加方便完善，旅游者可以自己设计旅游线路，满足个性化需求，获得的消息量更大，服务快捷、即时，更能满足旅游者多方面的需求。网络化和信息技术推动了旅游的更大发展。

（6）经济联系的不断加强，促进了商务旅游的发展。二战后，世界经济全球化、一体化发展，使得各国、各地区间经济联系不断加强，商业贸易的范围不断扩大，大型集团企业的跨国经营、投资活动十分活跃。经济联系的发展促进了国家之间、地区之间的交往和联系，促进了商务旅游活动的发展，同时又带动了其他类型的旅游活动。在我国，经济发达的城市和区域，商务旅游都占重要地位，如上海、北京、广州等城市，以及长三角地区、珠三角地区等。

（7）快速程式化和人口的增长以及人口素质的提高。二战后，全球人口增长进入一个高峰期，1959-1999 年的 40 余年时间，世界人口翻了一番，净增 30 亿。人口的大量增加是战后大众旅游兴起和规模扩大的基础。同时，世界各国的教育事业向纵深发展，人口的文化层次不断提高，审美情趣得到培养。加上快速程式化带来的一系列弊端，人们渴望回归大自然，这些因素使旅游逐步生活化和大众化，成为人们的一种独特生活方式。

（二）现代旅游的特点

1．旅游活动的大众性

战后，由于经济的增长，劳动生产率的提高，旅游活动从战前的以中产阶级参与为主发展到工薪阶层能够参与的活动，且规模越来越大，市场范围越来越广，出现了老年旅游市场、女性市场、青少年旅游市场等。旅游已不再是以往少数富人和权贵们的专有活动，而成为普通大众人人都享有的权利，旅游已成为人类基本的需要之一。

2．增长的持续性

二战后，世界旅游业一直保持着远远高于世界 GDP 增长速度的发展态势。即使是在经历过战争、恐怖袭击、油价上涨、重大疫情和自然灾害的年份，这种强劲的增长势头依然不减。在入境旅游方面，从 1950 年仅 0.25 亿人次发展到 2005 年的 8.08 亿人次，长期保持年均 6.5％的增长。作为朝阳产业的旅游业魅力无限！

3．地域的集中性

现在，人类旅游活动的足迹虽然遍及世界各个角落，甚至到了太空之中，但由于旅游资源分布不平衡，旅游资源的质量等级有空间差异，旅游业发展进程也存在地区差异，导致了旅游资源和旅游目的地吸引力大小的不同，旅游者往往流向名气较大的旅游目的地，出现了旅游活动的地域集中性。从全球来看，国际旅游者大部分集中在北美和欧洲。非洲、中东和南亚等地区比重较小。从国家来看也有相同的规律。例如，我国的国际旅游者主要集中在北京、上海、广州等经济发达城市，以及旅游资源品味最高的世界遗产地，因此形成了我国的热点旅游城市和热点旅游线路。

4.旅游的季节性

旅游的季节性指旅游客流量在时间上分布不平衡，呈现周期性变化的规律。变化周期有年际变化、月季变化和周内变化。尽管人们想尽了办法来消除旅游的季节性，试图提高旅游设施的利用水平，从而提高旅游经济效益，但最后都只能是削弱旅游的季节性，而不能消除它。季节性成为现代旅游活动的重要特点。

旅游活动季节性受自然因素和人文因素的影响。在自然因素中，主要是气候的季节性导致人们出游时间的季节变化。在气候寒冷的冬季，人们出游的数量大大降低。另外，自然旅游资源景色的季节变化也导致了人们出游的季节性。如彩林景观宜在秋季观赏，而赏雪必须在冬季。影响旅游季节性的人文因素主要是假期的集中性。我国的黄金周客流量大，非假期客流量较小，于是形成旅游的季节性。

5．旅游产品多样化

旅游活动是时代的产物，不同时代人们的旅游需求的变化充分体现在旅游产品的发展上。二战前，因旅游活动兴起的时间不长，受社会经济发展条件的限制，旅游活动的类型和内容单一，基本上是观光旅游产品。二战后，人们的旅游需求往多元化方向发展，除观光旅游产品外，出现了度假旅游产品和专项旅游产品。每一种类型都有很丰富的品种，在观光旅游产品中，除传统的自然观光、人文胜迹观光外，新产生了工农业观光、城市观光、主题公园等。在度假旅游产品中，有海滨度假、山地度假、湖滨度假、乡村度假、游轮度假、温泉度假等。专项旅游产品有科技旅游、教育旅游、修学旅游、体育旅游、医疗保健旅游、节庆旅游、会展旅游等。此外，每一种旅游产品都有满足不同年龄旅游者群体，以及满足不同消费层次的旅游产品。可以预计，未来将有更多富有新意的旅游产品被开发出来，不断丰富拓展旅游活动的内容。

第三节 旅游业的产业特征及其功能

一、旅游业的定义和特点

（一）定义

1．作为经济企业的旅游业

旅游是一种经济现象。从旅游活动过程看，是建立在一定经济活动基础上的，包括旅行、住宿、游览、审美、娱乐和体验等，离开了一定的经济活动是不可能实现的。从旅游活动的内容看，任何旅游活动都是消费活动，离不开食、住、行、游、购、娱等基本旅游要素，尽管对这些要素的需求程度不一样，但每次旅游活动过程都不可避免地包含了这些要素内容，或者说都是对这些要素的不同组合的消费。从旅游活动的支撑条件看，涉及旅游资源的开发、旅游产品设计生产和旅游营销等，这些环节和过程都是经济活动，都要考虑投入、产出和效益。因此，旅游活动的主体特征是消费活动，包括了满足人们需求的物质和精神消费活动，由此决定了旅游活动必然是一种经济活动，围绕旅游活动所构成的旅游业也必然是一种经济产业。

显然各国在自己的产业划分标准中未将旅游业作为一项产业单独立项，但在本国经济发展规划中都将旅游业纳为其中的一项重要内容。有些国家，如西班牙、希腊、意大利等国，旅游业实际上已成为国民经济中举足轻重的力量。作为一种经济产业，旅游业的存在是客观的。

2．从需求角度定义的旅游业

目前还没有对旅游业的统一定义，但中外学者逐渐在定义所采用的角度方面取得了共识，即"从需求的角度"出发对旅游业的范围加以界定。

英国的 C·J·霍洛韦在界定旅游业的范围时指出，"对旅游的需求是通过各种旅游服务的密集型市场营销工作而得到满足的。这些服务加在一起，便构成了世界上规模最大、发展最快的行业。""在这些服务中，有些对旅游者需要的产生和满足至关重要，而另一些服务只起外围和辅助的作用。"

对旅游业范围的界定问题，大多数学者都认可了旅游业具有"综合性"特点的事实。所以，我们定义旅游业是为满足旅游者需求，为旅游活动创造便利条件，并向旅游者提供所需商品和服务的所有行业和部门的综合性产业。

旅游业是综合性产业，其产业范围难以明确界定。由于旅游业的服务对象是旅游者，可根据旅游者消费支出在旅游部门经营收入中的比重，把旅游产业划分为旅游核心部门、旅游依托部门和旅游相关部门三个层次。旅游产业的第一层次是旅游核心部门，指专门向旅游者提供旅游产品和服务的行业和部门，主要包括旅游住宿业、旅游景观业、旅游运输业、旅行社业和旅游服务机构等五个部分。旅游者消费支出是旅游核心部门的主要收入来源，它们主要围绕旅游者经营，它们所服务的对象也几乎全是国际国内旅游者，旅游者的消费决定了这些企业的存在和发展。因此，它们就构成了旅游产业的主体部分。旅游产业的第二层次是旅游依托部门，指向旅游者提供部分产品和服务的行业和部门，主要有餐饮服务业、文化娱乐业、康乐业、零售业和公共交通运输业等。旅游依托部门的服务对象不仅有旅游者，同时它们也为当地居民提供各种产品和服务，因而旅游者消费支出仅是它们的部分收入，旅游者消费不能够决定它们的生存和发展。因此，它们只是旅游产业的依托行业或部门。旅游产业的第三层次是旅游相关部门，指为旅游产业发展提供支持的行业和部门，如信息业、金融业、保险业等。其虽然不一定依赖旅游产业而发展，但其发展水平对旅游产业的持续健康发展具有重要意义和作用。

通常，人们把第一层次的旅游核心部门称为"狭义的旅游业"，把三个层次的旅游部门和行业称为"广义的旅游业"，或"大旅游"。

3. "大旅游"概念

实际上，"大旅游"不只是一个产业范围的概念，它本质上是一种发展理念。随着旅游发展环境和条件的变化，旅游业发展日趋成熟，人们对旅游业的认识也日趋完善，突破了传统旅游业就旅游论旅游的观念，把整个旅游业放在大的社会系统中进行整体考察，从整个社会系统的全面、健康、迅速发展视角出发对旅游业进行重新审视和重新定位。在旅游资源观、旅游价值取向、旅游业态和旅游效应等方面，形成了 21 世纪的"大旅游"概念。

从旅游的资源观看，传统旅游资源一般是指自然风光和历史古迹，旅游资源总体上是单一的，而且开发利用程度不深，旅游活动也很单调。"大旅游"概念的旅游资源则是多方面的，只要对旅游者有吸引力，能满足旅游需求，能产生经济、社会文化和环境效益的资源，都是可以开发的旅游资源。"大旅游"概念的旅游资源，除了自然风光和人文古迹外，还有许多社会资源、经济成就、产业活动等，如都市特色街区、工农业示范园区（点）、革命纪念地，以及各种展会等。可见，"大旅游"资源是非常广泛的。从类型方面看，它包括自然资源、人文资源及其交叉结合的自然人文资源；从空间范围看，它构成城市与乡村、陆地与水面、地球表面与太空的立体旅游空间结构；从历时性内容看，既包括历史文化，又包括现代文化及其联动，还包括已有资源再创建与新资源开发的并举格局。

从旅游的价值取向看，传统旅游时代满足的旅游需求单一，旅游活动主要满足旅游者增长见识的需要。"大旅游"时代旅游需求多元化，旅游要满足旅游者追求健康、生活品质提升、探求新奇的需要。因为充分重视了旅游主体的各种利益，使旅游主体得到了身心愉悦和满足，因而旅游产品中康疗、温泉、休闲度假、海底和太空探奇旅游等受到热烈追捧。

"大旅游"概念中的旅游产业，不仅有旅游业的传统核心业态，如旅行社业、景观业和饭店业等，还产生了与相关产业部门交叉重叠的行业部门，出现了会展旅游、商务旅游、奖励旅游、节日旅游和专项旅游等旅游新业态，产业融合趋势明显，必然引致旅游业内部向更高层次升级。

在发挥旅游效益方面，传统旅游关注的是经济效益最大化，旅游资源开发和旅游企业经营都是经济导向，往往忽视旅游业的社会效益、文化效益和生态效益。而"大旅游"谋求的是多方面的综合整体效益，因而能较好处理旅游资源开发与保护的关系，统筹兼顾眼前效益和长远效益、直接效益和间接效益。

综上所述，"大旅游"概念是一个具有开放性的、多向互动的、具有综合效益的整体系统，具体包括旅游客体、旅游主体、旅游中介多个系统，具有新的价值取向，谋求的是综合整体效益，更有益于旅游业发展、社会发展和人的全面发展。

（二）旅游业的特点

1．综合性

旅游业是一个综合性产业，从旅游产品构成到旅游产业部门构成，都体现了它的综合性。一方面，旅游业的经营者为旅游者提供的旅游产品不是某种单项服务，更不是某一具体的物品，而是由多种服务项目构成的综合体；另一方面，旅游业的生产是综合性的。为了满足旅游者多样化、多层次的需要，旅游业必然联系到若干行业，它的发展需要各产业、各行业的配合，这些行业既可以是工业、农业、商业、建筑业、交通运输业等物质资料生产部门，也可以是文化、科技、教育、卫生、宗教、邮电通信、金融保险等非物质资料生产部门，它们共同向旅游者提供生产和服务。

2．关联性

旅游业涉及的领域非常宽泛，旅游消费不仅与交通、住宿、餐饮、商业、娱乐、景区景点等行业直接相关，还与工业、农业以及信息、金融、保险、医疗、咨询、环保等产业关联，其直接、间接关联的部门多达 100 个，因此其产业关联性强，不仅直接带动第三产业的发展，而且也会大大促进第二产业和第一产业的发展，拉动经济的作用十分明显。实践证明，旅游业的投资带动相关产业收益的比率为 1∶7。旅游业的快速发展，必将带动交通、通讯、餐饮、商贸等行业的大发展，特别是对于经济欠发达地区来说，经济社会效益将更加突出。所以，旅游业在扩大和培育内需、促进经济较快增长方面，具有重要作用。

3．动态性

旅游产业是一个随着旅游者需求变化而不断更新的产业。由于旅游者在不同时期所进行的旅游活动在需求上是有差异的，其选择的服务性企业也会发生相应的变化，换言之，组成旅游产业的相关企业是动态变化的。例如，在自驾游兴起后，为自驾游服务的汽车维修站、汽车加油站等，均可归入旅游企业。此外，随着社会经济条件的变化，社会生产力的迅速增长和工业化程度的提高，旅游业正从面向大众的生活服务业向新兴的生产服务业转变，从传统向现代转变，从而导致诸如会展旅游、奖励旅游、节事旅游等的兴起。基于此，我们不能简单笼统地将旅游产业在现行的产业分类中进行归类，或对现有的产业进行组合，或仅简单地强调旅游产业的综合性，这些均难以说明旅游产业的本质特征。

4．脆弱性

因为旅游业自身的综合性和关联性，与其他产业相比更容易受到来自内部和外部的多种因素的影响。内部因素是指旅游系统各组成部分、构成旅游业的各部门各行业之间关系的协调。无论旅游系统哪个部分出现危机，构成旅游业的哪个行业出现问题，旅游业都会受到影响。如金融危机导致的我国国际旅游客源地消费的下降，使我国入境旅游在 2009 年出现大幅度下降；又如旅游业要与交通运输业、商业、农业、水、电等行业相互配合，旅游活动才能顺利完成，如果其中的交通部门出现问题，对旅游业就会造成极大影响。外部因素是指旅游业自身所不能控制的因素，包括来自自然、政治、经济、文化和法律等方面的因素。如地震的发生、瘟疫的流行、社会的动乱、恐怖活动的出现、战争的爆发、国家政变和经济危机等，这些事件都会导致旅游活动的萧条和旅游业的停滞。可见，旅游业是一个十分脆弱的产业，如果一个国家或地区把旅游业视为唯一的经济支柱，一旦宏观环境发生巨大波动，后果将不堪设想。

二、旅游业的功能

（一）经济功能

旅游业作为具有现代服务业龙头特征的重要产业，伴随着产业结构的优化升级而表现出对经济日趋重要的贡献，其作用主要表现在以下几方面。

1．提供就业机会，扩大就业需求

旅游业中劳动密集型产业部门，具有就业容量大、层次多、类型丰富、就业方式灵活的特点，可以吸纳大量人口就业。于是，发展旅游业成为解决就业问题的首选。根据国家相关部门发布的《关于大力发展旅游业促进就业的指导意见》，作为扩大就业重要渠道的旅游业，到 2015 年，就业规模将增加到 1 亿人左右。此外，旅游业还具有就业的"乘数效应"，据测算，旅游业每增加 1 个直接就业人员，社会就能增加 5 个就业机会，中国旅游业在吸收剩余劳动力方面具有得天独厚的优势。2008 年 1 月，在上海举办的人力资源高层峰会上，世界旅游及旅行理事会透露，2007 年旅游及旅行行业在全球创造了超过 2.31 亿个工作机会，位居各行业前列。其中，中国就创造了 7000 多万个就业机会，处于全球领先。

2. 加快货币回笼，增加有效供给

世界旅游组织公布的资料显示，旅游业的经济乘数效应远高于其他行业，旅游业每收入 1 元，相关行业的收入就增加 4.3 元。旅游业的消费乘数更大，国际上该乘数为 7，即 1：7. 旅游者每消费 1 元钱，可以带动 7 元社会消费，而在中国该乘数大约为 5。

3.增加外汇收入

旅游业的创汇功能十分显著。虽然 2009 年上半年受到外部经济环境和全球甲型 H1N1 流感蔓延等不利因素的影响，但我国入境旅游人数仍达 6206 万人次，其中外国游客 1021 万人次，香港同胞 3807 万人次，澳门同胞 1167 万人次，台湾同胞 211 万人次。全国实现旅游外汇收入（2009 年上半年）仍达到 182 亿美元。

4. 扩大内需，促进相关产业发展，优化发展方式

随着城乡居民收入水平的提高，旅游消费正逐步成为人民大众更广泛和普遍化的选择。旅游消费涵盖人们外出旅游时所有的日常消费，包括交通、餐饮、住宿、景区、零售、文化、体育、银行、保险、通讯等 109 个细分行业受益于旅游业发展。旅游业不仅为铁路、民航、公路、水路运输和旅馆住宿等输送了客源，而且对文化娱乐业有约 50% 的贡献率，对餐饮业、商品零售业贡献率超过 40%。2000 年至 2007 年的 21 个黄金周，旅游总收入 8082 亿元，其中带动民航增收 394 亿元、铁路客运增收 263 亿元。旅游业扩大内需、促进相关产业发展的优势明显。

旅游业不仅是拉动经济增长的重要力量，也是优化发展方式的优势产业。旅游业作为现代服务业的龙头，附加值高、拉动力强，是未来新的经济增长点。大力发展现代旅游业，有利于提升国民经济素质和运行质量，有利于促进服务业全面发展。

5．拉动区域经济，促进脱贫致富

我国贫困地区多处于少数民族分布较为集中的中西部地区，这里虽然经济欠发达，但自然风景独特、民族文化多样、地方特色浓郁，旅游资源相当丰富，通过开发贫困地区旅游资源，大力发展旅游经济，不仅可以加快地区脱贫致富，还可以带动周边地区经济与社会的发展，有利于缩小地区间贫富差异，促进社会和谐稳定。

6．促进沟通，加强交流，丰富信息传递，促进投资

大批游客的往来，必然会带动信息、资金、技术和人才的流动，成为对内对外开放的重要途径。通过旅游，游客了解了目的地人文和自然状况，学习了当地的历史文化，掌握了知识，开阔了眼界，增进了交流与理解，增加了商务旅游者投资的机会。同时，旅游业还是重要的招商引资平台，促进投资项目生成。旅游业本身也是投资的重要领域，通过开展旅游博览会和旅游投资交流会，设计众多主题鲜明的展区，开展系列投资商务考察活动，邀请银行、金融机构、大财团、投资机构、投资商到场参与，为旅游项目的投资和融资双方提供直投交流的黄金平台，实现旅游资源与资金的完美对接，促进旅游投资项目的生成。

（二）社会文化功能

随着旅游产业发展阶段的变化，旅游的产业功能也会发生相应变化。在我国旅游业发展初期，主要强调它的创汇功能。在旅游业发展中期，主要强调它扩大内需、刺激经济增长的功能。今后，在旅游业全面发展阶段，旅游的社会文化功能将更多地发挥出来。

1．提升区域形象，增强区域影响力

区域形象是区域内外部公众对于区域内在综合实力、外显活力和未来

展望的综合评价，是区域内自然环境和资源、经济和社会制度、科技水平、教育文化、历史传统、建筑景观诸方面要素在公众头脑中反映后形成的总体印象。区域形象是区域发展的重要资源。一个地区良好的区域形象，对区域自身及所在国家，都是一种宝贵的资源。它不仅能折射出区域的魅力和吸引力，同时能形成一种强大的凝聚力、辐射力，增强区域影响力，成为扩大对外交往、吸引投资与游人的"金字招牌"，是可以转化为有形财富的巨大无形财富。

发展旅游业，必然促进区域基础设施建设、生态建设和文化建设，直接提高构成区域形象的硬要素和软要素质量，改善区域内外部公众的看法和评价，从而提升区域形象，增强区域影响力。

2．打造区域文化优势，增强区域竞争软实力

全球化时代，国家之间的竞争是区域竞争，区域之间的竞争是文化竞争。文化优势已经成为支撑经济社会发展的重要环境优势，文化软实力越来越成为增强地区竞争力的一个重要因素。区域要着力于文化特色打造，才能凸显竞争优势，增强竞争实力，实现区域发展。

每一个区域都有自己的区域文化，它是在特定地域内形成的具有强烈区域特征和明显地方特色的社会文化系统。只有通过挖掘、展示、传播，形成浓郁的地域文化氛围，区域文化才能转化为区域文化优势。

旅游业是文化的载体，发展旅游业，把优势区域文化挖掘、整理出来，通过文化景观建设、文化旅游线路设计，地域文化得以被展示。通过旅游交流活动，地域文化被认同、凸显，进而形成区域文化特色和优势，助推区域发展。

3．驱动资源枯竭型城市的转型发展

世界上有许多原来依托丰富的自然资源的开发而发展的资源型城市，现在资源枯竭面临很多发展难题。如支柱产业衰落，地方经济发展缺少支撑点，大量职工下岗，财政收入不足，环境污染严重等。所以，资源枯竭型城市必须进行产业转型，才能获得新的发展。

根据国内外经验，旅游业可以作为资源枯竭型城市的替代产业选择，能

有效促进资源枯竭型城市的转型发展。这是因为，一方面资源枯竭型城市的工业遗产一般具有丰富的历史、文物价值；另一方面旅游业本身具有广阔发展空间，是劳动密集型产业，综合带动能力强。发展旅游业，可以把这两方面的优势有机结合起来。

曾是世界上最著名的重工业区和最大的工业区之一的德国鲁尔区，在经历了约 100 多年的繁荣发展后，于 20 世纪 50 年代末到 60 年代初开始出现经济衰落，产生了严重的社会问题和环境问题。鲁尔区采用综合性和系统性的战略，特别是通过工业遗产的旅游开发，实现了区域复兴，既节约了高昂的环境治理成本，又保护了近 200 年的工业发展文化，恢复了城市功能和活力，是区域可持续发展的理想选择。

我国也有许多资源枯竭型城市，借鉴国外经验，联系具体实际，选择发展旅游业是推动我国资源枯竭城市转型的重要战略。

4．传承民族优秀文化，增强民族凝聚力

全球化为人类整体发展提供了平台，使当代文化交流空前频繁。但全球化也增加了文化趋同和单一性的危险，对发展中国家的文化安全提出了重大挑战。

发展旅游业对传承民族优秀文化、增强民族凝聚力有独特的功效。因为文化是旅游的核心和灵魂，旅游的吸引力来自文化的特色和差异。民族的才是世界的，才是唯一的。许多旅游目的地总是利用民族优秀文化旅游资源来塑造目的地形象，用传统文化元素建设城市，用丰富的活动营造传统节日氛围。将民族优秀文化旅游资源开发成旅游产品，吸引国际旅游者。国内外传统文化氛围浓郁的旅游目的地因此成为旅游者一生向往的地方。国内外世界文化遗产地成为国际旅游热点就是最好的证明。旅游活动也是文化传播活动，通过旅游、目的地优秀传统文化被欣赏、被传播到世界各地。对此，目的地居民感到自豪，加强了民族的归属感和认同感。同时，民族优秀文化在旅游发展过程中被传承和弘扬。因此，世界旅游组织指出：具有文化价值和旅游价值的东西，旅游有能力保护、拯救和复兴它们。

5．提高人们的生活品质，构建和谐社会

提高生活品质是人类社会发展进步的重要标志。当经济社会发展到一定阶段，人们的消费需求就上升为对生活品质的追求。旅游是在人们基本生活满足以后的高层次享受型消费，是高品质生活的重要内容，也是人们消费升级的重要手段。旅游是闲暇时间在异地从事的休闲活动，没有繁重的工作和沉重的压力，摆脱了日常事务的烦琐，暂时忘掉了所有烦恼，只有轻松与愉悦、惊喜与兴奋、惊险与刺激等美好感受，使旅游的人们完全处于自在与忘我的理想境界。旅游过程中的丰富活动，改变了日常生活的单调和乏味，使人们可以经历各种体验、满足各种需求，为人们追求更美好的人生目标、实现自我价值奠定了基础。当旅游业发展处于成熟阶段时，特别是当旅游产品的开发从以供给导向转向以旅游者及共需求为导向时，高品质旅游诠释着高品质生活内涵，生态优美和天人合一的环境、以人为本的优质服务、健康丰富的物质享受和轻松愉悦的文化精神享受等，让人们实现了生活品质的提升。

在经济社会发展转型期，构建和谐社会是一个国家发展的重要任务。旅游是人与人、人与自然、人与社会的交流活动，对和谐社会建设可以发挥积极作用。在旅游过程中，人与人的沟通交流增进了人们相互之间的理解。由于旅游中人们摆脱了功利羁绊，对待别人更多的是帮助、尊重、礼让和善意。这些美好行为有助于人们改善日常工作和生活中的人际关系。旅游业还是"资源节约，环境友好"产业，是创造美的产业。当人们置身于美丽的大自然中，最直接体验到人与自然的和谐，会触景生情、睹物忘怀，陶醉于大自然的奇山秀水、花鸟虫草，在欣赏自然中产生审美愉悦感，使人与自然的关系更加亲近和谐，培养热爱大自然、尊重大自然的良好意识和行为。

全面地认识旅游业，把握旅游业的特点，发挥旅游业的优势，旅游业才能为经济社会做出更大贡献，旅游业在整个国家中的地位才会更加巩固。

第四节 中国旅游业的发展及趋势

一、发展阶段

中国的现代旅游是指新中国建立以来的旅游历史。新中国旅游事业的发展，大体经过了初期、开拓、停滞和发展四个阶段。

（一）初创时期（1949-1955 年）

这一时期，我国旅游业发展的主要任务是增进我国与各国人民的相互了解和友谊，宣传我国的社会主义。新中国旅游业首先经营的是国际旅游业务。

1949 年 12 月，厦门成立华侨服务社，创立了新中国第一家旅行社。此后，广东省的深圳、拱北、广州、汕头等十几个城市都建立了华侨服务社。1957 年 4 月 22 日，华侨旅行服务总社在北京成立。从此，新中国旅游业从早期的公费接待少量观光团，发展到组织华侨、港澳同胞自费回国观光、旅游、探亲。侨乡探亲旅游是初创阶段的主要形式。

1954 年 4 月 15 日，新中国第一家面向外国人的旅行社——中国国际旅行社（以下简称"国旅"）在北京诞生。中国国际旅行社是为适应日益繁重的外宾接待工作而设立的。1954 年"日内瓦会议"后，特别是 1955 年"万隆会议"的召开，使中国的国际地位得到空前提高，国际影响日益扩大，与中国建立外交关系的国家数量明显增加。到 1957 年，中国国际旅行社已和 11 个社会主义国家的旅行社有业务往来，另外还与西方国家 113 个旅游机构建立了联系。据不完全统计，自 1956 年初到 1957 年 10 月，国际旅行社总社共接待了各国自费旅游者 3885 人，其中主要是苏联及东欧等国家的旅游者，西方国家的旅游者只占其中的 17%。

（二）开拓时期（1956-1966 年）

从 1956 年开始到 1966 年"文化大革命"前，是中国旅游事业的开拓阶段，它的标志是"中国旅行游览事业管理局"的成立。

这一时期，我国的国际旅游市场发生了根本变化。苏联及东欧一些国家来华的自费旅游者逐年下降，而西方国家旅行者人数却大幅度上升。1964年7月22日经由全国人大常委会正式批准，成立中国旅行游览事业管理局（以下简称旅游局），旅游局作为国务院的直属机构，负责全国旅游事业的管理。国务院明确规定了发展我国旅游事业的方针和目的，即首先是为了学习各国人民的长处，宣传我国社会主义建设的成就，加强和促进与各国人民之间的友好往来和相互了解；其次，才是通过旅游收入，在经济上为国家建设积累资金。

旅游局成立后，国际旅行社总社以接待为主，旅游局则负责管理全国的旅游事业，制订发展规划和统筹安排等。从此，我国的旅游事业开始进入了正常发展的轨道，并于1965年接待了12877名国外旅游者，创造了建国后10年来的最高纪录。

正当我国的旅游事业蓬勃发展的时候，旅游业同国民经济其他事业一样，遇到了"文化化大革命"的厄运，被迫坠入了停滞阶段。

开拓阶段虽然时间短暂，但同第一阶段相比，它具有如下特点。

（1）以中国旅行游览事业管理局的成立为标志，我国旅游事业已开始进入一个新的时期。

（2）与西方世界的旅游机构发生了联系，我国的国际旅游市场开始出现更大转移，客源国市场更为广泛。

（3）旅游者的组成也发生了较大变化，多是民间的团体组成的旅行团，零散客人增多且阶层较为广泛。

（4）来华旅游者的数量和经济收益均有较大增加。

（三）停滞时期（1967-1977年）

1966年5月开始的10年"文化大革命"时期，正是现代旅游业作为国民经济主要部门在工业发达国家得以确立的时代。而刚刚起步的新中国旅游事业却受到了严重干扰和破坏，处于历史上的萧条、停滞阶段。

1971年，毛泽东对旅游接待工作做了重要批示后，周恩来亲自部署并召开了旅游工作会议，提出了"宣传自己，了解别人"的正确方针。于是，旅游工作才开始恢复。

曾在"文革"中被迫取消的华侨服务总社，直至 1972 年才得以恢复。1974 年经国务院批准，成立了中国旅行社，与华侨旅行社合署办公。

1972 年中美"上海公报"发表和中日建交等一系列重大国际关系的发展，为我国旅游业的恢复和发展提供了有利的国际环境，美、日游客数量逐渐提高，接待人数有所增加。

（四）发展时期（1978 年以后）

"十年动乱"结束以后，我国旅游事业逐渐得以恢复，尤其是改革开放以后，旅游事业进入了一个全面大发展的时期，在短短的 10 多年中，我国旅游业取得了巨大成就，具体表现在以下几个方面。

（1）从中央到地方建立起了一套旅游管理体制。为了加强对旅游工作的领导，1978 年，经国务院批准，中国旅行游览事业管理局改为"管理总局"，各省、市、自治区也相应成立了旅游局。

（2）旅行社迅猛发展。这一时期，旅游者大量增加，使得旅行社如雨后春笋般发展起来。国际旅行社增加了地方分支社，新成立了一些派生机构。1988 年，全国旅行社达到 1 573 家，10 年间增长了约 20 倍。从结构看，在原来以入境接待为主的外联旅行社和接待旅行社分工的基础上，产生了专门组织接待国内旅游者的三类旅行社。1988 年全国一、二、三类旅行社分别为 44、811 和 718 家。

（3）旅游资源得到进一步的开发。1978 年以来，国家每年拨出专款，对风景名胜区进行开发建设、整修和保护，全国相继开放了 400 多个城市和 600 多个地区，国家还投资新建了一批旅游区、旅游景点。生产旅游商品的厂家已达数千个，产品有 30 多大类、5 万多个品种，旅游商品销售点已遍布全国各旅游城市和风景旅游点。

（4）旅游人才的培养方面成绩显著。为了适应当代旅游业的迅速发展，我国开始培养旅游人才，1978 年 6 月，我国成立了第一所旅游学校——江苏旅游学校。截至 1992 年底，全国共有高等旅游院校及开设旅游系（专业）的普通高等院校 116 所，中等旅游专业学校 42 所，旅游职业高中 637 所。

二、20 世纪 90 年代以来的发展状况

我国旅游业的真正起步是在 70 年代末。经过 80 年代 10 年时间的快速发展，可以说旅游业在我国已初具规模，但仍然存在基础薄弱、管理落后、结构不合理等问题。20 世纪 90 年代以来，随着经济体制改革的深入，市场经济体制开始占主导地位，旅游业发展成绩斐然。

1. 入境旅游

1990 年，全国入境旅游总人数是 2746.18 万人次。到 2007 年，入境旅游总人数达到 1.32 亿人次，入境总人数增加到 4.80 倍，其中接待外国游客人数增加到 14.94 倍，接待港澳同胞人数增加到 4.10 倍，接待台胞人数增加到 4.88 倍。可以看出，接待外国人的增幅最大，这既表明我国的开放程度增强，又表明我国旅游资源对外国游客有极大的吸引力。2000-2007 年全国入境旅游状况见表 1-1。

表 1-1 2000—2007 年入境旅游人数及每年旅游外汇收入状况表

年度	入境旅游的人数（万人次）	港澳同胞（万人次）		外国人（万人次）	台胞（万人次）	华侨（万人次）	外汇收入（亿美元）
		香港	澳门				
2000	8 348. 09	5 855. 97	1 153. 96	1 019. 69	310. 86	—	162. 31
2001	8 901. 29	5 856. 85	1 577. 61	1 122. 64	344. 20		178
2002	9 790. 83	6 187. 94	1 892. 88	1 343. 95	366. 06	—	203. 85
2003	9 166. 21	5 877. 01	1 875. 73	1 140. 29	273. 19		174. 06
2004	10 903. 82	6 653. 89	2 188. 16	1 693. 25	368. 53		257. 39
2005	12 029. 23	7 039. 38	2 573. 41	2 025. 51	410. 92		292. 96
2006	12 494. 21	7 390. 97	2 440. 87	2 221. 03	441. 35		339. 49
2007	13 187. 33	7 794. 89	2 318. 68	2 410. 97	462. 79		419

资料来源：根据国家旅游局政策法规司和中国旅游网有关资料编制。

2006 年，我国接待的来华旅游者中外国人为 2221.03 万人次（除港澳、台同胞的总数）。外国游客数前十位的国家分别是：韩国、日本、俄罗斯、

美国、马来西亚、新加坡、菲律宾、蒙古、泰国和英国（表 1-2）。

表 1-2 10个主要客源国 2006 年的入境旅游人数和增长情况

序 号	国 家	入境旅游人数（万人次）	比上年增长（%）
1	韩 国	392.4	10.68
2	日 本	374.59	10.5
3	俄罗斯	240.51	8.15
4	美 国	171.03	9.95
5	马来西亚	91.05	1.2
6	新加坡	82.79	9.53
7	菲律宾	70.42	7.47
8	蒙 古	63.12	−1.68
9	泰 国	59.2	0.97
10	英 国	55.26	10.4

资料来源：国家旅游局政策法规司.

目前，中国已跻身于世界旅游大国行列。1978 年中国接待国际旅游人数世界排名第 51 位，2007 年中国已跃升为全球第 4 大入境旅游目的地国。根据世界旅游组织的预测，到 2020 年，中国将成为世界最大的旅游接待国和第四大出境旅游国。

2．国内旅游

随着人民生活水平的提高、闲暇时间的增加以及交通条件的改善，我国国内旅游从 20 世纪 90 年代开始迅猛发展，特别是 1998 年提出把旅游业作为国民经济新的增长点后，以假日旅游为重要支撑，国内旅游需求全面释放，进入大众化的消费阶段。2007 年，我国国内旅游总人数达到 16.1 亿人次（表 1-3）。

表 1-3 1999—2007 年国内旅游人数及收入状况表

	1999	2000	2001	2002	2003	2004	2005	2006	2007
国内旅游人次（亿人次）	7.19	7.44	7.84	8.78	8.70	11.02	12.12	13.94	16.1
国内旅游收入（亿元）	4 002.14	3 175.54	3 522.36	3 878	3 442.27	4 710.71	5 286	6 230	7 771

资料来源：国家旅游局政策法规司。

作为大众旅游的中国国内旅游，在近年之所以形成高潮，除了与我国改革开放的总背景直接呼应外，更在于近年我国居民可自由支配收入的增多和闲暇时间的增多为居民选择旅游提供了可能。它表现出以下两个明显特征。

（1）"黄金周"制度的实施带动了国内旅游消费热潮。自 1999 年 9 月国务院出台新的法定休假制度，每年国庆节、春节和"五一"各放假 7 天。从此，黄金周掀起的旅游消费热成为我国经济生活的新亮点。1999 年国庆，第一个"黄金周"到来时，一股猛烈的假日旅游消费"井喷式"爆发，让各界人士始料未及。在接下来的几年中也保持了持续旺盛的增长。"黄金周"长假对释放潜在的消费需求、拉动内需的作用有目共睹。由于休假日高度集中，旅游景点和相关公共设施的"超负荷"以及随之衍生的连串问题也开始凸显，社会上改革"黄金周"的呼声日高。2007 年 12 月 16 日，国务院公布了全国年节及纪念日休假办法和职工带薪休假条例，1999 年起在我国实行的一年"3 个黄金周、1 个小长假（元旦）"，从 2008 年起转变为"两个黄金周、5 个小长假"。新休假办法特别是年假制度能否被企业有效实施，将对新旅游时代的来临起到决定性作用。

（2）国内人均 GDP 超过 1000 美元，旅游消费进入启动时期。根据旅游发展规律，人均 GDP 1000 美元是旅游临界点，1000 美元以下，居民消费主要考虑温饱，旅游消费相对较少；人均 GDP 越过 1000 美元时旅游消费进入启动期；人均 GDP 达到 3000～5000 美元时，出境游启动。我国人均 GDP 在 2003 年首次突破 1000 美元大关，接近 1080 美元，国内旅游需求急剧膨胀。国内旅游人数从 1990 年的 2.8 亿人次增长至 2007 年的 16.1 亿人次，增长达 5.75 倍；国内旅游收入从 170 亿元增至 7771 亿元，增长达 45.71 倍，这充分说明国内人民收入逐年上升，拉动了旅游收入的快速增长。随着全面建设小康社会的推进，中国人均 GDP 将由 1000 美元向 3000 美元跨越，旅游消费需求会大幅度提升。这将是未来中国旅游业持续兴旺的重要动力。

3．出境旅游

与大多数旅游发达国家不同，中国旅游业的发展模式是先发展入境旅游，后发展国内旅游，再发展出境旅游。新中国诞生不久，开始了入境旅游接待业务。改革开放后，加快经济发展成为重要目标。为了赚取外汇支持现代化建设，开始大力发展入境旅游；为了刺激消费开始鼓励国内旅游；为了满足公民日益增长的需求，开始逐渐放开公民出境旅游。1988年，作为我国旅游业加快对外开放的重要标志，泰国成为中国公民对外开放的第一个旅游目的地国家，此后，中国公民出境旅游目的地国家和地区迅速增加，截至2007年底，中国政府已批准的出境旅游目的地达到134个，其中实施91个，出境旅游组团社达800家，公民出境旅游达4095万人次（表1-4）。中国公民出境游以周边国家或地区为主要目的地，远程出境市场增长也较迅速。其中非洲作为新型的目的地，增长速度最快；欧洲仍然是最主要的远程目的地。世界旅游组织预测，截至2020年，中国将会有1.3亿人出境旅游，从而成为亚洲最大的旅游客源地和世界第四大客源输出国。

4. 旅行社

国务院于1985年5月颁布的《旅行社管理暂行条例》中，将旅行社划分为一、二、三类，规定了开办各类旅行社的条件。1996年，国务院在对《暂行条例》进行修订后正式发布《旅行社管理条例》。按照《旅行社管理条例》，对全国的旅行社进行转类，即把原来的一、二、三类旅行社转为国际和国内两大类旅行社。到1997年底，转类工作全面结束。到2006年底，全国旅行社总数达18475家，其中，国内旅行社16787家，国际旅行社1688家（表

1-5）。国际旅行社的增加反映了我国国际旅游市场结构发生了变化，从垄断走向开放，竞争的激烈程度大大增加。同样，国内旅行社的增加反映了国内旅游市场的急剧扩张。

我国旅行社的最大弱点是弱小散乱。小规模旅行社占到总数量的80%以上，具有较强核心竞争力的大型旅游集团还很少。从国际形势来看，2007年整个北京地区的旅行社营业总收入不及同期美国运通的1/5，日本JTB的1/4；从国内来看，2007年青岛地区360多家旅行社的总收入不及广之旅的1/20，春秋的1/16，单从营业额方面对比就不难分出伯仲。此外，我国旅行社业的国际竞争力也较弱。首先，旅行社业的专门要素还比较缺乏，主要表现在高层次旅行社管理、旅游产品开发人才的缺乏和对先进技术应用的滞后两个方面。其次，我国旅游虽需求总量较大，但需求水平远远低于国际水平。旅游者人均消费低，对旅游活动质量的追求不强烈，持"到此一游"心态者甚众，从而未能对旅行社形成强大的创新压力。再次，相关的支持产业，如教育、信息、通信技术、旅游资源开发、旅游救援等还不够发达，制约了旅行社经营水平的提高和新产品的推出。此外，许多旅行社战略目标不清，缺乏架构完善、阶段目标明确的发展规划，导致经营中的短期行为严重。旅行社之间的竞争以无序竞争、不当竞争为主要表现形式。这些明显不利于我国旅行社业国际竞争力的提高。

1998年10月，国务院批准了《中外合资旅行社试点暂行办法》，为外国旅行社规定了进入资格，打开了旅行社业开放之门。在这种情况下，中国作为全球旅游增长速度最快的实体必将涌入大量外资社，这对占旅行社总数量80%以上的中小社而言必定是一个很大的冲击，在业务处理的快捷、准确、及时等方面都会呈现出严重的劣势。

旅行社的发展壮大需要很多内外界因素的支撑，除去国家政策和经济形势等外围资源之外，更重要的在于旅行社品牌塑造、信息化建设和个性化服务等内部资源的构建，这都需要在以后的改革中加以完善。

表1-5 1998—2006年我国旅行社的数量及结构情况

年度 数量	1998	1999	2000	2001	2002	2003	2004	2005	2006
旅行社总量(家)	6 222	7 326	8 993	10 532	11 652	13 361	14 927	16 846	18 475
国际旅行社(家)	1 312	1 256	1 268	1 310	1 349	1 364	1 460	1 590	1 688
国内旅行社(家)	4 910	6 070	7 725	9 222	10 203	11 997	13 467	15 256	16 787

注：因旅行社类别的转变，1998年后截取数据与此前有所不同。
资料来源：国家旅游局政策法规司。

5．旅游饭店

旅游饭店的规模和档次是一个国家或地区接待能力强弱的标志。20 世纪 90 年代以来，我国旅游饭店的发展速度较快。2006 年，全国星级饭店 12751 家（表 1-6），比 1990 年增加 6 倍；全国星级饭店营业收入总额 1482.86 亿元，上缴营业税 108.12 亿元，全员劳动生产率 9.38 万元/人。说明我国旅游业已具备一定规模，饭店接待能力已接近一些旅游发达国家水平，旅游星级饭店经营情况也呈现良好态势。

我国旅游星级饭店不仅数量增加，而且质量和结构也发生了变化，截至 2006 年底，国有饭店占总数的 45.7％，集体经济饭店占 7.1％，外商投资饭店占 2.0％，港澳台投资饭店占 2.6％。以上四种注册登记类型的饭店，共占全部饭店的 57.4％。此外，联营、股份制、私营等其他注册登记类型的饭店共占总数的 42.6％。饭店投资呈现出多元化趋势，星级饭店的产权结构也发生了一些值得关注的现象，国有饭店占全部星级饭店的比例下降到 50％以下，而外资、民营的星级饭店的比例在上升。这是中国宏观经济和社会发展环境、旅游市场和资本供给市场共同推动的结果，也是政府旅游主管部门加大工作力度的结果。

此外，旅游饭店业还呈现出两个新的趋势：一是经济型饭店受到投资者强力追捧。根据相关统计资料，中国经济型连锁酒店业从 2000 年的不足 30 家酒店、3000 余间客房，发展到 2007 年年末的近 1700 家酒店、18 万多间客房。目前，已有 100 多个品牌在运营，并且已经涌现出了一批业内知名品牌，如锦江之星、如家、莫泰连锁、7 天连锁、汉庭连锁、格林豪泰等，有的品牌已经在国外成功上市。二是跨国酒店集团加快了在中国的布点步伐。近年来中国经济快速和稳定发展，加之 2008 年的奥运商机、2010 年的世博商机，使国际饭店集团对中国市场十分看好。2005 年，跨国酒店集团已经进入除青海、山西两地的所有中国省市。以香格里拉、凯悦、万豪、喜达屋、洲际等为代表的 31 家国际饭店管理公司的 47 个品牌都已进入中国。由此来看，饭店市场将进入一个从自由竞争向垄断竞争演化的时代。

表 1-6 我国 2000~2006 年旅游饭店数量状况

年度	旅游饭店数（座）	客房间数（万间）	五星	四星	三星	二星	一星	出租率
2000	6 029		117	352	1 899	3 061	600	57.4%
2001	7 358	61.62	129	441	2 287	3 748	751	58.45%
2002	8 880	89.72	175	635	2 968	4 616	810	60.15%
2003	9 751	99.28	198	727	5 196	4 665	798	56.14%
2004	10 888	121.07	242	971	3 984	5 095	682	60.62%
2005	11 828	133.21	281	1 316	6 391	6 697	603	60.96%
2006	12 751	145.58	302	1 369	4 779	5 698	593	61.03%

注：两栖设计种变化，1999 年时候照原数据与表格专栏不同。
资料来源：国家旅游政策饭店统计。

三、发展趋势

据未来学家赫尔曼·卡恩预测，未来旅游业将成为世界上最大的产业，就业人口中将有很大部分人以从事旅游为业。我们认为，未来旅游业有如下发展趋势。

（1）旅游的多样化趋势。随着旅游者旅游经验的丰富，特别是快速交通工具如自驾汽车、高速列车、超音速飞机以及太空航行器的发展，到达旅游目的地时间缩短。信息网络技术的运用，使旅游者在出发前可直接安排自己在目的地的行程，团体旅游转变为个体旅游和个性化自主旅游，改变了目前旅行社的服务功能（组团、包车、票务、全陪、订房等的服务功能将基本消失）。同时，旅游的需求也呈现多样化发展，如休闲娱乐型、运动探险型等。旅游者多样化、个性化需求对旅游设施和服务提出更高要求，如进入老龄社会后针对老年人出游增多进行的特色旅游服务等。

（2）旅游的大众化趋势。旅游不再是高消费活动而作为日常生活进入千家万户。旅游有广泛的群众基础，人们的工作、生活都可能是远距离的长途旅行方式，形成空前广泛而庞大的人群交流和迁移，传统的地域观念、民族观念被进一步打破，旅游国际化趋势进一步增强，旅游的淡旺季将不再明显。

（3）旅游空间扩展的趋势。科技进步使旅游的空间活动范围更加广阔，不但可以轻易地进行环球旅行，而且可以向深海、月球或更远的宇宙空间发展，出现革命性的新旅游方式。

由此可见，未来旅游的市场将是规模异常广阔、活动异常频繁、科技含量异常高的极其繁荣的市场，它给我们旅游经营管理提出了新的要求。我们要充分研究未来旅游的发展趋势，制定我国旅游发展的战略目标，规划旅游事业发展蓝图，进一步发展好我国的旅游产业。

第二章 旅游资源管理

第一节 旅游资源的特点及类型

旅游资源是旅游目的地最重要的吸引要素，只有正确认识和了解旅游资源的特点及类型，才能对旅游资源进行更合理的开发、规划和利用，从而更好地保护旅游资源。

一、旅游资源的概念

旅游资源的概念是随着旅游活动的发展而出现和变化的，它是旅游活动的客体，是旅游业发展的基础。到底什么是旅游资源？到目前国内外对旅游资源的定义各有不同，不同的定义也各有其侧重点。其中，国内具有代表性的观点有：

（1）郭来喜在《人文地理学概论》中认为：凡是能为人们提供旅游观赏、知识乐趣、度假疗养、娱乐休息、探险猎奇、考察研究、寻根访祖、宗教朝拜、商务交往以及人民友好往来的客体和劳务等，并具有开发价值的，均可称为旅游资源。

（2）国家旅游局在 1992 年制定的旅游资源普查规范文本中指出：旅游资源是指自然界和人类社会凡能对旅游产生吸引力、可以为旅游业开发利用，并可产生经济效益、社会效益和环境效益的各种事物和因素。

（3）保继刚、楚义芳和彭华在其合著的《旅游地理学》一书中提出：旅游资源是指对旅游者具有吸引力的自然存在和历史文化遗产，以及直接用于旅游目的的人工创造物。

（4）孙文昌在《旅游资源学》一书中认为：旅游资源是指自然界或人类社会中凡能对旅游产生吸引性、有可能被用来规划开发成旅游消费对象的各种事物和因素的总和。

（5）谢彦君在《基础旅游学》中提出：旅游资源是指客观地存在于一定地域空间并因其所具有的愉悦价值而使旅游者为之向往的自然存在、历史文化遗产或社会现象。

（6）阎友兵认为：旅游资源是指能对旅游者产生吸引力，具有一定旅游功能和价值，可为旅游业开发利用的一切自然和人文因素。

由此可见，旅游资源是一个内涵非常广泛的概念，其表现形式可以是有具体形态的物质实体，如风景文物；也可以是不具有具体物质形态的文化因素，如民族风俗。资源只有具备以下三个必需的条件才能称为旅游资源：第一，对旅游者具有一定的吸引力。在旅游资源中最核心的就是吸引力。旅游者之所以选择去某地旅游就是因为其吸引力，构成这种吸引力的可能是自然因素，可能是社会因素、文化因素或者其他因素。第二，绝大多数旅游资源都是先旅游业而存在，对旅游业具有一定的经济、社会、文化价值。第三，旅游资源的作用对象是旅游者。总之，对旅游者不具有吸引力、又不能被旅游业所利用的资源不能归属于旅游资源的范畴。

西方学者常使用旅游吸引物的概念，在大多数情况下，它是旅游资源的代名词，霍洛韦这样定义旅游吸引物：那些给旅游者以积极的效益或特征的东西，它们可以是海滨或湖滨、山岳风景、狩猎公园、有趣的历史纪念物或文化活动、体育运动，以及令人愉悦舒适的会议环境。西方学者有时也将休闲活动所利用的资源包括进来。

随着社会的发展，现代旅游资源的范畴已经大大超出了传统自然风景名胜、历史文化、康体、气候、水体等，出现了娱乐、购物、科考、主题公园、节庆活动等资源。甚至在将来，现在很多不可能被旅游业开发利用的东西都有可能成为旅游资源，比如现在人们还没能普遍实现的漫步深海、遨游太空、去南北极探险等等。所以，在借鉴中外学者定义的基础上，我们定义旅游资源，是对旅游者有价值、能为旅游业所利用的一切自然、人文和社会因素。

二、旅游资源的特点

旅游资源是地理环境的一部分，它具有地理环境要素所具有的时空分布特征和动态分布特征，旅游现象的文化属性又使旅游资源具有其他资源所不具有的文化特征，而作为旅游业必不可少的组成部分，旅游资源又具有其自身独有的特征。

（一）旅游资源的自然特征

1. 区域性

旅游资源总是分布于一定的地理空间，其形成受特定区域的地理环境各要素的制约，又反过来反映着区域环境的特色，这就是旅游资源的区域性。区域性是旅游资源最本质的特征，是由于地理环境和社会文化在地域上的差异形成的，这种差异会导致同类事物由于所处的地区和地域的不同而形成不同的特色与风格，使旅游资源具有不同的地方性和民族性。如我国北方与南方地理环境的差异，造成自然景观、人文景观南北特色迥然不同。北方具有深厚的古都文化，我国从古到今的政治文化经济中心均位于北方，如北京、西安等历史文化名城都有悠久的历史，古代建筑、古城遗址、帝都王陵，特色鲜明。南方山清水秀，自然旅游资源多以海滨、山地、高原为主。也正是不同区域的旅游资源之间存在差异性，导致一地的旅游资源对另一地旅游者形成吸引力，才形成了旅游者的空间流动。区域性越突出的旅游资源对旅游者的吸引力越强。

2. 不可转移性

旅游资源的不可转移性包括两层意思：一是指旅游资源本身的不可迁移性，如风景名胜区、名山名水、海洋湖泊等自然景观是不可移动的；二是指各种旅游资源都分布在与之相适应的地理环境和区域环境中，都带有强烈的地方色彩和区域特征。一旦将其移开，资源的吸引力就会大大降低甚至消失。

例如把秦兵马俑迁移到外地，就失去了它所具有的独特的历史文化内涵，很难让人们由此感受到两千年前秦军兵强马壮、气势磅礴的阵容。如果把少数民族的建筑和各种民族节日都搬到城市中，也许形式上可以复制得很好，但是却失去了民族原汁原味、丰富多彩的民风民情和民俗文化。旅游是旅游者移动到旅游资源地的活动，而不是像其他资源一样将其运到其他地方进行再加工利用，因此旅游资源的开发利用一般都在当地进行。

3．时代性和季节变化性

旅游资源具有时代性的特征主要体现在，不同的历史时期，不同的社会经济条件，旅游资源的含义是不同的。尤其是人文旅游资源，因其形成与社会历史密切相关，留下了社会时代的烙印。不同的历史阶段、不同的民族，留下来的古建筑、古墓、皇家园林等文物古迹都反映了当时的经济文化水平。

旅游资源的季节变化性是指景物随着季节变化的特征，不同的季节、不同的气候条件，自然景观就有所不同。例如，黄山的云海和瀑布只有在夏季多雨的季节才有，北京的香山的红叶只能在秋季才能欣赏到，而只有到了冬季才能很好地观赏到北方的冰雪景观。

（二）旅游资源的经济特征

1．潜在性

对于旅游业而言，任何旅游资源都具有潜在的开发和利用价值。旅游资源在经济上的价值总是潜在的，它的存在不以人的意志为转移，人的意志只能决定这种资源能不能或者何时能作为旅游资源。旅游资源必须经过加工、经过追加一定量的为旅游而投入的劳动，才能变成旅游产品，才能为旅游者所利用。所以，旅游资源的存在形态总是潜在的。

2．价值的不确定性

和其他资源价值大小可以计算出来不同的是，旅游资源价值是不能直接计算出来的。旅游资源价值的不确定主要体现在两个方面。一是其价值是随人类的认识水平、审美需要、发现时间、开发能力、宣传促销条件等众多因素的变化而变化的。例如，对于大山里的奇松怪石，在当地山民眼中一文不值，但是却能引起城市居民强烈的好奇心，带来审美愉悦。二是旅游资源的价值会因为资源开发利用的方式以及外部条件的不同而不同。同样一个景物用作观光、度假、体育、疗养或是作为自然保护区，其经济价值的大小就明显不同。

3．开发利用的永续性和不可再生性

永续性是指旅游资源的重复使用性。大多数旅游资源是不会随着开发利用而消耗掉的，因为旅游者在旅游活动过程中购买的只是一种感受和一个经历，而不是旅游资源本身。

虽然旅游资源具有开发利用的永续性，但同时也具有不可再生性，尤其是很多自然风景和文物古迹，一旦因为利用不当致使其遭到破坏，就将不能再生。因此，在开发利用过程中，要非常重视资源的保护以实现其永续利用。

（三）旅游资源的文化特征

1．可观赏性

旅游资源同其他资源的最大的区别在于它具有一定的可观赏性，即旅游资源有形象化的可目睹可感觉的吸引性特征。人们常常将旅游资源的价值分为观赏价值、科学价值和文化价值。其中，观赏价值是旅游资源的核心成分，而科学价值和文化价值只是旅游资源的附加成分。并非每一种旅游资源都拥有科学价值和文化价值，但任何一种旅游资源都必须具有可观赏性，能给人带来审美和愉悦感受。只有人们感觉到某种事物能够满足其好奇心和心理享受的需要，这种事物又具有一定的观赏性，才能吸引旅游者开展旅游活动。不管是哪一种旅游资源，无论是名山大川、奇石异洞、海湖泉瀑、风花雪月，还是文物古迹、民族风情等都具有美感，从而使旅游者获得愉悦的心理体验。旅游资源的美学特征越突出，其观赏性就越强。

2．文化内涵丰富性

旅游资源具有相当丰富的文化内涵，而旅游活动本身就是一种文化交流活动。旅游者既可以通过观赏自然风光，获取知识，增加美感，也可以通过游览古建筑、历史遗迹，从中寻求各时期的古老文化，还可以参与旅游活动亲自体验旅游目的地的民俗风情，感受各地不同的饮食文化、服装文化、建筑文化、宗教文化等。

3．民族性

旅游资源的区域性使得其具有不同的地方性和民族性，每一个类型的旅游资源都具有自己浓郁而独特的民族特色和地方风情。例如我国是一个多民族国家，西藏是一个少数民族聚居的地区，在语言、饮食、服饰、居住、婚葬、节日、礼节、娱乐、禁忌等方面，都有自己独特的风俗习惯，体现了浓郁的民族性、地域性和丰富性，这也正是其具有强大吸引力的地方。

三、旅游资源的类型

旅游资源的分类是旅游资源调查和资源开发的基础，根据不同的目的，有不同的分类标准和方法。

（一）按资源特性及组成要素分类

根据资源特性及组成要素可将旅游资源分为自然旅游资源和人文旅游资源两大类。

1．自然旅游资源

自然旅游资源是依照自然发展规律天然形成的，吸引游人前往旅游的自然景观与自然环境。主要包括：

（1）地质地貌类。主要包括典型的地质结构、古人类遗址、古生物化石遗迹、矿物、岩石及其产地、典型的地质灾害遗迹、山岳、峡谷、火山、沙滩、岛屿、喀斯特景观、丹霞景观等等。如山东泰山、桂林山水、周口店北京猿人遗址、长江三峡地质奇观、黄山奇峰、丹霞山地质地貌景观区等，都是我国著名的旅游资源。

（2）水体类。主要包括江河、湖泊、泉、瀑布、海洋及冰川等旅游资源。如黄果树瀑布、滇池以及众多的海滨风景区。

（3）生物类。主要包括珍稀动植物、古树名木、花卉，以及特色物候景观。这类旅游资源主要以自然保护区的形式加以开发。如四川卧龙大熊猫保护区、武夷山风景区等。

（4）气象气候类。主要包括云海、雾凇、雪景、蜃景以及避暑胜地、避寒胜地等旅游资源。如我国最著名的吉林市松花江雾凇景观、山东蓬莱地区的"海市蜃楼"、黄山云海、承德避暑山庄等。

（5）太空天象胜景类。如极光、日出（落）、日（月）食、流星雨等奇观。著名的日出观景点有泰山的日观峰、华山的东峰、庐山的汉阳峰、峨眉山的金顶、钱塘江的初阳台和北戴河的鹰角亭。

2．人文旅游资源

人文旅游资源是指人类历史发展中人为因素形成的具有旅游吸引力的物质形态和精神形态旅游资源。人文旅游资源所涉及的内容非常丰富，依据不同的性质、内容和形式，可分为以下五大类。

（1）历史类。包括人类历史遗址、古建筑、古园林、古陵墓等。如北京故宫、陕西秦兵马俑、万里长城。

（2）民俗风情类。包括有地方特色和民族特色的建筑、服饰、歌舞、节庆等风俗。陕西和山西的窑洞、傣族的竹楼、藏族的牛皮船、云南纳西族和云南泸沽湖摩梭人的"走婚"、汉族的春节、傣族的泼水节等都属于民俗风情类旅游资源。

（3）宗教类。包括宗教文化、宗教建筑、宗教艺术、宗教活动等。如五台山、普陀山、峨眉山和九华山是中国著名的四大佛教圣地。寺庙、道观、经堂是建筑艺术的精华，而造像、壁画、碑碣、题楹等也极富文化价值。

（4）休憩服务与文化娱乐类。包括疗养设施、特殊医疗、现代园林、各种文化娱乐设施和活动。

（5）近现代人文景观类。包括近现代革命活动遗址、纪念馆以及交通、购物、体育、商务与会议旅游资源。

（二）按旅游活动的性质分类

根据旅游活动的性质，一般可以将旅游资源分为观赏型旅游资源、运动型旅游资源、休（疗）养型旅游资源、娱乐型旅游资源以及特殊旅游资源。

（1）观赏型旅游资源。指以提供观赏功能为主的旅游资源，如风景名胜区等。

（2）运动型旅游资源。指以提供运动功能为主的旅游资源，如攀岩壁、滑雪场等。

（3）休（疗）养型旅游资源。指以提供休养功能为主的旅游资源，如滨水度假村等。

（4）娱乐型旅游资源。指以提供娱乐功能为主的旅游资源，如各类主题公园等。

（5）特殊旅游资源。指以提供某种特殊专业功能为主的旅游资源，如具有科考价值、探险、狩猎的旅游资源等。

（三）按综合资源的特性与游客体验分类

1996 年 M.Clawwon 和 J.L.Knetsh 以综合资源的特性与游客体验作为分类标准，将旅游资源分为以下三种类别。

1.利用者导向型游憩资源（市场导向型）

以利用者需求为导向，靠近利用者集中的人口中心（城镇），通常满足的主要是人们的日常休闲需求，如球场、动物园、一般性公园。一般面积在 40～100 公顷，通常由地方政府或私人经营管理，海拔一般不超过 1000 米，距离城市在 60 千米的范围内。

2.资源基础型游憩资源

这类资源可以为游客获得近于自然的体验。资源相对于客源地的距离不确定，主要在旅游者的中长期度假中得以利用。如风景，历史遗迹，远足、露营、垂钓用资源，一般面积在 1000 公顷以上，主要是国家公园、国家森林公园、州立公园及某些私人领地。

3.中间型游憩资源

介于上述两者之间，主要为短期（1 日游或周末度假）游憩活动所利用，游客在此的体验比利用者导向型更接近自然，但又比资源基础型要次一级。

（四）按旅游资源的级别分类

1.世界级旅游资源

世界级旅游资源包括经联合国教科文组织批准被列入《世界遗产名录》的名胜古迹和列入联合国"人与生物圈"计划的旅游资源。此类资源是世界上知名度最高的旅游资源，具有全球性的艺术观赏、历史文化和科学研究价值。例如我国的长城、北京故宫等 38 处世界遗产旅游资源。

2.国家级旅游资源

这类旅游资源在国内外拥有很高的知名度，具有极高的观赏、科学和历史价值。主要包括国家重点风景名胜区、国家历史文化名城、国家级重点文物保护单位。

3.省级旅游资源

此类旅游资源在省内拥有很高的知名度，具有较高的观赏、历史和科学价值，有地方特色。主要针对国内、省内及地区的游客。

4．市（县）级旅游资源

此类旅游资源主要以当地人为主要客源，具有一定的观赏性和科学价值。例如成都乡村农家乐旅游就主要是针对成都市及其周边地区的居民。

（五）其他分类

旅游资源的分类还有其他的方法，如按照旅游动机不同可划分为心理、精神、健身、经济方面的旅游资源；按照利用和开发状况可分为已开发、待开发、未开发旅游资源；根据旅游吸引物的吸引性质分为场所吸引物和事件吸引物；按游客的体验性质将旅游资源分为原始地区、近原始地区、乡村地区、人类利用集中地区、程式化地区。

第二节 旅游资源开发与规划

一、旅游资源的开发

旅游资源只有经过开发成为旅游产品，才能提高旅游资源对游客的吸引力，为旅游业所利用，从而创造经济效益。同时，旅游资源的开发也是为了更好地保护旅游资源，延长旅游地生命周期。

（一）旅游资源开发的含义

旅游资源开发是指以发展旅游业为前提，以市场需求为导向，以旅游资源为核心，以发挥、改善和提高旅游资源对游客的吸引力为着力点，有组织有计划地通过适当的方式，把旅游资源建造成为能为旅游业所利用的旅游吸引物的经济技术工程。旅游资源开发主要有以下三个类型：一是对尚未被旅游业所利用的潜在旅游资源进行开发，使之产生经济、社会、环境效益；二是对现实的、正在被利用的旅游资源进行挖掘、整合、提升，延长其生命周期，提高综合效益；三是凭借经济实力和技术条件，人为地创造旅游资源和创新旅游项目，如建立主题公园等。

（二）旅游资源开发的内容

1. 提高旅游地的可进入性

可进入性是指旅游目的地同外界的交通联系以及旅游目的地内部交通运输的通畅和便利程度，即旅游地的交通条件，在旅游资源开发前首先要解决的问题便是旅游地的交通问题，因为旅游具有异地性，旅游者必须离开自己居住地到旅游目的地，所以旅游动机能否转化为行为要同时受到时空距离和心理距离的双重影响，良好的交通条件能有效地缩短旅游距离，提高旅游目的地对游客的吸引力。

2. 旅游产品的开发

旅游产品的开发是旅游地开发的核心，是旅游目的地向旅游客市场提供符合其消费需求的基础。旅游产品的开发直接关系到旅游市场的吸引力和竞争力，旅游产品的开发要以市场为导向，有针对性地进行开发。也就是说，旅游资源开发要在市场调查和研究的基础上，准确把握市场需求和变化规律，结合当地的旅游资源特色，根据资源条件和客源市场需求两项指标确定开发旅游产品。通过对目的地旅游资源特色的充分挖掘，针对目标市场的需求特征，概括出该旅游目的专项旅游产品最本质的核心"卖点"，即其形象化的产品主题。鲜明的产品主题可以形成较长时间的竞争优势，从而提高旅游目的地的核心竞争力，使目的地的旅游产品在市场中能够快速地获得市场认知，从而吸引更多的潜在旅游者。

3．旅游市场的开发

旅游市场包括现实市场和潜在市场。旅游市场开发的内容主要是进行规模、数量、客源地、吸引半径的动态预测，并制定相应的扩大客源地和开拓旅游市场的营销策略。

旅游市场预测是指了解未来市场的发展速度以及方向，以便及时把握未来市场动态，制定市场营销策略，根据需求适当调整旅游供给。预测的主要内容包括：旅游者人数、年均增长量、停留天数和日消费水平。根据客源地和旅游地距离、交通条件、费用、客源地的社会经济发展水平以及旅游地产品对客源地居民的吸引力大小，将市场划分成一级、二级、三级市场。一级市场是核心市场，是市场开发的首要目标；二级市场是发展市场；三级市场占的份额最小。

旅游市场营销是旅游地通过整体营销手段与目标市场游客进行沟通，建立旅游目的地的旅游形象，最终实现旅游地的产品全面销售。旅游市场开发应该依据本地旅游资源的特色和优势确定其开发的目标市场，然后再有针对性地对目标市场进行宣传和市场营销，从而扩大客源和开拓旅游市场。

4．人力资源的开发

人力资源开发包括人力资源需求预测和人才培训计划。旅游地人力资源需求数量及人才素质要求与旅游地的旅游部门经济产出、旅游业从业人口、行业全员劳动生产率等因素有关。因此，对人力资源需求进行预测，要充分分析工种要求、素质，旅游地游客数量、停留时间，客房数，季节性等相关因素。人才培训也是人力资源开发中很重要的一项任务，要根据人力资源的现状及工作性质内容、岗位要求制定科学的培训项目。

5.基础设施以及服务设施建设和完善

旅游资源开发是通过适当的方式把旅游资源及其所在地建造成具有吸引力的旅游环境，从而使旅游资源的吸引力得以发挥、改善和提高的技术经济过程。因此，旅游资源开发的主要工作之一就是建设和完善旅游基础设施，提高旅游目的地的接待能力。

旅游基础设施是旅游者在逗留期间必须依赖和利用的设施，是游客进行基本生活与获得安全的保障，包括供水、排污系统、供电、通讯、交通与医疗保健等设施。旅游服务设施是能够提供规范化服务的各种旅游设施，包括旅游住宿、餐饮、购物、娱乐、会议室等设施。要对这些设施进行合理的分区配置，并确立设施标准和质量。

（三）旅游资源开发的基本原则

1．统筹兼顾、分工协作的原则

旅游产业作为国民经济的一个重要组成部分，作为地域空间的有机整体，其开发必须与所在地区的总体开发密切结合，特别要使旅游资源开发与当地的国民经济发展水平以及城乡建设规划相结合。这样可以共享许多基础设施，大大减少旅游业的直接投资。因此，将旅游资源开发纳入区域社会经济发展战略中去考虑，列入区域开发计划，依旅游业在开发区域中的地位，确定旅游资源开发区的基础设施及协作产业群，合理地开发规划旅游地域综合体。

2．生态环境保护原则

开发旅游资源的目的就是为了利用。在开发利用旅游资源时，不可避免地要对资源和环境产生一定的影响。

因此，必须正确处理好开发和保护的关系，在开发时必须着眼于生态环境的保护，不能单纯地片面强调开发而不顾对环境的破坏。保护好旅游资源及其生态环境应注意两个方面：一是保护旅游资源本身在开发过程中不被破坏，正确处理好开发与保护的关系；二是要控制开发后旅游区的游客接待量在旅游环境容量之内，以维持动态平衡。

3．突出独特性原则

旅游资源的独特性是发展特色旅游的基础，是构成旅游吸引力的关键因素。其质量在很大程度上取决于与众不同的独特程度，独特性越鲜明，吸引力越强。突出独特性原则要求在旅游资源开发规划中要注意突出民族特色，增强地方色彩，努力反映当地文化，尽可能保持资源的原始风貌，从而满足游客猎奇的心理，增强旅游产品的竞争力。在旅游开发中要尽可能保持自然和历史形成的原始风貌，尽量选择利用具有特色的旅游资源项目，以突出自己的优越地位，即所谓"人无我有，人有我优"，努力反映当地的文化特点，以突出民族文化和地方传统格调。

当然，独特性和多样性是既对立又统一的。由于旅游消费者需求的多样性，旅游资源开发在突出特色的基础上，还应具有多样化的特点，以丰富旅游活动，满足游人多样化的需求。

4．经济、社会、环境效益统一原则

旅游资源开发目的是寻求效益，开发规划中要特别注意经济效益、社会效益和环境效益的协调统一。旅游业是一项经济产业，旅游资源开发同属经济活动范畴，经济利益是进行旅游资源开发的主要目的之一。旅游资源开发应根据自己的经济实力和有关开发项目的投资效益原则，分期分批和有重点地优先开发某些项目，不能不加选择盲目开发，更不能不分先后地全面开发。同时，旅游资源的开发必须注重对社会文化的影响，不危及当地居民的文化道德和社会生活；积极为当地提供就业机会，加快基础设施建设，促进文化交流和信息沟通。此外，在旅游资源开发规划中还必须注意资源与生态环境的保护工作，控制污染和防止破坏。

（四）旅游资源开发的程序

旅游资源开发是一项很复杂的系统工程，开发程序具体可分为以下四个步骤。

1．旅游资源调查与评价

对旅游资源的全面调查和准确的分析评价，是旅游资源开发的前提。其目的是为了了解旅游资源所在区域的资源类型、数量、分布、规模及开发利用现状，以及旅游交通、通讯、水电等基础设施和住宿、餐饮、娱乐、购物等与旅游相关的配套设施现状，从而较为全面地分析、掌握区域旅游资源的优劣势、区域环境和开发条件，并做出客观、定量和科学的评价，以便为该地旅游业发展和旅游总体规划提供参考依据。

旅游资源调查可以通过实地调查和对文献资料收集、分析、总结的方式进行。旅游资源评价则是根据旅游资源调查的结果，结合旅游资源开发利用要求，对区域旅游资源进行定性、定量评价，评价内容包括资源要素价值（如观赏游憩、历史文化、科学价值等），资源影响力（如知名度等），环境保护与环境安全，旅游价值、功能、空间组合特征及旅游容量等，最后写出旅游资源调查报告和评价总结报告。

2．可行性分析

在旅游资源调查的基础上客观、全面、科学地分析旅游资源开发利用的机遇、方向和约束条件，可以为项目决策工作提供相应的依据和参考。具体的分析内容包括经济可行性分析、技术可行性分析、社会环境可行性分析等，以便确定其开发在经济效益上是否合理，能否产生良好的社会效益和环境效益，在技术上能否达到要求水平，以确保开发工程的顺利进行。

（1）经济可行性分析。经济可行性分析是可行性论证分析的主要内容和关键，它由市场可行性分析和投入产出分析两部分构成。市场可行性分析要求首先调查研究旅游者的来源地及其空间距离、社会经济发展水平，旅游者可支配收入、主要旅游动机以及人口统计学指标特征，如游客总量、性别、年龄、民族、教育程度、职业等，以确定客源市场；其次研究市场制约因素，诸如季节因素、与其他旅游资源的相似性及其互补互代关系；最后预测旅游客源市场需求的方向和大小。投入产出分析则主要确定旅游资源的开发项目是否能够产生令投资者满意的经济效益。它要求首先进行投资条件分析，判断近期远期内可以获得多大规模的投资；然后进行社会经济基础和开发基础条件分析（如投资政策，物价水平，交通、通讯、水电设施等）；最后进行投资效益评估。投资效益评估主要是通过预测客源市场规模、人均可消费水平等测算出总收益，再根据预算投资额、资金流动周期等核算出旅游收入额、投资回收期、投资回收率和赢利水平。通过投入产出分析论证，应选择那些投资效益较好的旅游资源优先开发。

（2）技术可行性分析。技术可行性分析就是要分析旅游资源开发的技术要求和施工难度，而后对一定时期内的施工条件、施工设备、施工技术和工作量进行评估。在技术可行性分析中要充分论证各要素，提出每一项工程建设的经济技术指标，以产生良好的施工技术效益。

（3）社会环境可行性分析。旅游活动的开展必然会给旅游目的地带来各种社会影响和环境影响，因此，旅游资源开发规划必须进行社会环境可行性分析。其主要内容包括当地居民对旅游开发的观念和态度，当地政府对旅游开发的支持力度，有关法律政策对旅游活动的规定，旅游业可能带来的文化冲击和社会影响、旅游资源的脆弱性、生态环境的敏感性、旅游环境容量、旅游活动可能造成的资源和环境破坏程度等。

3．旅游资源的开发规划和设计

旅游资源通过调查、评价并做出开发可行性论证后，就要根据旅游资源开发的原则和市场的最新动态，以及当地开发旅游的基本条件，设计旅游资源开发方案，即确定旅游开发的总体规划。总体规划包括旅游开发的目标、对象、规模、等级、方式、时间、步骤、配套设施及总投资估算、具体程序等。在总体规划的基础上，再制定详细的开发建设规划，进行具体建设项目工程设计。

合理科学的规划，有助于确定旅游业发展类型、数量、地点和时间，同时又能为旅游地带来良好的经济、环境、社会效益。

4．实施经营

旅游资源开发规划方案制定好并通过评审之后，就进入具体的实施和经营运行阶段。在旅游开发实施过程中，要根据市场信息反馈和需求结构的变化，进一步认识旅游资源的价值和旅游功能，对旅游开发项目进行调整和完善，优化旅游设施和服务体系，维护并不断提高旅游资源的吸引力，形成旅游资源开发的良性循环。

二、旅游资源开发规划

旅游资源开发规划是指在旅游资源调查评价的基础上，针对旅游资源的属性、特色和旅游地的发展规律，根据社会、经济和文化发展趋势，对旅游资源进行开发的总体布局、项目技术方案制定和具体实施。

（一）旅游资源规划的重要性

旅游开发规划先行。旅游规划明确地提出了旅游发展的方向、规模、速度和目标，以及实现目标的对策和措施。有一个高水平的旅游规划作指导，才能促进旅游业的发展，使越来越多的自然资源和人文资源得到充分合理的利用。旅游规划对实现旅游资源的可持续发展和旅游环境保护非常重要，其重要性主要体现在以下三个方面。

1．指导旅游产品开发

旅游规划以旅游资源为基础、市场为导向来规划不同类型的旅游产品，满足旅游市场不同的需求。同时，旅游规划还要通过周密的调研和深入研究，充分挖掘旅游地资源，整合不同类型和空间的旅游资源，使旅游产品更具特色和吸引力，避免盲目开发。

2．为旅游业发展提供产业指导

旅游规划除指导旅游地充分利用自然和人文资源、保护资源外，还要全面分析区域旅游业的发展历史与现状、优势与制约因素，提出旅游业发展目标、发展战略、发展模式和实施方案等，为旅游业的发展提供产业指导。

3．指导旅游区设施建设

旅游设施和基础设施建设是旅游目的地发展的前提。科学有效配置和布局这些设施，才能形成合理的旅游流，为旅游产品开发设计奠定良好基础。旅游规划确定规划旅游区的功能分区和土地利用,提出规划期内的旅游容量，有利于旅游区基础设施、服务设施以及其他附属设施的总体布局。

（二）旅游资源规划类型

根据中华人民共和国国家标准 GD／T18971-2003《旅游规划通则》，旅游规划分为两大类：一大类是旅游（业）发展规划；另一大类是旅游区规划。

旅游发展规划按规划的范围和政府管理层次，分为全国旅游业发展规划、区域旅游业发展规划和地方旅游业发展规划。地方旅游业发展规划又可分为省级旅游业发展规划、地市级旅游业发展规划和县级旅游业发展规划等。按规划层次，旅游区规划分为总体规划、控制性详细规划、修建性详细规划等。

旅游规划按性质内容分，可分为总体规划与专题规划。总体规划是对旅游资源开发，以及与此相关的旅游的全面发展所作的全面性、战略性和总体性的计划和安排。因各规划区的具体情况不同，总体规划编制的内容、深度有所差异，但一般都要提出发展战略及其目标，要规定发展的阶段、内容、规模、性质、速度、步骤、措施等。一般地说，总体规划是各部门制定子规划或专门规划的重要依据。专题规划是对旅游资源开发以及与此相关的某一专题、某一方面的规划。专题规划通常有以下几种：土地利用规划、旅游景点开发、旅游功能区布局规划、旅游设施规划、旅游资源保护与环境保护规划、旅游交通规划、绿化规划、旅游线路规划、旅游业资金吸引规划、旅游市场拓展规划、旅游产品营销规划、旅游人才培训规划等。

（三）旅游资源规划内容

旅游资源开发规划的内容，目前国内还没有统一的标准。规划内容，可以因资源性质、开发重点、开发范围、背景条件等的不同而有所差异，但基本内容都包括了以下方面。

（1）旅游资源所在区域现状分析。包括这个区域的历史、地理、地质、气候、区位条件、社会经济条件以及景物与环境评价、接待服务条件、旅游资源开发与管理现状等。

（2）旅游资源评价，根据旅游资源调查的结果进行定性定量的评价，得出旅游资源的特色、价值及开发条件。

（3）旅游区性质定位。包括明确旅游区的性质与特点、发展目标与指导思想、功能分区、景区划分与游览路线组织，确定旅游发展的整体框架，确定重点发展区域、优先发展区域等。

（4）规划范围与规模。确定旅游区开发、管理范围，有效实现旅游容量控制，对自然保护区等特殊旅游区域的开发还要确定外围保护地带、保护区分级和保护措施。

（5）总体项目布局。通过旅游项目的设计、建设和管理，吸引游客到旅游区来观赏、经历、体验旅游项目，从而实现经济效益、社会效益和生态效益。

（6）旅游基础设施规划。包括旅游交通、电力能源、邮政电信通讯、给排水、污染处理、绿化、防洪等方面的规划如何与旅游发展的规模和地方经济发展规模相协调。

（7）旅游服务设施专项规划，围绕游客的吃、住、行、游、购、娱等六要素开发建设配套设施。如住宿设施、娱乐设施、餐饮设施、购物设施和医疗、卫生等设施的规划，以保证各类设施的容量、规模的协调发展。

（8）规划分期实施目标。包括重要景区、服务基地、大型建设项目的规划设计、技术经济论证等。

（9）旅游产品体系规划。旅游市场分析，如供需关系、市场调查、市场细分研究，运用 SWOT 分析法对景区所处的市场环境进行客观分析。

（10）旅游环境容量分析和环境规划。包括旅游环境容量分析、环境保护与可持续发展、保护区的划分和保护重点。

（11）人力资源规划。包括人力资源现状、需求预测与人才培养的指导思想和目标。

（12）投资估算与效益分析。包括投资额、资金来源、投入产出分析等。

（13）旅游管理规划。包括对旅游区投资、开发规划和经营等方面实施的管理体制、机构设置、立法执法措施等，保证旅游资源开发的顺利进行。

（14）旅游规划的图件。一般包括旅游资源分布图、交通位置图、开发现状图、总体规划图、用地规划图、保护规划图、绿化规划图、游览线路图、工程管线图、旅游服务设施图、分期规划图和部分详规图。

第三节 旅游资源及旅游环境保护

旅游资源和环境是旅游业生存之本和发展之源，是旅游可持续发展的物质基础和环境前提，是旅游产业化的根本保证。只有了解旅游和环境的关系，两者协调发展才能更好地保护旅游资源环境，实现环境保护和旅游业的互动和协调发展。

一、旅游环境相关概念

（一）旅游环境

旅游环境是以旅游者为中心，以旅游目的地为主要空间范围，并由自然生态环境和人文社会环境构成的复合环境系统。自然生态旅游环境主要包括旅游的大气环境、旅游的水体环境、旅游的地质地貌环境、旅游的生物环境以及其他自然景观要素；旅游的人文社会环境主要包括文物古迹环境（古建筑、古遗址、古陵墓、园林、碑刻等）、风俗民情环境（当地的衣、食、住、行及文化、艺术等）、旅游城市环境、旅游地社会环境等。

自然环境是旅游活动的基础环境，对当地旅游业发展起至关重要的作用，所以目前大多数学者主要以旅游者在旅游目的地所接触的自然环境为主要研究内容。

从旅游系统的空间结构分析，因旅游系统涵盖了旅游客源地、旅游通道和旅游接待地三个空间，所以从宏观上讲，旅游环境是由旅游客源地环境、旅游通道环境和旅游地环境三部分共同构成的。若从旅游系统的组织结构分析，旅游环境是由旅游者的旅游活动（即旅游需求和旅游消费）环境、旅游经营活动（即旅游供应）环境相结合而构成的系统。

从游客的旅游活动主要涉及的环境要素看，旅游环境是指旅游者在整个旅游活动中所能接触到的各种空间形态，主要包括交通环境、服务接待环境、旅游地的景观资源环境、气候环境和休闲娱乐环境等。

（二）旅游环境容量

旅游环境容量，又称为旅游环境承载力、旅游生态容量，是指一定时期内，在旅游地的自然生态环境大致退化的前提下，不会对旅游地的环境、社会、文化、经济以及旅游者旅游感受质量等方面带来无法接受的不利影响的旅游业规模的最高阈值，一般量化为旅游地接待的旅游人数最大值。

旅游环境容量是广义的、综合性的概念，内容涉及旅游活动的空间、生态、经济以及社会、心理等许多方面。一是旅游社会地域容量，是指旅游接待地区的人口构成、宗教信仰、民情风俗、生活方式和社会开化程度等所决定的当地居民可承受的旅游者数量。二是旅游生态容量，是指在单位时间内旅游地的自然生态环境大致退化的前提下，旅游景区景点最大接待的旅游者数量，反映生态环境对旅游者及旅游活动的承载力。三是旅游经济发展容量，指在一定时间旅游地的经济发展程度所决定的能容纳的旅游者和旅游活动的最大量。旅游点的交通条件、接待设施、卫生条件都对旅游者的数量有很大的影响。四是旅游心理容量，它是从旅游者的角度来考虑的，即旅游者在某一地域从事旅游活动的时候，在不降低活动质量的条件下，旅游地所能容纳的最大量。

对于一个拥有各项旅游设施的旅游区来讲，容量的确定不仅要考虑游览点的容量，还要考虑整个旅游区的环境承受力。旅游环境容量是一个可变因素，不同的技术、管理条件下，容量不同，有力的管理可扩大其环境容量。

（三）旅游环境氛围

现在旅游环境氛围越来越受到旅游学者以及旅游规划开发人员的关注，但是却还没有明确的定义。环境氛围是指某个特定环境中的特殊气氛或情调，旅游环境氛围就是指在旅游地这个特殊的环境中所特有的地方特色、历史、民族风情及与之相适应的外部环境氛围能给人带来的一种情绪化感受。旅游区的旅游环境氛围是由当地的自然环境，以及反映当地历史、地方或民族气息的人文环境烘托出来的，其中，当地的各种历史、民族文化现象的气氛最为重要。不同地区的民族风情不同、特色不同、旅游景点不同，所营造出来的环境氛围是不一样的。比如苏州园林，给人的感觉是精致，有小家碧玉的情调。

根据环境心理学原理，旅游者在旅游时对环绕在身体周围的空间有一定的要求，如果旅游区环境氛围不够强，便会导致旅游者的不满意，引起旅游者情绪不安和精神不愉快。每一具体的游览对象，其对游客旅游行为的激发，很大程度上是它反映出的特殊的历史、地方、民族特点或一种异国、异地的特殊情调。只有营造一种和谐共融的环境氛围，才能不断增强旅游地的美誉度。因此在旅游开发规划过程中，尤其要注意保护旅游环境气氛，充分调动当地居民参与到旅游中来。

二、旅游资源环境保护的意义和现状

旅游发展与旅游资源及其环境保护具有内在的一致性。旅游资源在经过开发成为旅游产品后，受到了不同程度的破坏和影响，进而影响到旅游资源的生命周期，影响到旅游业的发展。旅游资源环境保护主要是为了解决人为造成的旅游资源破坏和旅游环境污染问题。

（一）旅游资源保护的意义

旅游资源是自然资源和社会资源中的一个重要的组成部分，是人类赖以生存和发展的最基本物质条件之一。旅游资源既包括山脉、河流、湖泊、动物、植被等自然旅游资源，同时也包括人类活动创造的宏伟建筑、文物古迹、历史文化等人文旅游资源。前者是生态环境的重要组成部分，后者是人类共同的重要的文化遗产，保护旅游资源就是保护了生态环境和旅游地文化。

旅游资源也是旅游开发的必备条件之一，是构成旅游产品的重要组成部分。旅游资源和环境是旅游业生存和发展的基础。已开发的旅游资源一旦遭到破坏，旅游地的吸引力就大大降低，旅游地的经济效益直接受到威胁，旅游业就失去了发展的基础。旅游业的良性循环和发展为环境保护的改善和旅游资源的合理开发利用提供了物质基础和条件,对环境保护起到了促进作用。

因此，保护旅游资源就是保护旅游业的可持续发展。

从目前我国的情况看，由于旅游业开发历史较短，且采取粗放型开发模式，对旅游资源的盲目、掠夺式的开发而造成的资源浪费现象、生态环境系统失调现象、风景区环境污染现象等，还是相当严重的。保护旅游环境已成为我国旅游业可持续发展的迫切任务。

（二）旅游资源保护的现状

我国是一个旅游资源大国，近年来，随着我国旅游业的快速发展，在旅游资源开发利用和环境保护方面出现了很多问题。开发过程中对旅游资源的破坏主要分为自然破坏和人类破坏，而更多的是人类活动引起的旅游资源破坏和环境污染。

1. 旅游资源的自然破坏较重

自然破坏主要表现在：（1）自然界中突然发生的地震、火山喷发、海啸等自然灾害会直接毁掉部分或全部的旅游资源。如 1997 年 8 月 12 日，夏威夷岛上最古老的瓦吼拉神庙，被基拉威火山喷出的熔岩全部淹没，一座 700 年悠久历史的名胜古迹在瞬间毁于一旦。（2）自然状况下的寒暑变化、风化作用和生物作用间接地对旅游资源形态和性质的改变。如埃及的基奥斯普大金字塔，近 1000 多年来风化产生的碎屑达 5 万立方米，即整个金字塔表层每年损耗约 3 毫米。我国的云冈、龙门、敦煌三大石窟无一例外地受到了这样的破坏。

2. 旅游资源开发规划不当造成的破坏

在旅游资源开发中，规划不当也会造成旅游资源特色及景观的破坏。不少地方政府、旅游开发商和旅游经营管理部门，加大基础设施建设的投资，在旅游地大兴土木、筑路修桥、架设缆车索道、兴建娱乐设施，甚至大量引入房地产开发，利益驱使景区人工化、商业化、程式化，破坏了旅游资源的真实性和完整性，损害了自然文化遗产的价值。例如，泰山岱顶月观峰索道破坏了地形和植被；黄山北海景区程式化破坏了核心景区的原生环境；武陵源张家界观光电梯和锣鼓塔程式化破坏了核心区原生景观。

3．旅游活动对旅游资源环境的破坏

（1）加速了名胜古迹的损坏。旅游资源开发后，随着旅游活动的开展，大量游客不断涌入，其中不乏素质低下的人，旅游资源环境保护意识弱，认为环境保护是政府和环保部门的责任，对景物随意刻划、涂抹，任意毁坏旅游资源。不仅如此，大量游客不断涌入，还加速了自然风化的速度，导致古迹的损坏。如我国著名的敦煌石窟，随着近年大量游客进入石窟，人们呼出的水汽和二氧化碳改变了石窟内的大气环境，加速了雕塑、壁画的变质；有些山地旅游景点，大量游客的践踏使土壤板结、古树枯死；故宫铺地的金砖，因每年不断增加的游客，使景区地面因踩踏磨损达 10-20 毫米。

（2）对旅游区生态环境的污染。在旅游城市和旅游景区，游客的进入、旅游活动的开展和满足游客基本生活需求，都会给旅游生态环境带来影响。如游客行、旅游需要的交通设施所排出的废气、废油污染了大气和水体；满足游客生活必需的食宿条件会产生大量的生活污水和生活垃圾排入环境，将会导致严重的环境污染；游人爬山登踏、挖掘土石，破坏了自然条件下长期形成的稳定落叶和腐殖层，造成水土流失，使旅游区的自然生态环境受到威胁。云南丽江城历史悠久，是一座家家垂柳、户户流水的文化名城，现在，"户户流水"已经没有往日的那般清澈，污物随处可见。

三、旅游资源及旅游环境保护

（一）旅游资源及旅游环境保护的相关理论

生态安全理论、生态环境伦理、LAC 理论以及可持续发展理论作为旅游资源与环境保护的基础理论，对指导旅游资源开发与环境保护实践有着重要的意义。

1．生态安全理论

生态安全是近年提出的安全概念，有广义和狭义的理解。前者是 1989 年由国际应用系统分析研究所在提出建立全球生态安全监测系统时首次提出的，是指在人们的生活、健康、安乐、基本权利、生活保障来源、必要资源、社会秩序和人类适应环境变化的能力等方面不受威胁的状态，包括自然生态安全、经济生态安全和社会生态安全组成的一个复合人工生态系统。狭义的生态安全是指自然和半自然生态系统的安全，即生态系统完整性和健康的整体水平反映，它是从人类对自然资源的利用与人类生存环境辨识的角度来分析与评价自然和半自然的生态系统。

生态安全的主要内容包括生态系统健康诊断、生态系统服务功能的可持续性、区域生态风险分析、景观安全格局、生态安全监测与预警以及生态安全管理、保障等方向。其分析步骤一般为：（1）生态系统功能分析；（2）生态系统演化状况的监测；（3）主要胁迫因子分析；（4）生态平衡期望值的设定；（5）重要阈值的判定（变化的允许范围）；（6）对系统演化的预测和预警；（7）调控对策。区域生态安全研究具有宏观性和针对性的特点，评价标准则具有相对性和发展性，生态安全预警与设计要针对某一生态问题体现人类活动的能动性。

2．生态环境伦理

这里的伦理，不是一般的社会伦理、人际伦理，而是生态伦理、环境伦理。这种伦理是将人与自然、生态、环境密切地联系起来，即是人与生态环境的伦理。环境伦理包含了人类对环境的概念、态度和价值观，是人类对自然环境的伦理责任。生态环境伦理学试图用道德来约束人对自然的行为，它向人们提出了全新的道德要求，这意味着人类的一次深刻的角色转变，即由自然的征服者变成自然的调节者，实现这一角色的转换不仅需要强制性的政策法规，更需要道德的力量。

因此，生态环境伦理的概念可归纳为：生态环境伦理是指体现于人类的生产和生活活动过程中的一系列保护生态环境和资源的理性思维与道德规范。它是研究与生态环境保护相关的道德问题的理论，其目的是为保护生态环境提供一个恰当的道德根据和规范。

生态伦理突出强调在改造自然中要保持自然的生态平衡，要尊重和保护环境，不能急功近利，吃祖宗饭，断子孙路，不能以牺牲环境为代价取得经济的暂时发展。因此，生态环境伦理基本内容可概括为：一是强调大自然的整体和谐性，大自然是一个互相关联的和谐的整体，人类只有把自己的行为约束在有利于保护生态系统的和谐稳定、保护生物存在的多样性、保护土地利用的完整无损时，才可以既是符合生态环境伦理规范的要求；二是强调维护生物多样性和生态环境多样性，生物多样性一旦受到破坏，就会危及人类的生存，因此，我们应该以高度的责任感保护生物的多样性；三是尊重自然的权利，生态环境伦理思想认为生物具有受人类尊重的资格，人类必须承认并尊重达种资格，具体内容包括承认生物的种族特征与自然性、尊重所有的物种等；四是承认自然的内在价值，生态环境伦理认为自然或生物的价值是多方面的，其主要价值表现在两个主题内容上，一是被人们视为对其有用的自然的使用价值，二是除了使用价值以外，自然界也具有固有的价值或内在价值；五是人与自然协同进化，生态环境伦理认为人类不是自然的主人，而是"自然权利"的"代言人"，其作为自然界进化的最高产物，对其他生命及生命保障系统负有道德责任。

3．LAC 理论

LAC 理论，英文全称为"limits of acceptable change"，中文可译为"可接受的改变极限"。它是美国国家林业局的科学家们于 20 世纪 80 年代在游憩环境容量的基础上发展起来的一种理论，用于解决国家公园和保护区中的资源保护与利用问题。20 世纪 90 年代以后广泛应用于美国、加拿大、澳大利亚等国家的国家公园和保护区的规划和管理之中，取得了很好的效果。该理论认为，如果允许一个地区开展旅游活动，那么资源状况下降是不可避免的，也是必须接受的，关键是要为可容忍的环境改变设定一个极限，当一个地区的资源状况到达预先设定的极限值时必须采取措施，以阻止进一步的环境变化。

1984 年 10 月史迪科等发表了题为《可接受改变的极限：管理鲍勃马苏荒野地的新思路》的论文，第一次提出了 LAC 的框架。1985 年 1 月出版的《荒野地规划中的可接受改变理论》报告系统地提出了 LAC 的理论框架方法，以一套 9 个步骤的管理过程来替代单纯的"环境容量计算"，实践上取得了很大成功。

LAC 理论的 9 个步骤：（1）确定规划地区的课题与关注点。（2）界定并描述旅游机会种类。（3）选择有关资源状况和社会状况的监测指标。LAC理论的创始者们建议选择指标时应该注意以下原则：①指标应该反映某一区域的总体"健康"状况；②指标应该是容易测量的。（4）调查现状资源状况和社会状况。（5）确定每一旅游机会类别的资源状况标准和社会状况标准。（6）根据步骤1所确定的课题、关注点和步骤4所确定的现状制订旅游机会类别替选方案。（7）为每一个替选方案制订管理行动计划。（8）评价替选方案并选出一个最佳方案。（9）实施行动计划并监测资源与社会状况。

LAC理论的诞生，带来了国家公园与保护区规划和管理方面革命性的变革，美国国家公园管理局根据LAC理论的基本框架、制定了"游客体验与资源保护"技术方法（visitor experience and resource protection，VERP），加拿大国家公园局制定了"游客活动管理规划"方法（visitor impact management，VIM）、美国国家公园保护协会制定了"游客影响管理"的方法（visitor optimization management model，VIM），澳大利亚制定了"旅游管理最佳模型"（tourism optimization management model）。这些技术方法和模型在上述国家的规划和管理实践中，尤其是在解决资源保护和旅游利用之间的矛盾上取得了很大的成功。目前我国才开始探索包括分区（Zoning）控制规划、目标-战略-行动计划三层次协同规划、资源保护等级光谱以及指标和标准的制定等等，也取得了一些成绩。

（二）旅游资源及旅游环境保护的措施

旅游资源环境的破坏是多方面的，其中主要是人为破坏，但也不乏自然衰败，所以旅游资源的保护措施也应该是多元化的。

1. 合理开发规划旅游资源

对旅游资源的粗放式开发，导致大量的资源浪费和破坏。在开发旅游资源时应针对不同类型的资源采取不同的利用模式，对环境脆弱的资源，要以保护为主。制定近期、远期规划和分区的详细规划，并及时提出控制性规划的具体措施。在开发中还要科学测定旅游区的环境容量，从而指导规划中开发目标的制定。在旅游资源开发中要注意适度开发，开发那些不影响或少影响生态环境的旅游项目，并且要注意使旅游资源的开发与其周围社会的生态环境相协调，以保证其原汁原味的环境氛围，保持吸引游客的魅力。

2．加强旅游资源保护意识和知识的宣传教育

旅游资源的保护首先要解决的是广大民众的旅游资源保护意识问题，让他们了解到旅游资源是千百年自然造化和人类文化遗产的精髓，是大家共同的财富，保护旅游资源是对自己负责；也让他们了解旅游资源虽然是可以重复利用的，但也是脆弱的，一旦破坏，就不能再生。

同时，加大宣传力度，提倡文明旅游，杜绝旅游污染。在宣传工作上，要认识到旅游资源的保护意识是需要长期进行的宣传教育工作。采用大众所喜闻乐见的宣传教育活动形式：可以在景区增加一些趣味性强、造型精美的垃圾箱，引导一些孩子将垃圾丢入箱中；另外也可以在旅游活动设计中增加环境教育内容。旅游活动中的环境教育可增强旅游体验，增长旅游者见识和知识，从而增强旅游者满意感。

3．健全旅游资源法制管理体系

不少旅游资源的破坏都是由于法制不健全，因人为原因造成的。所以，为了旅游业的可持续发展，必须通过立法手段来加强其资源的保护，对破坏行为实行强制干涉和惩罚。旅游资源具有多样化的特点，因而难以制定全面的旅游资源保护法。但建国之后，我国先后颁布了不少直接或间接的与保护旅游资源有关的法律法规，如文物保护法、环境保护法、风景名胜区管理条例等，它们已经在对旅游资源的保护中起了一定的作用。在采取宣传、立法等预防性措施的同时，对损害和破坏旅游资源的单位和个人给予必要的严厉的行政处罚和经济处罚，对造成严重破坏者，还要追究其法律责任。

4．恢复已破坏的旅游资源

绝大多数旅游资源一旦遭到破坏，则很难恢复。但也有一些古建筑，文化价值和旅游价值都很高，虽然已经衰败和破坏，但仍可以采用整修和重建以恢复其风采。江南三大名楼之一的武昌黄鹤楼的仿古重修，保持了原有的塔式阁楼造型风格和江、山、楼三位一体的意境，是古建筑重建中较为成功的一例。有的旅游区的环境和资源受到了一定的污染和破坏，我们也可以通过污染治理和生态建设继续发展旅游业。而对那些珍贵文物旅游资源，则应尽量减慢其自然风化的速度。

第三章 旅游者管理

第一节 旅游需求

一、旅游需求的概念及产生

（一）旅游需求的概念

旅游需求是指为实现特定的偏好或欲望，在某一特定时期内，在核心旅游产品的各种可能价格和在这些价格水平上，潜在旅游者愿意并能购买的数量关系。然而很多地方都混淆了旅游需求和旅游需求量的概念，在此，有必要对旅游需求和旅游需求量作一个区分。旅游需求只是反映了人们主观上对旅游产品的购买欲望大小和需求的强度，并不是人们实际购买的旅游产品数量。而旅游需求量是对旅游需求的种种度量，它是指人们在一定时间内愿意按照一定价格而购买某种核心旅游产品的数量。

（二）旅游需求的产生

旅游需求的产生既有主观方面的作用，也有客观条件的影响，从主观上看，旅游需求是由人们的生理和心理因素所决定的；从客观上讲，旅游需求是科学技术进步、生产力提高和社会经济发展的必然产物。

1. 旅游需求产生的客观因素

（1）旅游产品的吸引力。旅游产品的吸引力是指旅游产品吸引旅游者的能力，它是激发人们的旅游需求和吸引旅游者的重要前提条件。一个旅游地的旅游资源越丰富，旅游吸引力就越强，激发旅游者需求的能力就越强。

（2）支付能力。旅游支付能力是形成旅游需求的基本条件，在旅游消费还没有成为日常性消费的时候，旅游支付能力是指个人或家庭的全部收入中扣除全部纳税和必需的日常生活和社会消费后所剩下的可能用于旅游消费的那部分收入。收入水平就意味着支付能力，可自由支配收入的水平就决定着一个人的旅游支付能力，即可自由支配收入越高，旅游支付能力就越强。旅游支付能力不仅影响着人们的旅游消费水平和旅游消费构成，而且还影响到旅游者对旅游目的地及旅游方式的选择等等。

（3）闲暇时间。旅游需要时间，人们闲暇时间的增多是产生旅游需求的必要条件。闲暇时间就是人们在日常工作、学习、生活之余以及必需的社会活动之外，可以自由支配的时间。闲暇时间并非完全用于旅游，较长距离的旅游需要有较长而且比较集中的闲暇时间才能实现。闲暇时间的长短影响旅游地域范围和旅游者的旅游方式，从而影响旅游需求实现程度。

（4）交通运输条件。现代科学技术的进步，为人们提供了方便快捷的现代化的交通运输条件，大大缩短了旅游的空间距离，促进了旅游需求的产生和国际国内旅游的迅速发展。各种大型民航飞机、高速空调客车、高速列车等运输工具的应用，促使旅游者在旅游活动中的空间移动更加舒适、方便和安全，有效地刺激了人们的旅游需求。

（5）其他客观因素。影响旅游需求的产生，除了以上的几个因素外，还有其他很多客观因素，例如人们的性别、年龄、职业、受教育程度、家庭结构等。

2．旅游需求产生的主观因素

旅游需求产生的主观因素，实质上是人们在各种外在因素和条件综合作用下所反映出来的从生理和心理上对旅游的一种渴望。它包括生理因素和心理因素。

（1）生理因素。人们的生理需要不仅是人们的先天性需要，也是维持人的生命所必不可少的基本因素。随着生活水平的提高，人们的生理需要由主要追求食物、安全、穿着等方面的满足发展到对新鲜空气、良好的环境、健康的体质等方面的追求，同时也促使人们产生了休闲、度假、疗养、健身等旅游需求和动机。因此，从生理因素看，旅游需求的产生和发展实质上是人们不断追求生活质量提高的结果，是基于人体生理需要而产生的原动力。

（2）心理因素。人们的心理需要是人们在与自然、社会、他人之间的相互交流过程中所反映出来的主要心理状态，其表现为人们的一种高层次的需要。例如，人们通过学习、工作、社交等活动，促使人们产生了扩大视野、见识世界、探亲访友等的旅游需要和动机。因此，从心理因素看，旅游需求的产生实质上是人们对自然和社会文化环境的一种反映和自我适应的过程。

（3）旅游动机。旅游动机是旅游需求产生的主观条件之一。旅游动机是自主的、能动的主观愿望，是形成旅游需求的首要的主观条件。旅游动机除了受个人的经济能力和闲暇时间的影响外，还要受个人的兴趣、爱好、专业、对生活的态度、对环境的知觉、受教育程度、个人生活的社会环境和背景等等各方面因素的影响。

二、旅游需求特点

旅游需求是人类需求的重要组成部分，是人们消费需求的一种特殊需求。因此，旅游需求具有不同于人类其他需求的重要特征。

（一）高层次性

人类需求具有多样性，通常内低级到高级的顺序将需求分为生理的需求、安全的需求、社交的需求、自尊的需求和自我实现的需求。随着人们生活水平的提高，人们在满足了低层次需求后就会追求更高层次的需求。

研究旅游心理学的专家往往把旅游视为追求心理满足的活动，尤其是在现代工业化社会的快节奏状况下，由于人们对原始淳朴的大自然的迫切需求，各种追求新、异、奇、美为主的旅游需求就成为人们更高层次的心理需求。

（二）多样性

由于人们的个性差异、生活条件的不同、经济收入的差别和人们所处的社会环境的影响，使人们的需求呈现多样性，因而旅游需求也表现为一种多样性的需求。例如，为了缓解紧张的工作压力，有的人愿意选择攀岩、漂流、蹦极等冒险性的旅游项目，有的却喜欢观赏自然风光、欣赏人文景观等舒缓活动的旅游项目，还有的钟情于疗养、温泉、健身、医疗等康体保健的旅游项目，正是由于旅游需求的多样性就要求旅游产品也具有多样性。

（三）主导性

旅游需求是在外部刺激影响下，经过人的内在心理作用而产生的。旅游需求的产生虽然受旅游产品吸引力作用，受经济、社会、政治、文化及环境等各种因素的影响，但最根本的还是由人的心理所决定。人们的价值观、生活方式、生活习惯、消费特点等都会直接决定和影响旅游需求的产生，因而旅游需求是一种主导性的需求。尤其是在现代，随着经济的发展，随着人们的支付能力的提高，使得旅游需求迅速成为人们积极追求的一种主动性消费需求。

（四）敏感性

旅游需求对社会、政治、经济以及旅游风尚的变化敏感度很强，如果旅游目的地的社会政治状况良好，则为旅游的发展提供了很好的社会旅游环境，旅游需求会明显增加。若旅游目的地的政治不稳定或社会动乱，不论其旅游产品如何低廉，对游客吸引力都不会大，旅游需求明显减少。例如，我国每年推出的专题旅游年，加上一系列的促销活动，引发了新的旅游需求热；而"9·11"事件发生后，使美国的旅游需求量明显减少。

（五）季节性

旅游需求具有较强的季节性，主要是与旅游目的地的自然气候，同时也与客源地的气候条件、假期分布以及旅游者的闲暇时间有关。由于旅游者的闲暇时间大多集中在某段时间，如我国的春节、"十一"黄金周，尤其是寒暑假最为集中，这也就使得旅游需求在这段时间大量集中。

三、旅游需求的发展变化

旅游需求是伴随着社会经济的发展而发展和变化的。旅游需求的变化具体体现在三个方面：旅游需求量的增加、旅游需求质的提升和旅游需求多样化。

（一）旅游需求量的增加

旅游需求量的大小与社会发展水平、社会富裕程度成正比。生产技术的提高，使得人们收入水平提高和闲暇时间增多，这是旅游需求量增加的一个因素；另外一个因素就是信息技术的发展，使得人们视野更加开阔，对于自然、文化、历史的探索欲望更加强烈，并希望有更多的受教育和跟外界深入交流的机会。

（二）旅游需求质的提升

随着旅游者对旅游需求量的增加,他们对旅游产品质量要求也随之提高。现在的旅游者越来越注重体验过程，他们开始追求一种回归自然、参与性强的旅游活动，并且希望在旅游过程中增长知识、陶冶情操，体验大自然所带来的轻松、自由和快乐的感觉。

（三）旅游需求多样化

随着旅游需求的发展，旅游需求开始由过去单一的观光、娱乐等形式向休闲化、个性化和参与性转变。

主要转变体现在以下几个方面：（1）休闲旅游需求。近年来，休闲度假的旅游需求在大幅度上涨，农家乐、度假村成为城市大多数居民周末放松和休息的好去处。（2）个性化的旅游需求趋势越来越明显，许多旅游者开始自主地选择旅游路线和消费方式。（3）自驾车旅游需求。随着越来越多的家庭拥有私家车。自驾车旅游需求也变得越来越普遍。自驾车旅游，既满足了旅游者休息旅游的需求，又带来了亲朋知己聚会和驾车的乐趣。

第二节 旅游者行为与特征

不同的国家和民族在历史传统、文化背景、社会制度、民族特点等方面存在着差异，这就导致了不同民族和国家的旅游者具有不同的旅游行为。

一、旅游者的概念

对旅游者的定义，不同的学科背景、研究视角、研究目的和研究主体都会得出不同的结论。这里主要介绍国际国内对旅游者的定义。

（一）国际上的定义

1. 国际旅游者

1976 年，联合国统计委员会召开了由世界旅游组织以及其他国际组织代表参加的会议，明确了游客、旅游者和短途旅游者的技术性定义，成为当今世界大多数国家使用的旅游者定义：一个游览者离开常住地到另一个国家旅行，至少停留一夜但不超过 1 年，主要目的不是在所访问的地区从事获取经济利益的活动。具体内容如下。

（1）下列几类不属于游客：①为移民或获得一个职业而进入其他国家的人；②以外交官或军事人员身份访问该国的人；③上述人员的随从；④避难者、流浪者或边境往来工作人员；⑤逗留时间超过一年的人。

（2）下列几类属于游客：①出于娱乐、医疗、宗教、探亲、体育运动、会议、学习或过境的目的而访问他国的人；②中途停留在该国的外国轮船上或飞机上的乘客；③逗留时间不到 1 年的外国商业或企业人员，包括安装机器设备的技术人员；④国际团体雇佣不超过 1 年或回国短暂停留的侨民。

2. 国内旅游者

世界旅游组织定义为：国内旅游者指在本国某一目的地旅行超过 24 小时而少于 1 年的人，其目的是休闲、度假、运动、商务、会议、学习、探亲访友、健康或宗教。国内短途旅游者指基于以上任一目的并在目的地逗留不足 24 小时的人。

（二）我国对旅游者的定义

国家旅游局对此进行了统计，并制定了相关的统计指标定义。

1．游客

任何一个因为休闲、娱乐、观光、度假、探亲访友、就医疗养、购物、参加会议或从事经济、文化体育、宗教活动，离开常住国（常住地）到其他国家（地方），连续逗留时间不超过 12 个月，并且在其他国家（或地方）的主要目的不是通过所从事的活动获得报酬的人。

游客不包括因工作或学习在两地有规律往返的人。游客按出游地分为国际游客（即海外游客）和国内游客；按出游时间分为旅游者（过夜游客）和一日游游客（不过夜游客）。

2．海外旅游者

海外旅游者是指来华旅游入境的海外游客中，在我国旅游住宿设施内至少停留一夜的外国人、华侨、港澳台同胞。

3．海外一日游游客

海外一日游游客是指来华旅游入境的海外游客中，未在我国旅游住宿设施内过夜的外国人、华侨、港澳台同胞。海外一日游游客包括乘游船、游艇、火车、汽车来华旅游，在车（船）上过夜的游客和机、车、船上的乘务人员，但不包括在境外（内）居住而在境内（外）工作当天往返的港澳台同胞和周边国家的边民。

4．国内旅游者

国内旅游者是指我国大陆居民离开常住地到境内其他地方，并在旅游住宿设施内至少停留一夜，最长不超过 6 个月的国内游客。国内游客包括在我同境内常住 1 年以上的外国人、华侨、港澳台同胞，但不包括到各地巡视工作的部以上领导、驻外地办事机构的临时工作人员、调遣的武装人员、到外地学习的学生、到基层锻炼的干部、到境内其他地区定居的人员和无固定居住地的无业游民。

5. 国内一日游游客

国内一日游游客是指我国大陆居民离开常住地 10 千米以上，出游时间超过 6 小时、不足 24 小时，并未在境内其他地方的旅游住宿设施内过夜的国内游客。

二、旅游行为的概念和特征

（一）旅游行为的概念

旅游行为是指旅游者对旅游目的地的选择，以及以旅游为目的的空间移动、游乐活动及与之相关的生活行为。

1. 旅游决策行为

旅游决策行为是指旅游者根据所收集的各种信息，根据自己的主观偏好对旅游地的选择以及对旅游活动进行设计、规划和相关事项做出决定的心理过程。它包括对旅游目的地、交通工具及组织形式的选择、旅游内容和时间的安排、旅游花费的预算等。其中，信息收集的方式和对目的地的选择是旅游者最重要的决策行为。

2. 旅游空间行为

旅游空间行为是指旅游者奔赴旅游地和到达旅游地进行游玩的过程中一系列行为的总和。旅游空间行为是以决策行为为基础的，空间行为中的许多特征是由决策行为的原则所决定的。保继刚根据涉及的空间大小把旅游空间划分为大、中、小三个尺度，提出了各尺度空间行为所涉及的空间大小以及旅游者所表现出来的空间行为特征，如表 8-1 所示。

表 4-1 三个尺度空间行为所涉及的空间大小及空间行为特点

尺 度	涉及的空间范围	旅游者空间行为特点
大尺度	国际、全国、省际	倾向于选择到级别较高的旅游点旅游;多采用环状路线旅游;尽可能游玩更多的高级别旅游点
中尺度	省内、地区(市)内	采用节点状路线旅游,在居住地(暂住地)附近旅游;旅行路线影响旅游效果
小尺度	县(市)内、风景区内	

（二）旅游行为的特征

由于旅游需求、旅游动机、旅游者个性心理特征不一样，不同的旅游者所表现出来的旅游行为特征也就有所差异。例如在大学生出游目的中，女生在调节精神、观赏风景、娱乐购物以及开眼界、长见识上的比率明显要高于男生，而男生的求知需求和喜爱体育娱乐活动的比率又要稍高于女生。

对旅游行为特征的研究中，斯坦利·C·帕洛格和埃里克·科恩的研究比较经典。

（1）帕洛格根据心理类型将旅游者划分为五类

自我中心型、近自我中心型、中间型、近多中心型、多中心型，他们在旅游活动中具有各不相同的行为表现。"自我中心型"的人，以自己的理想为中心，只注意自己生活范围内狭小的事情。这种人思想慎微、多忧多虑、不爱冒险，行为上表现为喜安逸，好轻松，活动量小，喜欢熟悉的气氛和活动。"多中心型"的人对各种事物都有广泛的兴趣，性格外向，行为自信，喜欢冒险，希望自己一生有所造诣，旅游时虽然也需要旅游业为其提供某些最基本的旅游服务，如交通和住宿，但更倾向于自主性和灵活性，其中某些人还尽量少用或不用旅游企业的服务。

"中间型"的人则介于"自我中心型"和"多中心型"之间，旅游行为上不那么极端。从人数比例来看，中间型的人数占绝大多数，而"自我中心型"和"多中心型"的人数比例则很小，在两个极端和"中间型"之间还可以划分出"近自我中心型"和"近多中心型"类型的人，是"中间型"向两个极端的过渡型,从而使不同类型的人数分布呈现中间大两头小的正态分布。

（2）埃里克·科恩经过长期调查研究总结概括了 14 种游客类型,并比较彼此间旅游行为的差异。如表 8-2 所示。

表 4-2 埃里克·科恩的 14 种旅游者分类及其行为特征

	旅游类型	旅游行为特征
1	有组织的大众旅游者 (organized mass tourist)	惧怕担风险,事先计划好路线,导游陪同并要帮安排整个行程中的一切活动,不希望出现任何差错,所选目的地是自己熟悉程度最高的
2	独立的大众旅游者 (independent mass tourist)	同样惧怕担风险,但旅游活动不完全事先安排,并不需要完全由他人替自己安排旅程,而是自行安排和旅行社安排相结合,主要是按熟悉程度选择目的地,但也希望有新奇感
3	探索性旅游者 (explorer)	摆脱常规,独立安排旅行,但旅游中要有舒适、安全、可靠的服务设施。虽然有一定的冒险精神,但也小心谨慎,愿与东道国家居民交往,探索其文化,但仍保持本国生活方式,不希望差异太大
4	漫游型游客 (dirfter)	入乡随俗,完全独立地安排自己的旅程,事先不确定固定的线路和时间表,也不具明确的旅游目的,旅途中保留自己原有习惯中最基本的部分,希望获得最大的新奇感
5	喜好阳光者 (sunlover)	喜趣闲逸,喜好在温暖的地方享受充足的阳光浴
6	行动追求者 (action seeker)	旅游主要是为了交往,爱好聚会,喜欢去夜总会,对异性感兴趣
7	人类学者 (anthropologist)	对当地文化感兴趣,旅游行为特征是造访当地居民,喜欢当地食品和手工艺品,学说当地语言
8	考古学者 (archaeologist)	对古遗址感兴趣,研究古文明
9	激情寻找者 (thrill)	喜爱刺激和带有挑战性的活动,如飞机跳伞,追求刺激的情感体验
10	喷气式客机游客 (jetsetter)	希望在社会精英阶层聚散的地方度假,与名人交往
11	精神追求者 (seeker)	追求自我价值,深刻认识自己和生活真谛
12	高阶层旅游者 (highclasstourist)	追求豪华与享受,在豪华饭店和餐厅吃住,到一流剧场或娱乐城所娱乐
13	逃避观实者 (escapist)	选择宁静和平的地方旅游
14	体育爱好者 (sportlover)	喜爱体育娱乐活动

三、影响旅游行为的因素

不同旅游者的旅游行为是不同的,但是就旅游者这个群体而言,他们在旅游行为的选择上还是有一定规律可循的。

由于旅游决策行为是一切旅游行为的基础,所以,在此主要从旅游决策方面来讨论影响旅游行为的基本因素。影响旅游决策行为的主要因素有感知环境、最大效益原则、旅游偏好。

（一）感知环境

感知环境是人们把进行旅游决策时收集到的各种信息摄入脑中，形成对环境的整体印象。感知环境包括旅游地的旅游环境和客源地到旅游地的距离两方面，感知环境强烈的地方，易引起旅游决策行为。相反，没有被旅游者摄入脑中、感知环境薄弱的旅游地，即使具有较高的旅游价值，往往也不能引起旅游者的兴趣。

感知的旅游环境包括旅游地的知名度、性质，旅游地资源、内容及组合状况，旅游地的环境质量、基础设施等很多方面的内容。例如，外国旅游者到我国来旅游，往往会选择北京、上海、广州、西安等知名度高的城市，因为这些城市不仅在城市功能、城市规模、现代化水平等方面部达到很高的程度，而且是历史文化名城，具有独特的风土人情和文化习俗，是中国传统文化的完美体现。当人们在对旅游资源内容、丰富程度、环境质量与基础服务设施完善程度相当的两个旅游地选择时，往往会选择知名度高的那个旅游地。

感知距离是感知环境的另一重要方面。距离可分为客观距离和感知距离，客观距离以里程来衡量，而感知距离用克服距离所消耗的时间、资金和精力给人的感受来衡量。客观距离是感知距离的基础，但感知距离还受到交通条件的影响。旅途遥远，交通不便，感知距离就增加；反之减少。现在越来越多的旅游者喜欢出国或出省旅游，就是因为随着交通工具的发达，客源地和旅游地航线的开辟和高速铁路的开通，使得客源地和目的地的感知距离大大缩短。

（二）最大效益原则

当人们在旅游决策对往往考虑如何在资金和闲暇时间限制下获取最大的旅游效益，这种效益受感知环境限制。最大效益原则主要表现在以下两个方面。

1. 最小的旅游时间比

往返于旅游地与客源地之间所耗费时间与旅游者在旅游地所耗费时间的比值称为旅游时间比。旅游时间比值越小，则在旅游地游玩的时间相对较长或以最小的旅游时间比欣赏最多的旅游地,所带来的旅游效益就越大,因此人们在做出到某一旅游地旅游的决策时总是追求最小旅游时间比。在两个类型相同、所供个人游玩时间近似,但到居住地所花的时间不同的旅游地进行选择时,人们肯定会选择最近的旅游地旅游。

例如,美国旅游者选择夏威夷比选择塔希提度假的可能性更大,虽然旅游者在两个海岛上都可以参加基本相同的活动,获得同样的乐趣,但是,塔希提远得多,人们都会选择近的旅游地。

2. 最大的信息收集量

人们外出旅游的目的主要是希望通过旅游获得环境信息,增强对异地环境的了解,同时使自己的心情获得最大的放松。对最大信息量的追求使人们在选择旅游地时有以下两个趋向。

(1)选择最有名的旅游地旅游。知名度大的旅游地往往比知名度小的旅游地有更大的稀缺性,人们通过旅游消除的稀缺性越大,获得的信息量也越大。

(2)选择自然环境和文化环境与居住地差异较大的旅游地旅游。差异是旅游地吸引力的最重要特征,环境差异越大越能引起旅游者的兴趣。这从人们对目的地的选择行为可以得到证明。例如,我国南方的居民对冰雪景观的追求。南方地区受其气候的影响,很少见到大片的冰雪景观,这里的居民在冬季外出旅游时就会选择跟南方景观有很大差异的北方地区。又如,在体验不同的文化和生活方式方面,我国游客去欧洲和美洲旅游的意愿比去亚洲其他国家旅游的意愿更强烈。

(三)旅游偏好

不同的旅游者其个性特征是不尽相同的,这些个性特征在选择旅游地的时候就显现出来了,我们把这种个性特征差异对旅游行为的影响称为旅游偏好。对旅游偏好的研究可以从年龄、职业、学历、性别等方面去探讨。

1. 年龄

人的兴趣爱好、气质等个性都是随着年龄和生活经历而不断变化的。少年儿童天真活泼,他们有极强的好奇心,对新鲜事物充满热情,特别喜欢游乐场所和动物园。青年人求新、求知、求享受等倾向强，具有较高的冒险精神，因而对冒险性强、刺激性强和体能消耗大的旅游活动感兴趣。中年人有较多的生活经验，处事稳重，对与自身专业爱好有关及享受方面的旅游活动感兴趣。老年人沉着老练，喜清静之地。

2．职业

旅游者的身份有工人、农民、学生、干部、军人等。不同的职业环境影响到旅游者的个性形成和发展，产生不同的旅游兴趣。如教师、干部对风景名胜区较感兴趣，退休人员较喜欢保健、森林、疗养等。因此，旅游的偏好往往与个人的职业有密切的关系。

3．学历

不同的学历反映着旅游者受教育程度的差异,同时也影响着旅游者个性、感知范围和感知深度等。一般来说，旅游者的旅游愿望与对外部世界的了解是成正相关的，旅游行为的层次与学历也是成正相关的。学历高的人基于理性的认识丰富，共旅游的目的性较强，对较有内涵的旅游地较青睐；而低学历的人易受大众媒介影响，旅游的目的性也相对较弱，喜欢娱乐和消遣性的旅游活动。

4．性别

由于男女在生理上和心理上都有不同，导致男女性在旅游行为上也存在较大差异。如男子的主动性、冒险性使其偏好于刺激的旅游活动，因而男性对文物古迹、探险类旅游目的地的偏好比女性高；而女性由于其被动性、求实性，使其在旅游行为上显得矜持些，女性对山水风光、民俗风情、田园风光和海滨沙滩等类旅游目的地类型的偏好比男性高。

四、旅游行为过程

旅游行为过程包括旅游出发之前的旅游信息收集到从旅游地回到居住地之后的与旅游活动有关的所有行为。旅游者旅游行为过程可概括为旅游前的旅游决策阶段、旅游途中目的地游览阶段和旅游后返回家园三个阶段。

（一）旅游决策阶段

旅游决策是旅游者对各种旅游信息、机会或备选旅游方案进行整理、评估、筛选，直至最终作出决策的过程。旅游者通常需要确定旅游目的地、旅游方式、旅游最佳出行时间，在此期间会受到诸如旅游者的经济条件、个人爱好、对目的地了解程度、朋友建议等众多主客观因素的影响。

旅游决策过程一般包括以下三个步骤：第一是认识需要阶段，旅游者在此阶段了解自己的旅游需求。第二是信息搜集阶段，旅游者需要从多种渠道搜集旅游信息资料。这些渠道包括各种新闻媒介、旅行社、导游手册、亲朋好友、有经验的旅游者等，其中旅游者的亲朋好友以及有经验的旅游行会对旅游者的旅游决策起到很大的影响，然后是互联网，由于其信息全面，成为越来越多旅游者搜索资料必不可少的工具。

据艾瑞市场咨询（iResearch）的资料整理显示，旅游者了解旅游信息的主要渠道是通过亲朋好友介绍、媒体广告和上网查询，其所占比例分别为69.3％，69％和66.7％，只有31.4％的网民直接向旅行社查询相关旅游信息。第三是评价对比阶段。

旅游者对收集到的信息进行比较和判断，首先就是确定旅游目的地，然后再结合自己的闲暇时间等安排旅游方式和旅游日程，即对旅游线路、游览日期、游览时间进行选择并作出决策，还要根据自己的经济能力选择交通工具和住宿。旅游者对目的地选择是最重要的决策行为，主要受出游的花费与时间限制、旅游价格、消费者偏好、旅游产品、信息与广告、旅游程式化及新旅游目的地的出现等因素的影响，其中旅游产品的多样性和差异性是最具有吸引力的。

（二）目的地游览阶段

在目的地旅行游览是整个旅游活动过程的主体和核心部分，包括旅游者从居住地出发前往目的地一直到从目的地返回居住地这一段时间的旅游行为。旅游期间，旅游者首先经历的是前往目的地的旅行。到达目的地后，以宾馆饭店为基地，游客们穿梭于各个景点、景区之间，观赏自然风光、人文景观，参加各种游乐活动，接触不同人群，了解当地的风土人情，全身心地投入到特种旅游体验中，直至旅程结束。

1．旅游观赏

旅游观赏是指旅游者在旅游目的地通过视听感官对外部世界中所展示的美的形态和意味进行欣赏体验的过程，旨在从中获得愉快的感受。旅游观赏是旅游审美活动的主要形式之一，是对旅游景观所包含的美景要素的具体感受和把握的过程。旅游观赏有日常生活中的其他一般观赏所没有的一些特征，主要体现在以下方面。

（1）异地观赏

日常生活中的许多可供观赏的物象，与旅游观赏的物象在本质上没有什么不同，但由于旅游观赏是一种异地感官体验，从而带有一种新鲜、奇特、特殊的感觉。

（2）实地观赏

旅游者在目的地的观赏是一种身临其境、获得全身心审美愉悦体验的实地实景观赏，这份感受是全面的、终生难忘的，与在家中坐在电视机前观赏旅游纪录片、网上虚拟旅游或与亲朋好友一起欣赏照片时的感觉截然不同。

（3）非功利性观赏

旅游者一旦进入旅游观赏中，无论观赏对象是自然的山川胜景、还是世俗的人间万象，他都会摆脱功利性的束缚，扬弃欣赏对象物中的功利性成分，专注于汲取对象物中美的汁液，以获得纯粹的审美愉悦。

2．旅游交往

在旅游过程中，旅游者会接触到各种不同的人群——本国的旅伴和旅游经营者，目的地的居民和旅游经营者，其他国家或地区的游客，以及自己远在异国他乡的亲朋好友等，彼此通过相互接触交往，产生影响并相互作用。旅游交往起始于旅游购买之时，终止于旅程的结束。

旅游交往有别于日常交往，其主要特征表现在：

（1）异地暂时性，旅游交往是一种异地暂时性的个人间非正式交往。旅游交往多属于邂逅式交往，彼此间缺乏相互了解的基础，且接触时间短无法深入了解对方，也缺少进一步交流的机会。但是有的旅游者却把旅游交往视为外出旅游的一个新目的，不断地返回某个既定的目的地，原因是他们已与当地居民结下了友谊，由游客变成了当地居民的朋友。这是旅游交往追求的最高境界。

（2）非约束性，旅游交往是自愿平等的，没有组织规范的严格约束。旅游者在旅游过程中角色发生了变化，由日常生活中的普通人变成了"旅游者"，于是便具有与普通人不同的心态，会全然不顾年龄、社会地位和长幼之分，皆以旅游者的身份进行旅游体验的交流。

旅游交往方式一般分为五种，即潜在性交往、示意、互动、互助和竞争。潜在性交往没有发生现实的接触，通常是旅游者在未出发之前对旅游服务提供者和当地居民的一种猜测。示意是以向交往伙伴做出某种姿态而不介入对方的活动。示意可以是向同行的人提议、启发、试探和商量，也可能是向旅游经营商提出的各种旅游咨询。示意虽然已经有了现实的交往对象，但还不是真正意义上的交往。互动是在旅游活动过程中最为重要的一项交往方式，是人与人最直接的交流沟通。

通过互动式的交往，可以沟通不同国家、不同地区、不同民族、不同文化背景下的旅游者，以增进理解。互助不仅体现在旅游者的很多活动要依赖于他人提供的以物质设施或设备的形式存在的产品，而且还体现在旅游过程中旅游者与旅游者、旅游者与旅游企业员工之间、旅游者与当地居民之间的互相帮助、理解与支持。旅游过程中的竞争主要表现在旅游者之间争夺优质低价的旅游产品，旅游者与旅游经营人员之间的经济利益之争，旅游者与当地居民对资源使用的竞争。

旅游活动的本质是一个经历的体验过程，旅游者需要在旅游观赏、旅游参与、旅游交往和旅游消费中获得体验。愉快有效的交往是旅游者获得所期望的旅游体验的前提。在旅游者与当地的旅游企业和居民的旅游交往过程中，旅游者能够充分地体验到旅游地的本土文化和风俗习惯。在旅游者之间的旅游交往，旅游者还可以沟通不同地区、不同国家、不同民族、不同文化背景下的人们的思想感情，增进相互理解。这些使旅游活动产生丰富的体验。

3．旅游参与

在旅游过程中，不同的旅游者会有不同的参与热情、能力和表现。有的旅游者只是走马观花，而有的旅游者却深入当地社会，渴望通过各种活动体验异地文化。有的旅游者会不顾自己的年龄、社会地位和长幼之分的约束，忘我地融入旅游环境中，达到人与自然的交融，这种情况被 V·特纳（Victor Turner）称为"康牟尼塔（communita）激情"，如初见到大海的人们会惊叫着投身大海。更多的旅游者喜爱参与式旅游活动，体现了旅游产品发展的方向。

有的旅游者喜欢以模仿等形式参与或体验地方生活，如学几句当地简单的礼貌语和日常用语，或者穿上农民或少数民族的服装。旅游是脱离了日常生活内容和方式而在异地的暂时性行为，旅游者通过模仿体验他人的生活，以实现旅游愉悦。例如在北京故宫、颐和园参观时，旅游者就喜欢穿着仿制的宫廷服装留影，感受古装带来的愉悦；在西藏，旅游者就会用刚学会的藏语"扎西德勒"，与他人打招呼；在少数民族地区，旅游者不仅穿上少数民族服装，还与当地人一起跳舞娱乐，表现出对当地风土民情的浓厚兴趣。

4．旅游消费

旅游者的消费行为是旅游过程中最显著的行为特征之一，旅游消费在量上等于旅游者在旅游过程中支出的总和。旅游者消费和日常消费相比，具有以下特点。

（1）旅游消费行为主要是一种心理体验过程。当旅游消费过程结束后，体验记忆会长期保留在消费者的头脑中，消费者愿意为体验付费，因为这个过程是美好、难得、不可复制、不可转让、瞬间即逝的。

（2）旅游消费获得的多是消费对象暂时的观赏、使用和享受权利。一般的日常消费获得的多是物品的所有权和使用权，而旅游消费不能获得消费对象的所有权。旅游者对旅游产品不同组成部分的消费行为也不完全一样，例如在对旅游资源进行消费时，所获得的是对旅游资源的暂时观赏权，除此之外，其他旅游产品都是以服务的形式提供的，在对此消费时，所获得的是对旅游设施和服务的使用和享受权利。

（3）旅游消费中包含较多的冲动型购买。旅游者在旅游过程中的消费不像居家消费时那样理智，因为旅游过程中见到的多是新奇、陌生的地方特产、工艺品以及其他旅游纪念品，较容易激发旅游者的购买欲。

（4）旅游消费有较高的价格弹性。一方面，旅游消费是一种追求发展和享受的高层次消费，必然随着收入水平、旅游价格的变动而变化；另一方面，从消费项目的结构上看，多数项目的性质和地位处于对核心旅游消费的追加地位，表现出其从属地位和弹性支出，如娱乐、购物消费。当然，旅游消费中有些项目的价格弹性呈刚性，是旅游者的必需消费，如交通、住宿、饮食、旅游景点等消费。

（三）返回家园阶段

当旅游者结束了旅游目的地全部游览活动，返回居住地之后，旅游者的角色也由一个旅游者转回到了普通居民。返回家园后，旅游者显然开始了常规的日常生活，但是却进入对旅游回忆的兴奋中。旅游过程中所发生的一切在一段时间内仍然萦绕在旅游者的心头，使旅游者的心情难以平静，在向亲戚朋友炫耀或诉说那些令人高兴而又难忘的经历或者不愉快的经历的过程中，继续享受着旅游的快乐或发泄不满。只有当返回家园后，旅游者在精神上也恢复了日常生活的秩序，旅游活动的全部过程才算真正结束。

旅游者对旅游活动满意度的评价是这一阶段最重要的内容。旅游者会把旅游的实际感知与期望进行比较，包括比较所经历的各个旅游环节和目的地整体的服务。当感知超过期望，旅游者对本次旅游就感到满意，他会对目的地作口碑宣传。当感知不如期望，旅游者的满意度下降，甚至不满意，他一定会对目的地进行反面宣传，损害目的地形象。所以，旅游企业和旅游目的地要重视返回家园后阶段游客评价的管理工作。

第三节 旅游体验与旅游者消费

一、旅游体验

随着旅游需求的变化，旅游体验成为旅游者的核心需求。旅游体验是能够带给旅游者趣味、知识、转变和美的享受的一种特定的心理体验过程。由于旅游者对旅游目的地的选择、个人特征、审美素质的差异以及旅游者在旅游过程中的参与程度不同，使不同的人即使经历相同的旅游过程，他所获得的旅游体验也会不同。

（一）旅游体验的概念

当旅游者离家踏上出游的旅途后，便开始了旅游体验。旅游体验是一个过程，即旅游者通过与外部世界取得联系从而改变其心理水平并调整其心理结构的过程。

这种体验是旅游者的内在心理活动与旅游客体所呈现的表面形态和深刻含义之间相互交流和相互作用的结果，是借助于观赏、交往、模仿和消费等活动方式实现的一个时序过程。旅游从本质上来讲就是人们离开惯常环境，到其他地方去寻求某种体验活动，体验是旅游者的核心需求。

旅游者的旅游体验除了受自身心理和生理出素影响外，往往还要受到一些旅游者无法控制的外界因素的影响，比如旅游地的气候、交通、环境等。但是他们常常都是带着愉悦身心及获得趣味、美感和知识的强烈愿望参与到旅游活动中的，他们总是能尽力克服障碍，达到预期的满足感。

（二）旅游体验特点和类型

1.旅游体验的特点

旅游是一种在异地的暂时活动，其内容、环境与日常工作、生活有很大的不同，这就注定旅游体验有别于一般的体验，是一种带有愉悦性、真实性、综合性和价值性的综合体验。

（1）愉悦性

旅游体验的愉悦性主要包括审美愉悦体验和世俗愉悦体验。旅游体验最主要的是审美愉悦体验，这种体验是超功利的，审美愉悦来自旅游者用全部的情感和理智对景观进行无意识、直接、瞬间的分析、判断和评价。

审美活动是一种外向活动和内向活动同时进行的活动，旅游者首先感受到的是审美对象的外部形态和特征，然后通过对外部世界的感知，使内在情感达到调整、梳理、和谐，产生愉快的情感感受，这就是旅游审美愉悦的体验过程。

而世俗愉悦体验主要建立在对感知对象的功利性认识基础上，通过视听感觉以外的其他感官来获得。如亲人团聚的天伦之乐、品味美食时的感官之乐、获得知识的顿悟之乐、参加娱乐节目的激奋之乐等都属于世俗人生的愉悦情感。

（2）真实性

旅游体验是一种实实在在的切身直接体验，是任何间接的手段所无法获得的亲身感受。人们可以在网络上驰骋于世界各地，但是，不同地区的气候、自然环境、民俗风情、人与人之间的情感交流是任何人工都无法模拟的，高科技手段制造的虚拟旅游永远无法取代旅游者在旅游过程中的真实环境体验。

（3）综合性

旅游体验是一种内容和形式都很丰富的综合性体验过程，主要是由于人类生存和发展条件的复杂性、旅游者个体心理的复杂性以及旅游者追求目标的多重性所决定的。

（4）价值性

旅游体验既能满足人们的生理需求，又能让游客们真切地感受到环境氛围，留下深刻的印象，也满足了人们的精神需求，因此它的价值远远超过了旅游活动的价格。

例如，在环境优美的海滨度假地品尝海鲜，人们饱了口福的同时，也对如此独特的用餐环境留下了极其深刻的体验，这种体验所获得的价值已经远远超过了菜肴本身的价格。

2．旅游体验的类型

旅游体验按功能划分为五种类型，即审美体验、娱乐体验、教育体验、逃避体验以及冒险或刺激体验。

（1）审美体验

审美体验是旅游者通过对旅游地的自然风光和风土人情的直接观察所获得的美的享受和身心的放松与快乐。审美体验能使旅游者回归自然，感悟人生，热爱生活。与其他体验相比，在审美体验中，旅游者更多是被动地参与。

（2）娱乐体验

娱乐体验是旅游者从娱乐活动的参与中获得惊喜、刺激、兴奋、宣泄等体验。现在社会体力劳动的繁重程度正在逐渐减轻，但是精神压力在不断加重，越来越多的人希望参与娱乐活动，旅游产品中也出现了以娱乐为主题的，诸如登山运动、冰雪运动、节庆狂欢等丰富多彩的娱乐旅游产品。

（3）教育体验

教育体验是指人们为了获得某种知识、技能而主动地参与到一项活动之中，在事件发生的过程中获得知识，如考古旅游、文化旅游以及其他专项或专题旅游等。

（4）逃避体验

旅游是暂时的、异地的一种活动，旅游者可以暂时离开自己非常熟悉的生活和工作的地方，逃避繁杂的生活和工作所带来的压力，逃避复杂的人际关系，逃避严寒酷暑，享受自然、体验浪漫、消除疲劳、缓解压力，以获得全身心的放松。

（5）冒险或刺激体验

这是一种旅游者积极主动参与、全身心投入的体验活动，主要是一些探险旅游者和体育爱好者参与的旅游话动，如登山、潜水、极限运动、赌场博彩等旅游项目。他们认为只有这种体验才更刺激、更有乐趣、更能挑战自我，也更具有冒险性。

（三）旅游体验的参与原则

在旅游中，体验的前提就是参与。如果仅仅是走马观花似的游览，而不亲自参与到旅游活动中，并在参与中思索和体会，就得不到真正的体验。旅游体验的参与有以下几个原则。

1．明确主题性

主题明确是旅游者获得更多体验的首要因素，只有旅游目的地的主题明确，才能打动旅游者前往旅游消费，进而给旅游者留下很深刻的体验。而主题明确的纪念品更是能勾起旅游消费者对旅游过程的回味，延长记忆，加强体验，进而起到强化主题的作用。

2．提高参与性

旅游者的参与不仅是指参与到旅游产品的生产过程、消费过程，而且也指旅游者参与企业的管理过程。

由于旅游产品所具有的生产和消费的同时性，旅游者自始至终都直接参与到产品的生产和消费系统中。让旅游者更多参与到旅游活动甚至旅游管理活动中，旅游者才会全身心投入，才有丰富多彩的旅游体验。如旅游活动中的互动节日、设计一些旅游者自助项目、让旅游者自主设计组合旅游线路和项目、旅游者参与旅行社对导游服务质量的跟踪调查评价等，都能增强体验性。

3．增强体验性

旅游消费是一种体验性消费，旅游服务是体验性服务，旅游产品的核心就是游客的旅游体验。因此，对于一次旅游活动，如何增强其体验性就显得尤为重要。例如，近几年才兴起的红色旅游，就是通过当年的情景再现、氛围的烘托和塑造，带游客回到过去的场景中来增强红色旅游体验性。

4．强调文化性

随着旅游者知识文化水平的提高，他们对旅游的文化性的要求也随之提高。这就要求旅游企业在开发经营旅游时要关注旅游产品的文化性，深入挖掘旅游产品的文化内涵，不断注入新的文化内容，提升文化层次，塑造新的文化主题，这样才能使游客获得更深刻的体验。

例如，加大节庆活动的文化含量，融入传统文化、民族风情等，使得游客在不知不觉中由感性认识上升到理性认识，得到深刻的内心感受与刺激，既获取了知识、丰富了阅历，又提高了自身文化修养。

（四）旅游体验的实现方式

1．优化产品组合

为了适应和满足不同层次、不同类型、不同需求的旅游者，需要优化旅游产品组合，提高旅游者的参与性，增强旅游体验的效果。

目前，就观光旅游、度假旅游和专项旅游这三大类产品而言，应对其结构适当进行调整和平衡，使度假旅游和专项旅游比重上升，观光旅游比重相对下降，形成一个协调发展的格局。

另外还要加强三大类产品的优化组合，发展"观光+度假""观光+专项""度假+专项"等组合型产品，建设旅游精品库，以适应多样化的市场需求。

2．增加互动的体验过程

因为旅游产品具有生产和消费的同时性，就使得旅游者和旅游经营者之间相互依赖程度很高。在旅游过程中，旅游经营者和旅游者之间的交流和互动在很大程度上决定了游客的旅游体验。因此，增加彼此之间的互动体验过程，才能够让游客获得更大的体验满意度。

3．制造更多的体验成分

随着旅游者越来越注重感受、注重旅游体验和求异，旅游企业应该从生活和情景出发，为旅游产品创造更多的体验成分，让游客感到情感的愉悦和满足。当旅游过程结束以后，这种体验会长久地保留在旅游者心中。

4．提高旅游服务质量

以服务为导向的旅游业，旅游经营者的服务质量直接影响着旅游者是否能获得好的体验。旅游者的服务消费和旅游企业员工的服务生产是面对面的，所以旅游企业必须提高员工的素质，提高员工的旅游服务技巧。

如果旅游企业员工没有良好的职业态度，对游客粗心大意或是有不礼貌的态度和行为，都将会对旅游产品产生不良影响，会破坏游客的体验。

因此，提高旅游企业的服务质量是提升旅游体验质量的关键部分和很重要的工作内容。

二、旅游者消费

旅游消费是从旅游者的角度来讲的，表现为旅游者在旅游活动中的各种花费。

（一）旅游者消费的概念和特点

1．旅游者消费的概念

旅游者消费是指旅游者在旅行游览过程中，为了满足自身发展和享受的需要，而进行的各种物质产品和精神产品消费的总和，是对多种形式的产品和服务的综合性消费。消费内容包括食、住、行、游、购、娱各方面消费。

2．旅游者消费的特点

消费是对产品和服务的消费，但旅游消费和其他产品消费方式不同的是旅游消费过程和生产过程是同时进行的，而且，旅游者消费主要是为了满足旅游者个人精神需求的一种较高层次的消费活动。因此，它具有与其他消费不同的特点。

（1）综合性

旅游者消费是一个连续的动态过程，是一个集食、住、行、游、购、娱于一体的综合性消费，从旅游消费对象上来看，旅游者消费的对象是核心旅游产品，它是由旅游资源、旅游设施、旅游服务等多种要素构成的，其中既包括有形的以商品形式存在的物质产品和无形的以文化形式存在的精神产品，还包括以此为依托的消费性服务在内。

因此，旅游消费对象是多种要素、多类项目的综合体。从参与实现旅游消费的部门看，许多经济部门和非经济部门都参与了旅游消费的实现过程，经济部门包括餐饮业、旅馆业、交通业、商业；非经济部门包括环保、文物等。因此，旅游消费是众多部门共同作用的结果。另外，在旅游过秤中，旅游者消费不仅追求满足高层次的精神需求，也要满足基本生存的需要、自我实现的需要等等。总之，旅游者消费具有综合性。

（2）伸缩性

消费的伸缩性就是人们所需消费品数量和品种之间的差异，以及这些差异随着影响消费诸因素的变化而变化，表现出扩大和收缩的性质。旅游者消费作为一种个人的高层次消费，其伸缩性是由旅游需求层次、需求弹性和闲暇时间等方面的因素决定的，具体表现如下：①旅游者消费需求数量大且具有层次性。随着社会经济的发展、人们消费水平的提高和闲暇时间的增多，人们的旅游需求数量也在不断增多，从潜在的旅游者逐步向现实的旅游者发展，而且旅游者消费层次也从低档消费向高档消费转变。旅游目的地数量不断扩展，出游率也在不断提高，旅游消费在不断增加。②旅游者消费具有较大的弹性，旅游者消费是为了满足人们享受和发展需要的高层次消费。这种消费的弹性较大，会受很多因素的直接或间接影响。③旅游消费具有季节性，这是因为受到旅游需求的季节性的影响，旅游者消费的需求也集中在某些特定的季节。

（3）互补性和替代性

旅游者消费的互补性是由于旅游消费对象的各个部分具有互补的性质，一项旅游消费的实现必然伴随着很多其他项目旅游消费的产生。一个旅游者去旅游目的地旅游，首先就得支付从居住地到目的地的交通费，到了旅游目的地以后，不仅要支付购买核心旅游产品的费用，还必须支付餐饮费、住宿费等。

旅游者消费的替代性是指旅游消费对象的每一构成部分之间的相互替代的性质。旅游者在选定了某个消费对象后，就势必要放弃其他消费对象。例如，旅游者一旦选择了飞机作为往目的地的交通工具，就不会再选择火车或轮船。这种替代性同时也加剧了旅游业的竞争。

（4）暂时性和异地性

旅游活动具有暂时性和异地性，也就决定了旅游者消费也具有暂时性和异地性。旅游者消费的对象，不管是形成旅游产品的旅游吸引物、旅游设施和设备，还是在旅游过程中为旅游者提供的各种服务，都是不能转移的，需要旅游者亲自到旅游目的地去消费。而且旅游产品中的旅游服务的时间性更强，只有当旅游者消费这些服务的时候，服务才是产品。随着旅游活动的结束，旅游者消费也即终止，旅游产品的使用权也即消失。

（二）旅游者消费的结构

旅游者消费结构就是指旅游者在旅游过程中所消费的各种类型的旅游产品及消费资料的比例关系。

1.旅游者消费的结构分类

旅游者消费结构可以从不同的角度进行划分。

（1）按旅游者消费需求层次划分

①生存需要消费，指满足旅游者在旅游活动中基本生存需要的消费，如餐饮、住宿、交通等的消费，也是必不可少的基本旅游消费；②享受需要消费，指满足旅游者旅游活动中对游览娱乐等精神享受的消费，是旅游活动的主要内容；③发展需要消费，是旅游消费中较高层次的消费，指满足旅游者在旅游活动中对求知、科考、学习等有关增长知识和智力发展需要的消费。

（2）按旅游者消费内容划分

①基本旅游消费，是进行一次旅游活动所必需的且基本稳定的消费，如旅游住宿、旅游餐饮、旅游交道和景区游览等方面的消费；②非基本旅游消费，是指与旅游者个性消费特点相联系，并具备较大需求弹性和变化性的消费，如旅游购物、医疗保健、长途通讯等方面的消费。

（3）按旅游者消费形态划分

①物质消费，旅游者在旅游过程中所消耗的物质产品，如食物、饮料、日用品、购买的纪念品等等；②精神消费，是指供旅游者观赏、娱乐的文物古迹、民俗风情、风景名胜以及旅游者所享受到的一切服务等精神产品。

2．旅游者消费结构的影响因素

旅游消费属于人类高级享受和发展需要的消费，有很多因素会影响旅游消费结构，除了旅游目的地的环境、气候、旅游资源、服务质量等因素的影响外，还有旅游者的个人收入水平、年龄、性别、职业、受教育程度和兴趣爱好等，概括起来，主要因素有以下几方面。

（1）旅游者的收入水平。

收入水平是购买旅游产品的前提，从而决定了旅游者的消费结构。旅游者的收入水平越高，可自由支配收入就越多，购买旅游产品的经济基础就越好，才能充分地满足旅游需求，从而促使旅游者消费从低层次向高层次发展。例如，旅游者年收入较高者，在旅游时往往住高级宾馆，吃美味大餐，乘飞机坐头等舱，在购物、游览等各方面的花费也都比较高；而低收入水平的旅游者，如年轻的背包族，他们外出一般都住青年旅馆、吃快餐盒饭、坐火车硬座，甚至有的自备帐篷、徒步旅行等等。

（2）旅游者的构成。

旅游者的构成包括旅游者的年龄、性别、文化、职业、风俗习惯、兴趣爱好等，这些都在不同程度地影响旅游者消费结构的变化。例如，青年人在饮食、住宿方面消费较低，而游览娱乐性项目的开支较多；女性的购物消费在全部旅游消费中所占比重较大；市政府官员、商人、会议旅游者则要求现代化的旅游设施体系，还有高质量的饮食和服务。

（3）旅游产品的结构。

旅游产品的结构决定着旅游者消费结构，决定着旅游者的消费水平和消费数量。向旅游者提供的住宿、餐饮、交通、游览、娱乐和购物等各类旅游产品的生产部门是否协调发展，旅游产品的内部结构是否比例恰当，都是影响旅游者消费结构的因素。如果向旅游者提供产品和服务的各相关产业部门的结构不合理，没有形成一个相互协调发展的产业，就会导致旅游产品的结构失调，不仅不能满足旅游者的消费需求，反而破坏旅游产品的整体性。例如，旅游目的地的旅游资源缺乏吸引力，旅游设施不足，旅游活动项目单调、枯燥，这些情况都会限制旅游消费。

（4）旅游产品的质量。

旅游产品的质量高低必然影响到旅游者消费的数量、结构和旅游者消费的满意程度。旅游产品的质量包括三个方面的内容：一是向旅游者提供称心如意、物美价廉的旅游产品，即提供的旅游产品要达到适销、适量、适时、适价的要求；二是旅游服务效率，对每一项旅游服务都要求做到熟练敏感，为旅游者节约时间，提供方便；三是旅游服务态度，即在旅游服务过程中要礼貌、热情、主动、周到。

只有提高旅游产品质量，使旅游者获得物质与精神上的充分满足，提高他们的消费水平，才能使旅游者消费结构逐步得到完善。

（5）旅游产品的价格。

由于旅游产品的需求弹性大，当旅游产品的价格上涨而其他条件不变时，人们就会把旅游消费转向其他替代商品的消费，使客源量受到很大的影响。反之，当旅游产品价格下降，或者价格不变而增加了旅游产品内容时，人们又会将其他商品的消费转向旅游。因此，旅游产品价格的变化不仅影响着旅游者消费结构和消费量的变化，还影响着旅游需求量的变化。

（6）旅游者的心理因素。

旅游者的消费习惯、购买经验、周围环境等都会不同程度地影响着旅游者消费选择、旅游者消费行为，进而影响着旅游者消费结构。尤其是旅游者的从众心理对旅游者的支出影响很大，如现在兴起的文化、休闲旅游热。

（三）旅游者消费的功能

1. 经济发展功能

旅游者消费的经济发展功能主要表现在两个方面。第一，旅游者消费能促进旅游地经济的快速发展。旅游业作为先导产业，其主体旅游者的消费可作为最终消费推动经济增长。因此，各旅游目的地地方政府都将旅游业作为支柱产业或主导产业，将旅游者消费作为地区旅游经济发展的原始动力。旅游者消费刺激旅游地经济的发展，主要体现在提高旅游地居民的收入、解决旅游地就业问题、改善他们的生活质量、带动与其相关的一系列产业的快速发展，加快旅游地经济增长速度。第二，旅游者消费还促进旅游客源地的经济增长。旅游者发生了旅游消费后，为了追求更高层次的旅游消费，就会想办法不断地提高自己的收入水平，从而促进旅游客源地的经济增长。

2．愉悦身心的功能

旅游者消费很重要的一个功能就是使旅游消费者感到身心愉悦，达到最大的满意度。在旅游过程中，旅游者对旅游产品和服务的消费，可以使旅游者获得物质上和精神上的最佳感受。这种满足感尤其体现在旅游者精神方面的需求，旅游者在发生旅游消费后缓解了生活与工作中的强大压力，拥有了轻松愉悦的心情。当旅游者消费得到最大满足后，往往能使得游客对旅游地流连忘返，这是旅游者再次进行旅游消费的基础。

3．实现旅游产品价值的功能

旅游者消费是实现旅游产品和服务价值的唯一途径。只有通过旅游者消费行为，旅游产品和服务的价值才能得到实现。旅游消费能够促进旅游产品在数量、质量和多样性上更加符合旅游者消费需求，从而确保旅游业的持续发展。

4．特殊功能

旅游者消费除了以上的功能之外，一些为社会、经济、文化、科研、修学、宗教、保健等某一专门目的而进行的专项旅游活动消费还具有特殊的功能。如学术、会议商务考察旅游，最重要的就是它的学习功能，能使人学习到更多的知识，开阔视野；我国现在比较流行的温泉旅游，它最大的功能就是医疗、保健；河南嵩山的武术文化旅游的主要功能则是文化体验、体育锻炼。

第四节 游客管理原理与技巧

游客管理是指旅游管理部门或机构通过运用科技、教育、经济、行政、法律等各种手段组织和管理游客的行为过程。通过对游客容量、行为、体验、安全等的调控和管理来强化旅游资源和环境的吸引力，提高游客体验质量，实现旅游资源的永续利用和旅游目的地经济效益的最大化。

一、游客购买行为管理原理

游客购买行为是指游客购买和使用旅游产品或服务过程中的各种活动，旅游者在现实的购买活动中，受个人特点、社会因素和环境因素的影响，表现出复杂多样的购买行为。游客的购物行为主要是为了满足购物过程中的精神需求和文化享受，因此具有以下四个特点：（1）即时性，游客购物行为是在旅游过程中发生的，从见到商品、产生购物欲望到购买产品的整个过程往往只有几分钟或者几十分钟；（2）风险性，主要表现在对产品掌握的信息有限、没有全面的售后服务等；（3）模仿性，当游客对产品是否购买还不确定的情况下，有一个人购买，就很容易形成模仿行为；（4）回头客少，游客不断寻找新的商品，很难培育游客的忠诚度。

根据游客的购买行为特点，旅游营销人员应针对不同的特点制定不同的营销手段。如针对它的即时性和模仿性，通常采用传统的促销手段，尤其是主题促销，推出特色产品对旅游者吸引很大；针对它的风险性的特性，就采用口碑营销，口碑传播具有很高的说服力，旅游者是通过亲朋好友的口头称颂而得知旅游产品的，购买性也比较大；针对回头客少的特点，就应该采用创新促销和整合促销，将旅游地的所有旅游产品根据旅游者的需要重新组合。

随着信息化时代的到来，旅游业与互联网联系也日益紧密，网络营销成了各个旅游企业最主要的营销手段之一。网络营销就是以互联网为主要手段开展的营销活动。网络营销可以使旅游者完全通过互联网上的平台安排自己的全部行程，完成从设计旅游行程、获取详细的旅游资讯、享受线上预订服务、电子地图查询等。例如，南海旅游网将南海旅游企业纳入网络化营销，企业可在该网上建立自己的企业级旅游营销系统，发布、编辑、更新企业信息，进行网上交易活动。网络营销投资少，持续时间长，并且营销效果可以通过技术手段进行有效的跟踪、量化和分析，帮助客户及时有效地整合营销方案，优化资源配置。

二、游客期望管理

游客期望是指游客在以往旅游相关经验、各种信息渠道（广告、口碑、宣传促销等）以及自身心理偏好共同作用下，所形成的对本次旅游的预期。游客的旅游期望与旅游后实际感知的服务质量之差，就形成游客对旅游服务质量的评价。因为游客期望是经过见解方式获得的信息产生的，与实际体验有一定的差距。

因此，游客期望往往会影响到游客的满意度和忠诚度。当实际感知与游客期望相差很大时，游客的失望感油然而生，满意度和忠诚度就明显下降。在遇到游客期望与实际感知发生冲突时，游客不会因为旅游目的地的条件与期望之间的矛盾而放弃旅游，他们会被迫调整，以缩小游客期望与体验之间的差异，来获得尽量大的满足感。通常他们会根据具体情况改变旅游线路、旅游活动等等，更新建立起一个游客期望，以从其他的旅游活动中获得新的满足感。游客期望影响到游客对旅游地的忠诚度。所以，提高对游客期望的管理水平，是提高游客满意感的重要措施。

1. 旅游营销宣传手段

旅游营销宣传对游客的旅游期望有很大影响。旅游企业往往倾向于拔高宣传旅游产品与众不同的特色、富有人情味的服务细节设计、超值的享受等，尽力提高旅游宣传的效果，从而吸引潜在旅游者或促进旅游者购买。这些无疑提高了游客的期望。但如果旅游企业整体服务质量的可靠性不强，游客往往很失望，出现不满，给企业带来很大损失。所以，旅游企业在营销宣传中，应把握适当的度，既要考虑吸引力提高，又要考虑对游客满意度的影响，尽力做到恰到好处。

2．提高旅游产品的附加价值

产品附加值是一种能够使消费者在消费产品时获得"额外"身心满足的效用。提高产品附加值可以增加产品的整体价值，有助于激发消费者产生购买欲望和购买行为，同时也是增强旅游体验、提高旅游满意度的一种十分有效的手段。提高旅游产品的附加价值有很多途径，如营业促销性途径、增加旅游服务项目等。

3．注重服务细节

细节决定成败，旅游企业在对游客提供旅游服务的过程中，任何服务细节的差错都会影响游客对整体服务质量的满意。例如，韩国釜山海云台海水浴场有很长的沙滩，他们在进入沙滩的每个入口处都修建了洗脚池，方便游客返回时洗掉沙子。因为有了洗脚池，使很多不想下海的游客也纷纷脱了鞋子，尽情地享受釜山的沙滩和海水，这无疑加深了游客对釜山的印象。从沙滩回来上车时，旅游服务人员手持旅游车上配备的高压喷气枪站在车门前，帮助游客吹掉沾在鞋子上的沙粒。洗脚池和喷气枪，看似小事，却体现了细致服务的理念，提高了游客对感知服务质量的评价。

三、游客排队管理

游客到达旅游服务场所，如果要求服务的游客数量超过服务机构（服务台、服务员）的服务能力，即在旅游业服务能力全部利用的情况下，到达的游客不能立即得到旅游服务，而只能等待的情况就是游客等待现象。等待是游客在接受旅游服务过程中所经历的一个较常见的现象，尤其是旅游高峰时期则非常普遍，但游客可能会产生抱怨情绪，影响旅游服务质量，因为服务时间是旅游服务质量的标志。排队管理指的是管理者如何控制和管理游客得到服务所需要的等待时间，从而提高服务质量。

在旅游过程中，需要进行排队管理的地方主要有旅游交通集散地、旅游餐饮、各景点的售票点、旅游娱乐场所等人流量集中地。尤其是在公共假日和旅游季节，当太多的游客都需要旅游服务的时候，就会出现等待现象，需要用排队管理减少游客等待过程中产生的不满情绪和游客终止消费的行为。

1. 提高旅游企业的服务能力

当面临旅游高峰期的时候，旅游企业一方面应该提高服务接待能力，如增加一些接待设施和服务人员，对原有服务设施设备进行更新升级，加强服务人员的培训，适当扩展原有的服务供应能力等，而且管理者还要根据实际情况作出具体的人员和设备的调配。例如，火车站可以相应地增加几班列车，在景区售票处可以多增加几个窗口，景区内应该隔不多远就建立一个厕所，满足大量游客的需要。另一方面应该在确保排队的秩序后，加强和游客的沟通，并且准备告知游客需要等待的具体时间。还有安抚好出现不良情绪的游客，及时分散过量的游客。

2. 利用科技手段提高旅游企业管理能力

现代科技既是保护和开发旅游资源，加大旅游产品的科技文化含量的工具，又是提高旅游企业管理水平的重要手段。利用互联网平台，结合数据库技术、多媒体技术等多种高科技手段来提高旅游企业管理能力成为信息化社会必然的选择。例如，南岳衡山国家首批重点风景名胜区近年来为提高旅游企业服务能力水平，方便客人观光游览，提高旅游景区品位，开始实行景区电子门禁系统。整个门禁系统包括门票生成管理系统、电子门票初始化系统、电子监控系统、售票系统、验票系统、信息统计及查询系统。该系统的实施，不仅提高了售票验票的速度，而且杜绝了假票、过期门票等类似问题的发生。由此可见，利用高科技手段提高旅游企业管理能力，可以很好地缓解游客的排队现象。

3. 分散游客注意力，减少游客相对等待时间

游客在排队过程中，因为长时间等待容易造成游客的不满情绪，进一步就会影响到旅游者对整个旅游过程的满意度。服务专家大卫·梅斯特曾提供了几类排队信息：无所事事的时间比有事可做的时间感觉漫长；不公平的等待要比公平的等待感觉要漫长；不确定时间的等待显得要长；服务越有价值，

游客越值得等待。因此，旅游企业可以安排一个舒适的环境或者安排一些其他的事情来分散游客的注意力，如在排队处安装电视机，放一些有吸引力的节目，或旅游宣传片。这样既宣传了旅游产品，也缓解了游客的情绪。不仅如此，旅游管理者还应该维持好队伍的秩序，保持公平的等待。而游客则要尽量避免参加游人过多的项目，在排队过程中也要遵守秩序，做好长时间等待的心理准备，或者干一些其他的事情来填充等待时间。

4. 免费开放排队地点附近的景点

排队参观的景点往往是知名度较大的景点，其周围可能有一些名气较小的"陪衬"景点，因"屏蔽效应"的作用，这些景点门庭冷落。免费开放排队地点附近的景点，可以缓解热点景点的压力，分流部分游客，缩短排队等待时间。

四、游客非生态行为管理

游客非生态行为是指游客在旅游目的地的旅游过程中所表现出来的有可能损坏旅游地环境和旅游产品质量等不文明行为，如随地吐痰、乱丢垃圾、乱刻乱画、越位游览、违章拍照、危害动物、践踏草地等。游客的这些不文明旅游行为可能导致旅游景区环境污染、景观质量下降、破坏环境气氛，最终会导致旅游景区整体吸引力下降、旅游价值降低。

因为我国旅游者素质普遍不高而旅游消费教育管理又长期滞后，我国游客不文明行为随着旅游者的增多而增多。而且现在这些非生态行为也随出国游带到了国外，有损我国的文明形象。

游客非生态行为对旅游者、旅游景区都会造成危害，因此要采取有效的措施来控制这种旅游行为的发生：（1）政府环保部门、社会环保组织、旅游管理部门要加强引导和管理，应加强环境保护重要性的宣传，提高公众的环保意识，尤其是应该让游客知道这种不文明行为带来的负面影响的严重性。（2）旅游景区采取合效的管理、防范措施。例如合理放置美观有趣的垃圾箱、使游客便于、乐于负责任地处理废弃物。（3）明确导游的环保职责，带队导游要向游客明确说明禁止的不良行为，对游客的行为起到直接的示范、监督、制约作用。在旅游过程中，导游不仅要完成组织协调、解说等传统职责，同时还应负责监督游客不文明行为的职责。（4）加强对旅游景区内居民的环保教育，引导居民积极参加景区环保活动，充分发挥其示范作用与监督作用。

五、游客忠诚度管理

游客忠诚是指游客在对某旅游目的地或旅游产品作了一定的认知或尝试之后对其质量高度满意，并产生一种高度的信任感与义务宣传的责任感，且在未来作旅游决策时将该旅游目的地或旅游产品作为首要选择。

旅游地的旅游产品类型、周边相同旅游地的替代性和吸引力、旅游地的感知距离、游客对旅游地的满意程度、游客旅游体验质量的高低等很多因素都影响旅游目的地的游客忠诚度。根据这些影响因素，提出一些措施来提高游客对旅游地的忠诚度。

1. 提高旅游产品的独特性

通过增加旅游活动内容或者旅游产品创新，提高旅游地旅游产品的独特性，以降低周边其他同类型的旅游目的地对其替代性影响。

2. 加大宣传力度，提高服务质量

通过大量的正面宣传，改变游客的情感及态度，此时游客虽然不会立即前去旅游，但对目的地的形象会产生好感，从而在情感和态度上产生依赖。

3. 加强与游客的沟通及交流

了解游客的真实需求，例如游客是为了回归自然，还是追求一种新的生活体验，是求新、求异，还是求知、求美、求乐，并努力创造游客所需要的服务与产品。

4. 增强服务意识，不断完善与提高服务质量

只有旅游企业所提供的服务超出游客的期望值时，才能为游客忠诚度的培养打下良好的基础，以获得持久的竞争能力。

5．培养员工忠诚，营造积极个性化的服务环境

提高员工的忠诚度，在旅游服务过程中及时、有效地为游客解决不同的问题，营造一个个性化的服务环境。

总之，为游客创造一次高质量的"旅游体验"，以提高游客的满意度，只有当顾客满意水平非常高时，顾客忠诚现象才会出现，才可以改变游客的态度与情感。

第四章 旅游服务管理

第一节 旅游服务的特性

一、旅游服务及相关概念

1.旅游服务及旅游服务产品

旅游服务（tourism services）首先是属于"服务"范畴的概念。世界各国有关服务概念的界定不下几十种，叶万春（2001）综合各种定义，将服务定义为：服务是具有无形特征却可给人带来某种利益或满足感的可供有偿转让的一种或一系列活动。

在旅游研究中，许多学者也曾对旅游服务概念作过总结。

巫宁（2007）认为旅游服务是一个广义的概念，它不仅是指旅游者到达旅游目的地后，旅游企业依托旅游资源、旅游设施向旅游者提供产品和劳务，满足旅游者需求的一系列活动，事实上，为决策阶段旅游者提供信息和咨询，为旅游者提供便利的预订方式，为旅行过程中的游客提供介绍、讲解和引导，以及向结束旅行的旅游者进行的意见征询和再联络，都属于旅游服务的范畴。

俞海滨（2007）认为旅游服务是服务提供者以支持性设施、辅助物品、自然资源等为载体，在服务提供者与游客之间的互动中，以恰当的时间和地点、以恰当的方式提供给游客的基本上是无形的任何活动或利益。

杨延风（2004）认为旅游服务以有形物质产品、自然物和社会现象为载体，是实现旅游产品价值和使用价值的手段。旅游服务根据经营阶段划分，可被分解为售前服务、售中服务和售后服务三部分。

上述概念强调旅游服务具有无形性的特性，旅游服务是贯穿从购买决策、旅行和游览到旅行结束等整个过程的一系列活动，旅游服务的本质是为旅游者提供某种利益或满足感。所以，旅游服务可定义为：旅游企业或目的地凭借有形载体，为旅游者提供能带来各种利益的贯穿整个旅游过程的一系列活动。

旅游服务是无形的，需要依托综合的有形要素才能提供，且必须要有旅游者的购买和消费才能实现其价值，因此，常常以"旅游服务产品"的特定概念予以表达。旅游服务产品由服务场所、服务设施、服务方式、服务手段、服务环境等要素综合构成。显然，旅游服务产品既有物的要素，也有非物的要素；既有有形的要素，也有无形的要素。

2．旅游产品

目前，学术界对旅游产品的定义很多，但还没有统一的认识，杨延风（2004）归纳了三种有代表性的定义。

（1）经历说。把旅游产品定义为旅游者在整个旅游活动过程中的全部经历和感受。如"旅游产品是旅游者从离家开始旅游到结束旅游回到家整个过程中所包括的全部内容"（顾树保）；"旅游产品就是指旅游者花费了一定的时间、费用和精力所换取的一次旅游经历"（林南枝）；"旅游产品乃是旅游者为了获得物质和精神上的满足，通过花费一定的货币、时间和精力所获得的旅游经历"（杜靖川）；"旅游产品是指旅游者从居住地到旅游目的地，然后再返回原处的全部经历"（杨森林）。

（2）组合说。把旅游产品定义为由多种要素组合而成的综合性产品。如"旅游产品是提供给旅游者消费的各种要素的组合，其典型和传统的市场形象表现为旅游线路"（魏小安）；"旅游产品是由各种构成要素科学合理地组合而成的，也就是为了实现一次旅游活动所需要的各种服务的组合"（王大悟）；"旅游产品是指旅游经营者凭借着旅游吸引物、交通和旅游设施，向旅游者提供的用于满足其旅游活动需求的全部服务"（陶汉军）。

（3）交换说。把旅游产品定义为旅游者和旅游经营者之间所交换的物质产品和服务的总和。如"旅游产品是旅游经营者所生产的，准备销售给旅游者消费的物质产品和服务产品的总和。旅游产品可以分解为三个部分：①旅游吸引物；②交通；③接待。其中旅游吸引物的地位和作用是首要的，因为它是引发旅游需求的凭借和实现旅游目的的对象"（肖潜辉）；"旅游产品是指旅游者以货币形式向旅游经营者购买的，一次旅游活动所消费的全部产品和服务的总和。作为旅游经济的一个专门概念，旅游产品不是指旅游者在旅游过程中所购买的某一单项旅游产品或服务，也不是指旅游者所购买的各种产品服务的简单叠加，而是指在一次旅游活动中实现，并由一系列单项产品和服务有机组成的综合产品"（罗明义）。

三种定义的角度各不相同，都对旅游管理有指导作用。把旅游产品定义为旅游者的经历，而不仅仅是一种产品和服务，说明旅游者与一般产品的消费者不同，有利于理解和管理服务质量。根据旅游产品构成，把旅游产品定义为由多种要素组合而成的综合性产品，有利于提高旅游产品的整体质量，对优化设计旅游线路有重要意义。从经济的角度把旅游产品定义为旅游者购买的综合性产品，有利于以市场为导向的旅游开发，从而提高旅游经济效益。

3．旅游服务与旅游产品的关系

从旅游产品的构成可以看出旅游服务与旅游产品两者的关系。关于旅游产品的构成，大多数人认为由四部分构成，即旅游资源、旅游设施、旅游服务和可进入性。显然，旅游服务与旅游产品是不等同的两个概念，旅游服务是旅游产品的核心组成部分。旅游活动是人们高层次的精神享受活动，很大程度上旅游者购买的是旅游服务。在整个旅游过程中，旅游活动的"食、住、行、游、购、娱"各个环节，以及旅游者购买决策和购后评价阶段等都伴随着旅游服务。在旅游竞争日趋激烈的环境中，旅游企业、旅游目的地最持久、最有效的竞争方式，来源于旅游服务的竞争，而不是旅游资源、旅游设施和可进入性等，旅游服务将成为旅游企业和目的地为旅游者提供的核心价值和利益。所以，旅游服务管理是旅游管理的重要内容。

二、旅游服务的内涵

在具体的旅游服务工作中，仅了解旅游服务的概念，知道旅游服务的本质和特征是不够的，因为它们较为抽象，很难理解为顾客提供服务时具体应该怎么做。旅游服务的内涵使服务的概念更具体化、更具可操作性，告诉我们从哪些方面入手去应对复杂的旅游服务问题，在实践中做好每一项服务工作，为顾客提供优质服务，让客人满意，进而成为忠诚的顾客。

"服务"的英文是"SERVICE"。它的每一个字母"S""E""R""V""I""C""E"表达的意义构成旅游服务内涵的七个方面，分别可以理解为：

（1）smile（微笑）。指以微笑迎接每一位客人。世界各国的体态语言有很大的差异，但微笑是一种各国宾客都能理解的世界性欢迎语言，它是最生动、最简洁、最直接的欢迎辞！

微笑是一个人内心真诚的外露，它具有难以估量的社会价值，可以创造难以估量的财富。正如卡耐基所说："微笑，它不花费什么，但却创造了许多成果。它丰富了那些接受的人，而又不使给予的人变得贫瘠。它是一刹那间的产生，却给人留下永恒的回忆。"

（2）efficiency（效率）。指快速而准确的服务。时间是客人评价服务质量的一个标准，长久的等待必然遭到客人的抱怨，有时甚至引起客人投诉，因为客人是没有耐心等待的人。很多旅游企业都为服务设立了时间标准，如客房清扫服务时间、前厅登记入住时间、餐厅点菜上菜时间。有的旅游服务企业甚至把服务时间向客人公布并接受客人监督。这充分说明提高服务效率的重要性。

（3）receptiveness（真诚）。指为客人提供发自内心的、热情主动的、处处为客人着想的服务。真诚服务是一种精神服务，也是一种情感服务，关键是要用"心"，体现在服务细节上和服务过程的各个环节之中。要让客人感到服务人员是在真正用心帮助他，很乐意为他提供服务，并站在他的立场解决问题，客人会被感动，从而提高对服务质量的评价，也能在服务过程中充当很好的合作者。

（4）vitality（活力）。指旅游服务人员朝气蓬勃、精力充沛，随时准备好为客人提供服务的精神状态。旅游服务人员到工作岗位就要进入最佳服务状态，随时能为客人提供服务。

（5）interest（兴趣）。指旅游服务人员对旅游服务工作充满着热爱。服务人员要热爱服务工作，把为客人服务作为一项高尚的事业，并全身心地投入到服务工作中，把顾客的满意作为对工作的最大回报和无限的乐趣。这样才能不断改进服务，推进旅游服务工作质量提高。

（6）courtesy（礼貌）。指对待客人谦虚、恭敬的态度。礼貌待客表现在外表上，就是端庄、整洁、大方的仪表仪容；在语言上，使用文明用语，讲究语言艺术，注意语气语调；在举止上，文明、彬彬有礼。

（7）equality（平等）。指平等对待每一位客人。服务人员不能把客人分成高低贵贱的类型进行有区别的服务，要尊重和重视每一个客人。

三、旅游服务的特性

从认识旅游服务的特性着手，能帮助我们更好地管理旅游服务，提高旅游服务管理工作的针对性和效率。与物质产品相比，旅游服务的特性主要有以下几方面。

1. 无形性

无形性是旅游服务最显著的特点。它不像实物产品那样，购买前能看见实物的形状、颜色、大小和材质等，购买后能获得实物的所有权。对于旅游服务来讲，旅游者在购头前往往无法肯定他们最终能得到什么样的服务，也不能试用一下。如果旅游者从未接受过将要购买的旅游服务，就只能根据他人的知识和经验、旅游企业的广告宣传、媒体宣传等信息，判断旅游服务的价值，决定是否购买。消费旅游服务后，旅游者获得的只是一种经历。例如，旅游者购买景区的讲解服务，可能就从景区提供的讲解员展板上，根据展板介绍，挑选一位讲解员为其服务。然后，讲解员就在整个景区游览过程中。凭借景区的景点、景物和展览等为游客讲解相关的各种内容。在游览前，游客无法肯定他挑选的讲解员是否一定能给他带来满意的讲解。游览后，游客获得的是景区整个游览过程的讲解经历，包括所看到的、听到的、感受到的，以及他与讲解员的互动活动。

无形性使旅游服务非常抽象，难以描述，增加了旅游者的购买风险。抽象的旅游服务也给旅游营销管理带来了极大的挑战。仅使用传统的广告、公关、人员推销等市场沟通活动为旅游者提供信息的传统营销方式，不能解决旅游企业和旅游目的地面临的所有营销问题，在旅游需求、旅游方式已发生重大变化的 21 世纪，利用口碑和形象营销将显著地提高营销效果。

2. 不可存储性

有形的物质产品可以储存，而旅游服务则无法储存。没有出租出去的客房、飞机上的空座位、导游没有接待客人等，就永远失去了当天或当时的服务销售机会。旅游服务企业不可能像物质产品生产企业那样，将旅游淡季生产的产品储存起来，在旺季出售。而必须保持足够的生产能力，以便随时为消费者提供服务。

旅游服务的不可储存性，使旅游服务企业的需求管理成为一项极为重要的工作。在旅游淡季需求量低，旅游服务企业的生产能力就无法得到充分利用；而在旺季需求量超过了生产能力，旅游服务企业又无法满足一部分客人的需求，从而失去了赢利的机会。如宾馆饭店的客房服务，淡季时有很多闲置的客房，旺季时很多客人被拒之门外。目前，很多旅游服务企业需求管理的方法普遍采用价格手段，即在淡季通过降价促销，吸引旅游消费，以提高服务设施的利用率。我们认为，旅游服务企业应该充分研究市场需求，研究外部竞争环境，把握市场机会，提高服务能力，采用多样化的营销手段，提高淡季服务设施的利用率。

3. 旅游服务和消费的同时性

物质产品的生产、销售和消费的场所是分离的，它们在工厂生产出来，通过仓储和转运，在商场出售；生产者和消费者不直接见面，生产在前消费在后，两者之间存在着时间差。但旅游服务和消费是同时发生的，没有顾客的参与和合作，旅游服务是不能提供的。如酒店前厅为远道而来的客人提供住宿登记服务，餐馆为到场的客人提供餐饮服务，讲解员为到景区游览的客人提供讲解服务等。

由于旅游服务和消费同时发生，服务过程中服务人员往往与顾客直接接触。服务人员的行为方式、服务人员对顾客需求的反应程度等，对服务质量和旅游者今后的购买决策都有很大影响。另外，服务人员与顾客的直接接触也提供了极大的营销机会，服务人员可以在适当的时机促销企业的相关产品，提高服务企业的经营效益。所以，一些服务企业倡导"人人都是营销员"是很精明的。这些对服务人员素质有很高的要求，服务企业要重视对服务员工的培训，管理人员要加强对员工服务行为的管理，使旅游服务企业同顾客建立、保持和发展良好的合作关系。

由于旅游服务和消费同时发生，服务的生产场所、销售场所和消费场所融为一体，消费场所的环境和其他客人的行为，都会影响顾客对服务质量的评价。这就要求服务企业管理好服务场所的环境氛围和客人的消费行为。

由于顾客参与服务过程不可避免，在消费日趋个性化的时代，研究顾客的消费特性，并把他们当作合作者来共同完成服务过程，就显得十分必要。

4．旅游服务的差异性

物质产品往往采用规模生产，即使是定制生产，在信息时代也能实现大规模化。这样的产品没有质量差异，且有较为固定的质量检验标准。旅游服务则不可能完全相同，同一服务人员提供的服务也不可能始终如一。虽然服务企业的工作手册明确规定了不同服务场合的服务行为标准，但服务人员提供的实际服务与他的经历、性格特点、工作态度有关。另外，顾客对同一服务人员的评价也会有很大差异。在排队的情况下，饭店前厅登记处服务员对接受服务的顾客，进行了耐心细致的讲解和周到的服务，这位顾客认为服务人员为他提供了优质服务；而后面的顾客因为等待的时间较长，会认为服务员为他们提供的服务不太满意。

由于旅游服务具有差异性的特点，使旅游服务企业面临一系列特殊的经营和管理问题。要解决这些问题，服务企业要深入研究旅游市场需求，按照顾客的需要提供服务，而不盲目地向顾客促销本企业的服务项目。

第二节 旅游服务理念

旅游服务的对象是人，且旅游者参与服务过程，使旅游服务活动具有复杂性、动态性，旅游服务人员往往难以把握服务质量，要想让客人满意是件很不容易的事，除了全面认识旅游服务的本质、特性和内涵外，还必须要有正确的服务理念去指导旅游服务。

一、全球竞争环境下旅游服务理念的作用

1. 旅游服务理念的概念

李永红（2003）认为，旅游服务理念是从事旅游服务工作的所有人员参与旅游服务活动的主导思想意识，反映了旅游服务人员对旅游服务活动的理性认知。它是近几年在整个服务行业较盛行的新型竞争理论，是在旅游企业内、外部宏观和微观各种经济和文化环境的影响下，在长期的旅游服务营销的实践中逐步形成的。它是旅游企业的服务精神、服务灵魂、服务价值观，更是内化在所有人员思想深处的服务风尚，它能指导所有员工的服务行为向优质化方向发展，为旅游企业赢得顾客、赢得信誉、赢得口碑，最终为旅游企业赢得核心竞争优势和可持续竞争力。

2. 旅游服务理念的作用

（1）形成持续的竞争优势。中国加入 WTO 以后，加速了融入经济全球化的进程，在经济开放的大环境中，中国旅游业的发展面临着"国际竞争国内化、国内竞争国际化"的新格局。一方面，我国旅游业经过近 30 多年的发展，产业规模和产业素质都有很大提高，旅游市场规范进程越来越快，旅游者的旅游经验和素质越来越高，旅游企业间的竞争越来越激烈。另一方面，欧美的旅游企业凭借其雄厚的资金实力、强势的品牌和完善的网络，纷纷进入抢占市场。我国旅游企业的传统竞争方式，如价格、无缺点服务、方便先进的设施设备、良好的卫生状况等，作用越来越不明显。随着经济的发展和

市场的规范化，旅游企业将在公平的条件下公开透明地获得社会资源，要想建立绝对的经营资源优势将十分困难。旅游企业的竞争将从有形资源的竞争转向无形资源即理念的竞争。经验证明，那些以服务理念为指导，所有企业人员都致力于加强与顾客的联系，提高他们满意度和忠诚度的旅游企业，保持了旺盛的生命力，获得了持久的竞争优势。正如希尔顿倡导微笑服务给他的饭店企业带来巨大成功一样。

（2）塑造和强化旅游企业的良好形象。服务理念是旅游企业文化的核心组成之一。企业文化具有强大的辐射功能，通过服务、对外宣传促销活动、员工与社会各界的交流等各种途径，有意识地反映企业的价值观念、服务理念和文化内涵等，从而将旅游企业深层精神文化向外传播，形成良好的社会声誉，扩大企业的对外影响力。旅游企业服务理念会随着时代的变化不断充实内涵或丰富完善，让企业始终保持与时俱进的充满希望的形象。

世界零售食品服务业的领先者麦当劳深信，企业的成功有赖于社会的支持、社会的进步和发展。因此，麦当劳有义务服务社会、回馈社会，一直遵循"取之社会，回报社会"的经营服务理念，不断向社区学校、医疗机构捐款，积极参与当地的多项公益事业中，为企业塑造了良好的社会形象。正确的经营服务理念带给麦当劳巨大成功。麦当劳在全球超过 118 个国家和地区拥有 31000 多家餐厅，每天为 5000 多万顾客提供优质食品。麦当劳于 1990 年在深圳开设了国内第一家餐厅，至今在中国大陆开店总数超过 840 家，拥有员工 50000 多名。

（3）开拓旅游企业的发展空间。一个先进的理念能为企业发展开拓一块"蓝海"空间。21 世纪可持续发展观已深入人心，要求企业具有社会责任感，不仅要强调经济效益，还要强调环境效益和社会效益，实现三个效益的统一。消费者的观念也发生了很大变化，更加偏爱自然、绿色和环保的产品。旅游企业倡导绿色经营理念就是一个成功战略。旅游业本来就是环境依托型产业，在旅游市场竞争日趋激烈的背景下，一个崇高环境保护理念的企业会赢得更多市场。

二、旅游服务理念的基本内容

旅游服务理念是从事旅游服务工作的所有人员参与旅游服务活动的主导思想意识，是企业的服务意识、服务精神、服务风貌。听起来非常抽象，但仍然表现为一些具体的内容，如怎样认识旅游服务、怎样对待客人、怎样提高服务质量、怎样满足新的旅游消费需求等。在旅游企业的服务管理实践中，可根据这些内容，提炼转化为适应企业发展的服务理念，指导旅游企业做好旅游服务工作。

（一）宾客至上的服务观念

旅游服务是对人服务的过程，这一过程需要客人的配合，需要满足客人的要求才能完成，最后服务质量由客人来评价。很明显，旅游服务过程服务人员必须要正确认识客人的地位，才能处理好与客人的关系，灵活应对复杂变化的服务问题，高质量完成服务工作。

"宾客至上"是一种以顾客为导向的经营理念，实际上就是把客人的利益放在首位，即把客人的需要作为旅游服务活动的出发点，把追求客人的满意当作服务活动的宗旨。旅游服务人员在对客人服务中，应该以企业主人翁的姿态很好地传递企业的这一理念，为客人提供热情、真诚、周到的服务，让客人满意。企业提倡"宾客之上"，并不意味着把服务人员当"仆人"、当"奴隶"，不存在地位谁高谁低的问题。所以，要树立"宾客至上"的理念，关键在于正确认识客人性质。只有充分理解客人的角色特征，掌握客人的心理特点，提供令客人舒适和舒心的服务，才能打动客人的心，赢得客人的认可。

1. 顾客是"资产"

国外学者在 20 世纪八九十年代就提出了顾客资产的概念。例如，Leritt（1983）认为一个公司最宝贵的资产是与顾客的关系，它像其他资产一样可以升值、贬值。福斯特等人（1996）也提出顾客是有形的市场资产，有必要对其估价。Cravens、Greenly、Piercy 和 Slater（1997）认为"顾客价值是有价资产"。在实践中顾客资产最早由 SAS 航空公司的前首席执行官 Jan Carlson（1998）提出，他对下属说："在我们公司资产负债表的资产方，记录了几十亿的飞机价值，这是不对的，我们正在愚弄自己。我们应该在资产方纪录去年公司承裁了多少满意的顾客，因为我们唯一能得到的资产是对我们的服务满意的顾客，并且愿意再次成为我们乘客的顾客。如果没有飞机，我们可以去买；但是如果没有顾客，再多的飞机也没用。"世界上著名的 IT 企业英特尔甚至把顾客作为第一位的资产。

从 20 世纪 90 年代开始，在新的市场背景、观念背景和技术背景下，"顾客"不再仅仅是营销活动的出发点，而成为一种持续的、可经营的和差异化的内部资源。顾客资产是可经营的资产，可以通过开发、维护、使用，使它升值。所以，顾客不仅是旅游企业当前的主要收益来源，也是未来收益的主要来源。

王大悟（2003）总结了顾客资产的四个特征。

首先，顾客资产是相对的，由于竞争者太多，这种资产很容易流失。拥有时短暂的，不是永久的，不像厂房等固定资产。

其次，有统领其他资产的作用。飞机本身是资产，但是这个资产能不能发挥价值，要看有没有乘客。乘客是原始资产，而飞机是在原始资产发生作用时，才产生价值。因此，顾客资产具有统领的作用。没有顾客资产，而只拥有其他资产，那么拥有得越多，亏损会越大。如饭店建筑是一笔价值可观的不动产，但如果没有顾客，那么价值超大，运转费用越高，亏损越大。

再次，顾客资产难以把握、难以维护、难以运作。因为这种资产本身是有思维的人，和一般的有形资产有很大的差异。如果你不知道他们在思维什么，你就有可能得不到它。

最后，对顾客资产需要有情、有信、有义和有方的管理，只有通过人们之间的真情交流，才能建立起顾客与企业互利共赢的友好合作关系。

2．顾客是"老师"

顾客是产品的使用者，他们最了解产品的好坏、最有资格评价产品的优劣，顾客也是服务产品设计的启发者，因为顾客参与服务过程，顾客对服务流程、服务要素、服务细节等的感知过程，就是对服务产品的检验过程，他们往往以建议、意见，或抱怨的形式，提出他们对服务产品设计的看法。顾客是最好的老师，他们的知识、经验、欲望和需求是企业重要的资源。据美国的一项调查显示，成功的技术革新和民用新产品中有60%～80%来自用户的建议。世界上著名的成功企业都很重视客人的意见，IBM每年在世界各地举行超过4万场的访谈，将所有顾客对产品或服务的种种见解，做系统性的分类并归档了数据库中。他们相信，这是IBM掌握的最珍贵资产。所以他们乐于倾听每一位顾客的反映，不论是正面或负面，均采取接受的态度。这是IBM在20世纪90年代能浴火重生的关键所在。企业获得客人意见的前提，是对客人的尊重和高度重视，以及提供满意的服务产品。否则，客人就用脚投票，企业不仅得不到重要信息，还流失了企业的资产。美国白宫全国消费者调查统计显示，4%的不满意客户会向你投诉，96%的不满意客户不会向你投诉，但是会将他的不满意告诉16～20人。在96%的不投诉客户中，91%不会再回来。

只有高度重视顾客、在服务过程中向顾客学习的旅游服务企业，才能不断完善服务产品，吸引并留住顾客。

3．顾客是合作者

传统上，企业与顾客的关系是生产者与消费者的关系。生产者开发、生产、销售产品和服务，而消费者购买产品和服务。两者分工明确、界限清晰，并由交易关系联系起来。然而，在科技进步和网络媒体大众化的今天，生产者与消费者之间的这种关系正在发生着变化，传统交易关系之中越来越多地渗透进了合作关系。参与、合作、互动逐渐成为企业与消费者之间新型分工关系中不可或缺的重要内容。国内外企业成功的经验告诉我们，从产品设计到营销，企业几乎在经营流程的所有环节上都可以与顾客达成合作与互动。

（1）顾客参与产品设计

美国国际香料与香精公司（IFF）的经验，可以说是让顾客参与产品设计的典范。该公司过去也是运用传统的产品开发方式，即首先调查顾客对调味料的需求，由专家制定配方，然后对顾客进行反复测试。尽管产品配方的依据来源于市场，但在进行完整的市场评估时，客户平均只会接受所有新口味的 15%，最终只有 5%至 10%得以顺利上市。高昂的开发费用和漫长的测试周期，导致 IFF 的利润愈来愈薄，也使之将产品开发活动直接转向了顾客。该公司开发了一项以网络为基础的"工具包策略"，其宗旨就是，公司向消费者提供原材料，让消费者自己动手，调制自己想要的食物口味。具体做法是，公司的"工具包"包括一个储存了大量香料档案的数据库，顾客可通过计算机屏幕选择和操控相关信息，再将新设计直接发送至公司自动化机器的终端，并在几分钟内制造出一个试吃品。品尝过后，顾客还可以根据自己的喜好进行任何调整。IFF 的做法不仅大大节约了经费，而且大大缩短了产品开发周期。

（2）顾客生产产品

让消费者参与企业生产环节，首先可以满足他们对产品个性化的需要。如西方某服装企业制作的牛仔裤只能算是"毛坯"产品，上面没有任何装饰，成品则产生于顾客的手中。顾客可以根据自己的喜好，在"毛坯"牛仔裤上任意挥洒自己的创意，如涂抹颜料，撒闪闪发亮的金粉、银粉，或钉上大大小小的金属钉，甚至剪些洞洞、弄些毛边出来。就这样，一条极具个性的成品牛仔裤就在顾客自己手中诞生了。让消费者参与生产活动，还可以成为企业新的利润增长点，直接给企业带来收益。美国最大的咖啡连锁集团星巴克于 2004 年推出了一项新举措，即在加利福尼亚开设了一家"DIY 音乐吧"。顾客在咖啡店里可以在品尝香浓美味的咖啡同时，通过 70 多台电脑免费在线选听 25000 多首各种风格的音乐曲目，并可以在店员的帮助下自己动手下载并现场制作数码歌曲光盘，亲身当一次音乐制作人。每下载 5 首歌 6.95 美元，5 首以上每选一首 1 美元。星巴克此举不但可以促进其咖啡店业务，而且还带来新的商机。星巴克预计在未来两年内将"DIY 音乐吧"推广到全美 2500 多家连锁店，进而推向全球连锁店。

（3）顾客互动营销

指顾客在得到了好的旅游服务感受后，会主动向他周围的人宣传，接受建议购买了服务产品的人又会向他周围的人宣传。与其他媒体宣传相比，消费者更相信这种口碑宣传，因为都是亲戚、朋友或熟人的亲身经历。值得注意的是，网络媒体的发展使消费者之间的水平互动越来越方便。他们可以通过互联网互通商品信息、分享消费体验，这使得传统的口碑效应得到了高倍数的放大，会形成巨大的市场，顾客成为义务营销员，服务企业将获得无限商机。当然，只有把顾客放到重要位置加以尊重和关怀，才能赢得顾客的合作和互动，实现营销目标。

综上所述，在消费需求和企业经营环境都有很大变化条件下，旅游服务企业应比任何时代更加重视顾客的价值，顾客是旅游服务企业存在的基础，是企业目前和未来发展的重要资产，是企业的合作者和义务营销员。旅游服务企业要在"宾客至上"理念的指导下，做好服务工作，管理好与顾客的关系，为企业创造竞争优势。

（二）创造卓越——情感化个性服务

"宾客至上"理念让旅游服务企业的经营管理者和服务人员高度重视顾客，但仅有重视是不够的，旅游服务企业还要为顾客提供有吸引力、有魅力的服务产品，才能吸引并留住顾客，顾客资源才能被挖掘，顾客资产才能被开发，企业才有可能构筑美好的未来，这样的服务产品就是情感化个性服务。

情感化个性服务是一种极致服务，在实际的服务过程中，还有规范化服务和个性化服务。这些服务都有不同的内涵，属于不同的层次，服务的效果和带给顾客的感受是不同的。

1.规范化服务

规范化服务是服务人员按照企业的服务程序、服务标准，向顾客提供的满足顾客共性的基本需求的服务。如旅游饭店服务，不同星级、不同档次的旅游饭店都有一套关于服务内容和服务质量要求的规范和标准，服务人员按照这些标准和规范向旅游者提供的服务就是规范化服务。规范化服务是企业对服务的基本要求，也使服务企业的质量便于监督和检查，是企业服务质量的基础和保证。

规范化服务满足了顾客的基本需求，它注重操作的规范和程序，以保证整个服务过程流畅、顺利、环环相扣，使客人感受到规范周到、连贯完整的服务，使客人赏心悦目，带来的服务效果是顾客满意。由于规范化服务只能满足顾客的共性需求，不能满足顾客的特殊需求，所以，规范化服务是一种基本的服务。在消费需求日益多元化和个性化的背景下，顾客对产品和服务有了更高的要求，服务也向着纵深发展，旅游服务企业要提升服务水平和档次，就要适应市场，提供个性化服务。

2. 个性化服务

个性化服务是在规范化服务的基础上，为顾客提供满足其特殊需求的差异性服务。个性化服务渗透着对顾客的真情和体贴，让接受服务的客人感受愉悦和惊喜，产生一种自豪感、一种满足感，从而留下深刻的印象，并赢得他们的忠诚而成为回头客。

满意的顾客是所有成功企业的生命之源，而忠诚的顾客则是促进企业保持领先地位所不可或缺的要素。传统的服务企业经营方式是依赖赢得顾客，而忽视留住顾客，企业投资往往只注重硬件设施的更新以及广告、公关及销售渠道等方面，而非投资在与顾客建立长期稳定的关系方面。旅游市场总体来看是供大于求，市场竞争异常激烈，而服务企业在技术、设施上的差异却日益缩小。因此，增强顾客的忠诚度是旅游服务企业保持竞争优势的重要途径。

多次获得世界最佳饭店桂冠的泰国东方饭店在个性化服务方面堪称楷模。东方饭店几乎天天客满，不提前一个月预订很难有入住机会。用他们的话说，只要每年有十分之一的老顾客光顾饭店就会永远客满。李先生是该饭店的回头客，当他第二次入住东方饭店时，从楼层到餐厅一路上，遇见的每一位员工都能亲切地称呼他李先生，并且餐厅服务员还能准确推荐他一年前坐过的老位子和点过的老菜单。后来，由于业务调整的原因，李先生隔了 3 年没有再到泰国去，但在他生日的时候，却突然收到了一封东方饭店寄来的生日贺卡。李先生当时感动得热泪盈眶，决意如果再去泰国，一定要再住东方饭店，而且要说服周围的朋友也像他一样选择。这就是个性化服务的魔力，这就是东方饭店成功的秘诀！

培养顾客长期忠诚的关键就在于，以顾客个性化的价值观为导向，以差异化的服务、创新的思路去满足顾客个性化需求，为顾客创造价值。如此一定会换来消费者对企业的忠诚，企业也一定会得到更加可观的回报。

3. 情感化个性服务

（1）情感化服务

情感化服务指充满人情味和亲切感的服务，注重"真诚"二字，把客人当成亲人和朋友，用心进一步深入，在细腻的深层次的服务上下功夫，倾注了对客人的理解、体贴和关怀，对客人表现出关切和乐于相助的一种态度。

情感化服务表现为善解客人的思想、感情，能从客人的角度出发，急客人之所急，想客人之所想，体谅客人的难处，诚心诚意帮助客人解决问题。服务人员的情感化服务会引起顾客的共鸣，得到情感回报。顾客会因服务人员的情感服务而产生对服务人员的爱心和同情心，支持服务人员的工作。

无论是规范化还是个性化的服务，都必须体现出饭店员工对宾客的情感，这样才能使客人心中真正产生"宾至如归"的感觉。情感化服务对增强服务企业的好客性、提高顾客满意度、强化顾客忠诚度起着显著的积极作用。

（2）情感化个性服务。

在个性化服务中融入情感化服务就是情感化个性服务。个性化服务强调差异，只要超出规范和标准的服务就叫个性化服务。它能给顾客带来愉悦和惊喜，使其产生满足感，成为忠诚的顾客。而情感化个性服务除让顾客感受到超值服务外，还让顾客得到高尚的精神享受，使顾客感动，增强顾客的忠诚度。所以，情感化个性服务是对个性化服务的升华，是最高境界的服务——极致服务。下面一个例子就是典型的情感化个性服务。

某大公司总裁突然想起当天要赠送部下一份生日礼物，由于时间紧，干脆就送美元作礼品，但他手头没有崭新的 100 美元钞票，于是就走进美国一家大银行下的一个小储蓄所去换新钞。储蓄所一位女职员热情接待了这位她并不认识的顾客。遗憾的是，她在柜台里找不到新的美钞，于是向客人致歉后，马上走出储蓄所去换。换回新钞后，她估计客人换新钞一定用在特殊意义的场合，于是又用盒子和彩带包扎好送给客人，同时对客人说：先生，对不起，由于没有及时给您换好，耽搁了您的时间，请原谅！您在需要服务的时候首先想到我们银行，我非常感动。感谢您向我提供了一次为您服务的机会。顾客走了。第二天，这位总裁把 250 万美元存入了这家银行。

规范化服务是旅游服务质量的保证，个性化服务和情感化个性服务都要以规范化服务为前提和基础，才能提升服务质量，为顾客提供优质服务。

（三）绿色服务理念

1．绿色消费与旅游业

在 20 世纪，人类社会生产力以前所未有的速度迅猛发展，与此同时，地球的生态环境也在以前所未有的速度急剧恶化。物质文明的发展带来的损害令人们开始反省过去对环境保护的漠视，从宏观到微观，环境保护意识已经渗透到人类生活的方方面面。20 世纪末，全球掀起了一股"绿色浪潮"。"绿色浪潮"起源于"绿色消费"，绿色消费意识得到了各国消费者的认同。一项调查显示，75％以上的美国人、67％的荷兰人、80％的德国人在购买商品时考虑环境问题。从绿色食品、绿色日用品到绿色服务、绿色设计、绿色制造……"绿色浪潮"正在改变人类的生活和生产方式。

传统上，人们认为旅游业是"无烟工业"，旅游业对环境的压力较小。但是，随着大众旅游的发展，旅游活动的规模和范围越来越大，消耗的资源、排放的废物越来越多，特别是自然旅游对各种自然要素、生物多样性和生态环境的影响和威胁日益凸显。旅游业是环境依托型产业，环境的损害对旅游业的破坏几乎是毁灭性的，故绿色旅游和绿色旅游消费引起了人们极大的关注，在环保观念和知识的推广下，旅游者的素质不断提高，他们的环保意识越来越强，并把绿色旅游消费作为提升他们生活品质的重要途径。面对国内竞争国际化和国际竞争国内化的现状及绿色消费浪潮，我国旅游业迫切需要实施绿色战略，需要用绿色理念指导旅游企业的经营，通过开展绿色服务和绿色教育、营造绿色企业文化、实施绿色促销等途径，以推动我国旅游业的可持续发展。

2．绿色旅游服务

绿色服务是服务企业在服务过程中，以减少资源浪费、减少污染的原则为服务导向，向旅游者提供有利于环境保护和人类健康的产品和服务，并引导消费者在服务的消费使用过程中努力保持人与环境的和谐，改善人类的生存环境，绿色旅游服务旨在保护自然资源、生态环境和人类健康。绿色旅游服务与绿色旅游消费行为具有同一性。在旅游服务当中，服务人员要积极向消费者推荐绿色食品、绿色客房、绿色用品，介绍绿色产品对生态及消费者自身的重要性，引导消费者更好地遵循绿色规范。

3．绿色旅游服务内容

（1）提供绿色产品和服务。

在旅游饭店的经营过程中，实施 4R 原则，即减少使用的原则（reduce）、再使用原则（reuse）、循环使用原则（recycle）和替代原则〔replace〕；开辟符合环保要求，对人体无害的"绿色客房"；创办"绿色餐厅"，提供绿色食品。在旅游景区实行景点轮休，控制游客人数。近年来，一些景区管理部门过分追求接待人数的上升和门票收入的增长，对景区实行了"竭泽而渔"式的开发，致使一些景区遭受破坏，特别是一些自然生态景观受到很大损害。生态的承载能力是有限的，为保护景区生态环境，确保旅游资源可持续利用，应对一些承载力较小而客流量较大的景区景点实行轮休。在旅游旺季，为防止景区超负荷运转，解决环境容量与游客数量之间的矛盾，应对游客人数实行限制。

（2）引导旅游者绿色消费行为。

引导旅游者绿色消费行为就是为旅游企业培育绿色服务的消费市场。服务人员要倡导旅游者在消费时选择未被污染或有利于公众健康的绿色产品；提示旅游者在消费过程中注重对垃圾的处置，不造成环境污染；引导旅游者转变消费观念，崇尚自然、追求健康，在追求生活舒适的同时，注重环保，节约资源和能源，实现可持续消费。

（3）培养服务员工的绿色意识。

绿色服务的前提是绿色员工的存在，只有员工自身具备深厚的绿色理念及扎实的绿色服务技巧，才能使服务变成有利的营销手段，促进绿色消费行为产生，推动旅游业的绿色营销走向深入。旅游企业要通过环境教育和培训，培养员工的绿色意识，积极贯彻企业的绿色措施。

第三节 旅游服务有形展示

一、旅游服务有形展示概念

无形性是旅游服务最重要的特征，旅游服务表现为整个旅游过程的一系列活动，而不是实物，很难描述它的质量，也很难判断它的消费效果，从而使旅游服务缺乏搜寻特征。这给旅游者购买带来了极大的风险，也给旅游企业的服务营销带来极大的挑战。

显然旅游服务是无形的，但服务设施、服务设备、服务人员、顾客、市场沟通资料、价目表等是有形的，都向消费者传递者某种信息。根据环境心理学理论，顾客利用感官对有形物体的感知及由此所获得的印象，将直接影响到顾客对服务质量及服务企业形象的认知和评价。对于消费者来讲，在购买服务之前，会根据那些可以感知到的有形物体所提供的信息而对服务产品作出判断。比如，一个初次光顾某家餐厅的顾客，在走进餐厅之前，通过餐厅的外观、招牌标志等获得出一个初步印象，如果印象好的话，他就会进入餐厅，而如果这时餐厅内部的装修、桌面的干净程度以及服务员的礼仪形象等吸引他，他就会在这个餐厅用餐。这个例子表明，旅游服务企业通过服务过程的各种有形要素的展示有助于其有效地推销服务产品。所以，应该采用"有形展示"的策略，帮助服务企业开展营销活动。

"旅游服务有形展示"是指一切可传达旅游服务特色及优点的有形组成部分。这些有形展示，若善加管理和利用，可帮助顾客感觉服务产品的特点以及提高享用服务时所获得的利益,有助于建立服务产量和服务企业的形象，帮助实施有关营销策略；反之，若不善于管理和运用这些有形展示，则它们可能会传达错误的信息给顾客，影响顾客对产品的期望和判断，进而破坏服务产品及企业的形象。

二、服务有形展示的类型

从不同的角度可以对有形展示作不同的分类。根据有形展示的构成要素，可分为三种类型：有形环境、市场沟通和服务接触。

1. 有形环境展示

服务企业的有形环境是背景因素、设计因素和社交因素决定的。背景因素和社交因素构成软环境，设计因素构成硬环境。

背景因素指消费者不大会立即意识到的环境因素，例如气温、湿度、通风、气味、声音、整洁等因素。通常，人们认为背景因素是理所当然的。良好的背景环境并不能促使消费者购买，而如果服务环境中某种背景因素使消费者感觉不舒服，他们就会意识到服务环境中的问题，转而购买其他服务。例如，客人不愿住宿酒店有异味的客房。

设计因素指刺激消费者视觉的环境因素。设计因素可分为艺术设计（例如建筑物式样、风格、颜色、材料、格局等）因素和功能设计（布局、舒适程度等）因素两类。与背景因素相比，设计因素容易引起消费者的注意，对消费者感觉的影响就比较明显。设计精美的服务环境更能促使消费者购买。

社交因素指服务环境中的顾客和服务人员。服务环境中的顾客和服务人员的人数、外表和行为都会影响消费者的购买决策。服务人员的仪态仪表是服务企业极为重要的有形环境要素。如果服务人员的仪表给人训练有素的印象，消费者才会相信他们能够提供优质服务。在迪斯尼乐园，职工的头发长度、首饰、化妆和其他个人修饰因素都有严格的规定，且被严格地执行，难怪迪斯尼乐园每天都会吸引很多来自世界各地的游客。

2. 市场沟通展示

企业通过一系列有形因素进行市场沟通展示，使无形的服务和抽象的广告信息变得比较有形、比较具体，从而传达有关服务品质和服务利益的线索，有助于强化服务企业的市场营销战略，影响消费者的购买决策，促进消费者选择本企业产品和服务。市场沟通展示的方式有服务有形化和信息有形化两类，如图4-1所示。

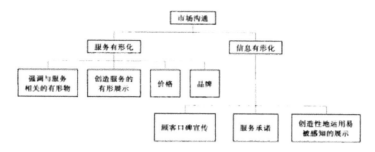

图 4-1 市场沟通与有形展示

资料来源：叶万春主编《服务营销学》，经修改。

（1）服务有形化。在市场沟通中，企业强调与服务有关的有形展示，可传播企业无形的突出的服务特征。如展示宾客满座的餐厅，服务员在井井有条进行服务的场景，向消费者传递了餐厅可口的美食和优质的服务。

价格也是一种有形线索，帮助消费者判断无形服务的质量。对消费者来说，高价意味着优质服务，会提高消费者对产品和服务的期望；低价意味着不能保证的服务质量，会降低消费者对产品和服务的期望。价格的有形展示作用，使服务企业可通过制定合适的价格，让消费者较准确地判断企业的服务产品，帮助消费者做出购买决策。但企业在制定价格时，不能过高，也不能过低。过高将形成"宰客"的企业形象，过低将形成"低劣"服务形象，都不利于服务企业的营销工作。

品牌代表了市场上消费者认可的产品和服务，意味着满意的服务，给消费者以质量和品质的保证。品牌蕴涵着一定的价值，消费者通过对品牌标志的识别，联想到品牌的价值。所以，品牌宣传给消费者感知企业的无形服务提供了一条重要途径。

（2）信息有形化。由于消费者决策时，往往相信其他消费者的口头宣传，服务企业可利用消费者的口头宣传，使信息有形化。如在广告中引用顾客对服务企业的积极评价，突出广告的真实性。

信息有形化的另一种方式，是在广告中对消费者承诺服务质量。如某酒店承诺"不满意就退钱"。这可使消费者相信企业的服务质量，感知到服务消费的利益保证，降低消费风险，还可督促酒店员工为消费者提供优质服务。

3．服务接触展示

服务接触是顾客接受服务时，与服务人员直接接触和互动的过程。服务过程中，服务人员的服务行为是最真实的展示。

何云、汪纯孝（2006）认为，对情感密集型的服务性企业来说，服务过程是服务人员与顾客相互交往的过程，员工的情感表现、服务态度和行为会直接影响顾客的情感、态度和行为。美国学者普赖斯（Linda L. Price）等人发现，服务人员的服务技能、真诚的态度、对顾客利益的额外关心、服务人员与顾客之间的相互理解、服务人员礼貌待客行为，都会增强顾客的正面消费情感。阿诺德和普赖斯还发现，即使顾客经历了负面情感，如果他们认为员工理解自己的情感，对自己的情感做出了适当的反应，他们仍然会对休闲服务感到满意（Arnould ＆. Price，1993）。荷兰学者莱明克（Jos Lemmink）和丹麦学者马特森（Jan Mattsson）的研究结果也表明，在服务消费过程中，服务人员的面部表情、行为和语言都会影响顾客的消费情感（Lemmink ＆. Mattsson，2002）。

国外的研究还表明，顾客的消费情感影响顾客的满意度，影响顾客的消费意愿。这就告诉我们，服务企业应加强服务接触展示管理，强化员工服务技能、技巧、态度等培训，重视全面提高服务人员的素质，使服务接触展示增强顾客的正面消费情感。

三、服务有形展示的作用

1．塑造和改进企业形象

企业形象是企业自身的一项重要的无形资产，它代表企业的理念、信誉、质量和员工素质等，越来越主导消费者的选择。但企业形象是很抽象的概念，单纯靠文字宣传很难形成生动的、容易让人接受的形象。在市场沟通活动中，企业应采用各种方法，提供能让消费者感知的有形展示，突出企业特色和个性，在消费者心目中形成良好的形象。

如果企业要改进市场形象，更需要提供传达企业变化的有形线索，使消费者相信企业的变化，从而建立起对企业新的认识，有助于企业的服务营销。中国航空服务有限公司（以下简称中航服）通过企业标志的变化传达企业服务变化，增强了企业竞争力。1993 年以前，作为企业品牌形象的企业徽标设计是一个地球和一个机尾，使消费者误以为中航服是一家航空公司而非航空服务公司，影响了公司的竞争力。1993 年，"如意"设计的出现，传达了以"服务"为核心的营销理念。至 1999 年底，公司业务已经发展为全方位商务旅行管理服务，但其单一的销售机票的品牌形象，严重影响了客户和潜在客户对中航服真实面目的认知。2000 年初，重新设计了独具个性的"如意"加"盘长"形象记忆标志。"盘长"是中国民间广为流传的吉祥图案，象征网络经济时代中航服"服务至美、时刻伴随"的服务理念以及无穷的生命力。企业标志这一有形展示的变化，向消费者传达了企业服务理念的变化，加快了其向多元化、规模化、国际化迈进的步伐，中航服现已具备了在全球范围内为客户提供全方位、多功能服务的能力。

2．让消费者感知服务带来的利益

消费者就是为了获得某些利益而购买服务的。企业通过有形展示让消费者感受到这些利益，他们才会产生服务需求，购买服务，或对服务质量满意。例如，希望住五星级饭店的客人，都想获得豪华的享受和细致周到的服务。饭店展示金碧辉煌的装饰、温馨的夜床服务、周到的私人管家服务，都将吸引顾客的购买。

3．使消费者形成良好的第一印象

对于服务企业的新顾客而言，他们没有经验，往往通过各种有形线索，形成对企业服务产品的第一印象，从而判断其服务质量。如外出的旅游者可根据旅行社的旅游车档次、导游讲解的专业性等，判断整个旅程的服务质量。

4．引导消费者产生合理的质量期望

消费者在消费以前往往会对产品和服务产生一定的期望，由于服务的无形性，使消费者的期望可能过高或过低，过高的期望会导致消费者接受服务时的失望，过低的期望将阻碍购买决定，都会产生负面影响。企业的有形展示让消费者能够提前把握服务的特征和功能，从们形成合理的期望，较准确地评价服务质量。

5．促进服务员工提供优质服务

有形展示使顾客能把握服务的特征和功能，也使服务员工了解应如何为顾客提供优质服务，应如何突出企业的服务特征和优点。服务企业要加强员工的培训，提高员工的服务技能和技巧，更好地满足消费者的需求和期望。

四、服务有形展示系统

为了让消费者对企业的服务形成全面的、整体的感知，企业要广泛地进行有形展示，而不仅从某一个方面展示有形线索。企业的有形展示是一个系统，包括市场沟通展示、服务环境展示和服务接触展示三部分，每个部分有各自的展示要素，它们的功能和作用各不相同，三个部分相互联系，形成了一个有机的系统，如图 4-2 所示。

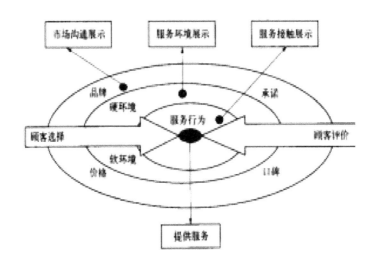

图 4-2　服务有形展示系统

资料来源：张振刚，肖田野，2006，经修改。

服务有形展示系统具有以下特点。

（1）有形展示系统的三个部分实际上是展示的三个层次，外层是市场沟通展示，中层是服务环境展示，内层是服务接触展示。从外到内，消费者对服务产品的认知，由一般到具体，由浅入深。在市场沟通展示阶段，通过各要素的有形展示，从总体上形成了企业的形象，便于消费者辨别企业的服务特色，能帮助消费者间接评价服务质量，有利于引导顾客的购买决策。在服务环境展示阶段，顾客"身临其境"地感受服务环境的优美和舒适，能更近一步地评价服务质量。在服务接触阶段，消费者能直接地、具体地、深入地评价服务质量。

（2）有形展示系统的三个部分代表了顾客从选择企业的服务，到购买服务，再到消费服务的过程。如果每一阶段的展示都满足了顾客的需要，都让顾客满意，顾客会完成整个消费过程，甚至成为忠诚的顾客；如果某个阶段顾客不满意。就会选择其他企业的服务。

（3）有形展示系统的每一个部分都很重要，对顾客评价企业的服务质量都有影响。企业在重视每一个部分展示的同时，尤其要重视服务接触展示。因为这个阶段是面对面服务，给企业提供了真实生动展示服务的机会，对培养忠诚的顾客举足轻重。但服务人员也面临极大的挑战，他们应在规范化服务保证服务质量的前提下，提供情感化个性服务，提升服务品质，让顾客经历美好的服务体验，留下感动的回忆，成为忠诚顾客。

第四节 旅游服务质量管理

Harris（1999）提出，在激烈竞争的服务市场上，劣质产品和服务已经没有生存空间，将来更没有可能。所以，服务企业应把服务质量视为生命线，服务企业的管理人员要把服务质量管理放在管理工作的重要位置。我国旅游业经过 30 多年的发展，已走过了数量规模扩张的发展阶段，正步入提升质量的成熟阶段。旅游服务质量管理对我国实现旅游强国的发展目标有重要的现实意义。

一、旅游服务质量概述

1. 旅游服务质量的概念

根据国际标准化组织对服务质量的定义，旅游服务质量可定义为旅游服务企业满足顾客需要的能力与程度。能力指服务范围的宽度，服务项目越多，服务能力越强。程度指服务水平，顾客的满意度越高，服务水平越高，满足需要的程度越深。如饭店服务，高星级饭店服务项目就很齐全，有住宿、餐饮、购物、娱乐、健身、保健、美容、商务等，服务人员有较高的服务技能技巧，顾客满意度高，有金钥匙服务的饭店，顾客满意度最高，这样的饭店服务满足顾客需要的能力强、程度深，服务质量高。

在定义中，"顾客需要"是核心。服务企业要把准确辨识、把握和确定顾客需要作为服务产品设计的前提，设计出一系列服务产品，才有能力满足顾客需要。服务人员要能理解顾客的需要，才能提供细致周到的服务，提高服务水平。顾客需要可以从三个角度进行分析。

（1）规定的需要和隐含的需要。规定的需要指企业服务项目中规定的服务内容。如旅行社包价旅游对导游服务、食、住、行、游、购、娱等方面有明确规定。旅游者购买了包价旅游后，如果旅行社不按规定，缺失了某些服务，游客就会不满甚至投诉，该包价旅游服务质量就不合格。规定的需要一般满足顾客的共性需要，是服务质量的保证。隐含的需要指规定服务内容以外的需要，往往是个别的需要，如景区提供的免费茶水服务、临时医疗点服务等。满足隐含的需要反映了企业对顾客的关怀，能提高顾客的满意度，提高服务质量。

（2）物质需要与精神需要。旅游服务要以相应的设施设备、用品等物质产品为载体，物质产品构成了服务产品的成分，成为顾客消费和评价服务质量的内容之一。所以，物质产品的档次要与服务产品档次相协调。如不同档次的层级饭店，应有相应的硬件设施设备。旅游者的物质需要是基本需要，更需要的是精神需要。因为旅游活动是文化活动，满足旅游者高层次的精神享受。精神需要来自旅游活动中的审美因素、文化因素，以及旅游者在整个旅游活动中感受到的"人文关怀"。企业满足的精神需要程度越深，服务质量越高。

（3）社会需要。旅游企业是社会化企业，经营目标应是经济效益、社会效益和环境效益的统一。这就要求企业在实现经济目标的同时，承担起更多的社会责任，如保护环境、提供绿色服务、维护公共安全、遵守社会规范、支持公益事业等。

2. 旅游服务质量的构成

旅游活动是由多种复杂行为构成的，具有综合性特点。游客始终直接参与到旅游服务系统中，不仅对最终服务结果进行评价，而且对服务过程进行评价。所以，旅游服务质量由下面两类质量构成。

（1）技术性质量。指旅游服务结果的质量，即服务企业为旅游者提供了什么服务，如饭店为客人提供客房和床位，旅行社为游客提供导游，餐馆为客人提供菜肴和饮料等。通常，对于技术性质量，游客容易感知，便于评价。例如，客人对客房是否舒适、菜肴是否可口、交通是否便捷等，都能较客观地评价。

（2）功能性质量。指旅游服务过程的质量。由于旅游服务过程是游客与服务人员相互接触、相互影响的过程，因而旅游服务过程的质量不仅与服务时间、服务场所、服务人员的服务态度、服务程序、服务方法等有关，而且与游客的个性特点、知识水平、行为方式有关，还与服务场所其他顾客的消费行为有关。通常，对旅游服务过程质量的评估是旅游者比较主观的判断。

3．旅游服务质量的特点

（1）旅游服务质量是一个动态的概念。顾客需求随着时代的变化而不相同，使旅游服务质量也随着时代的变化而变化，具有动态性。如旅游者过去对旅游产品需求仅仅是单一的观光产品，而现在发展成对多元化产品的需求。这就要求旅游服务企业要不断修订规范，开发新产品，改进老产品，以满足已发生变化的旅游需求，提高旅游服务质量。

（2）旅游服务质量是顾客感知的结果。顾客参与服务过程决定了服务质量只能建立在顾客感知的基础上。美国著名营销学家潘拉索拉曼（A.Parasuraman）、隋塞莫尔（Valarie A. Zathamal）和贝里（Leonard L. Berry）指出：顾客是质量的唯一评委。芬兰著名营销学家格鲁努斯（Christian Gronos）也强调：只有顾客感知的服务质量才是重要的。此外，服务质量还与顾客接受服务以前对服务质量的预期有关。所以，旅游服务质量是旅游者预期的服务质量同实际经历的服务质量相比较的结果。即旅游服务质量＝旅游者感知的服务质量－预期服务质量。

企业管理人员应从顾客那里收集数据，了解顾客对本企业服务质量的看法，以此作为评价企业服务水平的参考。

（3）旅游服务质量的整体性。从旅游服务的构成看，旅游服务是由实物产品的服务和人员服务构成的整体。从服务过程看，旅游服务是由很多具体的不同内容的服务构成的整体。在一次旅游经历中，有企业的信息服务，目的地的食、住、行、游、购、娱服务；在饭店服务中，有前台的登记、结账服务，客房服务，餐饮服务等。如果某个部分、某个细节出现质量问题，就会影响顾客对整体旅游服务质量的评价。

（4）旅游服务质量与服务人员的高度关联性。旅游服务企业是情感密集型企业，在服务人员与顾客相互接触过程中，社交性礼节和感情交流对提高整体服务质量至关重要。旅游服务企业是在开放的服务系统中为顾客提供服务的，顾客会根据服务人员的仪表仪态、服务行为方式等评价服务质量。旅游服务过程和消费过程同时发生，服务人员与顾客的每一次接触都是服务关键时刻，一旦发生服务差错，顾客就消费了劣质服务，影响服务质量。此外，服务人员还要在服务过程中，与顾客进行沟通，了解顾客的需求和对服务工作的意见，以便为顾客提供个性化服务，改进企业的服务体系，提高旅游服务质量。

二、旅游服务质量的评估要素

服务质量评估是一个相当复杂的过程，由于服务产品的无形性、消费和生产的同时性、不可储存性，决定了人们评估服务质量是很困难的，所以至今还没有一个统一的标准，只是消费者的一种主观感受。但是，由于消费者具有共性，这种主观评价中仍然包含着共性的标准。

美国著名营销学者潘拉索拉曼、隋塞莫尔和贝里等人探讨了服务质量要素的共性，认为尽管服务类型多种多样，但顾客在判断服务项最好坏时却利用相同的通用标准。他们于 1985 年提出了受到国际服务质量研究领域专家广泛认可的服务质量五属性模型，并在此基础上，提出了一个由 22 个项目组成的服务质量计量表，即 SERVQUAL 量表。迄今为止，SERVQUAL 量表是服务管理领域应用最广泛的模型，被认为是适用于评估各类服务质量的典型方法。根据该模型，顾客从可靠、敏感、可信、移情、有形证据等五个方面评估服务质量。

（1）可靠（reliability）：指服务企业为顾客提供正确、安全、可靠的服务。

（2）敏感（responsiveness）：指服务人员乐意帮助顾客，及时为顾客服务。

（3）可信（assurance）：指服务人员的知识、技能和礼节能使顾客产生信任感。

（4）移情（empathy）：指服务人员能设身处地地为顾客着想，关心顾客，为顾客提供个性化服务。

（5）有形证据（tangibles）：指服务人员的仪表仪容、服务设施、服务设备等与服务有关的有形实物。

英国学者约翰斯顿（Robert Johnston）等人采用关键事件分析法，研究服务质量属性。他们提出了更全面、更具体评估服务质量的 18 个属性。敏感：指服务人员乐意帮助顾客。关心：指服务人员关心顾客。沟通：指服务人员良好的沟通能力。敬业：指服务人员工作勤恳、服务周到。礼貌：指服务人员礼貌待客。友好：指服务人员热情友好。灵活：指服务人员根据顾客的需要，灵活地为顾客服务。能力：指服务人员的服务技能。方便：指服务地点方便顾客。美观：指服务人员的服装、服务设施、服务用具美观大方。数量充足：指服务人员和服务设施数量充足。整洁：指服务场所整洁卫生。舒适：指服务环境和服务设施舒适。适用：指服务设施的适用性。诚信：指企业信任顾客，诚实公正地对待顾客。可靠：指企业为顾客提供正确、可靠的服务。及时：指企业为顾客提供迅速及时的服务。安全：指顾客的人身安全和财产安全。约翰斯顿等人把这 18 个属性划分为软质量和硬质量两类。软质量包括服务人员与顾客之间的各类人际交往关系质量，如敏感、关心、沟通、敬业、礼貌等。硬质量包括方便、舒适、适用、诚信、可靠、安全等质量属性。

三、旅游服务质量管理模式

近年来，国内外的企业管理专家提出了许多服务质量管理模式，基本上可划分为三种类型：产品生产模式、消费者满意程度模式和相互交往模式。

1. 产品生产模式

许多企业管理学家和营销学家把服务看作是一种特殊产品，主张用标准化的管理方式管理服务质量。他们认为服务企业管理人员应确定服务属性的质量标准，选择服务工作中使用的资源和生产技术，以最低的生产成本生产出符合质量标准的无形产品。如饭店服务中为了提高服务效率，规定了前台登记结账时间、客房清扫服务时间、餐厅点菜上菜时间等就是典型的产品质量模式指导下的质量标准。

一些企业管理学家和营销学家将某种服务的质量看成是这种服务的有形属性和技术属性的质量，认为管理人员可通过生产体系客观地控制无形产品的质量。

在 20 世纪 70 年代初期，美国著名的企业管理学家莱维特（Theodore Levitt）提出"服务工业化"观点。他认为服务企业应从工业企业引进流水作业法，对服务人员进行合理分工，使用现代化设备和精心设计的服务操作体系，取代劳动密集型的服务工作，进行大规模生产，提高劳动生产率和无形产品的质量。在快餐业中，著名的麦当劳、肯德基等就是采用大规模生产，使用"服务实绩标准"等方式进行服务质量管理。

显然，采用产品生产模式管理旅游企业服务质量，可使管理人员较易确定服务质量标准，较易衡量和控制服务质量。使用产品生产模式的前提是：

（1）管理人员能全面控制投入生产过程的各种资源和生产过程中使用的技术；

（2）管理人员规定的服务质量、消费者感知的服务质量与消费者行为（反复购买本企业的服务和对本企业的忠诚度）之间存在着明显的对应关系。

2. 消费者满意程度模式

消费者满意程度模式强调消费者对服务质量的主观看法。研究表明，服务属性与消费者感知的服务质量不存在简单的、机械的对应关系。消费者的满意程度是他们对自己的消费经历进行主观评估的结果。

服务过程是服务人员利用消费者相互交往的过程，服务质量不仅和服务结果相关，而且和服务过程有关。服务质量的高低不是管理人员对产品质量所制定的标准所能确定的，而是根据消费者在消费过程中产生的心理感受决定的。

美国著名的营销学家奥立佛（Richard L.Oliver）提出的"期望与实绩比较"模式，是应用最广泛的一种消费者满意程度模式。根据这个模式，如果消费者感知的服务质量超过他们对服务质量的期望，他们就会感到满意；如果他们感知的服务质量不如期望，他们就会不满意；如果他们感知的服务质量与期望相符，他们既不会满意，也不会不满意。

根据消费者满意程度对旅游服务质量进行评估，就要求管理人员不仅要重视旅游服务过程和服务结果，更要分析、掌握旅游者的看法及服务过群中影响服务人员和旅游者相互交往的心理、社会和环境因素。旅游企业管理人员要重视旅游者的消费心理感受，注重培养服务人员的服务技巧，进行针对性的管理。

3．相互交往模式

面对面服务是服务产品的主要部分。相互交往模式强调面对面服务的核心是消费者和服务人员之间的相互交往。这一模式要求服务企业管理人员，根据相互关系理论、角色理论等相互交往理论，分析面对面服务的影响因素，设计和管理面对面服务，提高面对面服务质量。

英国学者克劳斯（Peter G. Klaus）认为，面对面服务质量是由协调、完成任务和满意三个层次组成的。

（1）协调：优质服务的首要条件就是服务员和消费者以礼相待、相互尊重。

（2）完成任务：优质服务的第二个条件是消费者和服务员各自完成自己的任务，实现自己的目的。

（3）满意：消费者和服务员都会根据自己的期望，评估满意程度。

面对面服务质量是服务程序、服务内容、消费者和服务人员的特点、企业特点和社会特点、环境和情景等因素共同作用的结果。服务企业的管理人员只根据预先确定的服务质量标准是无法做好服务质量管理工作的，而必须通过对影响因素进行优化组合，才能提高服务质量。

上述三种服务质量管理模式都是针对服务产品的某些突出特点，构建了提高服务质量的途径，都有实际的应用价值和局限性。旅游服务企业的管理人员应根据具体的实际情况，灵活运用三个模式所揭示的服务管理原理，提高旅游服务质量。

四、旅游服务质量差距及改进

美国服务问题专家建立了一个差距分析模型，专门用来分析服务质量问题的根源。旅游企业管理人员可运用该模型，发现引发旅游服务质量问题的根源，并寻找适当的消除差距的措施，从而提高旅游服务质量。根据这一模型，我国目前旅游服务质量差距主要来自五个方面。

1．管理者认识的差距

这是指管理者理解顾客期望的服务的差距。产生的原因有：

（1）对市场缺乏研究，或对需求和需求发展趋势认识不清；

（2）对旅游者期望的解释信息不准确；

（3）旅游者信息传递失真。

质量改进最有效的方法，就是广泛开展市场调查和研究，充分掌握旅游消费的动态与趋势、企业目标市场的偏好；还要疏通信息传递渠道，特别注意与一线员工之间的信息沟通，因为他们直接与顾客接触，最了解旅游者。

2．质量标准差距

这是指服务质量标准与管理者对质量期望的认识不一致。产生的原因有：

（1）制定服务质量标准的指导思想有误；

（2）管理层对服务质量标准化工作重视不够；

（3）计划管理混乱。

改善质量标准差距的首要条件，就是管理层要把质量管理放在管理问题的优先位置，根根顾客的需要和期望确定服务质量标准和服务质量管理措施，从整体上提高服务质量，其次，服务人员和管理人员对服务质量要达成共识，缩小质量标准差距。

3．服务质量的供给差距

这是指旅游服务过程中，供给的服务水平达不到制定的服务质量标准。产生的原因有：

（1）标准太复杂；

（2）服务员工不了解标准，或不认可标准；

（3）服务设施未达到标准要求；

（4）服务过程管理不善；

（5）内部营销不充分或根本不开展内部营销。

改进这一差距要求企业要进一步完善质量管理体制，改革监控制度，使之与质量标准统一起来。企业要加强服务员工的培训，使他们的工作业绩符合企业的战略目标。企业还要重视招聘有交际能力、销售能力、观察能力和自我调节能力的服务人员，提高服务质量。企业要重视内部营销，激励服务员工做好服务工作。

4．营销沟通的差距

这是指营销沟通行为所做出的承诺与实际提供的服务不一致。产生的原因有：

（1）营销沟通计划与服务生产没统一；

（2）旅游服务企业为了增强市场吸引力而夸大其词。

改进质量、缩小差距的措施是，在企业内部建立一套有效的管理体制，使营销沟通活动的计划和执行与服务生产统一起来，还应对企业的各种承诺进行控制和管理。

5．服务质量感知的差距

这是指旅游者感知或经历的服务与期望的服务不一样。通常，这类差距会导致以下后果：

（1）顾客感到服务质量太低而拒绝继续接受服务；

（2）顾客口碑不佳，进而做负面宣传；

（3）对企业形象产生消极影响，影响企业市场的维持和扩大。

第五章 旅游信息化管理

第一节 信息、信息化与旅游信息化概念

一、与信息相关的概念

信息是事物运动的状态和状态变化的方式，是经过加工后的数据，是可以用来通信的知识，它对接受者的行为能产生影响，对接受者的决策具有价值。信息有许多重要的特征，最基本的特征为：信息来源于物质，又不是物质本身；它从物质的运动中产生出来，又可以脱离源物质而载荷于媒体物质，可以被无限制地进行复制和传播，因此信息可为众多用户所共享。

信息技术即人们常说的 IT，是指与一切信息数字化处理和通信相关的技术。具体地讲，信息技术是以计算机和数字通信技术为基础的，包括音像、文字、数据、图表等信息的数字化采集、存储、阅读、复制、处理、检索和传输等应用技术，并且包括提供设备和信息服务两大方面的方法与设备。它涉及人们生活和生产中一切语言、文字、数据、图像的使用。

信息管理是整个管理过程中，人们收集、加工、储存和输入、输出信息的总称。

国家信息化是指在国家统一规划和组织下，在农业、工业、科学技术、国防及社会生活的各个方面应用现代信息技术，深入开发、广泛利用信息资源，加速实现国家现代化的进程。国家信息化体系构成的六大要素为：信息技术应用、信息资源、信息网络、信息技术和产业信息化人才、消息化政策法规和标准规范。

二、与旅游信息相关的概念

旅游信息是与旅游相关的旅游景区、旅游企业、旅游者、旅游交通工具、餐饮住宿、气象等多种要素所构成的数据、消息和情报的总称。

旅游信息化指通过对信息技术的运用来改进传统的旅游生产、分配和消费机制，以信息化的发展来优化旅游经济的运作，加快旅游经济增长，最终推动旅游产业全面发展的过程。目前国内学术界对旅游信息化的研究，主要有旅游企业内部网建设与管理信息化、旅游企业网站建设、网上旅游信息服务、旅游目的地信息网、旅游企业客户关系管理、网上旅游营销等。

三、信息化是现代旅游业发展的趋势

几十年来，国际航空、旅游和饭店业市场经历了几次大的信息技术应用变革。第一次是美利坚航空公司和 IBM 公司于 1959 年联合开发了世界上第一个计算机订位系统（SABRE），这是旅游业信息化萌芽的标志。第二次是 1978 年美国推出航空管制取消法案（Deregulation），游客购买机票的选择范围增大，并使得电脑预订系统（computer reservations system，CRS）延伸到旅行代理商。到 1982 年，几乎有 82％的代理商都在使用电脑预订系统。到 1985 年，电脑预订系统业务进一步得以发展，包括订购机票、预订客房、租车等等，其销售也不断扩大。

第三次是建立专门的旅行社银行结账法（也称饭店清算系统）（bank settlement plan，BSP）来完成支付结算。信息高速公路出现后，民航旅游界又研究利用互联网（Internet）来取代 CRS 并最终取代 BSP，使之以极快的速度完成查询、预订和支付等全部程序。与此相应，传统的一些经营、营销、管理方法也因信息技术革新而改变，逐渐向高智能化、网络化、集团化转变。如 1994 年底，美国开始出现新式的"电子机票"，实行"无票旅行"（ticketless travel）方式。旅游企业营销策略也发生转变，出现了集团化和各种战略性联盟的趋势。

酒店通过管理合同,转让经营特许权形成遍布全球的酒店连锁店,以 FFP (航空公司的经常乘客项目)为纽带的航空公司与酒店、度假村、游船公司以及各种俱乐部和租车公司等结成的销售联盟几乎为常客提供了所能想到的一切优惠。而且,现代信息技术的应用,可以更好地了解旅游者的个性特征及需求偏好,更好地对客源市场进行统计分析和市场细分,这些无疑都对旅游业发展具有深远的意义。另一方面,国外旅游目的地信息系统(destination information system)也正得到迅猛发展,新系统能提供食、住、行、游、购、娱六要素的综合信息,其功能也逐渐集查询、检索、预订等于一身。

我国旅游起步比较晚,从 20 世纪 80 年代开始才逐渐走进百姓生活,在初期属于奢侈性消费,普及程度不高。传统的旅游业中,旅游企业发布旅游信息的渠道非常有限,旅游者主要通过传统的报刊、广播、旅行中介的纸质资料获取旅游信息,获得的旅游信息很粗浅,主要是旅游线路、往返程工具、价格等最基础的信息,旅游地的信息很少涉及。

随着人民生活水平的提高以及整个社会消费个性化时代的到来,越来越多的消费者已经不再满足于传统的组团旅游,个性化、多样化的旅游形式正广泛地被消费者所接受,旅游者更愿意在旅游代理商的帮助下自己设计旅游路线,自己安排旅游时间。在出行前作旅行决策时,旅行者需要借助各种媒介(旅游报刊、互联网)了解各地的旅游信息,通过媒介提供的文字、图片、视频等各种综合信息来作决策。

而且,旅行者还需要借助互联网的信息服务来设计自己的旅行线路、交通工具、入住宾馆等等。旅游者的一次旅游决策过程,实际上是一个旅游信息的输入、处理、输出、反馈的过程。旅行社的咨询服务功能正在逐步被互联网的自动查询功能所替代。旅行结束后,很大一部分旅行者喜欢把自己独特的感受写下来,把文字和图片甚至视频发到论坛上和其他旅友交流,这也是个性化时代彰显自身魅力的方式。中国旅游产业已逐渐步入个性化时代,在个性化旅游的大趋势下,旅游者对信息服务的依赖程度越来越高。

面对全球经济一体化的发展趋势,我国旅游产业的生产格局在信息化的推动下发生着愈益明显的结构性的转型。实现旅游信息化,促进自身的发展,已经成为时代的必然要求和旅游产业的理性选择。

四、国内外旅游信息化发展现状

（一）国外旅游业信息化发展现状

旅游网站功能已由向游客提供简单的旅游景点介绍、信息查询、在线订票订房服务提升到能提供个性化旅游产品、辅助自助旅游服务等诸多智能服务上，其服务导向已经由以"交易为中心"转变为以"人性化服务为中心"的更高水平的阶段。相应地，信息技术在旅游业的应用也促成了旅游供给者的服务水平和质量的提高，能提供更具有吸引力、促使旅游动机变成实际行动的旅游产品。

旅游信息系统发展趋势已经呈现出从现在的单项功能、单一地域向多功能模块、区域方向发展。旅游信息系统也从最初的 CRS（center reservation system）、20 世纪 90 年代迅速发展的新型旅游营销网络 GDS（global distribution system），迅速发展为近年的目的地信息系统（DIS）的普遍应用，直至目前被认为最有发展潜能的目的地营销系统（DMS）的倡导与推广。

旅游电子商务的建设更加标准化和规范化。标准化体现在建立电子商务的网站和管理信息系统的数据库格式和接口的标准化；规范化体现在建立健全旅游电子商务的规范体系，约束和指导市场行为、信息内容、流程、技术产品和服务等。另外，需要特别指出的是，移动电子商务将成为主流，从而在真正意义上实现全方位的网络营销。

（二）我国旅游信息化发展现状

当前我国旅游信息化建设水平还比较低，虽然在信息化的大潮下，政府旅游网站、景区网站、预订网站、旅游搜索网站、旅行社网站纷纷出炉，在线旅游已成为投资热点，但毋庸讳言，我国与世界水平的差距还很明显，相当一部分旅游企业是运用传统的商业模式，信息服务能力非常差，完全不能满足旅游者的个性化和现代旅游业发展的需求。

第一，旅游信息系统尚未完善。大部分国际旅行社都配有电脑和上网设备，建立了自己的局域网或企业内部网（Internet），用于内部信息查询、文字处理、财务管理、计调等工作。有的还将 Intranet 直接与 Internet 互联，在旅游电子商务领域进行探索尝试，用于企业宣传自身形象、推介旅游线路及相关产品、提供网上预订服务等。大多数中高星级宾馆酒店也在内部局域网基础上设计了自己的旅游网站，实现了信息与资源共享，并将市场推广、预订业务整合到旅游网站上。大部分 AAAA 和 AAA 级景区也建立了自己的网页，通过互联网开展信息发布和网络促销等活动。有的景点还设置为游客服务的触摸屏信息查询系统，方便游客的出行。航空方面，国内从 2006 年开始实行机票电子化，取消纸质机票。而对占住宿设施总数 96％的低星级饭店和招待所来说，信息化系统方面基本上还处于初级阶段或呈空白状况，此外我国三分之二的省区市的国内旅行社目前仍沿用传统手工作业方式。

第二，旅游电子商务发展水平不高。从全球范围来看，旅游电子商务已经成了旅游业发展不可逆转的趋势。电子商务的便捷性、低成本、覆盖面广等优势是传统旅游方式不可比拟的。目前，在欧美等发达国家，正在大力发展低成本、高效益的旅游电子商务。旅游电子商务已经成为整个电子商务领域最大、最突出的部分。资料显示，全球旅游电子商务连续 5 年以 350％以上的速度增长，一度占到全球电子商务总额的 20％以上。美国美林公司的调查指出，2005 年全美在线旅游销售收入占旅游市场总收入的 30％，而 2004年这个比例是 25％，2003 年为 21％。世界旅游组织商务理事会（WTOBC）预计，今后几年间世界主要旅游客源地约四分之一的旅游产品订购都将通过互联网进行。而 2007 年我国旅游电子商务收入在整个旅游业收入中所占的比重还未超过 5％。美国几乎所有的旅行社都在使用 GDS（全球分销系统），在法国已有 85％的旅行社拥有 GDS，在整个欧洲有 40％左右的旅行社拥有GDS。在我国，拥有 GDS 的基本上是三星级以上的饭店，约占 17％的比例。

第三，旅游网站质量参差不齐。大多数景区景点型网站，只能对一些旅游景点、旅游路线、旅游知识等方面作简单介绍，不能全面地提供整套的旅游服务和缺乏专业资源的支持，因而竞争力不强。旅行社类网站基本具备宣传自我和发布信息的功能，但还不能提供旅游电子商务等服务。政府背景类旅游网站自身不经营旅游业务，主要为旅游企业提供行业、法规管理等，其他方面的功能不是很完善。目前只有专业旅游网络公司的网站能以良好的个性服务和强大的交互功能迅速抢占网上的旅游市场份额，如：携程可谓中国在线旅游市场先驱，E 龙在 2006 年实现盈利后，蝉联德勤中国地区高科技高成长 50 强品牌，这两大网站把持国内 3／4 强的市场；2005 年底横空出世的芒果网，一露面就号称香港中旅集团为之斥资 4 亿元；游易旅行网专心攻占机票预订领域；乐天专注于酒店预订领域；去哪儿网、安旅网等则偏重于旅游信息的整合与提供，这些都是在线旅游市场上比较活跃的旅游专业网站。

第四，从我国旅游目的地信息化的整体现状来看，与国际先进水平相比，与旅游目的地面临的国际化、市场化、信息化环境要求相比，仍存在着较大的差距。大部分旅游目的地尤其是中小型旅游目的地只追求短期经济效益，而忽视了长期战略决策中信息资源在旅游目的地发展中的巨大作用。我国旅游目的地信息化还没有走出技术驱动、信息技术厂商推动以及从技术和系统中寻找应用的格局。旅游目的地对所获得的信息往往只停留在表面上，缺乏对旅游信息资源有效的、深层次的加工利用。因此难以更有效地把信息资源转化为效益和财富，在一定程度上制约了旅游业的发展。旅游信息化建设与旅游目的地的业务相脱节，应用程度很低。大部分旅游目的地只是把旅游目的地信息化看成是信息技术和产品的展示场，用来装饰门面，从而造成旅游信息资源的极大浪费。

我国旅游业的信息化水平较为落后的现状导致了诸多弊端，如信息不畅，资源无法共享；各自为战，难以形成一条龙服务，规模效应不能体现；成本高，办公效率低下；无法整合客户信息，造成客户流失；出现财务管理监控的漏洞；市场反应迟钝等。

第二节 旅游信息管理

一、政府旅游部门信息化管理

（一）政府旅游部门信息化内涵

政府旅游部门信息化就是政府旅游机关所进行的信息化建设，是指各级政府旅游机关通过建设处理各类旅游信息的计算机网络以及各种应用系统，提供统一、权威的旅游数据，促进各种旅游信息资源的广泛使用，由此提升政府旅游机关的工作效率，加速政府旅游部门电子化、智能化、信息化的发展，促使其快速成为开放型、扁平测、服务型的公共管理机构，同时还可以通过数字化推动旅游产业的发展，提高市场业务运作水平，积极发展旅游电子商务，提供个性化旅游，推动旅游经济发展。

（二）旅游部门对信息化建设的主导

1．发挥政府对旅游信息化的主导功能

我国旅游业实行的是政府主导下的发展战略模式，涉及整个目的地旅游发展、营销宣传与信息服务的旅游信息化工作，一般要由目的地政府旅游管理部门牵头进行组织协调建设，来集中提供旅游信息，提升目的地形象和旅游业的整体服务水平。其次，旅游信息化在很多方面是为了方便游客，产生的是一种公众利益，并不带来直接盈利，例如黄金周各地旅游信息预报、旅游行业动态发布、出境游的出行提示，都需要政府旅游部门来负责提供。这些旅游公共信息虽然难以由旅游企业提供，但可以在企业的网站主页中链接或转载，以扩大信息的受众面。政府旅游部门主导信息化发展战略具有一定的必然性，其依据主要有以下几方面。

（1）旅游产业的综合性。

旅游业具有综合性。因为旅游产品是一种综合性产品，由众多行业提供的产品组成，涉及饭店业、交通运输业、娱乐业、商业等行业，它们都是旅

游产业的主要组成部分。因此，作为一种综合性产业，旅游业要进行信息化建设，应当有一个统一的发展规划，以确定发展的主要方向和实现目标，并防止重复建设。实践表明，不管是国家还是地区的旅游信息化发展规划，都应当由旅游主管部门来组织实施。

（2）旅游企业分散，中小企业居多。

很多目的地的旅游业都以中小企业居多，缺乏资金和实力开展网络营销，不利于旅游目的地整合资源塑造形象，不利于潜在游客了解目的地旅游信息。政府部门对目的地旅游信息化进行统一规划和运营可保证目的地营销的整体性，同时带动本地旅游企业的发展。目的地的旅游信息化是以整个地区的综合性资源为基础的，单一经营者无论从主观愿望还是客观实力上很难综合目的地的这些资源来完成此项工程。

（3）政府的统筹协调方面的优势。

目的地旅游信息化使区域内多方受益，只有政府部门才能发挥统筹作用，协调产业内各方面（包括企业、行业协会及各级旅游部门等）参与其中。以假日旅游预报系统为例，涉及众多的重点旅游景区和旅游城市，包括交通、饭店、旅行社等多个方面的资讯，数据的收集量是很大的，只有在全国假日旅游领导小组的统一主导下，才能有效地收集汇总各方面的信息，通过网络平台迅速发布。

（4）规模经济效应。

旅游企业参与政府规划、统筹的信息化工程，不仅可以依托目的地整体形象的优势来宣传自己，而且比自己单独制订信息化计划并投资实施更节约成本，这一点特别有利于中小企业的脱颖而出。

政府主管部门应成为全国旅游信息化应用方面的组织者，从多方面对其发展予以支持，完善旅游信息化的宏观环境。针对我国旅游信息化发展中表现出来的分散、无序等问题，政府应从多个角度发挥主导功能，为整个旅游行业的信息化建设提供基础资源，搭建发展平台，加强建设的总体规划。在旅游业的信息化发展过程中，有些问题单靠旅游企业的力量很难妥善解决，这时就需要政府出面进行协调。例如，电子支付的安全涉及旅游业以外的领域和部门，就必然需要政府的协调。另外，要加快制定、完善和修正旅游电子商务的相关政策和法律，消除制约旅游电子商务发展的政策和制度瓶颈。

2．旅游信息化的集成趋势

公共产品（public goods）是现代经济学中一个具有特殊重要性的概念。公共产品是指集体拥有、共同消费或使用的物品（广义的物品，包括服务等），具有非竞争性和非排他性。个人对这类物品的消费既不影响他人的消费利益，也不增加消费成本。旅游信息化中除网上预订以外的非营利部分实质上属于公共产品，不能寄希望于企业来负责提供，而应当主要由政府等公共部门来提供。一是因为市场是由理性的个体通过交易行为形成，交易的动机在于逐利，对于无利可图的产品，企业一般不愿负担。二是由于公共产品的正外部性和"搭便车"现象的存在。一个企业假如提供公共产品，同时会给其他企业带来好处，但成本并不分担，这样的结果就是大家都不提供。旅游目的地的营销正是如此，旅游企业搞目的地营销的效果可用"一人敲锣，四邻听音"来形容。在这种情况下，旅游信息化的集成趋势渐趋明显。旅游信息化集成可解决以下信息化过程的重要问题。

（1）解决旅游信息化推广中存在的资源分割问题。

以往同一旅游目的地的旅游网站状态分散，难以包容外部网络和外部信息，使相当部分资源难以共享、业务不能协同，营销效率降低。为此政府旅游部门可以建立一个集成的旅游网站，作为整合区域内各类软、硬件旅游信息资源的目的地营销平台。按照"统一规划，分级建设"的原则，营销平台提供的是框架和数据标准，具体的内容建设则由企业来完成。

（2）解决旅游在线供需对接中信息流动无序的问题。

就供给而言，集成的旅游网站形成了一个多方供给的流动平台（包括资金、技术、人力、设施等），克服了旧有旅游网站由旅游主管部门、旅游企业自筹资金建设，运作模式单一的状况；就需求而言，能及时反映客源市场信息，集中一站式服务加强了纵深协作。近年来我国省区旅游网站发展的一个特征便是旅游网站在旅游服务中的整合进程加快，旅游网站服务的综合集成加强。省区旅游信息化规划的集成化趋势已经成为发展潮流。

旅游信息化的这种集成趋势，一方面促进了在现实空间难以聚集的各旅游机构、企业在网络空间内的集群整合，实现了网络空间的协同效应；另一方面，为游客提供了尽量大的旅游产品及信息服务的使用价值，降低了信息比较及预订选择的成本。

在旅游信息化建设方面，政府部门应加强宏观规划和指导，改进业务流程，重组行业资源，为提高我国旅游业在世界的竞争力服务，实现信息化和旅游业的有机结合。

（三）我国旅游行业"金旅工程"简介

金旅工程是我国旅游业政府主导参与国际市场竞争的重要手段，是国家信息化工作在旅游部门的具体体现，是国家信息网络系统的一个组成部分，是旅游部门参与国家旅游业信息化建设的重要基石，是各级旅游行政主管部门利用信息技术推动新世纪旅游业发展的一个重大举措。国家旅游局从 2001 年开始启动金旅工程，目标为：建立覆盖全国旅游部门的国家-省-市-企业四级计算机网络系统，达到提高管理水平、管理效率、改进业务流程、重组行业资源的目的；同时，建立一个目的地营销系统（DMS），为世界各地企业从事旅游电子商务提供服务。

金旅工程建成后，将成为覆盖全国旅游部门的国家、省、地市、企业四级的计算机网络系统，为提高旅游行业整体管理水平、运行效率及改进业务流程、重组行业资源等方面提供强有力的技术支持；同时，利用金旅雅途网络平台构建的中国旅游电子商厦，将极大地繁荣世界旅游电子商务市场，中国旅游业从此接通信息高速轨道，迅速腾飞。

金旅工程可概括为"三网一库"，即内部办公网、管理业务网、公共商务网和公共数据库。

（1）内部办公网。将国家旅游局与国务院办公网相连，为国家旅游局提供了一个与国务院办公网和各部门进行安全保密的内部文件交换的网络，主要处理政府机关内部业务。包括：信息发布、公文处理、文件文献的管理、人事管理。

（2）管理业务网。基于互联网的各级旅游部门间的内部信息交换网络，目标是建立一个旅游系统内部信息上传下达的渠道和功能完善的业务管理平台，实现各项业务处理的自动化，提高工作效率，使旅游业的行业管理上一个新台阶，其业务功能包括：全国旅游行业统计系统、旅游行业管理系统、旅游信息管理系统、投资项目管理系统、中国旅游网（国家旅游直属政府旅游网站）的建设运营。

（3）公共商务网。一个可供各旅游企业进行供求信息交换、电子商务运作的旅游电子商厦，旅游企业在内可从事网上同业交易，为全球互联网用户提供旅游产品在线订购等电子商务活动。公共商务网由北京金旅雅途信息科技有限公司承建和运营，因此被命名为"金旅雅途网"。公共商务网主要处理为公众和旅游企业服务的业务，主要包括综合信息发布、宣传促销、电子商务、投诉处理等。

（4）公共数据库——三网共同引用的国家级数据库。数据库系统作为系统平台的一个重要组成部分，是上层应用系统的基础，也是业务处理系统的核心，基本上所有的业务数据的加工最后都依赖数据库系统支持。

国家旅游局制定了《金旅工程框架规划》，下发了《国家旅游信息化建设技术规范》《旅游管理业务网建设技术方案》《旅游信息分类标准》等技术规范，目前，全国各级旅游行政管理机构纷纷将"三网一库"的建设架构作为本级政府旅游机关信息化建设的首要任务，严格按照国家旅游局的统一规划和规定的任务和相关的技术规范、技术方案，分步实施，分期建设。全国旅游信息化建设以金旅工程为主干，快速推进。

将资金、技术、资源、市场相互结合，国内与国外结合，传统优势与新技术结合，政府与企业相结合，建设好金旅工程，达成将中国旅游推向全世界的目标，是中国旅游业高速发展的关键条件。利用科学高效的信息网络技术组建的金旅工程，对提高国家旅游局和全国各级旅游管理部门的管理水平、决策水平和工作效率，实现旅游管理现代化，将起重大的作用。通过合作公司的市场化运作，在实现创利的同时，采用灵活的金融手段，利用融资与上市从社会集资，使之成为中国旅游信息界的旗舰，持续发展中国旅游信息网络的建设。金旅工程将加快我国旅游企业向新型旅游企业发展。与国际接轨，提高国际市场竞争力，为开拓新的旅游市场打下坚实的基础。

二、旅游企业信息管理

（一）旅游企业信息管理系统构成

旅游信息管理系统是以电子计算机为基本信息处理手段，以现代通讯设备为基本传输工具，且能为旅游管理决策提供信息服务的人机系统。

旅游信息管理系统在结构上由三个部分组成：第一，数据处理系统部分，主要完成各项旅游管理数据的采集、输入，数据库的管理、查询，基本运算，日常报表输出等；第二，分析部分，在数据处理系统基础上，对各种数据进行深加工，如利用各种管理模型定量及定性分析方法、程序化方法等，对旅游企业的经营情况进行分析；第三，决策部分，管理信息系统的决策模型多限于以解决结构化的管理决策问题为主，其结果是要为高层管理者提供一个最佳的决策方案。

一个完整的旅游信息管理系统应该具有数据处理、事务处理、预测、计划、控制、辅助决策等功能。

一家旅游企业要建立管理信息系统，除了需要分析其功能组成外，还要做好许多基础性工作，包括组织制度建设、信息存储组织、硬件平台搭建和软件系统安装等。

（二）旅行社信息化建设

旅行计企业信息化是在旅行作业、管理、经营、决策等各个层次和各个环节，采用现代信息技术特别是网络技术，充分开发和广泛利用旅行杜和企业内外信息资源，伴随现代企业制度的形成，建成与国际接轨的现代化旅行社的过程。在我国旅行社行业中，除了大型综合性的旅游集团，纯粹的旅行社企业，尤其是中小旅行社，由于行业的特点，受经营规模和经营利润的局限，发展信息化有着诸多障碍。国内许多旅行社目前还沿用传统的手工作业，内外联系的方式仍采用电话、传真甚至人工传递等方式，长此以往，会造成旅行社内部信息不畅，资源无法共享；单兵作战，规模效应不突出；人工成本高，办公效率低；客户流失，财务出现漏洞；手段落后，控制滞后等问题。

为改变传统落后的手工方式，旅行社应逐步采用现代信息手段取代传统的手工作业方式，以提高工作效率和监管力度。旅行社信息化工作的方向是，通过低成本的投入，建立有效的内部管理信息系统，优化内部经营流程；利用互联网技术的特点，结合旅行社自身的产品特性，建立高效的网络营销渠道，搭建适合自身的平台，并实施有效的评估。旅行社行业信息化工作的目标是，提高内部管理水平，优化运作流程。合理的信息化建设可以有效强化数据采集、分析，是规范内部管理流程、科学分析市场走向、实施正确决策的基础，也可以拓展目标市场，提升销售业绩，塑造自身品牌，提高企业的影响力。

旅行社在实现信息化管理过程中，应当遵循"总体规划、分步实施"的原则：总体规划，即对旅行社内部做出长远规划，结合集约管理理念和现代信息技术的发展对旅行社进行整体设计，从方便管理者的角度来建设管理体系，而不是以 IT 技术完全代替人力管理；分步实施，即旅行社信息化建设应采取分模块、分步骤的方法，逐步改进，逐步完善，而不是一次性地建立一套大而全的完整系统，这样不仅会降低经营风险，而且易于达到目标。

旅行社信息化工作的措施应注重管理者的认知，团队的培训，选择合适的管理系统，或在部分关键流程（环节）建立管理系统；充分利用 WEB2.0 的特点，搭建自己的推广平台；选择合适的网络销售推广渠道；适时评估效果，并根据结果及时调整信息化工作。

在旅行社筹建自己的内部局域网时，项目实施当中应注意以下要点。

（1）高层管理层的强力支持。旅行社的管理者应清楚认识实施信息化建设的目的及风险，并给予足够的支持与重视，而且要投入足够的人力与财力，作为领导也应投入足够的精力参与到信息化的建设过程中。另外，企业的 IT 战略不是孤立的战略，而应融入旅行社的整体战略之中，并建立完善的配套制度。

（2）业务部门参与。信息化建设涉及方方面面，需要各方面人员参与，不能仅视为某一部门的事。如果缺少其他业务部门人员参与和配合，会使项目实施走很多弯路，造成工期拖延及资金浪费。

（3）旅行社与开发商之间密切合作。采用一套实用的软件，需要开发商对该旅行社有较全面的了解，他们的责任在于向旅行社提供管理改进的建议及技术支持，而旅行社本身要密切配合开发商，并在实施过程中始终处于主动及主导地位，使建立的信息系统能适合企业目前的需要和日后发展的需要。

（4）明确目标，设计合理的期望值。许多旅行社在建立自己的信息系统之前，通常对该系统能产生的效果寄予很高期望，充满了幻想。作为一个企业，应该意识到达到目标是渐进的，如果开始对此寄予的希望过高，而实际结果会因许多因素而不能完全达到起初所设想的效果，则会对投入的人力、资金与实际效果产生评估错位，挫伤积极性。旅行社实施信息系统不是给别人看的，而是为了将企业资源加以整合，从而提高整体管理水平及运作效率。

（5）要意识到存在的风险。旅行社实施信息化管理，可以优化旅行社的内部组织结构，重构业务流程，深化企业管理及改革创新。但在实施过程中肯定会触及部分人的利益，使员工产生抵触情绪，将为企业信息化建设带来一些阻力，为政策的实施制造人为障碍。

企业建立自己的信息系统目的就是为了使用，但在使用当中有成功的，也有失败的。因此，旅行社在运用过程中应注意以下几点。

（1）行政命令，强制使用。工作人员习惯了多年的传统手工作业，无论在作业程序上，还是操作上，对使用电脑很不适应，觉得是对自己的一种挑战，而不愿接受和使用电脑。另外，软件使用初期属磨合阶段，配合之间产生的问题会很多，有时还会因此而影响工作进展，致使工作人员更不愿使用电脑。如不采取必要的行政措施强制使用，很可能出现设备闲置，规章流于形式，加大了以后在这方面推广的难度。

（2）作业整合，规范管理。传统作业与电脑操作差距很大，因此摒弃不合理的作业方式，引进先进模式，规范管理是实现电脑化作业的先决条件。

（3）确保基础数据的实效性与真实性。业务人员日常作业是建立在数据之上的，信息系统的实用性也建立于此。更新数据所需的工作量是十分巨大的，这也正是相当多的旅行社在信息系统运作时，由于基础数据陈旧，不能及时更新，造成数据没有参考价值，从而影响了信息系统的使用。另外，业务人员需要以认真负责的态度对待每一次录入工作，以确保管理层查询数据的真实可靠。

（4）专业人员对数据库进行维护。一套运行优良的系统，除了采用优秀的应用软件和翔实及时的数据外，还需要由经验丰富的专业人员进行长期维护。

旅行社行业的信息化建设是没有模式可以照搬的，以上也只是针对旅行社特点进行的框架性概述。旅行社信息化工作必须根据旅行社的自身规模、业务特点和经营的定位来不断发展，不断调整，最终选择适合自己的道路。

（三）旅游酒店信息化建设

计算机在酒店中的普及和应用，新的技术平台、新的技术特点不断涌现，适合国内特点的信息系统慢慢进入酒店，使得酒店管理系统进入了一个新的发展时期。应该看到，对于一、二星级甚至部分三星级酒店来说，信息环境的建设和应用还处在起步阶段，即使是五星级的酒店，信息化管理的进程与客户对酒店的需求也有相当的距离。国内酒店信息化程度的低下，在很大程度上阻碍了酒店在网络时代的营销拓展，影响了酒店经营绩效与竞争能力的提升。

目前酒店业在信息化方面主要存在四大差距。

（1）观念差距。大多数酒店经营者认为酒店属于传统的服务行业，主要是靠出租客房和床位来创收，通常把投资信息化与投资房间内的设施（如增添浴缸或沙发）的投资回报等同看待，没有把信息化建设与影响和改善酒店的经营、管理效率等方面的功效挂起钩来，没有把信息化的价值融入酒店自身价值链在竞争中发挥的作用挂起钩来。酒店要保持一定的入住率，提高营业收入，使得利润最大化，首先要对客户群体重新评估。旅游团队固然可以充实入住率，但折扣率太大，且客人在店内的其他消费微乎其微（现金流量小）。而商务客人相对来说优于旅游客人，虽然商务客人多以散客和小规模团队的形式入住，但折扣率远远低于旅游客人，商务客人在店内的其他消费能力也远远大于旅游客人，特别是商务会议客人，对于酒店的会议室、餐厅、多功能厅、商务中心、健身房等等都会带来可观的营业收入。

（2）行业距离。酒店业属于以人为本的劳动密集型服务行业，IT 行业属技术密集型行业。由于这两种行业本质上的差异，致使很多 IT 公司尽管竭尽全力将最先进的产品设备或解决方案推销给酒店，其结果通常是酒店付出了昂贵的代价却不尽如人意。究其原因，主要表现在：技术功能与酒店需求错位，目前的管理系统很多不能解决酒店面临的关键问题；管理决策层没有整体的规划，让供应商牵着鼻子走；供应商和酒店没有利益上的一致性。

（3）缺乏行业标准。旅游饭店业对信息化的理解千差万别，加之 IT 公司各自为政的解决方案，使得原本就技术水准有限的酒店业眼花缭乱，盲目投资上马的项目比比皆是。就客房网络的具体实施来说，就有 ISDN、ADSL、XDSL、802.11 无线网卡、CableModem、光纤、双绞线等方案，作为酒店究竟应该选择哪一种，没有一个定式，也没有相关的行业标准。

（4）服务不到位。酒店是一个以服务为本的行业，主要依靠客人对各项服务的满意度来提升酒店的入住率和经营效益。酒店信息化的实施，意味着酒店又增加了一项新的服务，即信息服务。IT 公司负责策划和实施，但通常不承担日后的服务，因为它们是 IT 公司，不属于服务行业。然而，倘若服务的责任落到酒店自身头上，酒店能应付得了吗？由于服务不到位，使系统不能充分发挥作用的已屡见不鲜，由谁来为酒店提供信息服务是一个位得商榷的问题。

在今后的几年中，酒店的竞争将主要在智能化、信息化方面展开。店内装潢、客房数量、房间设施等质量竞争和价格竞争将退居二线。酒店信息化的发展趋势主要分为三大应用领域：一是为酒店的管理者、决策者提供及时、准确地掌握酒店经营各个环节情况的信息技术；二是针对酒店的经营，为节省运营成本、提高运营质量和管理效率的信息化管理和控制技术；三是直接面对顾客所提供的信息化服务。

（1）电子商务。对于酒店而言，盈利是根本，若要加快酒店行业的信息化进程就应当首先从能够为酒店创造或提高经济效益的项目着手。建立一个基于互联网络的全球酒店客房预订网络系统已不再是难事。无论是集团酒店、连锁酒店还是独立的酒店都可以加入成为该系统成员，并且享用全球网络分房系统。全球网络分房系统，可以通过 Interface 接入，让旅行社团、会议团队、散客都可以利用电脑直接访问该系统，从中得到某酒店的详细资料，包括酒店的出租状况，并能立即接受预订和确认。

（2）智能管理。"酒店智能管理"作为一个综合性概念，给酒店业带来经营管理理念的巨大变革。这一变革要经过不断的建设和发展，渐渐形成一个涵盖数据采集、信息保存、信息处理、传输控制等的智能管理系统。这些信息库的建立将成为酒店信息化管理和办公自动化的重要基础。从前台客人入住登记、结账到后台的财务管理系统、人事管理系统、采购管理系统、仓库管理系统都将与智能管理系统连接融合构成一套完整的酒店信息化体系。

（3）个性化服务。服务业现代化的一个重要内容，就是要实现"个性化服务"。例如，酒店的会议室采用可视电话系统，可以跨全球同时同声传影传音翻译；基于客户管理积累和建立的"常主客人信息库"记录了每位客人的个人喜好；客房智能控制系统将根据数据库中的信息实现光线唤醒，由于许多人习惯根据光线而不是闹铃声来调整起床时间，新的唤醒系统将会在客人设定的唤醒时间前半小时逐渐自动拉开窗帘或增强房间内的光线；无匙门锁系统，以指纹或视网膜鉴定客人身份；虚拟现实的窗户，提供由客人自己选择的窗外风景，自动感应系统，窗外光线、电视亮度、音响音量和室内温度以及浴室水温等可以根据每个客人的喜好自动调节。

为此，应做好以下三项工作。

（1）总体方案设计要审核。酒店信息化是一个系统工程，从发展的角度看酒店信息化的路还很长，为了当前项目所需而不顾日后发展的方案，不仅造成重复投资导致浪费，若方案不符合业务需求还会降低项目本身的实际功效。因而，酒店信息化应该根据自己的规模和目标，从业务流程重组、系统设计、产品选型、工程实施、工程处理等全面考虑，提出总体方案设计，并在行业管理部门组成专家组，对总体方案进行论证和审核，以确保方案的先进性、可行性。

（2）建立行业认证。有的 IT 公司并不了解酒店行业特性，但是，为了融资等目的，与很多酒店签署合同，并在客房宽带合同中明确了网络环境产权不属于酒店。因此，酒店无权在该网络环境加设任何其他应用项目。将来酒店若要实施节能控制、智能监控等都会受到阻碍。鉴于上面提及的问题，有必要针对那些专业从事酒店业信息化方案的实施企业进行认证，以确保从事酒店信息化的 IT 公司都能够具备专业性，避免酒店信息化走弯路。

（3）建立服务标准。对于酒店而言，信息化是一个工具，是一种手段，是一种服务，服务水平的好坏直接影响酒店的经济效益和竞争力。虽然目前阶段我国高级技术人才辈出，却大多投身于高薪技术领域，服务行业层面的服务型技术人才非常缺乏。因而，这也成为酒店开展信息化服务中的一大障碍。

（四）旅游信息化建设中其他信息管理手段的应用——以上海为例

在旅游消息化建设中，随着现代信息技术和新型管理方式的不断发展，各种新的基于信息技术的管理手段不断出现，这些管理手段在旅游行业中发挥着各自重要的作用。下面以上海为例探讨旅游信息化建设中其他信息管理手段的应用。

上海旅游委于 2004 年成立了上海市旅游委信息化处。信息化处的职能包括：制定行业信息化发展规划、计划和实施细则，会同有关部门制定行业信息化标准，指导和规范行业信息化建设；积极推进行业电子商务进程，实现经营发展新格局；负责政务网站和机关办公自动化的管理，推进电子政务的完善；指导市旅游咨询服务中心工作，指导上海旅游网和上海旅游热线的建设和规范。这样的层次结构在机制上保证了上海旅游信息化实施过程的完整性，展现了信息技术为推动旅游产业发展、提升市场监管水平、拓展旅游公益服务的不可替代性。

近年来，该市将旅游信息化作为推进"科教兴旅"，促进上海旅游信息化、现代化、产业化的全面发展的重要途径，决定通过上海旅游网、上海旅游热线的建设，建立旅游行业的公共服务体系，完善信息引导、咨询服务、预订服务、投诉处理、安全救援等各项功能。主要做了以下几项工作。

1. 制定上海旅游信息化 2006-2010 实施纲要和上海旅游信息化数据交换规范

（1）制定上海旅游信息化 2006-2010 实施纲要。上海市旅游信息化发展的指导思想是：贯彻落实科学发展观，按照《上海旅游十一五规划》的目标和要求，全面提高上海旅游信息化水平，以本市经济和社会发展的需求为导向，加快旅游信息资源开发利用，推进信息化在旅游行业的广泛应用，充分发挥信息化在提升产业素质、提高服务质量、促进可持续发展的重要作用，为推进上海市向亚洲一流旅游城市迈进提供保障。这个实施纲要的制定为上海旅游信息化今后五年的发展指明了方向。同时，为了能把五年实施纲要落到实处，制定了详细的年度工作计划，细化工作内容，使实施纲要能够按时完成。

（2）建立上海旅游业信息化数据交换规范。为了方便旅游企业之间的数据交换，建立了统一的上海旅游数据传输方式与旅游业数据交换格式规范，并纳入地方性推荐标准。该标准将为目前各种不同的系统、不同的数据源、不同的网络环境之间进行电子数据交换创造条件，为今后新系统的开发提供建设标准，也为今后中小企业信息化建设的标准化进程打下了基础，有利于建立统一的管理系统，实时监控上海旅游业的状态。在这个基础上，还制定了《上海旅游企业信息化发展的若干意见》，着力推进上海旅游企业的信息化进程，提高企业信息化管理水平。

2. 为来沪游客和本市居民提供全方位的公共咨询服务

（1）建立旅游咨询服务中心。于 1999 年至 2000 年，在全市 20 个区县根据不同的地理位置和特点，建立了风格各异的咨询服务中心，并于 2005 年起根据实际运作情况对原有的咨询中心重新进行功能定位，改造原有设施，使其进一步符合游客的咨询需求。

（2）放置旅游多媒体触摸屏查询系统。自 2001 年起，在全市三星级以上宾馆放置了 200 台旅游多媒体触摸屏，方便宾馆客人进行上海旅游信息的查询。并于 2005 年起将原有触摸屏全部更新为新的液晶触摸屏，并对原有查询系统进行升级，更新 GIS（地理信息系统）模块功能。

（3）建立旅游信息网站。近年来，先后建成了上海旅游政务网、上海旅游网、上海会展旅游网、上海节庆网等各类旅游网站，使上海的旅游网站呈现出多格局，面向所有需求的架构，从政策指导、电子商务、会展旅游等各方面推进上海旅游业的发展。上海旅游网作为上海旅游 DMS 网站，整合了上海吃、住、行、游、购、娱全面信息，并推进旅游电子商务发展。

（4）建立上海旅游热线。上海旅游热线 962020 于 2005 年 5 月 1 日正式开通，极大地扩展了上海旅游咨询服务的渠道。热线同上海旅游网的数据库共享资源，为广大游客提供旅游综合信息查询，旅游线路咨询和预订，宾馆、经济酒店咨询和预订，演出信息的咨询和相关票务的预订，投诉受理等，丰富了服务功能。现平均日呼入量 500 只左右，最高日话务量达到 1000 只左右，平均话长 12 分钟。上海旅游热线已经成为服务游客和市民旅游咨询的重要途径之一。

3．利用信息技术加强市场监督和服务

（1）建立上海旅游行业管理短信群发系统。上海旅游行业管理短信群发系统使旅游企业能接收主管部门提供的有关会议通知、市场检查、促销活动、企业年检等信息，同时系统也能及时获取企业组团状况、目的地行程、交通住宿安排等信息。在应急状态下，旅游企业可以及时接收主管部门发出的指令和动态，做出相应的决策和反应。

（2）建立上海旅游企业管理系统（一期）。上海旅游企业管理系统（一期）的建立使旅游企业信息面向公众公开，能够方便地进行多条件查询；建立合适的企业信息维护流程，保证查询信息的及时更新；建立一套基于客观奖惩情况的诚信系统，显示各旅游企业的诚信状况；提供双向的游客投诉意见处理流程；提供合适的行业监管流程控制功能。

（3）建立上海导游信息管理系统。上海导游信息管理系统是上海市旅游委 2005 年建设的上海导游从业人员考核、培训、年审的网上信息化平台。导游从业人员可以通过这个平台了解政府相关部门有关导游考试报名、培训计划、考试信息、年审等相关信息，进行网上报名、答疑，下载有关培训教材，查询考试结果。

（4）建立上海中小旅游企业平台。针对上海的中小旅游企业，建立了中小旅游企业平台，为旅行社企业和住宿业企业分别开发统一的、满足企业共性需求的企业信息管理系统，以较小的投入，让企业在不同的程度上根据自身的情况，使用不同的功能模块，提高业内大多数企业的内部管理水平。同时，也可以通过这个平台实时检测企业运营状况，为市场管理提供了有效手段。

4．下一步主要工作设想

（1）进一步加强长三角地区旅游信息化合作。苏浙沪旅游合作已取得了一定的成绩。在此基础上，将继续加强与江苏、浙江的学习交流，积极探索用信息化推动旅游发展的可能性，力争使区域内的旅游企业有更多的发展机会，最大限度地使长三角地区乃至全国地区游客得到方便快捷的服务。

（2）建立上海旅游援助中心。随着到沪游客的不断增加，特别是入境游客的不断增长，上海缺少能够为游客解决应急困难的服务机构。拟建立上海旅游援助中心，为广大游客提供解决各类紧急情况的途径，为旅游过程中发生的救援行动提供保障，快速应对各类突发事件。

（3）建立上海旅游人力资源网。建设上海旅游人力资源网，做到全市联网，实现旅游管理部门、旅游教育培训机构、人才交流机构信息共享，实现旅游人才远程教育培训；实现旅游人才全市专门教育培训、管理发证、人才交流统一管理，满足现代化、专业化需要。

第三节 旅游目的地信息系统

一、旅游目的地信息系统的概念和功能

(一)概念

旅游目的地信息系统是整合旅游目的地信息资源的全面解决方案,也是旅游业与信息化最优的结合方式。它是综合性介绍旅游目的地的旅游资源、旅游服务设施等,同时支持在线预订和交易的电子数据库系统。它不仅可以提高劳动效率、节约人力,而且可以使工作迅速、准确,是旅游业管理高技术化、最优化的实现途径,可以满足旅游业迅猛发展的需要。

旅游目的地的开发建设与经营管理逐渐成为旅游目的地进行旅游商务活动的新模式。信息化时代需要将旅游消息流的适时管理作为中心来考虑。现代旅游的流动频度和广度都较传统旅游有了相当大的提高,它要求旅游目的地拥有一个功能强大的信息系统,以便为各行业部门及游客提供及时准确的旅游信息服务。如果仅仅依靠以前传统的信息传递手段,旅游目的地信息流的阻塞、断裂将难以避免,旅游管理的作用将受到影响。因此,旅游目的地信息系统应运而生。旅游目的地信息系统 TDIS(tourism destination information system)是以计算机软、硬件为基础,实现目的地各种旅游资源数据的分析、处理和应用的管理信息系统。按照服务对象的不同,可分为两种:一种是面向游客的信息模式,主要是为旅游者展示各种旅游目的地信息;另一种是面向旅游目的地各管理部门及旅游供应商的管理模式,用以实现各行业之间的信息更新及信息传递。

(二)功能

旅游目的地信息系统主要有三种功能,即:查询功能,如景区景点的位置查询;统计功能;空间分析功能。

空间分析功能是旅游目的地信息系统最重要的一个功能,也是它的一个

标志性功能，主要包括通视分析、路径分析以及断面分析三个方面。（1）通过通视分析可以确定某一观察点的最大可观察范围，帮助旅游者选定理想的观察点。（2）路径分析是在给定的限制条件下，在路网中寻找最佳路径。将通视分析和路径分析相结合，可以帮助旅游目的地管理部门规划景区观光路线等。（3）通过断面分析可以了解地形断面的起伏信息、最高点和最低点的位置和高程、两点间的距离等信息。因此，对爱好越野、另辟路径的游客很有帮助。

二、旅游目的地信息系统的应用

（一）旅游设施选址及景观模拟

首先是旅游设施选址。根据旅游目的地区域环境的特点，综合考虑资源配置、市场潜力、交通条件、地形特征、环境影响等因素，确定潜在市场的分布，找出商业地域分布的规律，搜寻时空变化的轨迹，在区域范围内选择最佳位置，并保证餐饮设施、娱乐设施等有最大的服务面。其次是景观模拟。运用现有的遥感资料与矢量地形资料，进行空间和属性数据处理，生成旅游目的地现状多层三维模型，这样游客可以通过视线的变换，从多个角度、全方位地观赏旅游景观。另外，还可以实现基础三维数据的快速更新，并根据旅游管理的不同阶段与不同要求，生成多种旅游目的地管理的可视化效果，供旅游目的地决策者参考。

（二）旅游线路的计算机选择

旅游线路选择的原则，一般来说可以概括为"使游客付出代价最小而收获最大"。为此，在具体选线时，应尽量能减少重复路线，缩短旅途时间，降低旅游费用；或在不延长旅游时间的条件下，增加旅游内容，提高旅游活动质量。此外，对于不同类型的游客而言，有不同选线的标准，如价格优先、时间优先或兴趣优先等。

在 TDIS 中，向游客提供了三种不同的选择：（1）游客选择起终两点，计算机自动选出一条"最佳"的旅行线路；（2）游客通过与 TDIS 的人机对话，选出一些必游的景点，计算机帮助连成一条完整的线路；（3）游客可以从已经给出的一些定型旅游线路中，选取一条路线。

（三）辅助旅游开发决策

TDIS 可以将自然过程、决策和倾向的发展结果，以命令、函数和程序等不同形式，作用在相关的基础数据上，对未来的结果作出定量的趋势预测，并对比不同决策方案的效果以及特殊倾向可能产生的后果，最终作出最佳决策，避免和预防不良后果的发生。另外，还可通过与数学分析模型的集成来发挥其空间分析功能。例如将旅游资源评价模型、旅游开发条件模型、景区环境容量模型、旅游需求预测模型、旅游经济效益模型等"嵌入"TDIS 中，可辅助旅游目的地管理部门选择合理的开发决策。

三、旅游目的地营销系统

目前，DIS 的含义的外延部分出现了扩大的趋势，出现了基于 DIS 发展成的旅游目的地营销系统 DMS（destination marketing system）。DMS 是旅游目的地通过互联网进行网络营销的模式，它把基于互联网的高效旅游宣传营销和本地的旅游咨询服务有机地结合在一起，为游客提供全程的周到服务。DMS 能实现对旅游目的地旅游信息管理、旅游城市形象宣传、旅游产品的网上营销等功能，能有效实现旅游目的地城市和旅游企业的信息化，可以极大地提升目的地城市的形象和旅游业的整体服务水平，是信息化时代背景下形成的新旅游营销模式。

旅游目的地营销系统出现于 20 世纪 90 年代中后期，最早在国外得到开发和应用。目前，旅游目的地营销系统在国外已得到广泛应用，英国、新加坡、西班牙、澳大利亚、芬兰等 10 多个发达国家和地区的旅游目的地营销系统已演变为一种较为成熟的旅游营销模式，促进了当地旅游业的快速发展。相比而言，我国的旅游目的地营销系统起步较晚。2002 年 10 月南海旅游目的地营销系统作为中国旅游目的地营销系统的第一个国家试点系统通过专家鉴定，2003 年 1 月，国家旅游局联合信息产业部下发了《关于在优秀旅游城市建立并推广使用"旅游目的地营销系统"的通知》，开始在全国 138 个城市推广旅游目的地营销系统。目前，全国旅游目的地营销系统的中心平台建设已初具规模，粤港澳、大连、三亚、珠海、深圳、厦门、苏州等十余个区域和城市的旅游目的地营销系统已投入运营或正在建设之中，在旅游宣传促销中发挥了重要作用。

（一）旅游目的地网络营销的优越性

随着时代的发展，传统的批量生产和单一产品面向大众市场的模式已无法适应市场需求，定制产品、定制服务、微观市场营销以至"一对一营销"等观念相继出现。如何满足旅游者的个性化需求，已成为旅游目的地企业必须面对的问题。这就要求旅游目的地企业与旅游者进行更加广泛和频繁的互动沟通。作为一种新的营销方式，网络营销有其自身的特点，在许多方面拥有传统媒体无可比拟的优势，在旅游目的地营销过程中能够发挥独特的作用，主要表现在以下几个方面。

1. 扩大营销范围

由于互联网具有跨时空性，网络营销可以不受时间、空间的限制而进行信息传播和交流，突破传统营销媒体手段的限制，为全球范围的潜在旅游者提供全天候的服务。营销主体将旅游目的地的各种信息放在网上，通过互联网将这些信息传递到世界各地，能够有效地传播目的地信息，从而扩大营销的受众范围，获得吸引更多海内外客源的机会。

2. 增强营销效果

传统的旅游目的地的营销活动都是单向的，即一方面依赖各种各样的媒体广告宣传等手段来促进旅游者对旅游目的地的接受，另一方面通过各种各样的调查研究方式了解旅游者的需求，这两个过程在大多数场合下是分离的。而互联网提供了旅游目的地与旅游者双向交流的通道，使旅游目的地企业拥有了一种规模化、交互式的市场营销方式，既让旅游目的地企业能够更直接、更迅速地了解旅游者的需求，又使旅游目的地企业有更多的空间为旅游者提供更具价值的旅游产品和服务。

此外，互联网信息存储容量大、传输速度快，网上信息易于更新，而且还可以做到图片、声音、视频等方面的多媒体结合。利用这些特点，旅游目的地营销主体可以制作出丰富多彩的信息内容，包括地方饮食、酒店、交通方式、旅游风光、购物广场、娱乐场所等各项信息，并以相应方式放到网上，为旅游者提供全面的信息服务，从而对旅游者的出游决策产生重要的影响。

3. 实现全程营销

在网络营销中，利用互联网的互动性，营销主体可以通过电子布告栏、电子邮件等方式发布信息，在营销全过程与旅游者进行即时的信息交流，使旅游者不仅能够选择现有的产品和服务，还可以参与旅游产品和线路的设计。这种双向互动的沟通方式，不仅提高了消费者的参与性和主动性，为旅游者带来提高消费理性、表达自身旅游需求等方面的利益，还从根本上提高消费者的满意度和忠诚感，更重要的是目的地营销主体的营销决策有针对性，有助于营销主体实现全程营销目标。

4. 降低营销成本

网络营销的成本主要包括建设网站费用、软硬件费用以及网络运转费用，这些费用远低于传统营销费用。旅游目的地运用网络营销可以节省巨额的广告宣传费，降低市场调研费用，降低顾客投诉、咨询等服务费用，节约大量的宣传推广费用，以较低的营销成本实现营销效益的最大化。

（二）面向旅游者的旅游目的地网络营销构建

基于互联网的网络营销模式，不只对旅游目的地企业与旅游者之间的信息沟通产生了极为深刻的影响，更为重要的是，它还使信息的意义进一步凸显出来——信息已真正成为旅游目的地企业最宝贵的一项资源。只有拥有必要的信息优势，致力于架设供应商、中介服务组织、旅游者以及政府之间高效沟通的信息桥梁，才有可能迅速捕捉一切有利时机，改善旅游目的地企业的营销活动，寻找实现企业目标的最佳路径。旅游目的地网络信息的使用者可以是旅游者、企业、政府部门等。邹蓉（2005）研究了面向旅游者的旅游目的地网络营销构建路径。

1. 建立旅游目的地信息传播网络

根据旅游信息服务导向机制，有效地向旅游者传达旅游目的地的相关信息，可以引导旅游者作出有利于旅游目的地企业的决策。旅游目的地的信息是多方面的，包括旅游目的地的基本信息、旅游资源信息、公共旅游设施信息、旅游企业信息、旅游企业提供的旅游产品和服务信息、价格信息、旅游新闻、旅游活动信息，以及旅游业的行业信息及政策法规等。由政府统筹建设的旅游目的地信息系统（destination information system，DIS）可以视为旅游目的地信息传播网络的"基础设施"。DIS 是服务于旅游目的地信息收集、存储、加工、传递、应用的人机系统，其主要任务是展示和宣传目的地鲜明清晰的总体形象，然后在总体目的地形象之下逐层展示旅游城市、旅游景区景点、旅游企业、旅游产品和服务。除了完善自身的信息收集和处理功能，DIS 还要与当地旅游企业建立电子链接，与各旅游企业的内部网（Intranet）互联，使当地旅游企业能向 DIS 提供信息，并自行更新所提供的信息，从而保证旅游目的地网络信息服务的新颖性和可靠性。这种以 DIS 为基础构建的旅游目的地信息传播网络，为目的地旅游信息资源的开发、利用和传播提供了现代化手段，为旅游者的旅游决策提供了重要信息源泉。

2. 提供网络虚拟体验，实现形象演示功能

形象演示功能指的是利用网络手段对旅游目的地的产品与服务进行虚拟化演示，目的是通过旅游者在网络上的虚拟体验，全面宣传与推广旅游目的地。由于旅游产品与服务大部分是无形的，如何让旅游者在决策时感知其质量与功能，成为旅游目的地网络营销的重要任务。网上提供虚拟体验，向旅游者虚拟展示旅游目的地的产品与服务，是影响旅游者决策的很好途径。以体验为目的的形象展示可以包括在网上建立虚拟景点、虚拟饭店、虚拟商店等，把旅游目的地的产品与服务"移植"到网络上。通过在宽带网络平台上应用集成视频会议（VCF）、视频点播（VOD）和视频录像（VDR）等技术，利用网络这种覆盖全球的全新多媒体信息传播方式，把美妙的景致活灵活现

地展现在各地旅游者面前，实现形象演示的可视化，提高旅游者体验的人性化和个性化水平，真正实现即时的交互沟通，增强旅游目的地及其产品和服务的吸引力，扩大旅游目的地知名度。

3．向旅游者提供专业化信息服务

互联网为旅游者提供了大量的共享旅游信息，但同时又给旅游者带来了信息处理上的困难。为了解决信息激励与信息约束的矛盾，为旅游者决策提供便利，旅游目的地网络可以考虑为旅游者提供专业化的信息服务。这种专业化的信息服务包括旅游目的地景区景点介绍、宾馆饭店等接待设施的推荐、当地旅行社及其导游服务的介绍、游览路线及日程安排、旅游目的地天气状况预报、当地旅游企业的电话传真及电邮查询等。

4．建立旅游者数据库，实施有效的客户关系管理

网络营销的竞争是旅游者资源的竞争。虽然与其他行业相比，旅游目的地保持老顾客相对来说比较困难，因为任何旅游目的地在一年内所接待的回头客在其接待旅游者总量中只占少数，鼓励新的首次到访的旅游者是大多数旅游目的地关注的首要问题。但是考虑到激发旅游者重游欲望的可能性，特别是口碑效应对旅游者决策行为的影响，旅游目的地还是要重视客户关系管理，利用网络信息建立与旅游者的良好关系，从而鼓励旅游者向亲人朋友等推荐该旅游目的地。旅游者数据库的建立，需要收集旅游者的个人信息。旅游者数据库信息可以来自网络上的旅游者注册信息，也可以来自处理预订、咨询、市场调查、意见反馈表、旅游者访问记录，甚至旅游者投诉处理等。可以通过问题竞答、拍卖、聊天室、意见征求表等方式，促使旅游者提供更多的个人信息。旅游目的地实施客户关系管理时，需要运用专门的信息技术软件数据库，利用互联网与旅游者或潜在旅游者保持"一对一"的相互交流，从而为不同的旅游者定制不同的营销信息，满足其个人兴趣。

信息在旅游市场运作方面起着相当重要的作用，不仅影响到游客的消费行为，也影响到整个行业的供应链结构。信息技术对旅游行业的经营管理是至关重要的，不仅关系到企业的效率和服务水平，而且影响到企业的长远竞争能力。

第六章 旅游文化管理

第一节 旅游文化管理综述

旅游行为首先是一种文化活动和文化现象。通过对汉语"旅""游""旅游"的词源学考察可以发现，旅游与文化密不可分，如天子的旅行祭祀天地山河、文人墨客的指点江山、宗教人士的访仙问道等，这里旅游成为文化承传的手段和工具，是文化出现和形成的前提；文化则是旅游的结果和目的，也是旅游的一种具体的表现形式。

旅游是人们求知的课堂，又是一种主动的、积极的、自由的文化活动，是个体审美和个体人格的一种升华，是文化交融的一种需要，这些也都反映出旅游的文化性。

文化是旅游业的灵魂，它表现在景观的文化品位和内涵、旅游产业的文化经营管理等。同时，文化将成为旅游业新的增长点，诚如世界旅游组织在《马尼拉宣言》中指出："旅游业的经济效益，不论是如何实际或重大，不是也不可能构成国家决定促进这一活动的唯一标准"。

作为一个系统来研究，旅游文化的研究对象主要包括：旅游文化的实践系统、旅游方式的制度系统、旅游心理性格系统和旅游知识思想系统四个组成部分。相应的研究涉及内容如下：

第一，社会对旅游文化的影响。在中国历史上魏晋时期的道游、玄游和释游，是在当时特定的政治、社会和思想文化背景之下的产物，旅游者主体意识的觉醒，要到旅游这一现象之外去寻求答案。因此，研究旅游文化，应对不同时空下的社会、政治、经济、文化等影响因素进行研究。

第二，旅游主体文化。它涉及旅游者的阶层、时代、人格、文化、动机、消费差别，可以通过著名旅行家的个案来提供经验。

第三，旅游文化客体的变迁及其生态环境因素。这里指旅游地和旅游资源的研究，如其分布特点、变迁、开发、利用、保护、可持续发展、旅游资源对旅游活动的影响等。

第四，旅游媒体文化。像旅游设施和用具，如交通方式、旅馆类型、服务特色等。

第五，旅游制度文化。即旅行制度、旅游组织及其管理系统、相关法律法规。

第六，旅游文化活动的历史。如在中国的商朝已开始了商务旅行，春秋战国时期的学术考察旅行成为时髦等。

第七，旅游文化认识与旅游文化理论。与旅游文化有关的基本概念、相应范畴的历史演进过程、旅游文化学科的基本理论。

对旅游文化的研究，除了常规的文献综述和区域个案研究之外，还可以采用系统和"综观"的方法、阶层分析法、过程性研究、情景性研究、比较研究法、主客位结合研究、史论结合法等。另外，还可以借鉴跨学科的方法，如经济学的"建模"、地理学的区位分析、人类学的文化变迁等。通过对旅游文化的研究，可以扩大和深化旅游工作者相关的旅游知识和文化知识；扩大普及教养知识，如提高人生趣味的价值教育、乡土教育和全球化观念；同时为旅游管理者提供理论参考和个案借鉴。

一、国外旅游文化管理的研究成果溯源

国外的相关研究早于国内，第二次世界大战以前国际上主要以旅游活动的经济分析为重点，第二次世界大战以后，旅游文化逐渐成为研究的主流。1974 年，美国威斯康星大学的 Jafari 教授创办《旅游研究年刊》，它是以旅游文化现象为主要研究对象的跨学科的综合性学术期刊。其他如英国的 Tourism Management、澳大利亚的 Journal of Tourism Studies 等期刊都开辟有

旅游文化管理研究的专栏。在北美和欧洲的英语国家，发展出旅游对经济、社会文化和环境生态三方面的"旅游影响研究"，但偏重于功利主义。20世纪70年代末，出现"旅游人类学"这一新兴学科，把旅游者作为一个需要休闲、为摆脱社会束缚而远行的人来研究，不同于过去仅仅将旅游者作为一个消费者来研究的模式，从而大大丰富了旅游文化的内容。国外旅游文化的研究历程表现出如下特点：

第一，注重从人本主义的角度出发来研究旅游文化，突出旅游者的动机和行为，旅游业的社会属性，主客的沟通方式和过程、接待地文化的商品化等。

第二，旅游文化的研究日益成为主导方向，其重要性逐渐超过旅游经济，如20世纪80年代以来的"大众旅游"对接待地的文化伦理冲击，旅游资源文化的可持续发展等。由于社会科学家的介入，研究水平和成果都很高。

第三，偏向于轻基础研究重应用研究。基本理论没有达成共识、对学科的开拓和发展不利。

二、国内旅游文化管理的研究成果回顾

国内的旅游文化研究经历了萌芽阶段（1978～1984 年）、植根阶段（1984～1990 年）和发展阶段（1990 年以后）三个阶段。

（一）萌芽阶段

在这一阶段，学界已开始重视旅游业的文化特性。1981 年，经济学家于光远指出，旅游不仅是一种经济生活，而且也是一种文化生活；旅游业不仅是一种经济事业，而且是一种文化事业；从旅游资源角度看，文化事业的发展也是具有决定作用的。

林洪岱对此做了进一步的引申，认为旅游业具有鲜明的文化特征，文化比重及其价值在整体中的扩大，是一种必然的积极的历史趋势。围绕着旅游业的接待和经济创汇大背景，这一阶段的旅游文化研究总体上显得零散和表面化，还没有真正意义上的理论著作。

（二）植根阶段

这一阶段出现了对旅游文化概念的界定，出现了对中国旅游文化传统的思想史及建设有中国特色的社会主义旅游文化的研究。

1986 年，喻学才率先提出重视中国三千年旅游宝贵文化遗产的研究。1987 年 9 月，在首届中国旅游学术讨论会上，代表们认为，中国旅游文化具有优良传统，对其继承发展是对现有旅游资源进行深层开发的前提。同年 10 月，在九华山召开的首届中国山水旅游文学讨论会上，结论之一是用中国旅游文化传统对海外华人进行热爱祖国的教育是最佳选择。

此阶段旅游文化研究有如下特点：

1.理论研究迈向体系化和规范化，涌现出一批研究者、成果和刊物。

2.学术交流走向群体化，但未打破区域和学科界限。1985 年，上海旅游学会率先开展旅游文化探讨，许多省、市组织旅游文化的社团组织，但缺乏有影响力的全国性研究活动和机构。

3.过多拘泥于对一些基本概念的梳理和定义，且自成一家，缺乏共识。偏重于对民俗、古建筑园林、宗教等旅游资源文化内涵的静态分析，对景观的开发研究成果甚少，这在一定程度上削弱了旅游文化研究的社会关注度和影响力。

（三）发展阶段

此阶段的标志为中国旅游文化学会的成立和"首届中国旅游文化学术研讨会"的召开，为国内旅游文化的深入研究奠定了基础。这一阶段的研究呈现出如下特点：

1.旅游文化的研究深度和广度上不断加强，如扩展研究范围，形成了诸如旅游教育学、旅游娱乐文化学等新的分支学科；同时吸收相邻学科的研究成果，完善充实自己的理论体系。

2.相应的应用研究取得明显的社会和经济效益，这尤其表现在旅游资源的规划和特色旅游项目的开发上。旅游文化来源于旅游，必将为旅游业所应用。如有学者认为，要想提高旅游业的文化品位，佛教等宗教文化景点的合力作用是不可低估的，我们可以围绕佛教文化主题，开展一些综合旅游文化项目。地方旅游资源的研究成果日益涌现，应用性和针对性增强。

3.开拓旅游者文化以外的旅游文化现象研究领域，如旅游企业文化和旅游接待地文化。有学者提出，对旅游企业文化进行深层理性和表层感性两方面的考查，周歆红在《旅游地文化潜移之初探》一文中，从理论高度透视了旅游地发展中的深层文化变迁规律，提出了一些创见性建议。

4.开始逐步建构自己的理论体系，明确自己的学科地位。1995年，有学者主张，旅游文化应从学术外层走向学术中心，其学科地位应得到确立和巩固；随后，学者进一步从旅游经济与旅游文化的分野、设立旅游文化学科的迫切性、旅游专业目录亟待规范三个角度，论述构建旅游文化学科体系的意义。

5.相关的教材建设出现了繁荣的局面，出现了不同风格和结构的教材。有侧重旅游文化历程和思想层面的，如喻学才；有总结和研究中国传统旅游文化理论、旅游思想和特征的，如沈祖祥；有关注旅游文化在可持续发展中所能起到的调适作用，如马波；有构建旅游文化学体系和探讨民族旅游性格的，如谢贵安等；有专门探讨旅游与文化的关系，文化对旅游发展的影响和旅游活动中的文化运动，如张文；有从要素分析、发展战略和市场策略对中国文化旅游的专门研究的，如张国洪；等等。

三、旅游文化管理研究的成就与方向

申葆嘉先生在总结了国外旅游研究的历程、特点、方法和不足之后，提出了"从经济进去由文化出来"的旅游研究方法，强调先从宏观范围内的经济外壳探索旅游者、旅游业以及两者关系的形态、结构、性质和相互作用的机制，然后分析旅游现象与社会运行和发展的关系，在微观范围内探索旅游活动的局部现象和细节，分析它们的关系。

2001年，肖洪根通过全面的梳理和分析，提出了对发展中国家旅游发展研究的理论思考：

第一，综述归纳西方发达国家旅游发展模式的理论经验和研究成果，重点是旅游发展阶段理论、旅游目的地国变迁理论、社区反应理论和 Doxey 愤怒指数理论、扩散理论、从属理论、新殖民主义理论、旅游发展空间和中心边缘理论，以及旅游发展认识平台理论。

第二，综述归纳发展中国家旅游发展模式的理论经验和研究成果，重点是发展中国家旅游发展的特殊形态研究以及发展中国家旅游运行模式存在的共性问题研究。例如，发展战略与旅游发展的政策导向问题、非常规形态的共质取向问题、产业结构问题、公共部门与私营部门的关系问题、正式部门与非正式部门的关系问题、旅游系统与旅游发展空间问题。

第三，发展中国家旅游影响研究的历时性归纳和共时性比较。

第四，发展中国家对内需崛起后国内旅游蓬勃发展和休闲经济（或休闲社会）的出现及其所引发的社会文化变迁的社会学思考，以及社区参与的旅游发展规划与发展研究。

第五，发展中国家的旅游发展观与发展形态问题。例如，旅游可持续发展与可持续发展旅游的关系、21 世纪初旅游发展战略的调整和发展模式的选择等问题。

第六，休闲、娱乐与旅游的融合问题，即发展中国家内需崛起后走向以休闲为导向的后现代社会的发展取向问题。

第二节 旅游文化与文化旅游

一、概念与范畴

（一）旅游

有关旅游的定义有百种以上，主要有交往理论（为满足生活和文化需要与目的地人的交往活动）、总和理论（旅行引起的现象和关系的总和）、休闲理论（一种消闲活动）、离开理论（离开后在目的地运动和活动）、生活方式理论（社会交往方式扩展后的一种生活方式）、访问和消遣理论（一种访问活动和消遣旅行）、经济理论（一种社会经济现象）等。

从文化研究的角度定义旅游的有：Jafari 认为，旅游是对离开居住地的人的研究，是对因旅游者的需要而产生的这一工业的研究，是对旅游者和这一工业给东道地的社会文化、经济和自然环境所造成的影响的研究。

沈祖祥主张，旅游是一种文化现象，是一个系统，是旅游者这一旅游主体借助旅游媒介等外部条件，通过对旅游客体的能动的活动，为实现自身某种需要而作的非定居的旅行的一个动态过程的复合体。

谢贵安从比较的角度指出，中国的旅游概念倾向于表达旅游的社会形式尤其是伦理规范，而西方的旅游概念则倾向于表达旅游的客观方式。

（二）文化

文化的概念纷繁复杂，五花八门，有学者统计，目前至少有 250 种以上的文化定义。学者 Kluckhohn 曾将复杂的文化定义进行分类，划分为下列五种类型：

1.描述性定义。视文化为一个复杂的、包罗万象的整体，主要罗列各种文化现象，未涉及文化本质，只是说明什么是文化，并未阐述文化是什么。如 Taylor 在《原始文化》一书中说道："文化或文明是一个复合体，它包括知识、信仰、艺术、伦理、法律、风俗以及作为社会成员的人所获得的能力和习惯。这些都是构成文化定义的基本要素。"

2.历史性定义。视文化为社会中代代相传的社会遗传，重视物质文化及其产生和流传的过程，侧重文化的来源、生成、存在和流传因素。如 Boas 和 Geertz 认为："文化是一组基础的思想和意义，它们来自于过去，但却重新塑造现在"，Linton 认为："文化是一种社会性的遗产"。

针对旅游者来说，手工艺品、语言、传统、饮食、艺术，其中包括音乐、舞蹈、雕塑、历史遗迹、建筑、宗教、服饰等与历史有关的事物都可被视为文化范畴。

3.规范性定义。重视文化的准则性，侧重个人行为方式的社会价值观念和行为准则。如索洛金的"文化是生活方式的整体……包括意识、价值、规范此三者的互动与关联"。

4.心理性定义。视文化为解决问题而进行特殊调节的一种模式，强调文化的习得性。如福德认为，文化是一种学习过程，学习传统的谋生方式和反应方式，以其有效性而为社会成员所普遍接受。中国儿童学习使用筷子就是一个例证。

5.结构性定义。把文化现象进行高度的抽象，从而拥有广泛的内涵。如克鲁伯认为，文化是概括各种外显或内隐行为模式的概念。文化通过符号学习和传授，文化的基本内核来自传统，其中以价值观念最为重要。文化既是人类的创作产物，又是制约、限制人类活动的重要因素。

总之，文化是人的创造物而非自然物，是一种社会现象而非自然现象，文化是人类社会活动所创造的，是为社会所普遍拥有和享用的，它不专属个人；文化是人类智慧和劳动的创造，体现在社会实践活动的方式中，体现在所创造的物质产品和精神产品中。

（三）旅游文化

西方对旅游文化有一个动态的理解。他们认为，旅游文化主要是指一种过程，在这一过程中，旅游操作者及有目的地制造和发明某种文化产品，以此来吸引游客。美国人类学家 Craik 指出，有两种策略来生产旅游文化：其一是为旅游和游客而制作文化；其二是为文化而兴办旅游业和吸引游客。前者指发展和制造特殊的产品，如旅游艺术品，可以通过博物馆、艺术走廊等来对其进行展示和宣传；或者制造有关的旅游节日，如莎士比亚艺术节、电影节、土著文化节等。后者指改变原旅游吸引物以及潜在的旅游目的地，以体现和加强其文化特征。换句话说，人们为迎合游客而制作发明或改变文化及其内涵，这一过程就叫做旅游文化。

就中国而言，对旅游文化的表述各不相同，显示出多样化的趋势和学科融合的特点。归纳起来，大致有如下四种内涵：

1.旅游+文化=广义的旅游文化。这是 20 世纪 80 年代初形成的一种概念，以上文提及的于光远为代表。这一观念反映出中国旅游事业在发展初期，在强调旅游成为部门经济挣外汇的同时，学者注意到旅游的文化特性，但这种概念尚未明确和内核化、对其内涵、外延、具体研究对象也没有做进一步的阐述，显得较为粗糙和简单，但其倡导功不可没。持相似观点的学者还有卜昭程、吴义宏、晏亚仙、陈辽、郁龙余和魏小安等。在 1990 年的"首届中国旅游文化学术研讨会"上提出的旅游文化内涵为：它是以一般文化的内在价值因素为依据，以旅游诸要素为依托，作用于旅游生活过程中的一种特殊文化形态，是人类在旅游过程中（一般包括旅游、住宿、饮食、游览、娱乐、购物等要素）精神文明和物质文明的总和。它是这一类观点的集中反映。

2.民族文化说。1984 年出版的《中国大百科全书·人文地理卷》认为，旅游文化即旅游主体在旅游过程中所传播的本国文化和所接受的异国文化的总和。其中的文化只是指狭义上的绘画、雕刻、戏剧、舞蹈、诗词和散文等。持此观点的学者有喻学才、冯乃康等。

3.主体客体说。它是从旅游基本要素来界定旅游文化，如周谦强调，旅游文化是指与自然风光、古迹遗址有关的历史掌故、民俗文化、文学艺术、传说故事及百科知识等，这里只涉及旅游客体在旅游文化中的作用，没有很好的将主客体结合起来，有失偏颇。

4.碰撞说。它是一种动态研究，强调人在旅游过程中的中心作用，因而较为全面和准确，代表人物有肖洪根、沈祖祥等。如肖洪根主张，旅游文化是以广义的旅游主体为中心，以跨文化交际为媒介，在丰富多彩的旅游活动中迸发出来的，形式复杂广泛的各种文化行为为表征的总和。

（四）文化旅游

在西方，文化旅游多指一种旅游方式，如美国旅游人类学家 Smith 把旅游方式分为五种：一是"民族旅游"，主要是以奇异的风土人情来吸引游客；二是"文化旅游"，主要是以参与和感受地方文化为主的旅游；三是"历史旅游"，主要是参观历史遗迹，古建筑等；四是"环境（生态）旅游"，主要是指到边远的地方去旅游，感受大自然的纯净；五是"娱乐性旅游"，是指到大自然中享受太阳、沙滩、大海等纯娱乐活动。Cohen 把游客也分为娱乐型的、转移型的、体验型的、尝试型的和现实型的五种。在这里，除了"娱乐型"的游客和"娱乐型"的旅游，其他旅游都可以叫做文化旅游，因为进行这样的旅游，其目的主要是为了增长知识，缅怀历史，了解异地的风土人情。

随着社会的发展，人们的精神追求也越来越高。而不同的旅游方式也体现了不同的游客的追求。对当代文化旅游者来说，旅游不仅是一种物质享受，更重要的是满足精神上的需求。许多游客已对过多讲究物质追求的现代生活感到厌倦，因为他们认为，现代生活带来了许多的虚假、枯燥及繁重的负载；按西方旅游人类学家的说法，那就是现代人与现代社会产生了"疏离感"，于是他们就想通过旅游，摆脱世俗的生活，到外面的世界去享受一种与现代生活不同的全新的生活，去追求近乎"返璞归真"的东西，去"经历一种变化"。文化旅游实际上就是去亲自接触异质文化，了解异地人民的生活方式、艺术工艺品、文化遗迹，等等。因为这些东西真正代表了目的地的文化及历史。换句话说，文化旅游的目的，就是去接受教育，扩大知识和开扩眼界，但同时又获得许多的乐趣，满足精神生活的需要。这样的游客被西方旅游人类学家称之为"民族志旅游者"，即游客不仅只是一般地走马观花，而且是到异地亲自观察并参与到当地人的生活中，体验和了解当地的文化。

在国内，有学者将文化旅游视为一种旅游方式，如马波、张国洪认为，文化旅游是人们对异地或异质文化的求知和憧憬引发的，离开自己的生活环境，观察、感受、体验异地异质文化，满足文化介入或参与需求冲动的过程。他们的主张相似。郭丽华主张："文化旅游"既不是一种无形的服务，也不是一次经历，它是一种意识、一种思维、一种方法，它不可以与观光、度假等其他形式的旅游产品相提并论，相反，它必然要与各种旅游产品结合起来，作为一种意识融入到观光、度假等旅游产品服务中去，使游客在观光、度假的过程中领略目的地丰富的文化底蕴，从而获得一次更有意义的旅游经历。一句话，"文化旅游"绝不是一种"可供选择的商品"。对经营者来讲，它是一种创意；对旅游者来讲，它是一种意识，一种方法。

就旅游经营者而言，文化旅游是一种产品设计的战略思路，只要经营者在策划旅游产品时考虑到为该产品增添文化色彩，例如，在设计观光旅游产品时，注重对景点历史文化背景的解释；在设计度假旅游产品时，注重对度假区风土人情的介绍等，这些都可称作是文化旅游创意。"文化旅游"作为一种突出旅游吸引物之文化气息的创意可以融入到各种形式的旅游产品中去。因而文化旅游的关键在文化，旅游只是形式。其中的"文化"应解释为对旅游之效用及旅游之目的所做的定性。故文化旅游可定义为：通过旅游实现感知、了解、体察人类文化具体内容之目的的行为过程。由此定义可衍生出旅游经营者的旅游产品创意和旅游者由于对文化认知的期望所采纳的旅游方法这两方面。

二、结构与特征

（一）旅游文化结构

1.文化结构。包括旅游物质文化（景观、游乐设施、交通、饭店等）、旅游制度文化（如法规、制度、管理规则等）、旅游精神文化（如特定的旅游文化心理、价值观、思维方式等）。

2.地域结构。表现出的地方文化内容和特色，如在中国古代旅游文化中，有齐鲁旅游文化、三晋旅游文化、关陇旅游文化、吴越旅游文化、荆楚旅游文化、巴蜀旅游文化和岭南旅游文化等。

3.内容结构。就旅游生产力六要素（食、住、行、游、娱、购）而言，旅游文化可涉及旅游饮食文化、旅游服饰文化、旅游园林建筑文化、旅游娱乐文化、旅游商品文化等。

4.主体结构。旅游文化分为消费文化和经营文化。

（二）旅游文化特征

1.移传性。它一方面指旅游者的旅行活动呈现出时空的移动性；另一方面指旅游文化系统相伴生的移动特征。旅游文化的移动性与其自身的线性结构有关。正是旅游主体的移动，使得旅游出发地、旅游客体、旅游中介和目的地的文化连接在一起。旅游文化的移传性还表现在客源地与目的地文化，经由主体的媒介作用而相互传递，形成传播性特征。

2.时代性。是指旅游主体文化子系统具有时代性特征，不同时代旅游主体的旅游文化观和行为是有差别的。国人的古今旅游性格有别，古人旅行中拘谨和内向，而今人则开放和外向。主体构成上也有差别，古代以上层贵族为主，目前以人民大众为主。景观的开发和利用同样有一个时代上的演进过程。

3.民族性。是指旅游主体文化具有民族特色，不同的主体体现出文化观念和行为模式的民族差异性。如中国人内敛稳健，西方人外向冒险，中国人注重内心感受，倾心于旅游的道德塑造，富于人文情怀；而西方人钟情外部观察，看中旅游的求知价值，充满科学精神。

4.阶层性。是指旅游主体文化具有的阶层性差异。影响阶层性的形成因素有经济收入、教育程度、职业、居住环境、旅游工具和闲暇时间等，阶层性表现为旅游爱好、旅游观念和旅游性格上的差异，同时导致审美标准的差异和相应服务的差异化。主体阶层性是出发地社会等级化的结果。

（三）文化旅游类型

根据旅游者需求和消费指向，文化旅游类型产品可分如下五类：

1.适应精神放松需求的休闲型文化旅游产品。它能够适应旅游者脱离原有固定的生活环境和程式化的生活方式。

2.满足旅游者文化好奇心的奇异型文化旅游产品。它满足旅游者对新鲜事物、特殊人文景观的兴趣，选择具有特例性的文化题材如奇风异俗、奇闻逸事、奇人异物进行展示。

3.满足旅游者求知、学习需要的修学文化旅游产品。产品应具有一定的吸引力，达到一定的知识容量和可接受性，各组成部分应具备现场观摩的情景案例特征，线路组合要突出动态性衔接和主题渐进的原则。

4.满足旅游者文化憧憬和追求理想型文化旅游产品。这里强调由距离引发的神秘感，如世界屋脊西藏。

5.满足发现自我潜能、挑战文化极限的发展型文化旅游产品。旅游者通过文化旅游，结识各种人，体验与自己不同的生活文化，增加阅历，形成新思想，实现自己的精神价值。

（四）文化旅游的功能

1.文化旅游能带来较高的旅游消费和收入。由于文化因素的介入，旅游者的消费会相应提高。有统计资料表明，文化游客的消费比一般游客的消费可能增长 65%～120%。

2.文化旅游能够延长目的地旅游旺季的时间；同时旅游业的发达也为目的地文化传播提供了一个良好的场所和渠道。

3.文化旅游具有积极的示范效应。研究表明，在巴厘岛，美术馆和博物馆等文化设施及文化活动在旅游业中的作用非常大，不但延伸了旅游业的旺季时间，而且也增强了城市的文化内容和文化想象。

4.文化旅游将是我国旅游业新的经济增长点，而随着旅游者消费观念的日益成熟，政府和商家也将会越来越重视假日旅游中的文化含量，这应成为发展休闲产业、拓宽假日经济发展空间、挖掘消费新热点的重要方向。

5.文化旅游是衡量综合国力的一个指标。对文化资源的开发利用，已成为衡量一个国家经济发展水平和综合国力的重要标志。文化是一种很好的"风景"，文化是明天的经济，而文化旅游则是今天的经济。

第三节 旅游文化管理的理论基础

一、基础理论

（一）主客交往理论（Host-Guest Interaction Perspective）

它以社会交换理论和符号互动主义为依据，分为深层交往意义和表层交往形式研究两种视角。主要探讨旅游中主客交往的双向性和互动性及其与社会文化变迁的关系，揭示主客交往给客源地（旅游者）和接待地（当地居民）所造成的价值观念变革、文化整合、文化同化以及文化变迁的程度和意义。

对于深层交往意义的研究，是在旅游发展和旅游活动中，对来自不同文化背景的旅游者和接待地居民的接触和相遇以及这种交往给接待地所带来的文化整合、文化同化或文化变迁所进行的研究，达到从宏观层面对文化交流和跨文化交际的影响和意义的探索。1989 年，美国人 Browne 和 Nolan 开展了一项关于"西部印第安保留地旅游发展"的研究。研究表明：由于独特民风、迤逦风光、乡野魅力和神秘民俗，约有 95%的美国西部和西南部印第安保留地有不同程度的旅游发展。这种民俗旅游开发，固然从经济和收入上改善了土著居民的生活处境，但这种主客交往，使土著居民的传统仪式、观念习俗与现代物质、现代技术和现代制度产生混合性的冲突，也造成了土著文化和纯朴人际交往的异化、扭曲和支离破碎。在《"他们"如何看"我们"：美国土著眼中的旅游者》一文中，Evans Pritchard 列举印第安人"讽刺、耍弄和嘲笑白人旅游者"的众多事例后，认为主客交往中土著居民对白人旅游者的原型认识，具有"保护、防范和歧视"的社会交往功能。这种群体趋势是"恶化"主客关系、扭曲"好客"意义，甚至造成"异化性"文化融合和文化变迁的根源。研究表明：一个社会群体对另一个社会群体的原型认识，在民俗旅游交往中起到了融合性作用。1991 年，在系统考察了白人旅游者对土著的认识之后，Laxson 发现：白人旅游者和土著居民相互持有自己的文化原型和世界观；由于文化原型的作用，在民俗旅游这样短暂的交往中，旅游过程不仅不能增进文化了解，反而加剧了民族中心主义倾向，导致主客双方更加认定自己世界观的正确性。

接待地居民对旅游者或旅游业发展的认识及态度问题，属于主客交往形式研究领域。1976 年，Doxey 提出愤怒指数理论，他认为随着旅游业的不断发展，居民对游客的认识和态度会不可避免地历经愉悦、冷淡、愤怒以及反抗四个阶段和过程。而 MacCannell 调查发现：旅游业发展到成熟阶段，居民早已习惯了旅游者的出现和存在，他们已经自然而然地"把旅游者当成是旅游地司空见惯的一道风景线"。这显然是对 Doxey 理论的挑战，因而，肖洪根等指出，居民对旅游者或旅游业发展的认识研究，必须从"跨地区、跨文化的共时比较研究"以及从"认识研究和旅游业发展演进的历时融合"等两个方面出发，方能在理论和知识建设上有所突破。

（二）旅游业发展模式（Model of Tourism Development）

旅游业发展存在两种模式，即发达国家常规发展模式和发展中国家非常规发展模式。Cohen 认为，发达国家的旅游发展属于单一线性的有机旅游发展模式，是一种常规的发展形态。旅游系统形成和运作的驱动力来源于社会自身因素，而不是缘于外部强加力量。发展旅游业的首要目的是提升人民的生活质量，经济发展仅为次要因素，多为客源输出国。发展中国家的旅游业发展属于多元线性的感应式旅游发展模式，是一种非常规的发展形态。旅游系统的形成和运作主要源于外在强加力量，首要目标是经济利益需要（如外汇收入、经济增长等），多为旅游目的国，是一个国家或地区经济发展的出路和选择。具体而言，两种模式拥有各自的发展轨迹和旅游者特征。

从发展阶段来看，发达国家有机旅游发展模式经历了起步阶段、发展阶段和大规模机构化阶段等演进轨迹。而发展中国家感应式旅游发展模式在初始阶段，就表现出大规模的机构化特征。同时，在旅游设施建设的投资、经营和管理，对标准和规范的选择和评判，对外国旅游者大量涌入的文化和心理准备上，以及具体的工作安排上，都表现出对发达国家相关模式的依附性和自主性的缺失。

从旅游者行为和动机而言，这种历时阶段性演变表现为从"初始阶段的求同"向"发展阶段的求异"，到"后现代旅游发展阶段的求同"而发展演进。"初始阶段的求同"是一种"低层次"的文化和行为认同，是发达国家旅游者针对接待地居民"文化、交往和心理准备上的巨大不适"而产生的一种心理戒备、安全需求和行为认同。游客在具体的旅游活动中，多追求群体安全感和文化及行为的认同感。随着接待地居民"好客程度"的增加以及目的地在接待设施和旅游安全等方面的显著改善，旅游者开始"追新求异"，抛弃初始阶段那"左观右顾、缩头缩脚、诚惶诚恐"的拘谨行为。接着，旅游者行为和动机又向"后现代旅游发展阶段的求同"演进。1999 年，Cohen 把后现代旅游者行为归纳为工具和手段上的"后福特主义（Post-Fordism）"、景观和吸引系统的"大迪斯尼化（McDisneyization）"、服务接待系统的"麦当劳化（Mc-Donaldization）"和"可口可乐化（Cocacolization）"三种表现形式。

（三）新迪尔凯姆学说（Neo-Durkheimian Perspective）

在迪尔凯姆社会学理论体系中，有反常态、神圣和集体意识三个重要概念，被用来解释旅游社会文化现象，成为解释旅游现象、研究旅游动机和旅游行为的一种重要理论依据和理论来源，由此形成了新迪尔凯姆学说。

1.反常态。是指社会生活目标与实现手段脱节之后，给社会群体和个体带来的精神颓废、行为失常、缺乏生活目标，甚至道德败坏等异常状态。在旅游现象中，反常行为与客源地社会的"无意义"和社会异化现象有关，如"外出旅游"较之与"在家留守""休闲玩耍"较之与"工作责任""神圣"较之与"世俗"，等等。因此，要全面了解旅游者在旅游过程中的反常现象，如个人精神颓废、道德沦丧、赌博、嫖娼、旅游犯罪等，就必须对旅游者的个人经历及其所处社会环境进行深入的考查。

新迪尔凯姆学说认为，考查旅游者的动机和行为，应先辨析现代旅游中的"逃避者"和"反叛者"两种社会角色，方法之一是对主客文化背景和社会生活条件的差异比较，归纳出由此造成的主客关系的演变结构和规律。旅游者"摆脱常住地的理性束缚并在无人相识的旅游环境中放纵内心追求"的这种动机和行为，在"顾客至上、最大限度地满足顾客需求"的经营理念中，表现出很大的荒诞性和破坏性。

2.神圣。神圣是对反常的约束，是社会秩序的力量来源。神圣表现为一系列的社会仪式，而旅游是社会个体生活中的一种仪式。在新迪尔凯姆学说中，神圣的观点表现为三种重要的理论解说。MacCannell 把旅游描述成"现代社会个体追求真实的象征"。旅游的神圣在于到异文化的世界中追求"彼时彼地"的真实。MacCannell 还认为，现代社会被象征化为"一系列各具差异的旅游景观符号"，观光是旅游者"走进景观去寻找现代生活连续性"的一种仪式过程。Graburn 从时间的角度，把旅游看成是"神圣游程"或"现代的朝圣历程"。他认为，和世俗的生活和工作相比，旅游是人类生活中的"一段神圣时光"，它的"不同凡响"与人类的生、死、嫁、娶、宗教仪式、成人仪式等时光一样，具有神圣性和仪式性。Turner 从空间的角度，发展了他的"中心"理论，提出了"旅游仪式过程"的概念。旅游的全过程可以分为离开常住地进入旅游状态、超越情绪阈限融入旅游环境和返回常住地重新投入日常生活三个阶段。在这个过程中，随着角色转变过程的强弱，旅游者经历了"心理状态"和"精神状态"的起伏过程。

3.集体意识。它有景观系统的集体意识和游人聚集的集体意识两方面的含义。在对景观吸引系统的解说中，MacCannell 认为，景观系统的差异和集体意识是"泛旅游时代"社会差异的一种形式，是在日益趋同的旅游经历中形成的一种集体力量,它克服了因空间地域差异以及个性差异而造成的隔阂。景区景点在游览的神圣化过程中形成一系列相互关联的"景观符号系统"，进而形成供旅游者"聚集"的中心。MacCannell 对旅游景观的符号学释义，把游客聚集的"旅游中心"对应于居民生活聚集的"商业中心""都市中心""购物中心"等空间群聚形式来加以展开论述。他的景观符号系统涉及寺庙、雕像、历史人物、古建筑、旧址以及"大迪斯尼化和博物馆化"的人造景观系统。他还提出了一个由集体力量而导致景点神圣化的模型。在这一模型中，神圣化过程被分为景点命名、景点框定、景点敬仰、景点机械复制、景点社会复制五个步骤。MacCannell 还认为，受到集体意识约束的"朝拜"活动能够达到人际关系的调整和社会的整合作用。

（四）旅游认知理论（Tourism-Cognitive Perspective）

旅游认知理论主要从旅游动机和旅游者认识情形出发，对旅游吸引物或旅游景观系统进行理论解释，其中的两个核心概念为真实性和舞台性。

1976年，MacCannell系统阐释了"舞台真实"的理论。他的先行者Goffman借鉴建筑结构的"前后台"概念，指出，旅游景观系统中的"前台"是指宾主或顾客与服务人员接触交往的开放性空间；"后台"是指为前台的表现做准备的封闭性空间。MacCannell进一步综合景观吸引系统在社会结构和社会交往意义上的前后台关系，即"表演者""观看者"以及既不表演也不观看的"局外人"三者之间的社会交往关系。他认为，在旅游景观系统中，为了保证前台表演的"真实性"和"可信度"，就必须保证后台的封闭性和神秘感。他将旅游景观系统的"舞台真实场合"解释为以下六种类型：一是Goffman所界定的前台（front region），旅游者极力回避的社会空间；二是旅游前台，是经过加工和装饰后，在"形式和功能"上"貌似后台"的旅游社会空间，如四壁挂满了渔网和捕鱼工具的海鲜餐馆；三是"经过彻底地组织包装而看起来完全像后台的一个前台"；四是对"既不表演也不观看的局外人（即当地人）开放的后台空间"；五是经过简单准备可供游人"进入"和"观赏"的后台，如一般意义上的"闲人免进场所"；六是Goffman所界定的"后台"，即可唤起旅游意识和神秘遐想的社会空间。旅游者潜意识中的动机是为了追求和了解"他人异地的真实生活"；但由于景观情形的舞台化特点，游客的实际旅游行为和经历却背离了原有的初衷。在"前台"与"后台"的两极化统一体中，"前台"经过装饰和加工而"貌似后台"，而"真正的后台"却是供既不表演也不观看的"局外人"（即当地人）的生活空间。而当代旅游者对目的地真实生活的无趣以及目的地居民对旅游者的"熟视无睹"这一现实，对"舞台真实"理论提出了新的发展要求。

Cohen认为，MacCannell的理论体系不能对所有旅游景观做出合理解释，尤其在旅游者对景观印象和认知上存在严重缺陷。因此，从景观本质和旅游者对景观印象两者的动态关系出发，Cohen 建构了旅游情形的类型框架，并在此基础上提出了"旅游空间与舞台猜疑"理论。

Cohen 将旅游认知情形分成相关的四类：一是"真实旅游情形"，既指景观本质的客观真实，又指游客主观认识和印象的真实，是"远离旅游热线和旅游空间的"，追求真实的旅游情形；二是"舞台真实情形"，也即"隐藏性旅游空间"，在这里景观本身是虚假的，经过旅游机构和组织的"仿真性包装"，游客无法分辨景现的"舞台化本质"，视之为"真实的情形"加以接受；三是"真实否认"，它是"舞台真实情形"的另一极端。由于各地普通的舞台化特点和舞台化趋势的加剧，使得游客对原本真实的景观产生怀疑，把"真实的景观"当成是"非真实的东西"，Cohen 称之为"舞台猜疑"；四是人造的旅游景观情形，即景观本身是人为的，而游客也认识到了其中的"舞台化性质"，Cohen 称之为"开放的旅游空间"。这样的旅游认知结构更具有现实解释力。

中山大学的王宁把旅游经历的真实性分为三种类型，即与景观物体相关联的真实，包括客观性真实和建构性真实；与活动相关联的真实，包括存在性真实，存在性真实可以细分为个体内部真实和个体间或人际真实，这些是后现代旅游经历真实和认知的一种重要理论解释和概念补充。和传统的单向单一真实性相比，交互性真实是用来解释参与性旅游景观情形的理论依据。

（五）冲突批评理论（Conflict—Critical Perspective）

它是旅游社会文化学对现代旅游两极化发展趋势的批判性审视。这些两极化表现：一是旅游产业与旅游者的潜在紧张关系，即高度常规化或非个性化的旅游产业发展与旅游期望或旅游经历质量的矛盾冲突；二是"好客现象"的非商业交换性本质与"商业化了的接待工业"之间的矛盾与冲突。在机构化的旅游产业发展中，主人与客人的社会关系已完全演化为一种经济交换和利益驱动关系；三是从深层结构审视国家间或区域间的旅游发展状况时、冲突批评理论的焦点表现为旅游发展中的依赖性，在旅游发展系统中，目的国（以发展中国家为主）对客源国（以发达国家为主）的依赖。随着全球化趋势的加剧以及旅游业发展的日益机构化和国际化，世界旅游发展格局中的这种发展范式问题越来越引起理论界的重视。Turner 和 Ash 提出过"中心对边缘的控制理论"，即以发达国家为中心的国际化旅游输出系统对以发展中国家为边缘的旅游接待系统的控制。在旅游社会文化学的研究中，这种依赖性的矛盾冲突曾进一步发展为"旅游帝国主义"和"旅游新殖民主义"的观点。冲突批评理论是对"旅游增进民族了解""旅游带来世界和平""旅游走向世界大同"等理想化观点的挑战。

二、相关理论和学科

（一）旅游人类学

旅游人类学是一门旅游学和文化人类学的交叉学科或边缘学科。Nelson Graburn 曾指出，旅游人类学研究应关注"在不同形式下旅游业所产生的各种现象，重点放在对旅游者及旅游本质的研究，其次是研究旅游业与社会、经济、文化以及对东道国人民和社会的影响。"具体而言，旅游人类学的研究对象是旅游地居民、旅游开发者（投资个人或集体）、旅游者和旅游地团体（当地旅游机构，如旅行社、定点饭店、交通运输部门等）在旅游开发或旅游活动过程中所引起的临时互动关系，这种临时互动关系包括经济的相互影响与文化的相互调适。

旅游人类学研究的两个核心概念是"文化"和"人"。文化作为旅游人类学的一大本体，在不同的场域或时空中具有不同的边界和内涵。但旅游人类学研究的是异质文化而非同质文化之间以旅游场域为平台所发生的互动，所以，任何带有明显文化边界的两种群体和个人在旅游场域中发生的一切对话与交流、误会与冲突，以及与之相关的种种表现形式、形成原因及沟通策略，都是旅游人类学必须研究的对象。由于人类学本身对于文化的参与性观察研究具有"全貌性""透视性"和"解释性"的特点，旅游人类学自然成为人类未来旅游形态及其伴随的文化互动之理念与方法论基础。

在旅游活动中，"人"占有绝对的主体地位。旅游中的人的概念包括两大范畴：一是旅游者，即旅游主体；二是旅游地居民以及为旅游者提供服务的包括旅游开发者、旅游地团体等在内的社会个体和群体。芬兰大学的 Tom Selanniemi 认为，人类学的旅游研究应同时关注"旅游者"和"旅游地居民"。对此，他独辟蹊径，长期从事"游客民族志"研究，提出了"在游客中旅游"的全新旅游人类学田野考察方法。这种方法将旅游者作为流动的"田野"，人类学家加入其中，与旅游者朝夕相处，先通过仔细观察和自然交谈的方式收集游客民族志材料，然后参照旅游者自愿提供的旅途日记创造出客观、真实的民族志产品。从这一层面上来讲，导游才是最好的旅游人类学家，人类学家的流动"田野"也可以将导游群体包含其中，衍生出"导游民族志"。导游这一介于旅游者与旅游地居民、旅游开发者、旅游地团体之间的特殊群体，在旅游人类学研究领域显然也具有极其重要的意义。

民族旅游也是旅游人类学的重要研究领域。Cohen 认为，民族旅游是观光旅游的一种变体；其目标群体在文化、社会或政治中不完全属于他们所居住国的主体民族；由于他们自然生态和文化生态方面的独特性、差异性而被贴上了旅游的标志。民族旅游就是"把古雅的土著习俗以及土著居民包装成旅游商品以满足旅游者的消费需求"。

光映炯运用政治人类学和文化资本理论，对民族旅游做了延伸和拓展。她认为，在旅游开发中，民族旅游其实是"一种民族关系……其民族边界的存在成了游客的中心"，"民族性"或"族群性"往往就是最重要的旅游资源。国家、政府及开发者通过对"旅游民族——旅游族群——旅游文化群体"的建构，表达出对各种非主流的异质文化族群边界进行勾画的意愿，而目的地则试图借助这种开发来重塑自己的特征与身份或强化自身的文化认同。这样，族群（或旅游地居民）、旅游机构及游客、国家及其代理机构三者在这个游戏和竞争的网络中的关系（利益竞争及冲突）也就有了客观的解释性场景。"民族——民俗——文化"旅游是一种具有浓厚经济——政治色彩的社会现象，这就要求我们在对它们进行研究时应当首先还原潜藏在其中的经济—政治因子，进而再具体分析这些因子与旅游目的地的文化系统之间的相互作用和复杂关系。将"经济——政治底层还原法"引入旅游人类学的价值在于：

它真实地揭示出"旅游——文化互动"的本质，即一种当代民族——国家以经济发展为载体来实现"政治一体化"和"文化大同"理想的策略。

西方旅游人类学大致分为对旅游的社会文化影响的研究和对旅游的文化符号内涵的探索两大主要研究流派，前者的代表人物有 Valene Smith 和 Dennison Nash，后者的代表人物有 Nelson Graburn 等。

Smith 把旅游现象放置在休闲活动的大背景中，审视旅游的本质、旅游者个体的变化、旅游中的文化接触以及旅游的社会文化影响。旅游现象引发的文化接触和交往及其带来的个体或群体生活方式的变化是她的核心命题。她认为，在旅游这种特殊的文化交往过程中，旅游者扮演着"文化交往使者"的角色。她把文化人类学中的"文化涵化模式"引入到旅游人类学中，对旅游中的文化交往现象进行了颇具说服力的理论解释。Smith 认为，旅游中"主人"和"客人"两种文化的接触和交往（尤其是西方旅游者与非西方主人的交往），使得两种义化在不断的借鉴和适应中走向趋同，并由此引发了文化商品化、文化自信、文化变化以及文化个性等理论观点。其研究核心是确定旅游的跨文化本质及其对社会成员的重要性。

Nash 从基础理论的角度，更加宏观地审视旅游人类学的研究内容和领域，他的著名论断是"旅游是帝国主义的一种形式"。在《旅游人类学》一书中，他从旅游作为发展和文化趋同、旅游作为个人转型以及旅游作为上层建筑的形式三个基本命题出发，对旅游现象做理论解释，并从文化人类学的角度探讨旅游可持续发展的道路。结合田野研究实例，Nash 分析和阐述了"商品化""模仿效应""内在化和社会化""社会矛盾与冲突""文化调适""文化瓦解和复兴"等社会文化现象在世界旅游业发展中的诸多表现。

Graburn 以象征符号学与解释学或社会语义学为研究背景，采取跨学科的角度，指出旅游现象是社会语义的一部分，它塑造并影响着人类生活的其他方面，例如，认知结构与动机（心理学）、消费模式（经济学）、社会层次与社会地位（社会学）、空间差异的语义内涵（人文地理）、口头及书面言语的再现（语言学）以及视觉符号的再现（艺术学）等。他还首先提出了利用民族志和文本分析的方法，试图洞察文化意义的本质和结构。在对文化再现形式的分析方面，他倡导用符号学以及符号学人类学的方法，对符号、标记、象征、民间传说、神话、规则规矩、诗词文记、图示石像、广告宣传、私人摄影和明信片、商业化旅游纪念品、游记与历史记录等"文化文本"进行"解构分析"，以期揭示意义结构、文化结构及其变化的过程和规律。

（二）社区旅游发展理论

社区一体化是社区在平等的基础上实现发展目标的能力，换言之，授权社区自主地决定社区社会经济和旅游业的发展目标。它的根本目标是在社区的结构和框架内实现经济、社会文化、生态环境与旅游业协调、持续和健康的发展。社区旅游发展理论遵循三条原则：一是充分考虑社区居民的利益；二是把居民的意愿和建议纳入旅游业发展规划和政府决策中，使之制度化和法律化；三是以社区的整体利益作为衡量和评估旅游开发项目和发展决策的重要标准。

实现一体化的社区，能够促进社区的社会经济良性发展。在一体化水平较高的旅游社区，它具有如下重要特征：一是社区形成了一种广泛而开放的民主制度；二是决策过程平等而有效；三是决策过程中社区居民具有较高的参与程度；四是社区居民控制的旅游企业在数量上占优势。

旅游社区一体化有社区意识、社区整体和权力关系三个关键性因素。社区意识具体体现在社区居民是否关心和支持社区旅游业的发展；是否有参与旅游开发、规划和管理的意愿；是否愿意以"社区主人"的身份参与社区旅游事务。社区权利是体现居民意愿和保障居民利益的能力，社区参与的目标就是获得社会政治权利，并最终保障社区居民从旅游业中受益。社区一体化以社区参与为核心，既受到上述内在因素的影响，也受到社区外在因素包括旅游目的地产品开发、旅游供给和需求限制、自然和人文环境，以及市场价格的影响。

同时，旅游社区一体化也是社区参与、旅游规划、旅游影响评估的一体化过程。旅游社区一体化不是独立存在的，它和旅游规划过程、旅游影响评估过程之间相互联系、相互依赖。社区一体化的重要特征就是社区能否参与旅游规划的制定和在规划中体现社区居民的意愿和利益。从旅游可持续发展的观点，旅游规划已不是政府、企业的特权，缺乏社区居民参与的旅游规划难以真正体现社区利益。因此，旅游规划的可操作性决定于社区参与的程度和与之相关的外部环境。旅游的经济、社会文化、环境影响评估是社区一体化的根本目标。

社区居民愿意和能够彼此合作，是实现社区一体化的前提条件。社区一体化的核心是社区作为一个整体参与旅游开发，公平地从旅游业中受益，达到社区经济——社会——环境效益的最优化。它所追求的并非是社区内部个别居民、个别集团的利益，而是社区居民的共同利益。社区居民在收入和就业方面能够得到平等的利益分配，是实现社区一体化的动力源泉。社区居民对旅游服务企业或部门有相对较高的控制程度，是实现社区一体化的重要保证。

旅游社区的文化整合能力体现在两个方面：一方面保持社区独具特色的传统民族文化。这既是社区旅游业发展赖以存在的物质基础，也是维系社区居民对社区文化在情感和心理上的认同感及归属感的纽带。社区应成为社区居民的"文化家园"。另一方面，在维护社区传统文化形态、生活方式和价值观念的同时，应具有吸收、兼容外来文化的开放性特征。一般来说，拥有强大经济实力的社会极易成为高声望的社会，成为其他地区人民仰慕的对象，心理上的优劣一旦形成，强势社会的文化便极易为人们所主动吸收。

（三）文化哲学

文化哲学是一门研究文化本质、文化功能、文化多样性与统一性关系（多源发生与多向发展、多元并存、多样统一，以及文化趋同性）、文化类型与文化模式、文化系统与整合、文化传播（冲突、选择与涵化）的学问，是对形形色色的文化现象和表征的抽象和概括。它对于旅游文化的研究和旅游文化学的形成具有指导意义，能够促进对旅游文化本质、功能的探讨，对不同空间和区域的旅游文化和旅游模式进行比较和分析，对旅游的趋同和民族特色保留之间的关系进行把握和揭示。除了以上所述的旅游文化理论之外，还有相关的理论如旅游传播理论、旅游现象学理论等，这里从略。

第四节 目的地旅游文化与管理

一、目的地旅游文化的构成

目的地的旅游文化由旅游资源文化和旅游对目的地影响文化构成。前者又称旅游客体文化或景观文化，是旅游发展过程中在目的地形成的文化形态，具有明显的地域、原生性和共享性；后者是旅游之后的衍生形态，又有抽象性、指导性和管理性的特点，可称之为"后旅游影响文化"。

（一）旅游资源文化

旅游资源文化将文化作为旅游资源的内在属性，探讨各类旅游资源的文化内涵，主要包括三个方面：一是以山水风貌等为主体的自然旅游资源，呈现给游客的是地理的空间维度，但自然物也往往会成为旅游者的某种理念和情感的载体，使空间的形式、韵律的情绪形成"同沟"关系。自然景观的文化内涵体现在审美文化和附会文化中。二是以历史遗迹和现代人文景观为主体的人文旅游资源，本身就是区域文化的积淀，是人类创造的物质文化和精神文化的直接体现，它呈现给游客的是历史的时间维度。能否忠于其原有的传统文化特色，是其能否保持生命力的关键所在。三是以抽象人文吸引物（民俗风情、戏曲、民间文艺、节庆祭典等）为主体的社会旅游资源，展现的是异质文化传统和异地生活方式等，它首先呈现给游客的是现实的空间维度，随着旅游活动的展开，又徐徐地向游客展示其历史脉络。它具有前两类旅游资源无法比拟的文化原生性，充满鲜活的质感和强烈的动感，是今后旅游业最具文化价值的开发取向。后两类被合称之为文化旅游资源。

就文化旅游资源结构而言，文化景观、文化风情和文化艺术构成了目的地旅游文化的核心。

1.文化景观。它是文化旅游资源结构体系的最基础层面，也是静态文化或物化的文化形态，如文物、古迹、名胜、建筑等。文化景观的开发多形成观赏型的初级旅游产品，主要满足大众化观光旅游的需求。相对于自然风光，静态的文化景观具有可感知性弱和散点化的特征，需要一个诠释的过程，这是文化观光与自然观光最大的区别。所以，在文化景观的开发和管理上，文化形态的补充和景观背景的介绍就显得尤为重要。

2.文化风情。它属于文化旅游资源的中间层（核心层），也是动态文化或活文化，如民俗风情、节庆祭典、宗教礼仪、游艺竞技等。由于它们具有鲜明的地域性，往往是地域文化的历史性、地理性、人类性、文化性和美学价值的动态体现。它也是对地域文化诸因子（包括静态文化）的全面的、及时的呈现，具有强烈的文化感染力，是最能满足旅游者精神文化需要的资源层面。

3.文化艺术。它是文化旅游资源的提高层面。将民俗提高到一个理论层次就构成了艺术。艺术往往是运用一定的载体将文化系统而全面地展现出来，主要包括表演艺术如戏剧、舞蹈、音乐，造型艺术如书法、绘画、雕刻，语言艺术如文学、传说，实用艺术如建筑、工艺品等。文化艺术不仅是文化旅游资源的高级形态，也是文化得以传承的重要方面，更是文化发展、创新的原动力，它规定着文化旅游资源的品位与质量。

文化艺术资源往往需要游客去读解、品味其艺术魅力，是和旅游者心智的交互，需要旅游者具备较高文化素养，并且有目的的去探索、研修等，因而它是构成专项旅游产品的素材。文化艺术资源与前两个层面的文化资源相比，具有抽象性和渗透性的特征。虽然文化艺术借助于载体（文字、形体、韵律等）可以表现和传达，但真正透过形式去领悟的艺术本身是抽象的，正如人们可以读懂碑文内容，却较难欣赏其书法艺术一样。所以，对于文化艺术资源的开发与管理，做到以"神动附之形观"是关键。文化艺术具有渗透性，它由各个层面的文化旅游资源的精髓抽象而成，如文化景观中的绘画、雕刻、书法等；文化风情中的戏剧、舞蹈、音乐等。文化艺术决定了文化旅游资源的性质和品质，是文化差异的核心。

（二）后旅游影响文化

后旅游影响文化专指旅游对目的地社会文化的影响。旅游对目的地的社会文化的影响是指"旅游活动对目的地社会的价值观和意义体系（如语言、服饰、民间艺术、宗教等）以及社会生活质量（如家庭结构、性别角色、社会结构等）所产生的影响。"它涉及旅游地生命周期的研究，如 Butler 的旅游地生命周期六段论、目的地居民的态度和反映研究、旅游者对目的地社会文化的影响等。其中，旅游者对目的地社会文化的影响是一个重要而且研究成果丰富的领域。

尽管旅游者与旅游地之间的影响是相互的，但是，由于旅游者与接待地接触的短暂性，接触范围的有限性，旅游者与接待地旅游产品（服务）供给者之间不平等关系的存在，语言障碍的存在，旅游地居民、旅游产品（服务）供给者接触旅游者群体的差异性与长期性，因此，外来文化、外来旅游者对旅游地的冲击和影响远大于他们所接受到的旅游地的影响，旅游者所带来的思想和文化对旅游地的影响是一种潜移默化的长期影响。

旅游者对旅游地的社会影响包括以下几方面：

1.生活方式。由于旅游者的进入，旅游地经济发展，改善了居民的生活质量；另一方面，由于外来旅游者的示范作用，旅游地生活方式也发生了变化，从而使旅游地民俗文化在一定程度上受到同化。这使旅游地社会得到发展，但也破坏了当地富有地方特色、有价值的民俗风情旅游资源。

2.就业结构。旅游业是劳动密集型产业，旅游业发展带动其他产业发展，创造了很多就业机会，从而改变了社会的就业结构。我国改革开放后不久，饭店业一度成为社会羡慕行业就是一个有力的例证。

3.社会结构。由于妇女参与了旅游服务接待工作，家庭地位和作用得到改变，使得家庭内聚力产生变化，从而影响到家庭结构乃至社会结构的变化。

4.新殖民主义。一方面，旅游业发展带来的巨大经济、社会效益，使得旅游地把优先权让给旅游，把国土、资源等让给旅游业投资者；另一方面，因旅游者生活方式的影响，旅游地部分人生活开始腐化，吃喝玩乐成风，形成了对旅游经济过度依赖等奇特的"新殖民主义"现象。

5.价值标准与道德。受旅游者及其所带来的思想、文化冲击，以及旅游业发展带来的经济利益驱使，旅游地的价值标准和道德产生了变化，出现了诸如卖淫、赌博、旅游犯罪等社会问题。从 20 世纪 70 年代起，西方旅游影响的研究，大多认为负面的影响大于正面的影响。旅游对部分目的地社会文化所产生的负面影响，已导致这些地区的居民对旅游业的消极态度，严重的甚至发展到对抗的程度。在印度西南沿海的哥尔，当地居民因不满大规模发展旅游业所带来的不便，由学生、工人和军人等自发组成自称 JGF 的组织，并采取向刚下飞机的游客散发表示敌意的传单，向立法机关施压促成颁布限制旅游业发展的法令等手段，反对旅游业的进一步发展。Mcintosh & Goeldner 把这种负面影响概括为 9 个方面。旅游与恐怖主义、旅游与犯罪、旅游与战争等问题在西方近期的旅游社会影响研究中受到了理论界的高度重视。

当然，除了上述的负面和消极影响之外，旅游业还具有保存和复兴目的地传统文化等积极作用，因而及时和有效的管理就显得迫切和重要。

二、目的地旅游文化管理

接待地发展旅游事业，首先考虑的是有些什么文化因素可以开发出来，推向市场招徕旅游者，于是人们早已忘却的地上地下老古董都搬了出来，由此看来，发展旅游业的过程，就是把地方文化作为商品推销的过程。这里涉及历史和文脉的传承、文化的复兴和保护、文化商品化的伦理代价等，是一个复杂而艰巨的管理工程。

（一）保存地方性知识，再现特色资源

旅游者追求新、奇、特、异的旅游时尚是目的地旅游文化开发与管理的指针。Graburn 曾指出："越是濒临灭绝和消亡的东西，越吸引当今的都市旅游者。"从认知人类学的角度来看，民族志旅游是一种高层次的旅游行为，地方性知识系统在其中具有重要的作用，地方性知识系统保留，开发得越完整，对旅游者的吸引力也就越大。

云南丽江地区对洞经音乐的成功开发和管理，可以为我们提供一个参考的管理实例。洞经音乐是一种道教音乐，在唐朝时期是一种宫廷音乐，14 世纪传入丽江地区，并与当地的民间音乐结合，成为纳西族所喜爱的音乐。到了 20 世纪 80 年代，西方音乐受到年轻人的喜爱，洞经音乐被人们遗忘，甚至处于消亡的危险之中。随着旅游业的发展，纳西人民开始开发当地的文化旅游资源，以此来吸引旅游者。洞经音乐就是其中之一。1986 年，洞经音乐乐团成立，并进行了演出，被称为纳西古乐，并以其"三老"（老演员即大都在八九十岁、老乐器、老乐曲）而引起轰动效应，演出获得巨大成功。随后，该乐团还到英、美等国上演，引起海外友人的轰动和好评。洞经音乐从此成为丽江文化旅游资源的一个重要部分。目前，到丽江旅游的游客，都要把听洞经音乐当作重要的活动之一。但是，随着游客的大量涌入，当地人也发现其文化的商业价值，一些模仿乐队相继出现，他们都宣称自己是"真实"的。另外，随着那些演出者年事已高和相继去世，取而代之的将是年轻的一代。有许多人对这一古老文化的保护和传承产生了疑问和担心。但也有人认为，无论怎么说，洞经音乐必须保持其传统特色，这是大前提；但与时俱进，有变化和发展也是不可避免的。从中我们看到，当地人是如何把这一濒临消亡的文化抢救过来，及时地保存了具有特色的地方性知识，成为东巴文化中吸引游客的重要资源。

（二）坚持旅游文化"真实性"与"商品化"的统一

目的地文化的商品化，是旅游业发展的必然趋向。文化的商品化，不见得一无是处。MacCannell 认为，不同的游客对文化的"真实性"有不同的要求，文化"真实性"在不同的场合下也会产生不同程度的变化和转型。而真实的文化被再现、再造的文化被发明，又可以使传统文化得到修饰并重新获得生机和活力。甚至，这种"为外来者"的艺术创作还强化了本族的自我身份和自我价值。因此，目的地旅游文化健康发展的关键，在于旅游文化在开发管理中坚持"商品化"与"真实性"的统一。

目的地先把自己的文化当作商品来出售，然后从游客身上获取经济上的回报。这里他们发现了自己文化的价值，这就大大增强了他们的民族自信心。许多人类学把这一过程看作是一种文化重创、文化复活、传统文化加强乃至

"文化复兴"的过程。为此，当地人开始修建他们的历史建筑，这些东西虽然旧了，但却有较大的历史价值；他们开始恢复那些早已被人们遗忘的遗迹；他们开始抢救那些濒临灭绝的传统文化；他们开始穿起节日的盛装，向旅游者展示和表演歌舞，而这些歌舞表演以前是要在特殊的场合和节日才举行的；他们开始制作和重新发明手工艺品，而这些手工艺品以前只是为他们自己制作的，但现在完全是为了满足游客的需要而制作；他们开始举行一些宗教仪式，这些仪式，对当地人来说具有神圣的含义，但现在也是为了满足游客的愉悦。总之，他们创造或再现某种文化，以此来迎合旅游者，从中获得经济上的利益，但他们认为，他们也加强和保护了自己的文化。只要是旅游者认可的"真实"，那么旅游文化的商品化就成功了。

比如，旅游工艺品，它是在旅游业发展中产生的一种带有显著地域性和深层文化内涵的产品。民族地区工艺品的开发，与民族艺术传统的传承与保护、民族地区经济——社会的现代化需求直接相关。Graburn 指出，艺术的商品化与文化的"涵化"有着密切的联系，同时还与购买者有关。换言之，正是生产者和购买者的双重需要导致了文化的商品化，这是社会发展和经济变迁的必然结果。

（三）文化旅游资源供给的精致化和个性化管理

在当代，随着大众旅游者人数的增加，旅游业会变得越来越机械化、标准化。这会使旅游者与当地人之间的交流越来越程式化。目的地对大众旅游者的影响会越来越有限，而大众旅游者对目的地的生态、劳动力分布和资源的影响会随着旅游人数的增加而增强。另一方面，随着属于不同阶层、具有不同生活方式的各种各样的个人旅游者遍布东道社会，很自然的社会交往会得到加强并日益多样化。这自然就要求目的地文化产品供给上的精致和个性化。

云南石林地区撒尼人的手工艺开发与制作，充分展示了精致化开发与个性化服务和管理。撒尼属彝族的一个支系，主要生活在石林地区。从 20 世纪 70 年代起，旅游业就为石林地区带来了经济、文化和社会结构的变化。近几年，随着旅游业的蓬勃发展，石林以其"天下第一奇观"的美名而吸引了无数中外游客。刺绣是一种传统的手工艺术品，它象征着撒尼人的一种文化，同时也以其精美的手工制作而受到游客的青睐。可是，随着现代化和旅游业的发展，当地人的观念也发生了变化，昔日为自己而制作的工艺品，如今主要是为游客而制作。此外，他们还增加和制作了更多更新的艺术品，以此来吸引游客，并从中获得直接的利益。例如，为了迎合游客，他们制作了一些轻便而又容易携带的小工艺品，即"飞机艺术品"，即小巧而容易携带的手工艺术品。一些当地的文化经纪人和旅游业操作者为了经济利益，甚至鼓励当地人"发明"一些所谓"真实"的工艺品，如桌布、刺绣的小孩衣服、钱币袋等，其中有些东西是用机器来制作的，完全取代了手工制作。对于一些旅游者来说，也许他们的确喜欢这样的"飞机艺术品"，也许他们对工艺美术的审美要求不高，也许他们对"真实"的要求也不高，因此他们愿意购买这些产品。

（四）目的地旅游文化可持续发展原则

为了控制旅游业对目的地的社会文化影响，可以由可持续旅游发展的核心思想总结出如下分类指导原则：

1.全面性原则。

在注重经济效益的同时，旅游业的发展必须符合当地的社会道德规范，必须考虑旅游业对当地文化遗产、传统习惯和社会活动的影响。

2.参与性原则。

旅游开发应保证利益相关群体特别是当地主人社会的参与。

3.保护性原则。

应采取积极的措施保护旅游目的地的文化资源，地方政府应努力保持旅游目的地的高水准和高质量。

4.收益性原则。

可供选择的旅游发展方案必须有助于提高当地人民的生活水平，有助于加强与社会文化之间的相互联系并产生积极的影响。

5.长期性原则。

应选择那些与可持续发展原则相协调的旅游形式，保证旅游业的长期发展。

第五节 旅游者文化类型与特征

当经济学家把旅游者作为一个消费者来分析时，社会学家和人类学家则把他们作为一个需要休闲、为摆脱一些社会束缚而远行的个人来研究。旅游是一种休闲活动和生活方式，在旅游过程中游客可以暂时脱离传统文化义务的约束，不受世俗道德的支配，投身到一种新的文化关系中去。旅游现象由旅游者而起，以旅游者为中心，是旅游文化管理的重要领域。

一、旅游者类型

在旅游者类型学和谱系学中，根据考察角度、相关因子选定以及研究时代的多样性和差异性，呈现出丰富多彩的结构和内涵。

（一）旅游者内涵

对旅游者的定义，有许多的标准和内涵，从统计学角度定义的旅游者体现出旅游者的时空量化指标，从旅游经济和产业角度定义的旅游者反映的是旅游者的出游方式、消费水平、逗留时间等，旅游心理学关注旅游者的动机、需要、诀择、审美和功能。就旅游者的动机而言，有 J.A.Thomason 的 18 种旅游动机,谢彦君对英国赴华度假市场的旅游动机采用8因子26变量分析等。旅游文化学强调旅游者的文化经历和文化交流相互动。Graburn 认为，成为旅游者的两个要素为"可供自由支配的收入"及"文化自信"。

Valene Smith 认为，旅游者是利用暂时的空闲时间，自愿离开住家所在地外出游览，达到体验变化的人。史密斯根据不同的旅游需求将旅游者分为民族旅游者、文化旅游者、历史旅游者、生态文化旅游者和娱乐旅游者五种类型。Cohen 将旅游者分为，现实性旅游者、实践性旅游者、经验性旅游者、娱乐性旅游者和转移性旅游者五类。

Yiannakis 和 Gibson 运用主要因素分析方法，从"熟悉与陌生、刺激与宁静、结构与独立"三个二元统一体层面，归纳得出了休闲旅游者个体经历差异的 14 种特殊角色形态。这些角色形态包括：一是热爱阳光的旅游角色（Sun Lover），钟情于以"3S"为代表的热带和亚热带滨海旅游景观；二是追求行动的角色（Action Seeker），以上夜总会，与异性交往，追求浪漫经历为主要目的；三是人类学家角色（Anthropologist），主要感兴趣于"当地人"和旅游地的语言、文化与风俗；四是考古学家角色（Archaeologist），主要感兴趣于古代人类文明的历史以及考古遗址和遗迹；五是有组织的大众旅游角色（Organized Mass Tourist），主要感兴趣于参加包价或团队旅游、风光摄影以及购买旅游纪念品；六是追求刺激的角色（Thrill Seeker），感兴趣于身体性和精神性刺激的旅游活动；七是开拓探索者角色（Explorer），喜欢探险旅游，尤其是对未开发的旅游地进行初始的探路性旅游；八是乘坐喷气式飞机的豪华观光客角色（Jet setter），食"国际化"的饭菜、住一流的饭店、飞头等舱、游世界级的景观、上名流夜总会、与社会贤达交往；九是追求知识的角色（Knowledge Seeker），以更加了解自己和他人、洞察生活的意义以及了解他人的生活方式和环境为主要目的；十是独立的大众旅游角色（Independent MassTourist），游览大众化的旅游景观，但自己安排旅游行程；十一是上层旅游者角色（High Class Tourist），乘坐最好的交通工具，食宿于一流的饭店和餐馆；十二是流浪者角色（Drifter），旅游中过绅士般的生活，游览于各地不同的景点；十三是逃避者角色（Escapist），喜欢在安宁和僻静的旅游地，不慌不忙，从从容容地游览；十四是热爱运动的角色（Sport Lover），在旅游中保持积极的运动态势，喜欢参与自己爱好的健康旅游项目。

（二）旅游者类型

旅游的体验是一定程度的新奇与一定程度的熟悉的结合，是安于现状与体验变化的统一。当然，在任何一次特殊旅游中所体验到的熟悉和新奇的具体程度视个人的趣味、旅游者的选择和旅程中经常出现的背景而定。那是熟悉与新奇的连续统一。这种熟悉与新奇成分的不同导致对旅游者类型的划分。Cohen 从交往层面，按陌生人与当地人交往的程度和方式，旅游者个体角色的差异与特殊性可分为四种类型：

1.作为团体的大众旅游者。他们冒险成分最小，在整个旅程中大多置身于所习惯的环境中。在导游带领下先登上空调汽车，然后全速穿行农村，这就是他们的典型形象。这种旅游者购买的是一种包价旅游，就像现代化超市里的一种商品一样。整个旅程预先安排好，要观赏的所有景点都是精心设计好的；他自己几乎不用作任何决定，如同完全在他居住地的小环境中一样。他们体验到的熟悉程度最大，而新奇程度最小。

2.作为个人的大众旅游者。与前一种相似，只不过他们的旅程并未预先计划好，旅游者在一定程度上可以掌握自己的时间和路线，并且不属于任何一个旅行团体。当然他的一切主要安排都还是通过旅行社作出的。他的游览并不比前一种人更深入民间。他也是像在自己居住地一样的小环境中进行游览活动的，只是偶尔出外冒险—— 也只是进入事先计划好的地区。熟悉的成分占优势，但有时比前一种类型要少一些；其新奇的体验要大一些，它也通常只是普通的那种。

这两种旅游者我们称为"常规化的旅游者"；他们被旅游机构如旅行社联合体、旅游公司、饭店集团等以常规的方式来对待。

对旅游景点的改造为大众旅游者提供有限的新奇体验，而旅游设施的标准化可以使他对身边的环境感到亲切熟悉。旅游景点的改造和旅游设施的标准化要想满足多数旅游者的需要，就必须将基本的一致性或相似性引入旅游者的经验之中。整个国家或地区对于大众旅游者来说都已失去了其个性，如同他们文化和地理的丰富性被旅游业缩减为一些标准要素。在开始旅行前旅游者已被旅行社告知要注意观赏几个主要的景点，这些景点早已根据它们的重要程度被编成目录出现于旅游广告和旅行手册中，这导致一种特别的选择意识：只有当旅行者到达他感兴趣的景点时，他才意识到周围环境的存在，而其他时间却对周围环境很漠然，结果是旅游胜地在旅行者的头脑中就已发生了变化。无论他是去寻找美丽的海滩、宁静的森林或古老的城市，在那里碰巧所发现的东西对他来说是无关紧要的。乘坐飞机不用穿越东道国的其他地区即可直达目的地，这样使旅游胜地与这个国家的其他地区隔绝开来，也使旅行者与之隔绝开来。因此，大众旅游产生了这样的悖论：尽管旅游的主要动机是想去感受变化、新奇和陌生，但由于旅游已成为制度化，因而其质量就大打折扣了。

在旅游胜地，整个旅游系统已经从当地文化和日常的生活之中分离出去了。以前当地人常去的风景区现在渐渐地不去了，它们越来越成为大众旅游者的乐园，当地人却越来越少。旅游区与其他地区生态环境的不同造成了社会隔离。大众旅游者游览于他们自己的世界中，虽然为目的地所包围但却不互相融合。与他们交往的只是旅游机构的人员——饭店经理、旅游代理人、导游，但很少是当地人。当地人视大众旅游者为过客。双方都没有机会自由而随意地交往。

3.探险者。他们独立安排自己的旅游；尝试尽可能远离别人走过的路线，不过他也寻求舒适的食宿和可靠的交通工具。他尝试与当地人交往并讲当地话，他对东道国家或地区的人民、地域及其文化的体验要比大众旅游者广泛而深入得多。探险者比前两种旅游者要勇敢得多，常常离开他所熟悉的小环境，闯入尚未被大众旅游者所知晓的地区进行探险活动，从中感受到无穷的乐趣。但当旅程过于艰险时他还是能返回这里。尽管新奇成分占优势，但他并没有彻底融入当地的社会，而是保持一定的距离，以一种审美的眼光来观察周围环境或者试图去理解当地人民。还是保留了一些常规旅游的基本特点，还需要本土生活方式的安慰。

探险者通过他这种方式的旅游打破了由旅游机构为大众旅游者所设置的隔离与不自然状态。不过，正是在他的避热趋生的努力中充当了大众旅游的先锋。由于他发现了新的景点就为商业化旅游开辟了道路，旅行社的经理们一直在翘首以待他们的新发现。探险者的经验和意见成为其他人的导向标，使其他旅游者不用怎么冒险就轻而易举地深入这个地区。随着这些旅游者越来越多地进入这个地区，旅游机构就会逐渐地把它接收过来。因此，通过探险者无意的帮助使旅游机构的地盘在不断地扩大。

4.漫游者。这种类型的旅游者敢于完全远离别人走过的路线和他本土习惯的生活方式只身冒险。他主动切断与旅游机构的一切联系，并认为普通旅游者的经验是不可信的。漫游者并没有固定的旅程和时间表，也没有预定的旅游目的地。他完全是一个人旅游,与当地人一起生活,与他们同吃同住,常常打些零工以便继续他的行程。他与当地人拥有共同的生活习惯,只是保留自己旧习惯中最基本、最核心的部分。他几乎完全融入当地的文化之中了。在这里,新奇的成分最高,熟悉的成分几乎彻底消失。

从他对旅游的态度和他旅行的方式而言,漫游者真正是现代才有的现象。虽然他反对富裕但他通常却是富裕的产儿。他很年轻,通常是尚未开始工作的大学在校生或毕业生。他为寻求与他熟悉而生厌的生活环境迥然不同的新奇体验而周游世界,一再延缓他应履行的责任和义务。漫游者寻求一种由全然陌生所带来的激动和与别样的人们进行直接交流。他寻求体验、新奇和刺激。为了保持其体验的新奇性和自发性,他特意不计划任何的旅程和时间表,也没有旅行目的地甚至没有预定的目的。他通常只携带极有限的物资,当它不够用时他就考虑尽可能节约使用以便能延长他的旅行。由于他并不在意一路是否舒适;在旅行当中过一种尽可能简单的生活,因此,他的旅行、食宿都是以最廉价的方式进行。他用自行车、降托车或者搭乘别人的汽车、私人飞机、运输机和打渔船旅行。与在旅程中结识的同伴同住,与当地人共同生活,有时也在户外宿营。他常在户外自己准备食物或在街上买,很少在饭店就餐。

漫游者特殊的生活和旅游的方式使他广交各色人,他们常常是当地社会中低阶层的人。漫游者几乎彻底远离了他所熟悉的生活环境,融入目的地生活当中。漫游者是现行旅游体制真正的反叛者和大众旅游者的对立者。

后两种旅游者我们称之为"非常规化旅游者",他们是开放型的,至多与旅游机构有着极为松散的关系。

当代常规化的旅游是一种大众产业。这种旅游作为口袋式、标准化和批量生产的商品来销售。一切交通、旅游景点、食宿都是预先安排好的。旅游者自始至终都得到旅游机构的悉心照料。而且据称由旅游机构所开发的这种口袋式旅游能够为旅游者提供新奇和陌生的体验。这种旅游能使大众旅游者在不经受一点不舒适的情况下"领会",更准确地说,是没有真切体验地观赏到当地的新奇。

旅游业为大多数人服务，旅游的各个阶段都必须尽可能地进行高效、顺利和迅捷。因此，旅游者的体验必须是尽可能有秩序的、可预料的和可控制的，对旅游者而言也可能是新奇的。总之，他所得到的只是冒险的幻想，他在旅行当中的一切冒险和不确定性都早已被排除在外了。在这一点上大众旅游者的体验类似于通过他人的经验间接参与了他人的生活所获得的体验，像阅读小说和观看电影一样。旅游机构通过有内在联系的两种方法取得了成功，这两种方法我们称之为"旅游景点的改造"和"旅游设施的标准化"。

二、旅游者文化特征

（一）个体旅游者文化

在 1987 年，Jafari 借鉴人类学中的仪式理论，从社会文化角度对旅游者模式和旅游模式进行过阐述，揭示出个体旅游者的文化特征。他认为一次完整的旅游经历包含六个时间序列的阶段：一是旅游者产生旅游需要做旅游准备（XA）；二是撇下日常的工作和生活环境，离开居住地，进入神圣的旅途（AB），获得一种自由解脱感；三是旅途开始，进入时空上异于日常场景的旅游过程中（BC）；四是回归居住地的过程（CD）；五是汇入主流生活并受旅游活动余波影响的过程（DY）；六是旅游者离开居住地至汇入主流生活期间居住地仍继续的生活（AD）（见下图；XY 是日常的世俗世界，与之相对应的是 BC 的神圣世界。他据此推断出旅游模式，认为旅游是生活的表现和仪式，生活是"泛旅游"的社会存在，旅游是区分"神圣世界"和"世俗世界"的尺度。

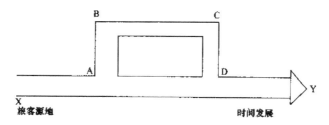

XA 阶段所体现的旅游文化反映在这些方面：潜在的旅游者为一次旅游

做物质和精神上的准备，如期待旅途，收集资料，选择目的地，修理汽车或购买机票，收拾行李，安排日常事务，向亲友道别，嘱咐邻居照看住房等。这些可以通过市场学和心理学的手段加以研究。

AB 阶段，这是从日常生活进入神圣旅游世界的过渡阶段，表现在距离居住地的渐远和目的地的日近，日常场景的离去和陌生环境的来临，相应的旅游文化表征还有手提箱、照相机、旅游服饰和鞋帽、信用卡或旅行支票等，这些被称作"文化包袱"，既是旅游者居住地的一种指示物，又是旅游主体从非旅游者向旅游者角色过渡的一种道具，是向目的地文化猎奇的一种方式和道具。"文化包袱"因旅游者的年龄、性别、国别甚至目的地的不同而存在诸多差异，从中可以解读主客在保持文化距离的分寸和适宜程度。

BC 阶段，随着旅游者身份的确立和旅游活动的真正开始，旅游者在目的地会逐渐形成一个既不同于旅游者居住地文化，又不同于旅游地地方文化的新文化构成，即旅游者文化，并以新的旅游者身份按新的文化生活节奏活动于一个不同于往常居住地生活和工作的新舞台。在这样的舞台上，旅游者有"异化"和"非我"的表演经历，如成年游客玩耍稚气游戏、慷慨而富有的游客过上农家生活、游客身着艳丽奇特的民俗服饰狂歌劲舞于夏威夷海滩或印第安古老村落等现象。通过研究，我们可以了解语言和文化对活动和主客交流的影响程度，旅游者对目的地文化认同和猎奇的把握程度，不同目的地的文化认同差异性，同一目的地的个性化活动的差别安排，旅游者文化对目的地组团、接待导游工作的启示。

CD 阶段，这一从目的地到居住地的回归过程，是从"旅游者"向"常人"转化的过渡阶段。旅游者在回归过程（目的地、归途中、居住地）中的行为表现出多种多样，不同的旅游者对这一过程的接受程度也不尽相同，初游或重游以及逗留时间的长短都对旅游者在这一阶段产生不同的影响。

DY 阶段，主体汇入居住地的日常生活后，仍不同程度地受到刚结束不久的旅游活动的影响，也就是旅游对客源国的影响，也可称之为"后旅游影响研究"的一部分（"后旅游影响"还涉及旅游者旅行结束后对目的地的社会和文化的影响），它包括旅游的功能表现，如旅游主体的工作生活适应程度及其创造性，旅游者对旅游经历的利用和处理，对目的地的宣传促销作用，旅游者满意度与忠诚度的相关性等。

另外，与旅游过程同时发生的居住地生活阶段 AD，它代表旅游活动赖以发生但又不因主体的旅游活动而中断的居住地生活的连续体。从中可以认识到，旅游是永恒不止的工作和生活的短暂替代，是生活中不可缺少的调味品。同时，它同样是将旅游者与非旅游者做比较，来探讨旅游的社会机制、功能背景和平台。

（二）群体旅游者文化

群体旅游者文化是一种中观和宏观研究的结果，它是研究旅游者整体的产物，是对个体旅游者文化的放大和提升。根据考察角度的差异，从旅游者的目的地选择上可分为入境旅游者文化、出境旅游者文化、国内旅游者文化、国际旅游者文化等。从旅游者行为入手可分为旅游者动机、旅游者认知、山岳旅报者行为特征和文化等，根据性别还可分出女性旅游者文化等。

旅游的两个突出特征是异地性和暂时性，由此引发旅游者责任约束松弛和占有意识外露的倾向，作为旅游者群体，其文化主要表现为以下几个方面：

1.消费攀高。旅游者在旅游过程中的消费具有明显的失控倾向，在中国，也有"穷家富路"之说。这可以从旅游者的从众心理和审美约束的放松中得到解释。旅游者将旅游的经历视为表演和异化的过程，即表演旅游。

2.道德感弱化。旅游者在旅途中的道德约束力量，远远不及他在日常生活环境中的那样强大，这里失去了社会组织的控制和监督，旅游者会出现异常的举止和行动，如衣冠楚楚者乱扔垃圾、正人君子逛红灯区等。

3.文化干涉。旅游者对接待地文化的古老、陈旧甚至落后表现出蔑视的态度，他们极力张扬自我的文化，在当地青少年中会形成示范效应。或者旅游者以商业的态度对待当地文化中逐渐消亡的因素，如迷恋于表演性的土著居民的原始舞蹈和习俗。

4.物质摄取。旅游者购买旅游纪念品和其他物品，摄影等。

第六节 旅游企业文化与可持续发展

一、旅游文化

（一）旅游企业文化构成

旅游企业文化属于旅游媒体文化。旅游媒体，是指在旅游活动中，向旅游者提供满足旅游需要的旅游产品等直接供给因素，以及为旅游者服务的劳务。旅游媒体文化一般分为直接媒体和辅助媒体两部分：一是直接媒体，是指直接或间接为旅游社会需要提供的产品和形成产品的机构、设施和服务，这里主要涉及相关的行政机构、旅游企业和服务等；二是辅助媒体，是指为旅游供给提供服务的旅游基础设施等如供水、供电、供气、污水处理、电讯信息、道路以及配套的机场、车站、停车场、卫生设施、银行、治安等服务。

旅游媒体文化具有如下四个特征：

1.服务性。媒体在整个旅游事业的结构构成上，决定了它的服务性特征。它是连接主客体的桥梁，为旅游主体实现旅游过程提供服务和保障。从旅游企业划入第三产业或服务业的分类法中可见一斑。

2.多元性。是指旅游媒体涉及的行业具有多样性，由于旅游是人有目的的行为，媒体必须满足旅游者在旅游过程中所有的物质、精神文化需求，因而它涉及社会组织中的许多行业和部门，这从旅游媒体的构成中体现出来。

3.依附性。多样性导致依附性。在旅游发生的过程中，我们看到的是旅游媒体的多元性；但就各行业的实际经营来看，旅游只占其中的某些份额；媒体中纯粹具有旅游性质的，也只有旅游行政机构和旅行社，而饭店、交通等都不属于纯粹的旅游媒体。

4.周期性。表现在旅游地的周期性发展上和旅游业服务的周期性和间歇性上，涉及时间上的周期性（长——盛——衰——盛和冷——温——热）和空间上的周期性（淡——平——旺）等。

（二）旅游企业文化的特征

考察旅游企业文化，它具有如下五个特征：

1.它是一种服务经营型文化。

服务意识是旅游企业文化的基本特点。它没有有形商品，出售的是信息、接待和服务。因而"顾客至上"是其行业信条。

2.旅游消费是文化消费，文化意识是旅游企业的重要特色。

旅游者寻求的是精神需要和满足，服务和被服务更是一次文化的交汇和体验。

3.旅游企业顾客群的国际性决定了企业文化的世界性特点。

因为不同国家和地区的游客拥有自己的文化认同和情趣，旅游企业要有开发的精神，包容的价值观，接受差别，与国际接轨，让异域的游客产生亲切感、安全感和享受感。

4.突出个性化特点。

这是由于旅游消费的感性化倾向和市场竞争的加剧。

旅游消费属于感性消费，要满足游客的直观感觉下的生存和享受需要。因为感性消费是一种立体的、多方位、相关性的复杂消费。只有突出个性化，才能有效地占领市场。

5.突出人性化特点。

随着旅游消费的普及和深入，旅游者的类型和需求也越来越多样化。这导致对旅游企业标准化、程式化的运作模式提出挑战。如旅游设施中必须考虑到残障游客的使用便利，左撇子的使用习惯，宗教旅游者的使用禁忌等。在服务接待时，同样要体现人性化的特点，如对心理旅游者提供特别的产品，对家庭旅游者提供相应的延伸服务等。

第七章　旅游危机管理

第一节　旅游危机管理概述

一、旅游业危机与危机管理的定义

（一）旅游业危机

危机（crisis）一词来源于希腊语中的 krinein，其原始含义是筛选，目前，由于研究的角度差异，不同学科对危机的含义有着不同的定义。危机管理理论认为：危机是事物的一种不稳定状态，在危机到来时，当务之急是要实行一种决定性的变革。企业管理学认为：危机是一种决策形势，在此形势下，企业的利益受到威胁，任何拖延可能会失控而导致巨大损失。组织行为学认为：危机是组织明显难以维持现状的一种状态。综上所述可知，在任何组织系统及其子系统中，因其外部环境和内部条件的突变，对组织系统的总体目标和利益构成威胁而导致的紧张状态就是危机。

所谓旅游业危机就是由于不确定性、突发性的重大事件发生而对旅游业造成的重大破坏和潜在的不良影响。世界旅游组织（WTO）把危机阐述为：影响旅行者对一个目的地的信心并扰乱继续正常经营的非预期性事件。这类事件可能以无限多样的形式在许多年中不断发生。从危机产生的根源，可以将旅游业危机划分为旅游业受波及引起的危机、旅游业内部的危机两大类。旅游业受波及引起的危机，是指发生在其他行业里的危机产生的负面影响波及旅游行业，使旅游业客源骤减、目的地形象受损的危机，如战争、金融风暴、恐怖主义、公共卫生危机、自然灾害、政治运动等。旅游业内部的危机，是指发生在旅游业运营的范围内、直接对游客或旅游从业人员发生威胁、影响旅游活动的危机，如针对游客的恐怖袭击、饭店火灾、旅游娱乐设施发生意外等。总体来说，旅游危机具有以下特性。

1.突发性

这几乎是所有危机事件所共同具有的鲜明的特征。突发性主要体现在旅游危机爆发的时机，它常常使人们猝不及防，来不及准备，从而自乱阵脚，人为的慌乱也增加了危机的破坏后果。

2.高度不确定性

这一特征主要体现在旅游危机发生的形式、地点及其影响对象方面。理论上，任何旅游危机都可能在某一旅游目的地爆发，因而要求旅游目的地管理机构对所有危机类型都有所准备，而这在实际工作中是不现实的。

3.时间紧迫性

旅游危机一旦发生其演变非常迅速，往往在目的地管理机构尚未反应过来的时候，巨大的破坏后果已经产生。这对旅游目的地管理者的快速决策能力和危机反应机制提出很高的要求。

4.全球性

随着人们的社会、经济生活联系日益全球化，全球化的客源也越来越成为旅游目的地的追求和未来发展的趋势，因而旅游危机的发生、影响已经超出了发生地的范围，其影响力在全球范围内蔓延。"9·11"事件说明，像恐怖主义这样的危机已经不仅仅是对美国，实际上是对整个人类文明的一种挑战，是全球性危机。因此，在管理和应对旅游危机时还需要有更广阔的全球视野，强化旅游危机管理的国际合作。

5.危害性

这是危机的根本特性，如"SARS"疫情造成旅游业务的全面停滞，索道事故造成的人员伤亡。

6.关注性

旅游危机不仅仅局限于"舆论的关注性"，即危机的影响会受到全社会的关注，如各种新闻媒体、社会组织、社会人群等。

（二）旅游业危机事件种类

对旅游业造成不利影响的各类事件，都属于旅游业危机事件的范围，包括直接影响和间接影响事件。

1.政治性事件

如 1989 年北京发生春夏之交的政治风波以后，一些西方国家干涉中国内政，搞所谓的"经济制裁"，中国入境旅游由 1988 年接待 3169 万人次、创汇 22.47 亿美元，跌落到 1989 年的 2450 万人次、创汇 18.60 亿美元。1999 年中国驻南斯拉夫大使馆遭到美国轰炸，激起中国人民的强烈愤慨和抗议，美国、英国政府借故发布旅游"劝诫令"，给来华旅游客源市场带来一定的波动。2005 年，因中国人民纪念反法西斯战争胜利 60 周年，日本旅华市场变得比较敏感，年中几个月份退团数量较大。

2.经济类事件

如金融危机、经济不景气、通货膨胀，导致客源国出游能力下降。1997 年开始的亚洲金融危机，东南亚国家货币大幅度贬值，西方媒体报道曼谷市民 75%出现经济困难，马来西亚 80%的中产家庭失去额外收入来源，出国旅游实力大受影响。再如，2001 年 1～9 月，香港前往内地的入境人数为 4357 万人次，同比下降 0.85%，主要原因是受全球经济增速放缓的影响，香港经济发展受到冲击。

3.恐怖或暴力事件

如 1997 年 11 月 17 日，埃及发生了震惊世界的卢克索惨案，6 名歹徒枪杀 64 人（其中外国游客 60 人）、打伤 25 人，恐怖分子警告外国旅游者不要再到埃及旅游。埃及的主要客源国——德国、瑞士和法国的旅游公司纷纷取消预订计划，使 1998 年埃及的入境旅游收入只有 30 亿美元，跌到了当时的最低点。1994 年上半年，浙江发生千岛湖事件，导致台湾入境游客大幅度减少，以台胞为主要客源的省份都大受影响。受美国"9·11"恐怖事件影响，当年 9 月份美国来华旅游同比下降了 11.1%，至 10 月中旬，仅国旅、中旅、青旅、神舟国旅的统计，退团人数达到 32558 人。2005 年埃及红海之滨发生恐怖事件，旅游业再次跌入低谷。

4.政局动荡或军事冲突

2001 年上半年，由于尼泊尔王室发生流血事件，导致政局不稳，造成以尼泊尔为主要入境客源（占外国人的 55%）的西藏入境接待同比下降 33.31%。2003 年美伊战争之后，中东地区旅游出现了大萧条。

5.疾病疫情或自然灾害

如已被发现的香港禽流感、泰国登革热、美国炭疽病等，都给上述地区的旅游业蒙上阴影，2003 年中国发生"非典"，许多国家向本国公民发布了到中国旅游的"劝诫令"，当年中国旅游创汇下降 14.6%；台风、地震、海啸、洪涝等自然灾害的发生，也往往给当地旅游业造成影响。

6.节事活动

一些节庆活动、盛事庆典，本可以成为入境旅游的吸引物，但有时出于安全、秩序等方面的考虑，各国驻外使领馆往往限制发放入境旅游签证，导致其间入境人数不增反降，这类事例近年来已不是个别现象。

7.偶发事件

火车相撞、飞机失事等，都可对旅游业造成意想不到的打击。2001 年春，美国战机在南海上空撞上中国战机以后，迅速演化成为政治和外交事件，美国政府向本国旅游者发布了"劝诫令"，"提醒"美国人不宜到中国旅游，影响了部分美国游客旅华。江苏省海外旅游公司统计，2001 年 6～7 月有 10 多个美国旅行团退团。

（三）旅游业危机管理

所谓"危机管理"，是对危机进行控制和管理，以防止和回避危机，使组织或个人在危机中得以生存下来，并将危机所造成的损害限制在最低限度。

旅游业危机管理是指为避免和减轻危机事件给旅游业所带来的严重威胁，通过研究危机、危机预警和危机救治达到恢复旅游经营环境、恢复旅游消费信心的目的，进行的非程序化的决策过程。危机的发生涉及社会的各个方面，危机管理的主体应包括中央和地方各级政府；国家和地方各级旅游主管部门；其他相关部门，如民航、卫生、交通、公安、消防等部门；旅游行业组织；相关行业组织和旅游企业。其中，政府是危机管理的核心。

二、旅游业危机管理的理论

旅游业的危机管理研究是近 30 年来新兴的研究方向，它综合了很多学科如混沌论、心理学、组织管理学等学科的相关理论。

（1）混沌论。用混沌论的核心概念"蝴蝶效应"（butterfly effect）可以很好地解释旅游业的高度敏感性及连锁反应与危机的联系。这个概念指对初始条件的敏感性依赖（sensitive dependence on initial conditions），是 1960 年冬天气象学和数学家 Edward Lorenz 在气象学方面的一个发现。"蝴蝶效应"假设，初始条件的细微变化将导致终端事件的动态大变革。换句话说，初始一个小小的错误，通过相互加强反馈的正向过程，将可能导致一个巨大的错误。

（2）心理学理论。心理学中与旅游业危机最为相关的是感知与目的地形象等理论。游客对某地的感知，形成了目的地形象。游客决定是否前往某个目的地，是根据形象而不是现实。因此，目的地营销能否成功，在很大程度上依靠潜在游客头脑中确定和虚构的目的地形象。在心理学中风险和形象是不可分的，因为两者都是通过个人对未来不确定是否会发生的事件（风险）、而不是当前的目标/事件的认知过程和感知联系在一起的。正是两个概念之间这种不可分的关系，将旅游者和目的地联系在一起。游客选择目的地依赖于游客心理认为潜在目的地能提供给他们需要的相关事物。因此，目的地形象是激发游客的重要刺激物，不管形象是否真实地代表了该地所能提供的东西，它都有可能是目的地选择过程中的关键因素。

（3）组织管理学。组织管理理论也是旅游业危机管理的一个重要的理论基础（此时把目的地看作组织），管理的目的在于从混乱中创造出秩序、在混沌中确保生存。传统的管理理论关注如何确保组织的连贯性。自从 20 世纪 80 年代初开始，管理的传统方法受到西方社会中日益增长的不确定性的挑战。如今我们已经接受了这样的观念：不变的只有变化本身，变化却是持续的。因此，今天的管理理论把防止组织衰弱和危机情况的管理，整合到规划、协调和指导组织作为一个经常的过程。危机管理不再是事后的，同时也是事前的。旅游管理尤其应关注组织管理学理论中有关危机发生之前、之中、之后的管理。

三、旅游业危机管理的研究内容和对象

国内外旅游业危机和危机管理的主要研究可以概括为两个部分。一是对特定危机事件的反应与管理的案例分析。包括：旅游与恐怖主义，旅游与政治动乱、战争，旅游与犯罪、社会不稳定，旅游与经济、金融危机，旅游与自然灾难、交通事故、传染病、卫生事件等。SARS 危机对旅游业产生强烈冲击后，我国学者也开始了旅游业危机管理研究。二是对旅游业危机管理的基础理论研究。包括：旅游业特性研究、游客安全感应研究、框架研究、管理策略研究几个方面。通过旅游业特性研究，国外不少学者认为旅游业具有脆弱性（vulnerability），我国学者则通过对"非典"时期旅游发展的研究，认为旅游业是"敏感的""弹性的"，但并不"脆弱"。游客安全感应研究发现，国际旅行态度、风险感知程度和收入对国际旅游目的地选择有直接影响。基本框架研究主要建立了一些用来分析和制定旅游危机管理策略的模型，以及旅游危机管理方案指导或使用手册。危机管理策略研究中，交流策略是强调最多的一个方面，其次是强调营销交流。

国外对旅游危机管理的研究已经有近 30 年的历史，现在已经逐步走向成熟。在研究方法上，已经从个案研究的归纳性研究向演绎性研究过渡，很多国家（或地区）已经形成了一套切合自身实际情况、科学性和实践性都很强的旅游危机预警机制和快速反应机制，在减少旅游危机发生率、减小旅游危机损失、缩短危机过后旅游业恢复周期过程中，发挥了重要作用。我国对这一问题的探索和研究，尚处在起步阶段。可以说，结合我国国情对旅游危机的诱因系统、管理系统、决策系统、反应系统的规律性研究亟待推进。

第二节 旅游危机管理体系

从操作层面上讲，危机管理体系是包括政府、社团、企业、公众等构成的全方位、综合性的网络体系。下面主要从政府（主要指政府旅游主管部门）、旅游企业、旅游从业人员、公众（旅游者）等行为主体阐述不同层面的旅游危机管理。

一、政府危机管理

在危机管理的实践中，国外的发达国家由于口蹄疫、"9·11"等重大危机的发生，已经建立了一套比较完善的危机管理体系；而我国关于旅游危机管理的研究大多数只停留在表面，缺乏深入、系统的研究，不仅理论研究不够完善，同时也没有形成对犯罪、自然灾害以及其他一系列危机的预测管理体系。中国旅游业应强化"居安思危"的风险和危机意识，有必要借鉴国内外学者对危机与危机管理的研究成果，在旅游业引入危机管理概念，建立旅游业的危机管理体系。

政府是危机管理的核心。政府危机管理是指政府为预测和识别可能遭受的危机，采取防备措施，阻止危机发生，并尽量使危机的不利影响最小化的系统工程。

具体说来，政府危机管理包括以下几个阶段及其主要任务：（1）在危机前兆阶段，致力于从根本上防止危机的形成和爆发或将其及早制止于萌芽状态。在这一阶段，要求政府旅游主管部门和相关政府部门注重收集各种危机资讯，对危机进行中、长期的预测分析，通过模拟危机情势，不断完善危机发生的预警与监控系统；建立危机管理的计划系统，制定危机战略和对策。（2）在危机紧急期和持久期，致力于危机的及时救治。在这一阶段，要求政府充分发挥危机监测系统的作用，探寻危机根源并对危机的变化做出分析判断；成立危机管理的行动系统，解决危机；及时进行基于诚实和透明的信息沟通，正确处理解决危机与旅游业发展以及各种行为主体的利益关系。（3）在危机解决阶段，及时地进行危机总结。要求政府旅游管理部门根据旅游者的消费心理和消费行为的改变，进行旅游促销，培育旅游消费信心和恢复旅游市场；加强危机学习，提升反危机能力。

二、旅游企业危机管理

旅游企业危机的形式可大体分为四种，即产品与价格危机、信誉与人才危机、财务危机和突发事故危机等。

1.产品与价格危机。我国旅游企业普遍规模较小，在产品的开发、营销与推广上下工夫较少，投资不力，产品质量标准化程度较低，产品重复利用，压价竞争现象严重，造成产品质量参差不齐，甚至产品质量低劣等，在旅游市场上就出现了严重的旅游产品危机现象。而旅游企业的价格危机则一般源于企业内部和外部两种因素，在外部由于政府的调整、新的竞争对手出现及低价策略的应用，在内部主要是受本身条件、实力、规模的限制，使企业产品的价格居高不下。再就是在定价策略上，低估了竞争对手的能力或高估了顾客的接受能力。以上这些因素都会造成价格策略上的失误，引发旅游企业价格危机。

2.信誉与人才危机。旅游企业信誉是在长期的服务过程中，其产品和服务给社会公众及顾客带来的整体印象和评价。由于产品质量、性能、售后服务、商务合同等方面的原因，给旅游企业整体形象带来损害，使企业信誉降低，就会造成信誉危机。如近年来出现在旅游市场上的一系列旅游投诉事件，涉及黑社，超范围经营，非法、变相转让许可证，零团费和负团费，虚假旅游业务广告，黑车，野导，私拿私授回扣等现象，殃及了所有的旅行社，就连老牌、名牌旅行社也不断受到株连。旅游企业的人才危机是指由于某种原因，掌握企业核心客源、商业秘密的人员以及外联、营销方面的骨干突然流失，给旅游企业的经营活动带来的困难。

3.财务危机。由于旅游企业合作伙伴的变化，重要客户的流失，三角债务的出现，呆账死账的增加，投资决策的失误，或是利率、汇率的调整，使旅游企业投入增加，收益减少，财务出现了前所未有的亏空，入不敷出。

4.突发事故危机。首长是不可抗拒的自然灾害，如地震、水灾、火灾等；再就是人为造成的事故，如人身伤害、行程变更、刑事案件、疾病及财产损失、交通事故等。对旅游企业来说，以上这些情形都表现为突发性、紧迫性、威胁性的特点，不及时处理或处理方法不当，或在危机面前惊慌失措都是不允许的。对企业经营者来说，这无疑是对整个旅游企业的应变能力、经营者的决策能力、全体员工的综合素质的最严峻考验。

要想使旅游企业不发生危机是不可能的，关键的问题是如何预防危机，这就需要企业全体员工居安思危，有备无患，采取积极的预防措施，防患于未然。

（1）加强危机管理的准备工作

做好危机管理的准备，就是通过建立企业风险预警系统，迅速识别和有效规避旅游危机，或最大限度地减少危机所带来的损失。一是树立正确的旅游危机观。培养"居安思危"的旅游危机观有助于保持清醒的头脑，敏锐地预见一些突发事件的早期萌芽，及时对旅游危机的发展态势做出准确预测。要树立危机管理意识，明白危机管理的重要性和必要性，提高员工对危机事件的警觉，培训相关人员危机管理技能，要进一步增强员工的团队合作和奉献精神，从而增强企业抗风险的整体能力。二是加强信息的收集和研究。旅游企业要成立市场信息小组，或指定专门的部门和人员负责这项工作，建立危机信息收集网络，广泛收集各类与旅游相关的市场、行业乃至其他旅游公司的信息，加强与政府、新闻等有关单位的联系，及时了解宏观动态信息，公司定期专题分析旅游危机态势，做到反应迅速、全面准确。三是加强对危机管理的领导。成立危机管理领导小组，并由主要负责人牵头，通过对各种信息的分析，预测市场走向，提前识别和应对，对危机可能给旅游企业带来的后果事先加以估计和准备，并制定一系列相关的预案，此预案不是简单的条文，而是在公司总预案下，各个部门都要制定详细工作计划，具有可操作性。这样才能在危机出现时，做到临危不乱，有章可循，在最短时间里控制事态的发展，将危机损失降到最低。四是及时做好应急物资的准备。危机管理准备还需要做好各类物资的储备工作，以助预案顺利施行。如"9·11"事件后，美国许多酒店在客房内都配备有救生绳、电筒等应急物品，增强了客人的安全感。

（2）加强危机的控制和处理

危机出现后，旅游企业应建立快速有力的反应机制，强化危机发生后旅游企业处理危机的能力。一是确立危机处理的原则。危机控制和处理的原则是：有力、迅速、主动。"有力"是领导要高度重视，加强统一指挥；提倡整体作战，上下齐心协力。"迅速"指市场信息发现要早，事件发展的动态捕捉要快，处置的决策要果断。"主动"是指根据预案准备要充分，应对有序，灵活实施操作。在制定对策的时候，要从品牌经营的角度出发全面统筹，切忌"头疼医头，脚疼医脚"，要充分考虑各种因素之间的相互关系和影响，以及整合的总体效果，分清轻重缓急，要根据危机管理的预案，主动及时采取措施，避免处处被危机牵制的被动挨打局面。二是反应敏锐，加强沟通。旅游危机发生后，员工会对企业所遇到的困境引起关注，但他们最关心的是企业将会如何应对？这时，企业的高管人员应亲自负责危机管理工作，迅速出现在第一线，及时了解第一手信息资料。危机管理领导小组在处理过程中，还应注重与员工的信息沟通，明确公司内部发布信息的方式和步骤，让员工能全面准确地了解企业面临的状况，在危机面前，充分发挥主人翁意识和主观能动性，确保公司各项应对措施能够顺利实施。三是抓住主要矛盾妥善处理危机。在错综复杂的事态面前，危机管理最主要的矛盾是资金链不要断，所以压缩成本，推出新产品，维护营销通道都要围绕着这一主题进行。具体而言，可以从严格管理企业的现金流、全面调配公司的物质资源入手，同时马上实施开源节流的措施，全力控制并降低管理费用和经营成本；另外加大催收欠款的力度，尽可能多地回收资金，以保证企业正常资金周转的需要。四是加强对员工的教育，增强员工对企业的信心。在收入减少的时候，减员增效与稳定队伍并举是企业所必然面对的问题。减员首先要在符合国家劳动保障法律法规的前提下降低人力资源成本，其次权衡骨干员工的流失为今后发展带来的障碍，再则防止不适当的减员对稳定队伍的冲击，从长远发展来看，采取"以诚相待、共渡难关"的方式应为首选。五是开发新产品，增加企业资金流入。除了节省各项开支以外，旅游企业可结合自身的客户资源、人力资源以及其他业务优势，结合市场的需求，注重开发散客旅游、家庭旅游、自助旅游等特种旅游产品，迅速切入市场，尽最增加企业的现金流入和提高市场占有率。

（3）加强危机过后的恢复管理

危机既给企业带来困难和挫折，但其中又孕育着成功的种子，危机总是与机遇相伴。危机过后，旅游企业应重视恢复管理，及时制定短期恢复和长期恢复计划。

一是及时跟踪危机进程，积极寻找新的商机。危机通常都与机遇并存，明智的企业高管人员还应该注意从危机中寻找新的机会。危机也将会引发旅游业的重新洗牌，一些资金不足的企业迫于危机压力，急于退出和转向，这样收购成本也相应有所降低。这就使实力雄厚的企业既可用较低的成本进行收购，同时又可抓住时机扩大市场占有率。二是认真评估危机管理过程，调整修订预案。旅游企业要认真回顾危机处理过程中的每一环节，进行企业脆弱度分析审查，对照企业先前制定的预案，进行相应的改进或调整，从而加强危机管理预案的指导性和可操作性，为应对下一次危机做好准备。三是结合市场变化，重新打造企业核心竞争力。

每一次危机都使旅游市场出现新的变化，因此危机恢复管理很重要的是认真分析每一次危机所出现的新情况，迅速找准商机，改进企业的经营管理，适当调整经营管理层次，重新打造企业核心竞争力。四是加大企业宣传力度，积极夺取有利政策。在总结的基础上，企业还需要有针对性地开展一系列恢复企业形象的活动，加大促销力度，在危机和旅游复苏过程中力争主动，抢占先机，推出适应市场需求的全新产品和服务，并投放适量的广告，增强公众对企业的信心。同时加强和政府、行业管理部门的联系，争取减免税费，寻求它们的强力扶持和支撑。

总之，在旅游危机面前，旅游企业只要加强危机管理，从中认真吸取经验教训，充实和完善管理机制，提高防范风险的能力，就能达到企业快速稳健的发展目的。

三、旅游从业人员危机管理

对旅游从业人员的危机管理包括：（1）树立危机意识，正确认识危机。危机意识是一种竞争意识、超前意识、鞭策意识，也是一种凝聚力，它能使整个企业像一个人那样，统一步伐，应对挑战。因此，危机教育已经成为一种先进的经营理念，被国内外许多知名企业广泛应用。旅行社的高层管理者要首先感觉危机，认识危机，经常地、系统地讲形势、讲问题，使员工牢固树立危机意识和主人翁责任感。要通过改革把外部的危机转变成具有激励、压力、鞭策效应的机制。将危机意识传导到每个员工。（2）主动承担社会责任，积极参与政府与企业的危机救治。要将危机教育和旅游企业内部机制改革结合起来，将市场的变化迅速转化成对员工的压力和动力，使员工树立起危机意识、市场意识、成本意识、效率效益意识，和政府、企业经营者一起来防止和抵御危机的出现。只有使旅游企业员工有了危机意识，才能使其在旅游服务质量上精益求精，在售后服务上随时随地处理顾客的意见和问题，使本旅游企业产品从质量、价格到服务都优于竞争对手。（3）加强职业培训与学习，提高员工对危机的应对能力，更主动地把握命运。

四、公众危机管理

对公众（旅游者）危机管理包括：（1）提高旅游者应对危机的能力；（2）培养良好的危机心理素质；（3）调整个人行为模式。

总之要通过多层面研究危机、危机预警和危机救治，避免和减轻危机事件给旅游业所带来的严重威胁，达到恢复旅游经营环境、恢复旅游消费信心的目的。

第三节 旅游危机管理体系

2003 年，世界旅游组织发布了《旅游业危机管理指南》，指导成员的危机应对和管理工作。世界旅游组织认为，旅游业危机管理的主要途径有四个：沟通、宣传、安全保障和市场研究。其中，基于诚实和透明之上的良好的沟通是成功的危机管理的关键。《指南》针对危机之前、危机期间和危机过后三个阶段提出了行动建议。

一、危机前管理策略

世界旅游组织告诫：永远不要低估危机对旅游业的可能危害，它们是极端危险的。把危机影响最小化的最佳途径就是充分做好准备。

（1）在沟通方面，要制定危机管理计划，任命专门的发言人，设立一个沟通部门，与媒体经常沟通，沟通的原则是诚实和透明。在制定危机管理计划过程中，要把公共服务机构和私营旅游企业都包含进来，良好的合作是有效危机管理的一个关键。要定期对危机管理计划进行预演排练，并不断修正和完善。

（2）在宣传方面，要开发一个旅游贸易伙伴数据库，建立一个在危机时能及时联络数据库中贸易伙伴的沟通系统。树立和保持可信度是旅游宣传的基础。应预留出特别状况基金，应尽力获得支出这笔基金的提前允诺，而不必经过一个冗长复杂的行动程序，以在危急情况时做出迅速、灵活的反应。

（3）在安全保障方面，要建立和保持与其他负责安全保障部门的工作联系。旅游部门应任命专人负责与其他政府部门、专业服务机构、旅游行业和世界旅游组织在安全保障方面的联络。旅游部门要制定旅游行业的安全保障措施，并在改进安全保障方面担当积极的角色，发起成立面向当地旅游从业人员的安全工作组，鼓励在旅游行业的公共安全和私人安全机构之间建立合作伙伴关系。应组建能用多种语言提供服务的旅游警察队伍和紧急电话中心。

（4）在市场研究方面，旅游部门要与主要的饭店、航空公司和旅游经营商设立双向协定，交换关于过夜停留、出租率、价格等方面的最新数据信息。

二、危机期间管理策略

世界旅游组织强调：危机发生的第一个 24 小时至关重要。即便是一个不专业的反应，就能够把目的地陷入更坏的处境。

（1）在沟通方面，要坚持诚实和透明，不要施加新闻管制。要建立一个媒体中心，并迅速通过媒体发布危机方面的信息。信息需要被理解得尽可能准确和可靠，不能因试图鼓励人们旅游而受到歪曲。其他组织也在向媒体提供关于危机的信息，例如警察机构、防灾减灾组织、航空公司、饭店协会、旅行经营商团体和世界旅游组织，要及时向它们通告目的地的有关行动，将它们纳入其对外沟通中。

（2）在宣传方面，要直接向贸易伙伴提供关于灾害程度、受难者救助行动、结束危机的安全保障服务以及防止灾害不再发生的举措等方面的详细信息。危机通常引起政府对旅游业给予比正常环境下更大的关注，要利用这个机会寻求在宣传预算上的增长，这将用来帮助产业恢复和吸引旅游者返回。要实施金融救助或财税措施支持旅游企业。在困难时期，政府需要与企业紧密合作，可以用临时性的税收优惠、补贴、削减机场收费和免费签证等措施来激励旅游经营者、航空公司、游船公司等企业在危机后迅速恢复运营。

（3）在安全保障方面，要充分发挥应急电话中心的作用，要通过跨机构的接触和联络，采取安全保障措施来结束危机和提升安全水平，并加强内部沟通，防止错误信息的传播。

（4）在市场研究方面，要派出调研队伍，调查哪些人在危机期间旅行，他们来自哪里以及原因所在，同时回溯在危机期间媒体关于目的地都报道了些什么，然后迅速向宣传部门反馈信息。

三、危机后管理策略

世界旅游组织认为："即使危机结束，危机带来的负面影响仍然会在潜在旅游者心中保持一段时间，因此需要加倍地努力，尤其是在沟通和宣传领域。"

（1）在沟通方面，要积极准备反映旅游活动正常的新闻条目，目的是证明目的地已经业务如常。邀请媒体重返目的地，向他们展示所取得的成绩。要集中精力做正面的报道以抵消危机在旅游者心目中形成的不利形象。

（2）在宣传方面，要向新的市场群体和特殊的市场群体进行有针对性的宣传，要提供特殊的报价。要把宣传促销转向那些最有活力的市场，通常，它们是距离东道国最近的客源市场，因为其旅游者对目的地更加熟悉。要开展国内市场宣传，国内旅游在危机恢复时期可以弥补外国旅游需求的减少。要增加旅游经营商考察旅行和专门活动，组织专门的活动和会议，创造与贸易伙伴和国际社会沟通的机会。

（3）在安全保障方面，需要重新审视安全保障系统，以保证其在危机结束后依然到位。通过旅游接待调查结果反馈，奖励先进，鞭策后进，提高安全保障服务的质量。

（4）在市场研究方面，要调研客源市场对目的地的感知。要针对主要客源市场，通达研究潜在的旅游者和调查贸易伙伴，确定他们是否做好旅行的准备，并了解他们对目的地的感知和理解。把这些信息反馈给宣传促销部门，量体裁衣、对症下药，采取行动纠正不良的印象。

第四节 中外旅游危机管理实践

一、国外旅游危机管理实践

为了应对旅游危机的不利影响，世界许多国家均实施了有针对性的旅游危机管理方案，努力将旅游危机造成的负面影响最小化。王良举总结了英国和澳大利亚旅游危机管理的实践，对我国借鉴国外经验提供了很好的例证。

（一）英国国家旅游恢复战略

2001年初，口蹄疫的爆发给英国旅游业的发展带来了极其不利的影响。为了帮助旅游业恢复生机，英国政府于2001年5月实施了国家旅游恢复战略。该战略主要包括五个方面的内容。

1.增强公众和景点经营者的信心。海内外媒体对口蹄疫爆发的广泛关注，使得许多潜在游客对英国乡村和旅游景点的开放情况以及在英国旅游的安全性不太确信。因此，政府积极地将正在开放的景点的综合情况和详细的注意事项等信息提供给潜在游客，而且这些信息不断得到更新。同时向经营中的旅游景点提供指导，增强其信心，帮助其将口蹄疫传播带来的风险减小到最低程度。

2.开放主要景点和道路。在口蹄疫爆发的早期，出于谨慎，关闭了许多旅游景点和道路。虽然后来几乎所有景点已经重新开放，许多道路已经能够或者应该被重新开放，但仍有必要继续封锁一些道路。所以，政府首先向当地权威部门和其他组织发放前往乡村的道路以及路权开放情况的指南，这个指南附带了一个帮助当地权威机构迅速、有效采取行动的"三点计划"，即开放景点、开放道路和鼓励公众访问景点的措施。

3.帮助受影响的旅游企业。政府在经济及其他方面对遭受口蹄疫影响的旅游业给予帮助，帮助旅游业渡过难关。政府向旅游业提供了相当数量的资源，旅游业总共获得了超过2亿英镑的扶持，并且政府还根据情况给予了进一步的支持。

4.重塑形象。随着口蹄疫传播得到控制，政府采取了更加主动的措施吸引国内外游客。首要的是加强信息沟通，纠正公众的错误印象，尤其是向那些受口蹄疫爆发严重影响但渴望到英国旅游的海外游客传递信息，重塑旅游地良好形象。

5.共同努力。口蹄疫爆发后，政府部门和其他一些机构共同加入了减小口蹄疫对英国旅游业的消极影响的战役，许多好的方案得到了实施。另外，还成立了一些专门机构促进协作行动的实施。国家旅游恢复战略实施后，经过英国政府和其他机构的共同努力，英国旅游业很快就从口蹄疫带来的致命打击中恢复过来，更新步入正常发展的轨道。

（二）昆士兰旅游危机管理方案

2001 年，昆士兰在澳大利亚各联邦中率先实施了旅游危机管理方案，确保政府和旅游业共同应对旅游危机的冲击，恢复游客和旅游业的信心，将危机对目的地的负面影响最小化。

"9·11"事件后，昆士兰全面实施了旅游危机管理方案，使政府和旅游业能够及时有效地应对"9·11"事件给旅游业带来的冲击。同时，该方案也是其他旅游危机发生时能够立即实施的一般性方案。昆士兰旅游危机管理方案包含三个层次的措施：第一层次，应对短期的、局部的冲击；第二层次，应对短期、中期或长期冲击；第三层次，应对给旅游业带来长期消极影响的冲击。该方案可分成预防、准备、反应和恢复四个关键阶段实施，包括危机前和危机后对在沟通、研究、营销和产业援助四个关键领域做出反应进行详细计划的行动方案。该方案也被用于为旅游业应对巴厘岛爆炸案、伊拉克战争和 SARS 的冲击提供支持。该方案为建立一个致力于使危机冲击最小化的国家旅游危机反应方案提供了样板。

二、我国旅游危机管理的现状和特点

（一）我国旅游危机管理现状

中国旅游业虽频频遭受旅游危机的冲击，然而中国在旅游危机管理领域的实践起步较晚，还未建立起旅游业危机管理体系。表现在没有长期反危机战略和计划；旅游危机受灾区域或行业多单兵作战，少综合协调；缺乏具有会商决策功能的综合体系和综合协调部门；各地区、部门之间的应对危机的协同能力很低。以致当"非典"来临时，旅游行业惨遭重创：全国93%的旅行社出现零接团，67%的酒店出现零开房率，旅游交通全行业亏损，许多旅游企业"高挂免战牌"，甚至让员工集体放假，以求躲过劫数。这不仅把旅游业的脆弱性暴露无遗，也将我国旅游危机管理方面的理论研究和应对措施的空白点显现出来。虽然在政府和国际组织的关心和支持下中国安然度过了"非典"危机，但旅游业所遭受的损失和创伤是触目惊心的：当年国内旅游业的直接损失就高达人民币1400亿元，加上其对经济的间接效应，受损总额超过2100亿元。

（二）我国旅游危机管理的特点

1.重危机处理救治，轻危机预警机制

改革开放30多年来，在中国持续稳定的政治经济环境下，虽然每一次危机事件的性质不同、冲击程度不一，但在国家管理部门及时采取的措施保障下，促进了旅游业的持续发展，也积累了丰富的抵御市场波动和风险的经验。综观中国对历次危机事件采取的措施，可以归纳为几个方面：（1）开拓新的旅游市场，促进旅游客源空间多元化；（2）加强促销力度，实施重点促销的方针，稳定和开拓旅游客源市场；（3）积极拉动内需，调整旅游市场结构；（4）调整旅游产品结构，提高旅游市场的竞争力；（5）加强对外宣传力度，确定"最安全的旅游胜地"的国际市场形象。但从总体上看，以上措施基本上都是在危机爆发后做出的应对措施，同时也没有形成对旅游目的地的犯罪、自然灾害、公共卫生以及其他一系列影响危机的预测管理体系。虽然旅游业在危机后具有较强的可恢复性和恰当的应对措施可促进旅游业的复苏和发展，但是由此而淡化危机意识是十分有害的，模糊危机的形成和作用过程将制约我们采取合理有效的措施，仅在危机爆发后采取措施是不够的，这并不能将危机事件所造成的影响降低到最低程度。

2.危机意识不足

在旅游市场竞争日益激烈的背景下，我国的旅游企业对外拼命开拓市场，对内想方设法打造质量，如 A 级旅游景区的升级、星级饭店的评定等。但它们却忽视了危机事件给品牌形象带来的消极影响。2008 年的清明节第一次列为法定假日，很多人第一次自驾跨省游来到向往已久的安徽黄山游览，但却遇到了黄山历史上从未有过的数千人围堵山道，寸步难行的经历。当时在百步云梯下的人群围堵十分严重，秩序非常混乱，天气寒冷且下着雨，出现了昏倒的游客。人们都在叹气，为什么有关方面不控制人流？游客打景区的紧急救援电话 0559-5563333，居然无人接听，而门票上却印着"紧急救援"的电话号码。出现情况为什么没有应急方案？"紧急救援"的意义何在？人们愤慨：这样的旅游景区实该降级！某游客在网上向全世界发布了《黄山游数千人围堵 7 小时，景区救援电话无人接听》的文章。显然该事件严重影响了列入我国首批 5A 级景区的黄山旅游景区的旅游形象。

中国旅游业应强化"居安思危"的风险和危机意识，有必要借鉴国内外学者对危机与危机管理的研究成果，在旅游业引入危机管理概念，研究如何建立一套行之有效的旅游危机和灾难的预警系统、危机管理系统，以及加强游客的感知分析等，为把中国建设成世界第一旅游目的地作出贡献。

三、我国旅游危机应对机制的构建

世界旅游组织在探讨应对"9·11"事件影响时指出，"对于那些不管是地理的、种族的或宗教的管辖等原因而牵扯进去的目的地，采取及时、果断的行动极为重要"，呼吁以公开、透明方式，专业地处理问题，以降低该事件的负面影响。中国发展旅游的历史不长，搞市场经济的时间更短，在紧急应对突发事件方面仍处于摸索阶段，但各国应对突发事件做法和基本措施大同小异，完全可以总结和吸取其经验，尽快建立一套旅游应急机制。

第一，快捷通畅的信息收集系统。建立及时、快捷和全面的信息收集系统。信息主要来源渠道包括：中国驻外旅游办事机构；各国驻华的旅游办事机构；各省市旅游部门的反馈信息；在京旅行社、旅游饭店提供的市场信息等。

第二，翔实完备的预案系统。收集、研究各国、各地区对突发事件的处置方案，以及成功的应对案例，作为应对备选之策，建立应急对策方案库。

第三，分析预测系统。这是基础性的工作机构，具体分析、判断、提出各种预测与建议，为会商决策服务。应该掌握的原则：一是要辩证地看问题。旅游业的脆弱性、易受影响的特点对旅游业本身有正、负两方面的影响。如泰国、韩国等金融危机重创国，因为货币贬值反而入境旅游大幅度增长；千岛湖、丽江地震，都使其增加了知名度。二是要全面地看问题。旅游产业的特征包括"食、住、行、游、购、娱"六要素，决定了它较高的对外依赖性和关联性，涉及旅游六要素的事件，包括政治的、经济的、军事的、外交的、社会的等等，都会对旅游业造成影响。三是要联系地看问题。要加强对全国、各地区接待形式的分析，对经济和相关事件发展情况的搜集、研究。

第四，高效快速的会商决策。在快速、全面、准确获得市场信息的基础上，在上述各系统提出的预案建议基础上，参照有关应急预案，各方面会商出一套方案，立即加以落实，取代现在的各种形式的研讨。

第五，迅速实施的应急机制。包括请示汇报（向国务院汇报形势的分析判断）；形成全国性的应对思路，通知地方、驻外机构、旅游企业加以贯彻；寻求有关部门的配合支持；继续关注事态发展。

第八章 导游人力资源开发与管理

第一节 导游员基本素质

　　素质是以人的禀赋为基础的。导游队伍是旅游业的生力军，其素质的高低关系到我国旅游服务的质量和旅游业的形象。导游员的高素质主要体现在：导游员作为旅游业中具有特殊职责和技能的群体，在知识储备上不仅要通晓地方风土人情、文化传统和历史典故，而且由于长期直接面向游客，与游客的食、住、游、购、娱等旅游活动息息相关，要有良好的身体素质，有强烈的敬业精神、高超的服务和管理能力，更要有极强的随机应变能力。因此，导游员的素质，必须优于一般的旅游从业人员。换而言之，导游员是旅游业中一个特殊的、需要具备较高知识与业务修养的工种。

　　新时期导游员应具备的素质主要有以下几个方面：

　　1.良好的职业道德

　　（1）赤心爱国，导游之魂。导游工作赖以进行的风景资源都是祖国的壮丽河山，名胜古迹；导游员讲解的主要内容都是祖国的悠久历史、灿烂文化。没有爱国之心，导游员的讲解就成为无源之水，无本之木；没有爱国之心，美丽的山水失去了色彩，璀璨的文化失去了韵味；没有爱国之心，导游员在游客心目中不再成为"无名大使"，最终将失去全体游客的人心。热爱自己的祖国，热爱自己的家乡和城市，尊重自己的人民，尊重自己的人格，是任何时期的导游员都应具备的基本素质。

　　（2）爱岗敬业，导游之髓。爱因斯坦说过："热爱是最好的老师。"只有热爱它，才会做到"全情投入"。导游这个职业不仅使人行万里路，而且促使人读万卷书；不仅能接触到来自五湖四海的客人，而且锻炼了与人交往的能力；不仅给客人带去欢声笑语，而且让自己永葆青春。作为导游员应为此感到自豪。正如陈蔚德所说："有人说，这个世界上凡能给别人的东西总是越给越少，但有一种东西却是越给越多，那就是知识、精神，那就是愉快、欢乐，而导游工作恰恰就是这种越给越多工作中的一种。我们能够有机会从事导游工作的人应当为此而感到高兴和庆幸，感到骄傲和自豪。"

（3）遵纪守法，导游之本。导游工作有较强的独立性，这就要求导游员能够自觉地遵守国家的有关法律法规，时刻不忘自己是国家政策、制度的代言人政治上要立场坚定，经济上要公私分明，生活上要自尊自爱，以身作则，为游客树立遵纪守法的表率。导游工作是服务性工作，导游员的服务角色要求导游员对游客做到遵时守约，言必行，行必果。只有这样，才能赢得游客的尊重树立自己在团队中的威信。

2.优良的心理素质

导游员每天都要面对纷繁复杂的环境与人际关系，服务对象复杂多变，游客需求多种多样，随时会遇到突发事件和客人的刁难，如果没有良好的心理素质难以胜任这项工作。优良的心理素质表现在以下几个方面：

（1）思维敏捷，善于感知。导游员要学会"察言观色"，善于根据游客的言谈举止、神态表情判断游客的心理需求和兴趣爱好，并敏捷地采取各种相应措施，满足游客需求。真正做到"想游客之所想，急游客之所急，做游客之所求"，提供超前服务。导游员必须反应灵敏，能够眼观六路，耳听八方，对旅游者及周围事物要善于感知，注意现察，善于发现新情况，利用各种手段和方法，保证导游服务的顺利进行。

（2）意志坚定，坚忍不拔。导游工作极其辛苦繁杂，要不时面对游客的抱怨和挑剔甚而刁难，要时时应对各种复杂的关系。特别对于导游新手，要经历许多磨难和挫折才能渐渐适应这份职业，如果没有坚忍不拔的意志，百折不挠的精神、很难坚守在导游行业，更不可能自始至终保持饱满的情绪，全心全意为游客服务。意志坚定还表现在导游员能够独立地支配自己的行动，自觉地抵制各种诱惑和精神污染，排斥外界的影响和干扰，不随波逐流，坚定地同各种失误观念和消极因素作斗争。

（3）情绪稳定，善于自控。由于旅游活动的特殊性，导游员一定要善于自我控制情绪，在任何情况下都能够冷静地进行思考，保持自信、沉着以及心态持久的平衡。在导游工作中，导游员随时都会碰到各种各样难伺候的古怪的旅游者，碰到棘手难办的事情，遇到不顺利的境况，有时，还会出现意外的事故或种种意想不到的险情。导游员自身也可能有不顺心的事情而情绪不佳。再加上旅游旺季工作繁忙，长时间奔波劳累，身心疲惫。在诸如此类不顺利的情况下，能否克制自己的感情，在游客面前始终保持良好的情绪，态度热情地投入导游工作，对每个导游员都是一个考验，也关系到导游工作质量的高低。

（4）个性开朗，乐观向上。导游工作是与人打交道的工作，人际关系的复杂性，要求导游员性格乐观开朗，坚毅果敢，待人诚恳，善解人意，富有爱心，幽默机智。只有这样，才能感染游客，令游客信赖。

3.合理的知识结构

导游知识包罗万象，无论是城市概况、自然山水、人文胜迹，还是历史文物、风俗民情、饮食服饰，都要以知识为基石。概括来说，导游员合理的知识结构包括以下内容：

（1）导游基础知识、导游专业知识、与导游业务有关的边缘性知识三位一体，缺一不可。导游基础知识要求功底扎实，涉猎广泛，包括历史、地理、语言、文学、民俗、宗教、建筑、园林等各方面的知识，也就是说要上知天文地理，下知鸡毛蒜皮，要成为杂家。导游专业知识要求重点掌握，娴熟运用，包括旅游学、旅行社经营管理、导游业务等各学科的知识。与导游业务相关的边缘性知识要求密切关注，力图拓展，包括社会学、心理学、美学、公共关系学、新闻传播学等学科的知识。

（2）对新知识的不断吸收，对旧知识的不断更新。导游工作涉及的知识非常广泛，可以说古今中外无所不包。导游员必须拥有渊博的知识，方能在导游工作中游刃有余，挥洒自如。而渊博的知识并不是一朝一夕就能拥有，要靠日常生活和工作中的点滴积累。没有哪一个导游员天生就是万事通，就是无所不知、无所不晓的"百科全书"。要想胜任导游工作就必须不断从书本和实践中补充营养。"不积跬步，无以至千里；不积小流，无以成江海。骐骥一跃，不能十步；驾马十驾，功在不舍。"这应当成为导游员终生学习的座右铭。

4.较强的业务能力

首先，要有较强的语言表达能力，能够独立进行导游讲解。语言是导游员最重要的基本功，是导游服务的工具。"工欲善其字，必先利其器"。导游讲解是一项综合性的口语艺术，要求导游员应具有很强的口语表达能力和扎实的语言功底。

其次，导游员必须具备较高的带团技能。在工作中，导游员要既能巧妙、合理地安排参观游览活动，又能选择最佳的游览点、线组织活动；既能触景生情、随机应变地进行生动形象的导游讲解，又能灵活机动地回答游客的各种问询；既能沉着果断地处理各种意外事故，又能合情合理合法地处理游客的种种投诉。导游服务是一门艺术，导游员既要有指挥家的水平，也要有演员的本领，不断变换各种角色，为游客提供最优质的服务。

5.合格的身体素质

导游工作是一项脑力劳动和体力劳动高度结合的工作，工作繁杂，量大面广，流动性强，体力消耗大，没有强健的体魄就无法胜任导游工作。

总之，导游工作是一项言行并重、苦累交加的工作，要想成为新时期合格的导游员，必须具备高尚的道德品质、热情的服务态度、健康的身体状况、坚韧的工作毅力、渊博的文化知识、充实的审美修养、活泼的个性气质、娴熟的表达技巧和较强的观察与应变能力。

第二节 导游人力资源开发

一、我国导游人力资源现状

我国导游队伍形成规模是在 1989 年以后。从 1989 年开始，国家旅游局在全国范围内实行导游员资格考试制度，从此后中国导游队伍建设开始走上规范化发展的道路。在导游人力资源发展过程中，呈现出以下特点：

（一）导游队伍的规模不断扩大

十几年来，导游队伍的规模不断扩大，导游人数从原来的两三万人增长到近 20 万人。至 2002 年 8 月底，全国已有 197375 人获得导游人员资格证书，其中，目前正在从事导游工作的有 131904 人。近年来，参加全国导游人员资格考试的人数每年都有大幅度增加，据中国旅游报报道，2002 年全国共有 129130 人参加考试，是上一年的两倍多。这说明导游已成为越来越多的人所向往的热门职业。

（二）导游人力资源供过于求，人才资源供不应求

近年来，导游的人数、规模不断扩大，但质量的增长明显滞后于数量的增长。新一代的导游员在思想道德、业务素质、外语水平等方面都比五六十年代的第一代导游员有不同程度的下降。许多导游员急功近利，只注重经济利益的索取，不注重自身素质的提高，满足于现状，不思进取。因此，虽然导游员数量不断增加，但高素质的导游人才依旧相当匮乏。

（三）导游人才结构不合理

导游人才结构不合理主要表现在以下几个方面：

从学历结构来看，我国导游员的学历普遍偏低。尤其在中文类导游员中显得更为突出。总体上，导游队伍中高中、中职、中专学历者占 41.7%，大专学历者占 39.4%，本科以上学历者占 18.9%。外语类导游人员的学历比中

文导游员稍高一些，但大专及以下学历仍占 52%。

从导游等级结构来看，导游队伍以持导游资格证书和初级导游员证书者占绝大多数，为 96.3%；中级、高级、特级导游员所占比例极低，仅占 3.7%。导游队伍等级结构不合理的问题非常突出。在著名的海滨旅游城市青岛市，4000 余名导游员中，高级导游员 3 名，中级导游员 24 名，其余均为初级导游员。这样一个导游人才结构比例显现的是一个不成熟、低层次运转的导游队伍现状。旅游市场中众多的初级导游员，既与导游人才市场的真实需求存在较大的差距、也与旅游市场的需求不相符合。

从语种结构来看，中文类导游员与外语类导游员的比例为 5:1。在目前全国从业导游员（131904 人）中，中文类导游员 110666 人，占 83.9%，外语类导游员 21238 人，占 16.1%。在外语类导游员中，一些语种人数与我国入境旅游者的数量也不成比例，如我国客源市场需求量较大的韩语、泰语、意大利语等人数太少。

二、限制导游员成才的因素分析

导游人才的匮乏既有导游员自身的原因，也有行业管理及社会环境等多方面因素的影响。综合起来，限制导游员成才的因素有以下几个方面：

（一）自身素质的局限性

导游队伍中新进人员的门槛要求低。1999 年 5 月 14 日，国务院颁布的《导游人员管理条例》第三条规定：只要具有高中学历、身体健康、年满 18 岁的中华人民共和国公民即可参加导游人员资格考试。这一规定对导游员必须具有的文化基础知识、语言表达能力都没有做具体的要求，于是造成报考导游的人数与日俱增，且鱼龙混杂，良莠不齐。通过近几年的资格考试实践看，在解决了导游员不足这一问题的同时，也暴露了许多问题：有的参考人员考试态度不端正，有的为牟取暴利而来，有的为将来游山玩水方便而来。显然，这种低要求的导游准入机制不利于导游队伍素质的整体提高。而且，在现有导游员中，以大专学历和中专、高中学历为主。高学历的导游员有相当一部分持证不上岗，真正在一线带团的导游员的学历水平不高。受文化水平的限制，许多导游员的知识结构和讲解服务水平远远达不到游客的期望。

（二）社会的偏见，缺乏对导游员的人文关怀

社会上普通认为导游是吃青春饭的职业，是吃、喝、玩、乐的职业，这样就直接导致了报考导游员资格的人大多是年轻人。虽然近几年这种现象有所好转，但还是以年轻人为主，年轻人受年龄及阅历的影响，有许多不成熟的地方。而在有的国家许多导游员都是退休的学者、教师、官员等。这些人因其丰富的人生阅历、广泛的天文地理知识和独特的专业基础，极易成为受游客欢迎的专家型导游员。年龄层次的不合理也是中国现有导游队伍的缺陷。

社会上还有一些人认为导游工作是一种低级、简单、重复性操作的服务工作，是伺候人的工作，致使许多高学历者对导游工作不屑一顾。

另外，由于媒体对导游员的宣传存在贬多褒少的情况，社会的某些层面和某些人，往住以偏概全，甚至于把"导游"与"倒爷""骗子"等同。这种对"导游"的偏颇看法，无疑不利于导游员身心健康发展，不利于导游员对事业的积极进取，不利于高素质导游队伍的建设。

（三）对导游员的使用与管理存在误区

目前，对导游员的使用有两种情况：一种隶属于旅行社，属旅行社的固定员工；一种属于兼职导游员，为旅行社临时雇用。对于前者，旅行社给予社内员工待遇，给付底薪，签订劳动合同，参与投保等；对于兼职导游员，则一般为三无人员（无固定劳动报酬、无保险、无劳动合同）。有的旅行社对这种导游员非但没有劳动报酬，还要其向旅行社缴纳带团人头费，甚至向旅行社买团带。这无疑将导游员逼上"梁山"——收取回扣、索要小费。原本素质较好的导游员为了生存也逐渐滑向"导购人员"的误区。旅行社过于偏好眼前经济利益，只用人，不育人，急功近利，轻视"人力资本"的投入的行为不利于保证导游员的根本利益，不利于提高导游队伍的素质。

导游管理体制正面临着改革，正由原先单一的导游人事管理向自由职业者管理过渡，现在两种体制并存，导游服务公司管理不成熟，旅行社导游管理还在沿袭老办法，管理体制混乱，没有形成规范化的导游人才市场和适应自由职业者特点的用人制度。

（四）导游人才流失严重

导游工作的性质决定着导游队伍的流动性大，特别是随着导游自由职业化的发展趋势，这一特性将更加明显地表现出来。据 2002 年的统计，在持导游人员资格证书、等级证书的人员中，目前已不再从事导游工作的有 65471 人，占 33.2%。其中，持资格证书人员的流失率为 45.3%。现在中国导游界普遍存在的倾向是：导游新手经过 2～4 年的摸爬滚打后，马上趁青春未老之时另起炉灶，或退居导游二线，或做计调、后勤、部门经理，或自己注册个旅行社接着干，或是干脆跳槽到其他单位完全脱离导游界。中国的导游界还没有形成可持续发展的人才观。1995 年全国就实行了导游员等级评定制度，但这一竞争激励制度一直没有在导游界贯彻实施，不同的等级没有对应相应的待遇，旅行社不做要求，导游员没有积极性，这也在一定意义上造成导游人才流失严重。导游员在行业内的流动无疑是有利于其自身不断地吸收新鲜养分，提高素质。但是，更多的导游员"背叛"职业的行为将不利于行业队伍的建设。这是中国导游界的现状，也是为什么十几万的导游队伍大军，却"精品"甚少的原因之一。

（五）导游教育与培训问题

目前，导游员培训教育方面普遍存在着重考前培训，轻继续教育；重岗前培训，轻岗上和岗后培训；重知识培养，轻服务理念培养的倾向。

导游师资匮乏，师资队伍建设滞后于形势的发展。各地虽然已形成了相对稳定的导游培训教师队伍，但既有理论基础，又有实践经验，能熟练掌握培训技巧、独自开发培训课程、深入研究实际问题的教师不多。即使是那些在过去的培训中反映不错的教师，现在也面临着一个知识老化和教学内容陈旧的问题。全国对导游师资缺乏培训和队伍建设。

旅游院校已经成为我国导游人才的培养基地。从旅游高等院校的专业设置来看，普遍偏重于旅游管理或酒店管理方向，仅有为数不多的院校取向于导游专业。在导游专业课程设置上存在着专业方向不够明确的问题，往往将"酒店服务""烹饪服务"等相关课程也归入导游服务专业中。导致导游专业出身的学生导游服务技能不强，讲解能力、应变能力也较薄弱。又由于实践环节的欠缺、许多考到导游资格证书的学生却无法带团，使院校学生在竞争中没有形成优势。旅游院校的导游培训和教育没有形成梯队，造成不同层面的学生（中专、大专、本科）在同一层次上竞争。于是出现了在导游人才市场上，本科学生不如大专学生受欢迎的怪现象。

另外，导游培训与教育投入严重不足。据统计，"九五"期间、投入到国家旅游局所属 3 所和省旅游局所属的 11 所院校的教育经费为 35596 万元；国家旅游局用于培训的经费近 1000 万元，绝大多数省、地（市）、具旅游局没有投入经费用于培训，因为地方旅游局基本上是"以培训养培训"。甚至有些地方旅游局还要靠导游培训创收。这样导游培训的质量就更令人堪忧。

三、导游人力资源开发策略

（一）严格规范导游资格考试，强化导游考核制度

目前，导游入槛要求低，不利于导游队伍素质的整体提高。

1.严格准入机制。在参考人员报名之时就进行面试，了解考生的外貌形象、口语表达能力、应变能力、从业态度、身体健康状况等基本素质，对不合格的人员进行第一轮淘汰,杜绝滥竽充数的现象出现。国家自 2002 年开始，对参加全国导游员资格考试的人员实行"培训自愿，考培分离"，即参加考试的人员可以不参加考前培训，导致目前大约有 2/3 的考生不参加培训，致使 2002 年考生现场导游考试的整体水平下降。许多考生仅熟记几本考试教材和熟背景点导游词，就通过了导游资格考试，但却不具备导游员的基本素质。因此，对于考前培训不仅应要求参考人员参加，而且要办好办强，使接受培

训的学员能具备基本的导游知识和技能。

2.规范上岗制度。资格证必须与上岗证分离。导游员资格考试仅仅是对导游知识水准的测试，在上岗前，导游员还需进一步接受导游规范服务和业务教育。凡是新进入旅游业的导游员，在通过资格考试以后，应到当地导游公司进行登记，并接受业务培训，再据此向旅游行政管理部门领取实习导游证。经过规范化服务和实习一段时间并合格后，方可申领导游证。

3.强化考核制度。现在对导游员的考核主要是年审考核。由于导游服务的动态性，给考核标准的制定带来一定的困难。目前，考核形式基本上是以考试为主，但考试是一次性的，带有很大的偶然性，有时不能真正反映一名导游员的整体实力。因此，一年一度的考核很大程度上成为形式和走过场。建议将年度考核化整为零，贯彻到平时考核中，根据国际通行的"A．S．K"（Attitude.Skill.Knowledge）原则，设计《顾客意见征询表》，该表必须由旅行社发放和回收，以保证其公正性。将平时考核和年终的业务、知识考试相结合对导游员进行年审考核。并将考评结果与奖惩相结合，在透明、公正、合理的考评基础上，做到奖罚分明，激励导游员的士气，使考核制度走向良性循环的道路。

（二）创新培训模式，提高培训质量

1.导游员培训的基本模式。按照国家旅游局颁发的《导游人员管理实施办法》的规定，导游员应在不同阶段接受三类不同的培训，即：考前培训，参加导游员资格考试前的培训；岗前培训，获取《导游证》前的培训；年审培训，每年不少于56小时的审验培训。此外，还有各旅行社根据自身导游队伍情况而开展的在岗培训，即主要利用淡季进行，属于查遗补缺的性质；以及学校教育，即主要有中专、大专和本科教育，是培养专业导游员的摇篮。

2.导游培训创新模式。各培训单位分工合作分别进行不同层面的各有侧重的针对性培训。由专业化导游服务公司、旅游院校负责考前培训和岗前培训；由各地市旅游局和旅行社负责年审培训；由旅行社开展在岗培训；整体培训策划由各地市旅游局和院校负责。另外，可以根据形势发展的需要开展各种创新培训。比如，内导游服务公司和旅游院校组织专题培训。该项培训针对导游工作中出现的新问题、新难点、新趋势而设计，旨在提高导游员的心理素质、带团技巧、应变能力和完善知识结构。专项导游培训，主要由旅游院校尤其是设有本科专业的院校来组织，应旅游发展的个性化而设计，如生态旅游、体育旅游、工业旅游等导游培训，这些专项旅游因其专业化和个性化往往要求导游员具有较高的文化素质和相关的专业知识，因此，必须进行专门培训才能胜任。

3.要提高培训质量，必须坚持培训品牌化。通过品牌培训单位、品牌师资队伍、品牌课程的确立，促进导游培训质量不断跃上新台阶。必须加大导游培训投入，抓紧建设导游培训与教育的师资队伍。在各地建立师资培训基地和实习基地，在全国设立全国定点师资培训单位，大力拓展境外师资培训渠道，多形式、多层次地举办"培训培训者"研讨班，促进教师专业知识的更新和培训能力的提升。应建立导游师资聘用制，对师资队伍进行规范化管理，每年也进行相应的考核，合格者继续聘用，不合格者淘汰，以保证师资队伍的高质量。

（三）革新用人机制，优化人才环境

1.建立开放有序的人才市场。导游人才市场是按照市场经济规律，在国家政策指导和宏观调控下，自觉运用市场手段来调节导游资源，促进导游资源的充分、合理使用的市场调节机制、市场活动、劳动关系和中介服务机构的总和。导游人才市场的建立和完善应从以下几方面入手：一是确定导游员的自由职业者身份，按自由职业者身份进行管理；二是实行导游的管理者与使用者基本分离的制度；三是发展导游服务中介机构，对导游实行专业化管理；四是实行导游注册备案制度；五是完善导游员的社会劳动保障制度，使导游员的权利和根本利益合法化，为导游员提供良好的制度环境，免除导游员的后顾之忧；六是对导游员实行网络化管理，建立导游员信息库，实行导游信息资源全社会共享，以利于导游人才资源的合理使用和流动。

2.建立竞争激励机制。在全国范围内，积极推行《导游员职业等级标准》的评定工作，公正、客观地评价和选拔人才，为旅行社服务的等级化创造人员条件。各级导游员佩带不同等级的胸卡上岗。对不同等级的导游员，旅行社或导游公司在带团机会、收入待遇方面加以区别，拉开档次，将等级制度的实施和完善落到实处，切实调动导游员的参评积极性。

3.企业要惜才。各级领导干部、各类旅游企业要在观念上更新对导游员的看法，将导游员作为人才来培养，应充分认识到导游人才建设的重要性。要有识才的慧眼、用才的气魄、爱才的感情、聚才的方法，善于用事业来吸引和凝聚人才，为导游员提供发挥聪明才智的天地。

（四）变革导游管理体制，调动导游员工作积极性

适应新形势发展的需要，应对导游管理体制进行变革，调动导游员的工作积极性。

1.导游管理社会化。针对导游职业的自由化趋势，导游管理必须走向社会化、专业化和产业化。理想的管理模式是：由导游公司负责导游员的管理和向旅行社提供导游服务；旅行社不再长期聘用职业导游员，而是通过签订临时劳动合同等形式向导游公司租用合适的导游员；导游公司依靠专业化管理优势，通过提高导游的服务质量，对旅行社进行利益诱导，引导旅行社调整用人机制；旅游行政管理部门负责导游公司的审批、业绩考核等事务，不干涉公司内部管理，加强宏观调控，建立有序的市场竞争机制；导游公司应是企业性质，自主经营，自负盈亏，其主要职责为：负责导游员日常管理，建立导游员档案，其中包括履历表、学历证、资格证、导游证、劳动合同、导游工作小结等；维护导游员的合法权益，代为导游员交纳各类劳动保险；制定并要求导游员遵守行规，向导游员收取一定数量的管理费；与旅行社签订临时劳动合同，向旅游企业推荐合格称职的导游员；向政府有关部门提出建议与意见，提供咨询；为导游员提供信息、日常教育和培训，根据市场需要不断提高导游员的素质和服务质量。

2.导游管理法制化。导游市场秩序井然是市场发挥作用的前提条件。为此，旅游行政管理部门必须重视法规建设，制定有关导游市场运行的法规和政策，制定导游市场的管理规范，进行导游市场的监督检查，打击非法劳务中介活动，维护旅行社、导游公司、导游员的正当权益。为使导游市场有序运行，必须从法律上确定导游公司、导游员和旅行社三者的权责利关系，旅游行政管理部门要制定规范三者的契约范本，并明确奖罚条例。

对导游员的管理要形成一个以法律法规为准绳、旅游行政管理部门管理与行业自律管理和社会监督三者相结合、旅行社承担连带赔偿责任的导游员管理与监督体系。只有不断健全旅游立法、完善导游管理的法制化，才能规范导游市场。也只有如此，才能真正从根本上保证导游员的合法权益和社会地位，从而调动他们的工作积极性和主动参加培训的积极性，通过不断提高自身素质赢得经济效益和社会效益，从而确保导游服务工作朝着健康的方向发展。

四、导游教学的语言艺术

语言是人们交流思想的工具，也是教师的一项极其重要的基本功。教师在教学中要完成传道、授业、解惑的任务，就离不开教学语言这个有力的手段。教师要讲好课，取得理想的教学效果，必须注重研究讲课的语言艺术。

导游工作是直接面客的服务性行业、无论是为客人提供生活服务还是讲解服务，都需要导游员有比较扎实的语言功底。特别是导游员讲解服务要求，导游员应具有很强的口语表达能力。导游员工作对语言的高要求就决定了导游教学要注重语言艺术，教师必须以其优美动听、生动形象、富有吸引力和感染力的语言授课才能令学生深受其语言魅力的影响、潜移默化地提高自身语言表达水平。

结合自身的导游培训实践，导游培训在语言运用上要注意以下问题：

1.规范精确，清楚达意

规范主要是指教师应讲规范化的普通话，避免教学语言中出现"南腔北调"的现象。这一点在导游培训中特别重要,因为导游语言就要求使用规范化的普通话或外语,教师语言的规范性直接影响学生语言表达的规范性。有的教师在用汉语讲课时非常乐于掺杂几个英语单词,似乎不如此就不能表达得痛快淋漓,不如此就不能显示自己的博学多闻。这种语言的使用只能表明教师学而不精,用而不专,直接诱导学生讲奴化的汉语或是汉化的外语,是要不得的。

精确中的"精"是指少而有分量,"确"是确切地表达内容。讲课效果的好坏不取决于话讲得多少,而在于是否恰当确切地阐明事理,击中要害,句句吸引学生的注意力。教师语言必须精练准确,板上钉钉,不能含糊其辞,模棱两可。要妥善地运用各科知识中的专业术语,抓住其细微之处进行辨别、准确运用。如在讲授"导游发展历史"的古代史时,教师在标题"古代的向导"中的"向导"两字下特意加了着重号,并解释为什么此处的"向导"不能替换为"导游",从而区分了"向导"与"导游"两个概念,并由此介绍了古代向导的特点,使学生更好地理解了"导游"一词。

当然,精确绝不意味着过分的浓缩,把语言弄得艰深难懂。讲课语言要有口头语言的明白易懂,顺口悦耳,便于说、听、记,总之,就是要清楚达意。朱光潜先生说:"话说的好就会如实地达意。使听者感到舒服,发生美感,这样的说话就成了艺术。"教师讲课语言的最基本要求就是清楚达意。只有在此基础上才能更上一层楼,讲究语言的美感和艺术。这就要求教师讲课要口齿清晰,简洁明了;措辞恰当,组合相宜;层次分明,逻辑性强。在教学中教师应注意讲解的层次性与逻辑性。

2.生动形象,幽默风趣

教师的课堂语言不但要规范精确还要生动形象,叙述时,细致入微,栩栩如生;评论时,条分缕析,鞭辟入里;说明时,不蔓不枝,条理清晰;模仿时,绘声绘色,惟妙惟肖,使学生如临其境,如见其人,如闻其声,达到引人入胜、情景交融的境界。语言生动形象,就能将抽象化为具体,将枯燥变为风趣,使学生的理解变得具体深刻。如在谈到导游工作的服务性时,教师可以摒弃家长式的说教语言,而这样讲解:"社会上流行这样的看法:导

241

游工作是吃、喝、玩、乐的职业，导游员们住的是星级酒店，坐的是豪华汽车，吃的是山珍海味，穿的是锦衣华服，玩的是名山胜水，挣的是美元港币，别提有多风光自在。真是这样吗？君不见，客人坐着，我站着；客人吃着，我看着；客人玩着，我干着。又有谁解我其中甘苦？"两段风趣诙谐的顺口溜，使学生们在笑声中加深了对导游工作服务性的认识。

在导游教学中，教师要善于用幽默风趣、活泼有味的语言讲课。语言有趣味性，就能像磁石一样吸引学生，使课堂充满愉快和谐的气氛。这就要求教师在教学中多用大众化的语言，如谚语、歇后语、习惯用语，还要多用比喻性词语、摹状词语、摹声和儿化等，充分发挥语言的直观功能，给学生留下深刻印象，并唤起他们丰富的想像，使其顺利地掌握知识。如在讲导游员的语言技能时，笔者先强调了导游语言技能的重要性；"俗话说：'江山之美，全靠导游员之嘴。'导游员不仅要学富五车，才高八斗，还要有口若悬河、妙语连珠的功夫，否则就会'茶壶煮汤圆——有货倒不出'。"又如在介绍园林的九大造景手法"对、障、抑、框、借、添、夹、漏、透"时，笔者编了好记又有趣的顺口溜"对丈人借了一个筐，添上夹子还又漏又透"，学生们很快就记住了。

3.丰富多彩，娴熟流畅

导游员要有渊博的知识，无论是历史、地理、宗教、民族，还是风俗民情、风物特产、文学艺术、古建园林等诸方面的知识都要了解。我们经常说"导游员是上知天文地理，下知鸡毛蒜皮，是杂家，是万事通。"这就要求导游教师要有渊博的知识，"打铁先要自身硬"。只有具备了雄厚的知识基础和较高的文化修养，在课堂教学中才能信手拈来，旁征博引，自由发挥，得心应手，左右逢源。在课堂上的表现就会如飞翔天空的小鸟，遨游大海的鱼儿，从必然王国进入了自由王国。也只有在掌握了丰富的知识和认真"背"课的基础上，讲课内容才能"上下五千年，纵横几万里，古今多少事，尽在讲授中"，教学语言才能娴熟流畅，收发自如，学生也必会跟随教师丰富多彩、生动流畅的讲解展开想象的翅膀，尽情翱翔于知识的蓝天下。在讲解"审美主体的审美选择性"这个专业术语时，笔者用流畅的语言来做到深入浅出：

"审美主体的审美选择性很大，即游客审美动机各不相同，造成了游客审美需要的多样性和审美意识的差异性。如同是面对大海，不同的人会有不同的感想。有的人看到的是大海的波涛汹涌，气势磅礴——'乱石穿空，惊涛拍岸，卷起千堆雪。'有的人看到的是大海的静谧深邃，一望无际，从而联想到海纳百川、虚怀若谷的胸襟；有的人看到的是潮起潮落，日夜轮回，从而感慨时光流逝，岁月如梭；而有的人看到的则是风起云涌，大浪淘沙，从而发出'风来浪也白头'的无奈感慨。"有时在讲课时还注意运用一系列的排比句，一气呵成，加深学生的印象。如在介绍导游员的职责时，课本罗列了导游的主要职责即五大员：导游讲解员、对外宣传员、生活服务员、安全保卫员、翻译调研员。笔者这样讲解："一个导游人员，坐在旅游车上，手拿麦克风，如数家珍地向游客介绍青岛的历史沿革，讲述她'红瓦、绿树、碧海、蓝天'的优美风光和改革开放以来的飞速发展，这时你是一个名副其实的导游讲解员和对外宣传员；当你置身于青岛啤酒集团，青啤的工作人员向外宾讲述啤酒的生产流程和酿造工艺时，你又是一名博学的翻译员；长途坐车旅行，游客感到烦躁不安时，为了活跃气氛，你一会儿讲个故事，一会儿唱个歌曲，在笑声和掌声中，你又成了游客心中的演员；当你看到游客中的老太太拖着沉重的皮箱步出机场，看到游客在旅游商店聚精会神地挑选商品而顾不上手袋里的钱包大开时，你绝不会忘记你同时又是生活服务员和安全保卫员。"生动流畅的表述，使学生如临其境。

在导游教学中还应适当引用一些文辞优美的诗词歌赋以增加语言的美感和吸引力。如解释观景赏美方法之一"动态观赏与静态观赏"时，笔者分别引用了两首诗来说明："'江到兴安水最清，青山簇簇水中生。分明看到青山顶，在青山顶上行。'此乃动态观赏之魅力。'万物静观皆自得，四时佳兴与人同。'这又是静态观赏的妙处。"在解释"观赏时机"时这样讲："自然美景在时令、气候的影响下，在不同的时间季节会有不同的表现。正如欧阳修在《醉翁亭记》中所描写的：'日出而云霏开，日落而岩穴暝，晦暗变化者，山间之朝暮也。''野芳发而幽香，佳木秀而繁阴，风霜高洁，水落而石出者，山间之四时也。'"诗词歌赋的引用要"精"，不能过多过滥。

引用的诗词歌赋还要浅显易懂,最好是大家所熟悉的,从而起到画龙点睛的作用,否则将适得其反,令学生昏昏然而不知其所以然。

4.教学结合,有张有弛

教学过程是教与学相融合的过程,教师在教学中应避免一言堂或是填鸭式的满堂灌,而应注意教学语言的启发性,也就是把握"引而教"和"求而学"的原则和要求。"引而教"是指教师不是把知识全部正面地、从头到尾地塞给学生,而是在教学中引导学生在一定的基础上,独立思考,得出结论并掌握要领。"求而学"是指学生在教学语言的激发下,产生出求知欲和主动性,目的明确地进行思考和学习。在教学中我非常注意运用启发性的教学语言激励学生思考,引导学生讨论,使教与学相互共进,互动发展。如在讲授"团结服从,不忘大局"这一条导游员的职业道德时,笔者首先板书了这样一个公式:"$100-1=0$"然后引导大家讨论这个公式的含义,进而提出如何结合导游服务的实际理解这一公式。大部分同学都能认识到导游服务是由吃、住、行、游、购、娱等多个环节构成的,一荣俱荣,一损俱损,要提供优质服务,必须避免"1"的出现。接着,我又提出如果结合旅游服务又该怎样理解这个公式呢?同学们经过讨论,很快能认识到导游服务仅是旅游接待服务的一个环节,要使旅游服务达到"100",导游员必须在工作中团结协作,顾全大局。另外,讲到有争议性的问题时,教师并不主动下结论,而是让学生们各抒己见,并允许学生们保留自己的看法。如在谈到导游应不应该收取回扣的问题时,学生们讨论非常热烈,有的赞成,有的反对,并且各自都有充分的理由。笔者没有武断地下结论,而是从回扣产生的根源谈起,从管理的角度加以引导,将学生们的视野由一个简单的表象问题上升到理论的层次去认识,从而让学生们积极思考在现阶段结合我国国情,应该如何规范管理导游队伍。这样,虽然观点不同,但同学们都有了相应的管理思路和方案,极大地提高了学生们的学习积极性和分析问题、解决问题的能力。教与学相结合,使得课堂节奏有张有弛,跌宕起伏,使学生们听、思、说相结合,有动有静,活跃了课堂气氛,也提高了学习效率。

教学过程是知、情、意、行协调活动的统一过程,情真意切的教学语言对于提高学生的认知水平和审美情趣具有十分重要的意义。托尔斯泰曾说:"人们用语言相互传达自己的思想,而用艺术互相传达自己的感情。"因此,我们教师应讲究讲课的语言艺术,将自己的语言提炼得更精美,用优美动听的语言授课,使学生们全神贯注地沉浸在知识的海洋中,探索着知识的奥秘,感受着学习的乐趣,取得理想的教学效果。

第三节　导游队伍建设与管理

一、中国导游队伍建设历史回顾

据现有资料,中国第一代导游员出现于 1923 年 8 月上海商业储备银行的旅游部组建之时。但是,中国导游队伍真正发展壮大是在新中国成立之后。特别是 1978 年党的十一届三中全会之后,旅游业进入了蓬勃发展时期,伴随着旅游业的发展,中国导游员的聪明才智才获得了充分发挥的环境。

新中国成立后,我国导游队伍建设经历了以下几个发展阶段:

(一)初创阶段(1954~1966 年)

在当时的历史条件下,根据党的方针,导游翻译工作作为外事工作的一部分,要严格服从党的外交政策需要。无论是接待服务,还是讲解介绍,都是以外事工作原则为重。对导游工作,当时强调民间外交性质,并突出其对外宣传作用。在此期间,周恩来等中央领导同志对旅游工作,特别是导游工作十分关心。周恩来总理提出了"三过硬"要求,倡导"宣传自己,了解别人"的原则,这不仅在当时产生过巨大的鼓舞作用,而且至今仍具有指导意义。在这十余年内,在北京先后召开了五次全国导游翻译工作会议,对导游工作的性质、任务、特点、培训要求和方式、导游方法进行了广泛而富有成效的总结与探讨,取得了宝贵的共识。这个时期,导游工作充分体现出"外事型"的特点。

这一阶段,导游人数不多,大约 600 人,但导游员素质较高,从业人员多为外语专业毕业的翻译人才,不仅有较高的外语水平和文化素质,而且政治思想过硬,是新中国成立后的第一代导游员。第一代导游员为我国旅游业的发展,为创立中国导游风格、总结导游经验等做了大量的工作。他们中的许多人,如陈蔚德、王连义等都成为导游界的专家,为培养导游人才、建设导游队伍做出了巨大的贡献。

（二）停滞阶段（1966～1976 年）

这段时间，在极"左"思潮的干扰下，导游工作几乎被浓厚的"政治色彩"所掩盖，从打着红旗去机场、车站接待旅游者到领着他们下乡去"体验"农村生活，从灌输"左"的思想到把"左"的观念强加于旅游者，为旅游者提供正当的生活服务受到批判，正常的导游讲解工作变成了"革命宣传"，导游员也被要求成为"世界革命宣传员"。此前，曾有道相当积极意义的"外事型"导游工作，被强行转化为执行所谓"革命路线"的纯"政治型"导游。这段时间，旅游业全面停滞，导游队伍也受到重创。从1970 年起，在周总理的直接部署与关怀下，旅游业努力克服"左"的思潮对旅游业、导游业的影响。

（三）恢复阶段（1978 年至 20 世纪 80 年代初）

党的十一届三中全会后，我国实行对外开放政策，大批海外旅游者涌入我国。为适应旅游业的发展，各地开始组建旅行社，导游从业人员不断增多。导游职业也开始摆脱"左"的"政治型"的束缚，在继承和发扬"外事型"导游优良传统的基础上，开始重视导游工作的服务特性，以适应大批访华旅游者的需求。这一阶段，导游队伍呈现出严重的供不应求的局面。

这一时期，导游管理还是沿用 20 世纪 50 年代的管理体制，导游员是国家干部，实行国家干部的管理方式，行政上隶属旅行社，是旅行社的正式员工。这种管理体制一直持续到 20 世纪 90 年代。

（四）发展阶段（20 世纪 80 年代中期至 1989 年）

20 世纪 80 年代中期，国际、国内旅游业蓬勃发展。旅行社如雨后春笋般纷纷成立，对导游的需求不断增加，全国的导游员猛增到 2.5 万人。随着对旅游工作、导游工作的经济特性认识的提高，旅游业更注重于创利创汇创造经济效益。它促使导游职业由"外事型""服务型"向"经济型"转变。一方面，对导游工作产生了正面的、积极的作用，越来越多的人加入到导游队伍中来。导游员接待工作热情高涨，注意多接团，接好团，科学安排节目，因势利导地开展产品促销工作。另一方面，由于受到"一切向钱看"思潮和旅游行业私收回扣、索要小费等不正之风的腐蚀，少数导游员只讲私利捞"好处"，不顾国格人格，陷入"孔方兄"之内难以自拔，以致个别人做出违法乱纪之事。1987 年 8 月，经国务院批准，国家旅游局发布了关于《严格禁止在旅游业务中私自收受回扣和收取小费的规定》，明确了对这类事情的处理标准和办法，对"旅游部门有些职工从商店或餐馆收取回扣，少数旅游部门的职工私收小费、套换外汇券"的行为进行了整治，收到了一定的效果。但这次的整治，也没有铲除"回扣"这一市场顽疾，在此之后，还大有愈演愈烈之势。

这一时期，导游队伍规模迅速扩大，但由于增长速度过快，一批水平不高的人进入了导游队伍，造成了鱼龙混杂的局面，导游员素质、职业道德、知识水平、业务能力等明显落后于形势发展的需要。

（五）整顿阶段（1989～1999 年）

为了提高导游员素质，使导游服务水平适应我国旅游业的大发展，国家旅游局采取了一系列的措施整顿导游队伍。1989 年，国家旅游局在全国范围内进行了规模空前的导游资格考试；同年，在北京举办了"春花杯"全国导游大奖赛。此后，每年举行一次导游资格考试，选拔导游员。1990 年，在青岛举办了第一届全国旅游行业青工服务技巧表演大赛（含导游比赛项目），1992 年，在桂林举办了全国旅游行业服务技能大赛（含导游大赛项目），1995 年，在北京又举行了首届国内导游大赛。这些活动推动了全国导游队伍钻研、总结和提高导游技能技巧，促进了导游服务水平的提高。1994 年，国家旅游局在京、沪、川三地推行导游等级评定试点工作，1995 起，在全国实行。导游等级制度的实施，促进了导游员的自我发展，有利于我国导游队伍的建设。

这一时期，导游员人数增加到 15 万人，导游队伍的整体素质有所提高，导游队伍建设初见成效。随着社会兼职导游员的不断增多，原有的旅行社导游员管理体制已不能适应新形势的发展。另外，导游员私拿回扣、索要小费、强迫游客购物、"宰客"等现象还是时有发生，未能从根本上得到解决。

（六）规范管理阶段（1999 年以后）

为规范导游队伍的管理，国家旅游局于 1999 年 5 月颁布了《导游人员管理条例》，明确规定了导游人员的权利和义务。2000 年，国家旅游局在北京等地试行 IC 卡管理。2001 年底，颁布《导游人员管理实施办法》，规定旅游行政管理部门对导游人员实行分级管理、资格考试制度和等级考核制度、计分管理制度和年度审核制度。国家对导游人员实行计分管理（年度十分制），一次扣分达到 10 分，不予通过年审。《实施办法》明确规定了导游人员必须遵循的行为准则和违规行为的扣分标准。《实施办法》还规定，导游人员每年必须接受培训，每年累计培训时间不得少于 56 小时。2002 年，国家旅游局在我国首次建立公开合法的佣金收受制度，允许旅行社收取佣金，并纳入税务财务管理。导游员个人不允许收取佣金，旅行社必须与聘用的导游员签订劳动合同，明确劳动报酬和返回佣金比例，并纳入企业核算体系内规范管理。同时，严厉查处私章私受回扣问题。在旅游城市建立导游人员信誉档案制度和除名公告制度，同时建立全国、省、市联网的导游执业信誉档案。建立完善导游分管体系。导游分为"专职导游"相"社会导游"两部分，专职导游隶属于旅行社，由旅行社承担管理责任，特别是对导游带团过程中违规违纪行为要承担后果和责任。"社会导游"由专门的导游服务机构实行日常管理、教育培训和奖罚清退。这些手段的实施，极大地促进了导游队伍的规范建设和管理。但是也应该看到，导游队伍管理是一个复杂的系统工程，导游管理体制的改革涉及方方面面的问题和利益，导游管理的规范化还有很长的路要走，可以说任重而道远。

二、导游管理体制改革的目标模式

（一）导游管理体制现存问题及变革方向

伴随着我国社会主义市场经济体制的逐渐建立，以及旅游业各项改革政策和措施的实施，我国的导游管理体制也不断地趋于完善。特别是 1997 年，旅游业被确定为国民经济新的增长点之后，国内旅游、入境旅游、出境旅游又掀起了新高潮。旅游业的繁荣，使导游队伍急剧扩大。但同时，导游队伍也出现了新的特点，旧的管理体制已越来越不能适应导游队伍发展的需要。20 世纪 80 年代以来，我国对导游管理体制进行了若干方面的改革，也涌现出一大批出色的导游人才，但导游管理体制还是存在着各种问题，主要表现在以下几个方面：

1.缺乏竞争激励机制。长期以来，由于现行的导游管理体制缺乏竞争机制和激励机制，造成不少导游员安于现状，不思进取；几年前实行的导游等级评定制度，由于没有相对应的待遇，影响了导游员晋级的积极性，使得这一等级制度不能准确地反映导游员的真才实学和导游专业水平，造成人才难发现、难培养，致使导游队伍的整体水平难以提高。

要推行导游员职业等级制度，首先要完善等级制度，使导游员的等级真正能够真实客观地反映导游员的水平，就像教师、医生等职业的技术职称一样深入人心。标准不能制定得太高，应符合导游队伍的现状，曲高和寡，只能挫伤导游员的进取精神。目前，全国的特级导游员仅 22 名，比两院院士还少之又少，普通导游只能望洋兴叹，不敢企及。另外，导游员等级制度的推行一定要与导游员的报酬相结合。只有这样，才能真正发挥这一制度的激励作用。

2.不合理的薪金制度。导游员薪金制度的不合理突出表现在基本工资低，与导游高强度的工作不成正比；回扣成为导游员收入的主要来源；导游员收入不稳定，福利无保障；导游员报酬没有与导游服务质量挂钩。不合理的薪金制度使某些导游员急功近利，只注重眼前经济利益，不注重钻研业务，提高服务技能。有的采取各种不正当手段收受回扣、捞取好处费，甚至出现欺客宰客、强迫购物的现象，败坏了导游员的声誉，破坏了导游员的形象，进而扰乱了市场秩序。不合理的薪金制度也造成了导游队伍的不稳定性，人才流失严重，管理难度加大。

自 2002 年起，国家旅游局开始实行公对公的佣金制度。但公对公佣金制度的推行也面临着各种各样的问题和阻力。旅行社与旅游商品销售单位的经济利益关系，要通过佣金合法化得以规范，显然不那么容易。对于旅行社而言。取消"人头费",就要调整"盈利点",杜绝"零团费、负团费",就要调整旅游报价和销售策略;要与购物商店建立新型的契约关系,完善企业财务管理;"聘用导游员付酬劳",就要求建立导游员的薪金制度和福利保障制度。对于旅游购物商店,销售收入要依法纳税,商品价格要进一步规范。至于导游员,暗的收入变明,积极性会受到影响。对于其他行业,如出租汽车公司则要重新规定出租汽车租用制度、管理制度、司机劳动报酬制度等。而且,在公对公佣金制度的实行过程中,旅游行政主管部门、质检、工商、税务等部门还要加强监管力度,杜绝偷税漏税现象,督促旅行社将佣金落实到导游员手中,防止佣金变质。因此,建立公平的导游员工作报酬机制是决定性的因素。

3.社会化管理不专业。随着自由职业导游人员的增多,导游管理社会化已成为必然。从2002年起,国家旅游局已决定对导游管理实行分管体系。专职导游属旅行社管理,社会导游由导游公司管理。但由于导游社会化管理刚刚运行,还有许多不完善、不成熟的地方。

首先,对于导游公司缺乏资质认证程序和有效的监管,使得一些专业水平不高的导游公司得以成立,造成鱼龙混杂的局面。

其次,导游公司是企业,企业是以追求利润最大化为目的的。导游公司要在激烈的市场竞争中生存必然要盈利,而且是依靠导游员来盈利。这就奠定了导游公司与导游员之间的基本关系;导游公司与导游员之间没有直接的雇佣与被雇佣的关系,只是中介服务关系。其基本模式是导游员在导游公司注册,报名考试,取得资格证书和导游证后,将证书押在导游公司,每年上缴一定数额的管理费。

导游公司为导游员建立业务档案,为旅行社推荐导游员。导游公司既不付给导游员工资也不为导游员投保,即使是提供培训机会,也必须是在导游员交费的前提下进行。因此,导游公司对导游员不可能形成约束力。这样,单一依靠导游公司规范导游队伍,提高导游员素质,改善服务质量是不可能的。还必须建立旅游行政管理部门、旅行社、导游公司以及导游协会四方联动的管理体系,对导游员加强管理。

（二）导游管理体制改革的目标模式

导游管理体制改革的目的，是以确立导游员的自由职业者身份为中心环节，通过改革旅行社的运营机制、导游员的劳动制度和分配制度，形成规范化的培训制度，提高导游的技能素质，改善行政管理。导游管理体制改革的目标模式是：建立以注册导游员为基本要素、导游公司为中介机构的导游市场，这一市场通过对导游员的考核、注册、使用、评价、奖励、取酬、社会保障等环节运行，达到资源的合理配置，形成统一、开放、竞争、有序的导游市场。通过导游管理体制改革要达到以下目标：一是推动全行业提高服务质量，解决长期困扰旅游业的一些突出的问题，如导游员私收回扣、索要小费、频繁安排购物、服务技能素质低、服务态度差、旅行社控制能力弱等。二是提高导游公司的劳动生产率，增加效益，减少劳动成本支出，使导游公司增强在国内外市场的竞争力，能及时根据市场形势调整组织结构。三是调整专业管理者、导游使用者和导游员本身的相互关系，确立旅游行政管理部门、旅行社、导游公司的导游员分管体系，承认导游员劳动的价值，并使相应的分配制度和收入合理化。四是形成导游培训、管理和社会保障的正常机制，并逐步完善对导游员的行政管理体系。

三、导游员薪金制度合理化的可行性方案

导游员薪金制度合理与否直接影响他们工作的积极性、导游队伍的稳定性、导游员素质的提高和导游服务质量的改善。我国现行的导游员薪金制度有诸多的不合理因素，导致了一系列的负面影响，严重制约了导游队伍的规范发展。因此，有必要对导游员薪金制度进行剖析，透视现象，找出根源，提出可行性方案，促进导游队伍的健康、持续、稳定的发展。

（一）目前我国导游员薪金制度的不合理表现

1.导游员收入以不合法的回扣为主。目前国内导游的收入主要由基本工资、带团津贴、回扣和少量小费构成，劳动保险由旅行社代买或自己购买。

但专职导游员和社会导游员的薪金构成有一定的差别。专职导游员一般有旅行社发放的固定工资，社会导游员则没有基本工资。社会导游员的带团津贴要高于专职导游员，其中又因语种不同而有差异，外语导游带团津贴普遍高于国语导游。专职导游员的带团津贴则视旅行社的情况而定。至于小费，在海外旅游团中比较普遍,而在国内除了广东等经济发达地区的少数旅游团外，基本上没有。

回扣是旅游要素的供给方（饭店、餐厅、旅游购物商店、参观游览单位、景区交通部门等）为了争夺市场，获得经济利益，给旅行社和导游员等中介方各种名目的好处费。这部分收入既未如实入账又未在合同或其他协定中公开约定，是不合法收入。导游回扣以购物回扣为主。商店除了按进店客人的数目付给导游员"人头费"以外，还将游客购物金额的 10%～40%返利给导游员。但是，这一部分收入并不是全部归导游员所有，而回扣要在地陪导游、司机、全陪导游、旅行社和旅游汽车公司之间分配。

综上所述，导游员的收入构成如下：

专职导游员收入构成=基本工资+回扣+小费

社会导游员收入构成=带团津贴+回扣+小费

可以看出，导游员收入构成中的基本工资和带团津贴及部分小费为合法收入，但不足以养家糊口，也与高强度的工作和辛苦的付出不成正比，回扣成了大多数导游员的主要收入来源。这样，就出现了导游员薪金制度中的怪现象：本该合理收入的劳动报酬实现不了，甚至逐渐演变为不合理；而本不合法的回扣等则渐渐成为行业默认的合理收入。

2.导游员报酬与服务质量的背离。合理的分配制度应是按质论价，多劳多得。但在现在的市场环境下，导游员的劳动报酬没有与服务质量挂钩，因此，导游员报酬多寡无法反映服务质量的优劣，有时甚至出现了收入与服务质量背离的情况。我国从 1995 年起就开始实行导游员等级制度，并规定导游员等级要作为导游员劳动报酬的依据。但这一规定一直未能在旅游界执行，不同等级没有相对应的工资、津贴，因而不同等级的导游员并没有在收入上拉开档次。这使得导游等级成为一种虚名，影响了导游员晋升职称的积极性，这也是导游员等级制度一直在导游界推行不力的原因之一。

旅游团队的不同也影响着导游员的收入。在劳动强度和服务质量相似的情况下，不同的导游带领不同的团队，收入可能会非常悬殊。这种上团机会和团队的选择都不是导游员能够控制的，也与导游员的服务质量、导游级别无关、主要是看旅行社的管理人员、计调或外联人员与导游员的关系如何。这就造成了竞争的非公平性。有些导游员为了争取上团机会，为了能够上好团，不得不以各种经济手段贿赂旅行社有控团权的人员。而这种以高额投入获得的带团机会必然要换取到高额回报才有意义。于是导游员就采取各种手段，有时不惜牺牲整个旅游市场的前途来换取高回扣。这样，就出现了有高收入的导游员不一定是好导游员甚至是素质极差的导游员有高收入，而不愿昧着良心赚黑钱的好导游员却收入较低的怪现象。

3.导游员薪金的不稳定性和无保障性。导游员只有出团才能有收入。但旅游有淡季和旺季之分，特别是像青岛这样的北方海滨旅游城市，属于导游的黄金季节仅七、八两月，一年中其他大部分时间处于闲散状态。即使是旅游淡旺季不明显的地区，导游员也不可能保证天天出团。有时带团要排队；有时带团体力、精力消耗太大，需要休整；有时为了提高业务水平，准备新的旅游线路，导游员还要充电学习。在无团可带的情况下，导游员有可能一个月甚至几个月没有收入。即使带团，也并非所有导游员都必然会有高收入，因为购物权在游客手中，导游员不能强迫。由于要上缴旅行社"人头费"等费用，有时导游员有可能不仅赚不到钱还要赔钱。所以，没有基本工资和福利保险的社会导游，他们的薪金既不稳定也无保障。

（二）不合理的导游员薪金制度形成原因分析

不合理的导游员薪金制度是从20世纪80年代逐渐形成的，在行业内部获得了默认。虽然有关部门试图改变，但始终不能打破这种使各方面利益达到均衡的体制。究其原因，主要是它有一定的生存的合理性土壤。

1.导游工作的特殊性。导游工作极其辛苦，劳动强度大，工作时间长，需要在外独立运作，风险性较大，并要求有较高的知识水平和修养，应该说导游工作是一项策划与实施并举、脑力劳动和体力劳动高度结合的工作。精力体力的高度付出，就必然要有较高的经济回报。在社会不能满足其基本工资需求的情况下，回扣成为导游员收入的主要来源。

旅游业淡旺季差异明显，造成了导游员收入的不稳定性。这种收入的不稳定性和福利的无保障性，又促使导游员在旅游旺季必须拼命赚钱，以弥补淡季的无收入或低收入。这样，有的导游员就不可避免地出现急功近利的想法和做法，加剧了导游员薪金的不合理。

导游服务的无形性、一次性、生产与消费的同步性，导游工作的相对独立性，使得导游服务质量的监督和管理非常被动。导游服务质量往往以游客满意度来衡量，但游客的满意取决于多方面的因素，而且难以准确度量。由于相关部门无法用统一标准来衡量导游员的服务质量，无法对其进行有效的管理监督，因而也无法将导游员服务质量与其收入直接挂钩。

导游工作具有高关联度的特点，导游服务的实现对旅游相关行业具有相当程度的依赖性。导游服务质量不能单独由导游员的服务来决定，还有部分或大部分由相关单位的服务质量来决定，这就使得导游员的服务质量无法突显，有时甚至被相关单位的服务不到位所湮没或抵消。由于目前旅游业各行业间各自为政，监督处罚机制不完善，服务质量责任定性困难，容易引起游客与导游员之间的矛盾，使导游员成为投诉的焦点。而一旦发生投诉，旅行社往往把投诉产生的经济损失转嫁到导游员身上。这在一定程度上也影响了导游员收入的稳定性。

2.旅游市场不规范。首先表现在旅行社的恶性削价竞争。由于旅行社业进入门槛较低，旅游行业的市场机制不健全，加上当前旅行社中普遍存在的不合规范的承包经营，旅行社产业急剧扩张。一些主管部门没有发挥应有的宏观调控作用，加剧了旅行社业的过度竞争。在竞争的压力和利益的驱使下，许多旅行社仅以"顾客导向"为主，忽视"成本导向"，竞相以削价为主要手段来销售产品，使得销售价与采购价之间的差异微乎其微，为保证必要的组团利润，旅行社只有取消导游的薪酬、降低接待标准，甚至纵容导游员带客购物，以获得不菲的"人头费"和购物签单。在旅行社恶性的削价竞争情况下，导游员不但不能获得应得的带团酬劳，还要交给旅行社数量不等的"人头费"和签单费，于是就只能通过领游客购物来取得自己必要的收入。可以说，旅行社组团利润的偏低和恶性低价竞争使得导游不得不把很大一部分精力放在购物上，而不能专心带团，这是形成以回扣为主的导游员薪金体制的最重要原因，也是导致导游服务质量下降的最直接原因。

其次，旅游购物市场有待完善。导游员引导客人购物是旅游服务中的必要环节，取得一定比例的佣金作为宣传促销奖励十分正常。问题是我国旅游商品的研发与市场脱节，各地购物商店的商品缺乏鲜明的地方特色和民族特色，加之又做工粗糙甚至为假冒伪劣商品，没有吸引力，于是许多商店只有靠给导游员和司机高额回扣来吸引顾客。

再次，缺乏对司机的有效监督和管理。在迅速发展的旅游业面前，旅游车司机的培训和管理已明显滞后，司机的素质和服务质量良莠不齐。司机接团本身就有不菲的车费，所以司机与导游员分得同样比例的回扣是不合理的。由于有回扣可得，部分司机甚至愿意低成本接团，或向车队交"人头费"，这势必扰乱了市场秩序，破坏了公平竞争环境。导游员和司机在行程中是平等合作的关系，大多数决定都是两者共同做出的，但出现服务质量问题时往往是导游员受处分。究其原因，一是由于需要配备专门的技术、车辆，旅游车驾驶员经常是供不应求，旅行社在考虑司机时首先关注车型和车费，而不在乎其品质和内在素质。二是管理法规上的漏洞，例如，在《导游人员管理条例》中，列举了多条针对导游员的明细惩罚条文，而在已废止的《旅游汽车、游船管理办法》中，对司机服务质量的明细要求和惩罚不多，而且很少真正执行。

最后，游客旅游消费心理尚不成熟。随着生活水平的提高，出游的人越来越多，但是，旅游者各方面的素质亟待提高。游客选择线路和旅行社时往往只比较价格，对相应的法律、法规了解不多，缺乏必要的维权意识。不愿为高质量的旅游服务付较高的费用．总期望以较低的价格享受同等的服务。这种"少花钱，多办事"，图小便宜的消费心理是促使旅行社恶性削价竞争出现的原因之一，也是假冒伪劣产品能够长期存在的原因。

3.社会环境及管理体制的问题。导游员的工作虽辛苦，但社会地位不高。整个社会缺乏对导游员的人文关怀。许多人对导游员的工作缺乏正确的认识，甚至将导游同倒爷、导购联系在一起。有的游客不尊重导游员，对导游员有歧视心理。即使在旅行社内部，导游员也属于弱势群体，有时甚至要花钱买团带。旅行社没有将导游员视为人才，需要时雇用，不需要时解聘，不重视对导游人力资源的开发管理，仅仅给付极低的工资。对导游员有效激励手段不多，奖罚不分明，多采用惩罚手段转移经营风险。

对导游员的负面报道多，正面宣传少．为导游员争取利益的呼声更少。近年来，对导游员私受回扣、索要小费等负面报道日益增多，极大地败坏了导游员的形象，使导游员的生存环境日益艰难。管理部门对回扣现象采取堵、压等各种打击手段，不注重整个市场环境的综合治理，仅仅从导游员身上找原因，拿导游员开刀，并不能从根本上解决问题。对导游员的管理，重视治理整顿，忽视正常需求。即使在新颁布的《导游人员管理条例》中，也是规定义务多，享受权利少；处罚手段多，激励措施少。所有这些都直接或间接地影响了导游员的薪金制度的合理性。

（三）导游员薪金制度合理化的可行性方案

导游员薪金制度的合理化，关键是加强导游员收入中的合理部分，将不合理的部分合法化。其具体方案如下：

1.基本工资。规定旅行社必须支付给专职导游员基本工资，其数额不低于当地平均工资水平。

2.带团津贴。由旅行社交付。按照导游员的等级、语种、服务质量等分设不同档次的津贴标准。将津贴与导游员等级、服务质量直接挂钩。服务质量由游客评价表、导游服务档案等来体现。

3.佣金。变不合法的回扣为合法的佣金。根据《反不正当竞争法》，在商品购销中可以给中间商佣金，但必须满足两个条件：一是"明示"，即在合同、发票等中明确表示；二是"入账"，即依法纳税。因此，只要"旅行社与定点接待单位事先签订合同、确定佣金比例，支付方式，并报旅游行政管理部门备案"即为合法行为。定点单位提计的佣金必须计入销售成本,旅行社则将其列入营业收入。旅行社从佣金中提出一定比例作为导游员收入的一部分。

4.导服费。给付小费是文明程度的体现,也是对导游员工作的认可与感谢。固定、灵活的小费给付,既有助于导游员与游客之间形成良性互动,又增加了导游员的正式收入。但鉴于在我国一直视小费为"不正当收入",可以将小费更名为"导服费",使其更符合中国国情。其实,在旅行社的综合报价中,一直含有导游服务费这一项,但由于旅行社的恶性削价竞争,使得导游服务费名存实亡,更不可能到达导游员的手中。旅行社应根据本地的平均收入水平、客源状况和接团要求,制定具体的导服费给付标准,定出每位游客应付的导服费下限,在产品报价中明示,再由客人视导游员的服务质量浮动。而且必须保证导服费是直接付给导游员的,旅行社不得从中克扣。这样,将导游员的导服费收入与其工作量和服务质量紧密地联系在一起,促使导游员努力地提高自己的服务水平,以获得较高的物质回报。

(四)导游员薪金制度的实施

不合理的薪金制度不能全面评价导游员的工作量和工作质量,不能保证导游员劳动价值的补偿,挫伤了导游员的服务积极性,使得服务质量再好的导游员也会滑向"导购员",妨碍了旅游业的健康发展。改革现行的导游员薪金制度,使导游员形成自我约束、自我激励、自由竞争的内在机制,势在必行。但是,改变导游员薪金制度的不合理现状,不是一朝一夕就能完成的,铲除"回扣"这一旅游市场顽疾,不仅仅是导游队伍建设管理的问题,也不是仅仅提高导游员素质就能解决的问题。合理的薪金制度的实施要触动多方面的利益,要靠各方面的努力,它是一项综合的系统工程,具有艰巨性、复杂性和长期性,必须从各方面着手,为导游员薪金制度的合理化营造适宜的环境。

1.政策环境。导游员薪金制度的合理化必须依赖国家政策、法律、法规的支持。必须明确规定导游员依法取得劳动报酬的权利。确立公对公的佣金制度，并加大监管力度，为促进小费的合法化，应尽快出台相关政策对小费、佣金进行规范。

2.管理环境。建立健全导游管理机制，提高旅游服务的诚信度。目前，在全国推行实施的导游员计分制管理为《导游员管理条例》的执行提供了一个比较可行的监督检查机制和手段。还应着手研究、建立旅行社服务质量公告制度、旅游投诉公告制度、导游员业绩考核公告制度、旅游投诉责任追究制度、中外游客意见反馈制度、重大旅游案件公告发布制度、旅游购物场所信誉评价制度、旅游景区评价体系等。

3.市场环境。首先要杜绝旅行社的恶性削价竞争。恶性削价竞争不但不会促进服务质量的改善，反而会导致质量被忽视、无意保证质量或无力保证质量。从当前来看，加强旅游价格的市场监控、恢复正常的组团利润十分必要。一方面要制定旅游产品单项服务的最低和最高限价并向社会公布，以制止恶性削价竞争；另一方面要加强监督检查，防止通过减少服务项目或降低服务标准来削价竞争，并对削价竞争者和扰乱市场秩序者采取坚决有力的处罚措施，以维护市场秩序。当然，更重要的是，加快旅行社的体制改革和企业重组，建立现代企业制度，提高企业素质。同时完备法治体系，提高行业进入门槛，杜绝部门承包，通过专业化分工、市场细分和加强管理来提高旅游企业生产效率和整体效益，使旅行社间的竞争由低价竞争向质量竞争、人员素质竞争转变。同时加强对旅行社的管理，强化优胜劣汰机制，对于连导游员工资都发不出的旅行社要坚决予以淘汰。

其次，加强对旅游定点商店的管理。一是对旅游商店也要建立信誉档案制度和年审制度。对于存在强拉强卖、以次充好、欺客宰客行为的商店坚决予以取缔。二是对旅游商品制定指导价格。目前，定点购物商店的商品，品种繁多，标价混乱，质地及生产年代不清，等级无对比性。为了保证旅行社的合理收入——购物佣金，政府相关部门应该联合起来对定点商店的旅游商品进行分类，分等级，鉴定质地，并制定政府指导价格，加贴中国旅游局的标签。切实地做到定点商店比路边小店货真、货全、有质量保证。

再次，加强对旅游车司机的管理。作为接待团队的"前台"工作人员中的一员，司机在为游客提供令人满意的旅游产品中发挥着极为重要的作用。因此，有必要将对导游的管理与对司机的管理结合起来，与车队紧密配合，加强对司机的监管。一是规范车费相佣金比例。有关部门应与旅游汽车公司、旅游车司机合作，制定正常的租车资费标准，逐步降低司机的佣金分配比例，使其收入以正常的车费为主。二是规范司机服务质量。有关部门应健全相应的法律法规，加强培训、检查和监督，提高司机的服务质量。

最后，提高游客的自我保护意识和文明程度。一是提高旅游者的维权意识。游客应了解旅游企业运作的程序和规则，使之能更好地与旅游企业、导游员配合，确保游程的顺利进行。此外，还应使他们了解必要的旅游质量法律、法规。对旅游行业管理者来说，旅游者自我保护意识的增强就相当于一支流动的、庞大的监督队伍。二是建立理性的出游期望。管理部门应加强信息化管理，与旅行社、新闻媒体等单位配合，准确、及时地传递旅游信息，引导游客转变旅游观念、做出合理的旅游决策、建立恰当的旅游期望值，在保证旅游企业自身利益的情况下尽可能地使旅游者效益满足最大化。三是加强自身文明修养。游客在出游中要遵纪守法、爱护旅游资源，做文明的旅游者。给予包括导游员在内的服务人员应有的尊重和配合，培养团队中理解、信任、友好的集体氛围，促成与导游员之间感情的双向交流。

4.社会环境。增加整个社会对导游员的人文关怀。由于导游服务和旅游服务一样具有脆弱性和敏感性的特点，一旦形象遭到破坏就很难恢复。媒体报道应客观、公正、公平，对公众进行正确的引导，让广大人民群众能对导游员和导游工作多一些客观的认识，了解导游工作的辛苦，对导游员能够多一些理解和支持。

5.成立导游协会。由导游协会反映导游员的呼声，沟通导游员同有关企业和部门的联系，维护导游员的合法权益。

第九章 市场营销观念

在市场经济日益发展和市场竞争日益激烈的今天,市场营销到底是什么?市场营销从最早个别经营技巧发展到有规律的营销策略,进而演进到市场售销是经营哲学,期间经历了漫长的过程。菲利普·科特勒在《营销管理》第8版的序言中曾经说过:"毫不奇怪,今天能取得胜利的公司必定是那些最能使它的目标顾客得到满足,并感到愉悦的公司。这些公司把市场营销看成是公司的整体哲学,而不仅仅是某一部门的个别职责。"市场营销不仅是一门应用学科、一门艺术,而且是一门哲学。任何企业的营销管理都是在特定的哲学思想指导下进行的,确立正确的市场营销哲学,对企业经营成效具有决定性意义。

第一节 市场营销观念演变

作为市场营销活动普遍的、本质的和原则性的营销哲学,是一种客观存在,如同人的行为要受到一定的思想观念支配一样,企业营销行为也总是受到一定的观念所支配。市场营销观念是指企业在进行市场营销活动时持有的基本认识和基本思想。

由于市场环境的不断变化,企业在不同时期产生了不同的市场营销观念。这种市场营销观念是指导企业进行市场营销活动的基本指导思想和经营哲学,它是一种观念、一种态度或一种企业思维方式。

市场营销观念的核心是企业如何正确处理企业、顾客和社会三者利益之间的关系,如图2-1所示。从"以生产为中心"转变为"以顾客为中心""以企业利益为中心"转变到"以社会利益和顾客利益、企业利益"三者并重的营销观念的演变过程,既反映了社会生产力及市场趋势的发展,也反映了企业对市场营销发展客观规律认识的深化。

市场营销观念随着经济的发展而不断演变,经历了五个发展阶段,生产观念、产品观念、推销观念、市场营销观念和社会营销观念。

一、生产观念

生产观念是指导企业营销活动最古老的观念,产生于19世纪末20世纪初。由于社会生产力水平还比较低,商品供不应求,市场经济呈卖方市场状态。正是这种市场状态,导致了生产观念的流行。其基本思想是以生产为中心,其中心任务是集中一切力量改善设备和工艺,增加产量,生产什么就销售什么,根本不用考虑顾客的要求。在这种营销观念指导下,企业的经营重点是努力提高生产效率,增加产量,降低成本,生产出让消费者买得到和买得起的产品。因此,生产观念也称为"生产中心论"。

二、产品观念

产品观念产生于市场供不应求向供过于求的转变期。在这样的市场形势下,企业营销管理者认为,买主喜欢精心制作的产品,因此致力于生产优质产品,提高生产的效率,并不断改进产品,使之日臻完善;消费者最喜欢高质量、多功能和含有某种特色的产品,消费者能够鉴别产品的质量和功能,并且愿意出较多的钱购买质量上乘的产品。只要企业努力制造出好的产品,就不愁挣不到钱。"酒香不怕巷子深"是这种观念的真实写照。

产品观念指导下的企业在设计产品时很少让顾客介入,它们相信本企业的工程师知道该怎样设计和改进产品,它们甚至不考察竞争者的产品,因此也常出现顾客"不识货"不买账的情况。

企业往往从自我出发,孤芳自赏,使产品改良和创新处于"闭门造车"状态,而不是放在市场需求上,在市场营销管理中缺乏远见,只看到自己的产品质量好，看不到市场需求在变化，从而产生"市场营销近视症"。

三、推销观念

推销观念产生于 20 世纪 30 年代至第二次世界大战结束前后，是在生产观念基础上发展起来的一种营销哲学。大萧条过后，世界资本主义工业得到了大发展，社会产品日益增多，许多商品开始供过于求，企业面临着严重的产品销售问题。为了谋求生存和发展，企业纷纷重视推销工作，研究推销术，大力进行广告宣传等，以诱导消费者购买产品。这种营销观念是"我推销什么，你就接受什么"，并认为如果企业采取强有力的推销措施，就有可能促使顾客购买更多的商品，商品销售能否成功，关键取决于企业的推销能力。经过强有力的推销、刺激、诱导，顾客就会产生购买行为。

推销观念的基本思想是以销售为中心，采取主动推销和积极促销的方式。由生产观念、产品观念转变为推销观念，是企业营销哲学上的一大变化。但这种变化没有摆脱"以生产为中心""以产定销"的观念。前者强调生产产品，后者强调推销产品。所不同的是生产观念是等顾客上门，而推销观念是加强对产品的宣传。

四、市场营销观念

市场营销观念是 20 世纪 50 年代中期才正式形成的一种新的营销哲学，这种观念的产生和应用是对在这之的各种营销观念的一种质的变革，它的核心是从以企业的需要为经营出发点变为以满足消费者的需要为经营出发点，简单地说就是顾客需求导向。

第二次世界大战后，随着科学技术的迅速发展，各资本主义国家的生产得到了恢复性的增长，物质产品不断地丰富，为顾客提供了多样化的选择；与此同时，消费者收入水平的普遍提高促使消费者的购买力水平有了较大幅度的提高，对商品有了更多的选择权利。随着市场的进一步发展，产品出现供过于求的状况，企业间的竞争进一步加剧。面对这样的市场环境，许多企业认识到：只有分析和研究市场需求，采用一切手段与方法来满足用户和消费者的需求，企业才能在激烈的市场竞争中求得生存和发展。因此不少大企业开始提出"哪里有消费者的需要，哪里就有我们的机会""顾客是上帝""发现欲望并满足他们"等口号，说明企业已开始运用市场营销观念来指导营销活动。

市场营销观念具有如下四个特点：

1.以消费者需求为中心，实行目标市场营销。

2.运用市场营销组合手段，树立整体产品概念，刺激新产品开发消费者的需求。

3.通过满足消费者需求而实现企业获取利润的目标。

4.市场营销部门成为指挥和协调企业整个生产经营活动的中心。企业中各部门与营销或销售部门的活动协调一致，开展整体营销活动—生产适销对路的产品；制定适宜的价格；采用适当的促销方式和手段；利用适合的分销渠道，达到在满足顾客需要和利益的基础上，获取企业的合法利润的目的。

以上四个特点构成了市场营销的四个支柱，即目标市场、顾客需要、整体营销和盈利率。市场营销观念改变了以企业为中心的旧观念的思维逻辑，它力求在企业营销管理中贯彻顾客至上的原则，将管理的中心放在发现和了解顾客需要上，并使其满意，从而实现企业的目标。

五、社会营销观念

20 世纪 70 年代西方国家普遍出现能源短缺、环境污染、通货膨胀和失业率提高、消费者保护运动等问题，要求企业在进行市场营销活动时统筹兼顾三个方面的利益，即企业利润、顾客需要和社会利益。西方营销学界提出了一系列的新概念，如生态营销、绿色营销等，其共同点是认为企业不仅要考虑消费者的需要，还要兼顾到整个社会的利益，考虑到社会的可持续发展问题。

社会营销观念是对市场营销观念的修改和补充。其基本思想是：企业提供产品，不仅要满足顾客的需要和欲望，而且要符合顾客和社会的长远利益，企业要关心与增进社会福利、营销要有利于并促进社会的可持续发展。这种观念提出，企业的任务是确定各个目标市场的需要、欲望和利益，提高消费者和社会福利的形式，比竞争者更有效、更有力地向目标市场提供满足需要、欲望和利益的物品和服务。在这个观念的指导下，现代企业可以很好地将企业利益、消费者利益、社会利益有机地结合起来，因此可以说，社会营销观念是一种迄今为止最完善的市场营销观念。

六、五种营销观念的比较

五种营销观念的产生和存在都有其历史背景和必然性，都是与一定的历史条件相联系、相适应的。五种营销观念分别适应了不同时代的发展和需要，也科学地阐明了企业经营成功的原因。随着企业经营实践进一步的发展和市场环境条件进一步的变化，企业的营销观念也将不断地发展和变化，在适应新的市场环境和经营实践的过程中不断地得到充实和完善，产生新的营销观念。

第二节 顾客满意与顾客忠诚

随着市场竞争日益激烈，企业的竞争已从基于产品的竞争转向基于顾客资源的争夺，关注顾客、研究顾客、探讨顾客满意、达成顾客忠诚已经成为企业的焦点。顾客满意与顾客忠诚已成为企业经营的目标和追求。一个企业拥有忠诚顾客的多少，决定这个企业能力的大小。

一、顾客与顾客满意

（一）顾客

什么是顾客?顾客对企业有多重要?顾客的种类有哪些?我们的顾客在哪里?这些问题已成为企业经营者殚精竭虑考虑的问题。

从营销学的角度我们可以认定顾客就是市场，是由产品或服务的购买者构成的，包括个人和组织集团。顾客有多少，我们的市场就有多大。顾客决定着企业的生死存亡，一个没有顾客的企业是不能生存和发展的。顾客对企业的重要性不言而喻，决定着企业的利润、企业对社会的贡献，主宰着员工的就业……研究显示，开发一个新顾客的成本相当于维护一个老顾客的 5 至10 倍。

作为一个企业，必须了解顾客，关注顾客，分析顾客，并为其提供服务。顾客按时间分，可以分为过去（曾经购买过）的老顾客、现在（正在交易）的新顾客、未来（可能发生交易）的潜在顾客。按所处位置分为内部顾客（从业人员、基层员工、主管，甚至股东）和外部顾客（现实顾客、潜在顾客、各类公众等）。按其对企业的价值来分，可以分为重要顾客、一般顾客和负顾客（传播负面信息的顾客）。按照满意程度可以分为满意顾客、忠诚顾客和不满意顾客，按交易的次数可以分为交易顾客和关系顾客，交易顾客只关心产品或服务的价格可能仅仅因为略微的价格差异，就更换供应商；关系顾客希望能找到可信赖的供应商，他们往往寻找能供应可靠商品的、注重顾客关系的企业。

（二）顾客满意

企业要获得竞争优势，做得比竞争对手更好，那就要实施顾客满意。顾客满意起源于 20 世纪 80 年代末期，1988 年瑞典建立了顾客满意指数，1991年美国开始了顾客满意的研究与推广工作，随后日本、中国等国家也进行了研究与普及工作，顾客满意在各行各业都已得到普遍的应用，产生了很好的效果。

菲利普·科特勒认为，顾客满意"是指一个人通过对一个产品的可感知效果（或结果）与他的期望值相比较后，所形成的愉悦或失望的感觉状态"。亨利·阿塞尔也认为，当商品的实际消费效果达到消费者的预期时，就导致了满意，否则，导致顾客不满意。2000 年版 ISO9000 标准对顾客满意做出了明确的定义：顾客对其要求已被满足的程度的感受。吴健安教授认为：顾客满意是指顾客对一件产品满足其需要的绩效与期望进行比较所形成的感觉状态。从上面的定义我们可以看出，顾客满意反映的是顾客的一种心理状态，是一种期望（或者说预期）与可感知效果比较的结果，它是一种顾客心理反应，而不是一种行为，这种反应来源于顾客对企业的某种产品／服务消费所产生的感受与自己的期望所进行的对比。也就是说"顾客满意"并不是一个绝对概念，而是一个相对概念。

因此，顾客满意与否，涉及顾客购买产品后实际感受的绩效与其期望的差异程度。如果绩效大于期望则会满意，大大地超越期望则会十分满意，产生愉悦的感觉；如果绩效小于期望，则产生不满意或抱怨，从而转移"阵地"。

顾客的期望主要来源于过去的购买经验、朋友或同事的影响、企业做出的承诺等。购买经验包括对企业价值、产品价值、品牌价值等的认识。若企业使顾客的期望过高，而企业的产品或服务又跟不上的话，则会降低满意程度。顾客感知绩效来源于顾客消费产品或服务后的感受，这种感受的绩效大小取决于企业的营销努力以及顾客的认知。营销工作做得越好，则绩效越大；反之亦然。如果顾客的认知程度高，则绩效会较大；认知程度低，则绩效差。

正如一张 Windows Sp2 对于一个不懂电脑的人来说，他所感知的绩效就很低，甚至为零。

二、顾客让渡价值

在一定的搜寻成本和有限的知识、一定的收入等因素的限定下，顾客是价值最大化的追求者，他们将从那些能够提供最高顾客让渡价值的公司购买商品。

正如唐·舒尔茨所说的那样："市场的权力结构正在发生变迁，市场权力开始从过去的厂商，过渡到后来的渠道（销售商）和现在的消费者（顾客）手中。"在消费者掌握市场主权的情况下，企业要想在激烈的竞争中取胜，必须要真正做到以顾客为导向，全面了解消费者的行为。为此，菲利普·科特勒提出了"顾客让渡价值"的概念，他认为通过最大限度地为顾客让渡价值，可以实现"顾客满意"和"顾客忠诚"。

（一）顾客让渡价值的内涵

顾客让渡价值（Customer Delivered Value）是指顾客总价值与顾客总成本之差，顾客总价值（Total Customer Value）就是顾客从某一特定产品或服务中获得的一系列利益，包括产品价值、服务价值、人员价值和形象价值；而总成本包括货币成本、时间成本、精神成本和体力成本等，如图 2-3 所示。

1.产品价值

产品价值是由产品的质量、功能、规格、式样等因素所产生的价值。产品价值是顾客需求的核心内容之一，产品价值的高低也是顾客选择商品或服务所考虑的首要因素。

2.服务价值

服务价值是指企业向顾客提供满意所产生的价值。服务价值是构成顾客总价值的重要因素之一。从服务竞争的基本形式看，可分为追加服务与核心服务两大类。追加服务是伴随产品实体的购买而发生的服务，其特点表现为服务仅仅是生产经营的追加要素。从追加服务的特点不难看出，虽然服务已被视为价值创造的一个重要内容，但它的出现和作用却是被动的，是技术和产品的附加物，显然在高度发达的市场竞争中，服务价值不能以这种被动的竞争形式为其核心。核心服务是追加服务的对称。

核心服务是消费者所要购买的对象，服务本身为购买者提供了其所寻求的效用。核心服务则把服务内在的价值作为主要展示对象。这时，尽管存在实体商品的运动，两者的地位发生了根本性的变化，即服务是决定实体商品交换的前提和基础，实体商品流通所追求的利益最大化应首先服从顾客满意的程度。这正是服务价值的本质。

3.人员价值

人员价值是指企业员工的经营思想、知识水平、业务能力、工作效率与质量、经营作风以及应变能力等所产生的价值。只有企业所有部门和员工协调一致地成功设计和实施卓越的竞争性的价值让渡系统，营销部门才会变得卓有成效。因此，企业的全体员工是否能在经营观念、质量意识、行为取向等方面形成共同信念和准则，是否具有良好的文化素质、市场及专业知识，以及能否在共同的价值观念基础上建立崇高的目标，作为规范企业内部员工一切行为的最终准则，决定着企业为顾客提供的产品与服务的质量，从而决定顾客购买总价值的大小。由此可见，人员价值对企业进而对顾客的影响作用是巨大的。

4.形象价值

形象价值是指企业及其产品在社会公众中形成的总体形象所产生的价值。形象价值是企业各种内在要素质量的反映。任何一个内在要素的质量不佳都会使企业的整体形象遭受损害，进而影响社会公众对企业的评价，因而塑造企业形象价值是一项综合性的系统工程，涉及的内容非常广泛。显然，形象价值与产品价值、服务价值、人员价值密切相关，在很大程度上是上述三方面价值综合作用的反映和结果。

5.货币成本

货币成本是顾客在购买产品或服务中所支出的货币大小，它是构成顾客总成本大小的主要因素，影响着顾客的最终性购买。在货币成本相同的情况下，顾客还要考虑所花费的时间成本、精神成本和体力成本等因素。例如：从三亚到北京有三种方式可以选择，即坐飞机、火车和汽车，如果票价相差不大，我们就会根据自己对时间和精力的要求来做出选择。

6.时间成本

时间成本是顾客为想得到所期望的商品或服务而必须处于等待状态的时间和代价。时间成本是顾客满意和价值的减函数，在顾客价值和其他成本一定的情况下，时间成本越低，顾客购买的总成本越小，从而"顾客让渡价值"越大；反之，"让渡价值"越小。因此，为降低顾客购买的时间成本，企业经营者必须对提供的商品或服务要有强烈的责任感和事前的准备，在经营网点的广泛度和密集度等方面均需做出周密的安排；同时努力提高工作效率，在保证商品服务质量的前提下，尽可能减少顾客为购买商品或服务所花费的时间支出，从而降低顾客购买成本，为顾客创造最大的"让渡价值"，增强企业产品的市场竞争力。

7.精神成本和体力成本

精神成本和体力成本是指顾客购买商品时，在精神、体力方面的耗费与支出。在顾客总价值与其他成本一定的话况下，精神和体力成本越小，顾客为购买商品所支出的总成本越低，从而"让渡价值"越大。因此，企业如何采取有力的营销措施，从企业经营的各个方面和各个环节为顾客提供便利，使顾客以最小的成本耗费，取得最大的实际价值是每个企业需要深入探究的问题。

（二）顾客让渡价值实现方法

能增大顾客让渡价值的有效方法。这些方法可以指导我们在实际工作中采取恰当策略，减少盲目性。例如，当与竞争产品旗鼓相当时，若品牌价值不及竞争对手，则可通过提升产品价值（向顾客强调高附加值、高科技含量等）、提升人员价值（培训与顾客直接沟通的人，如业务人员、导购人员、礼仪人员等）及减少货币成本（产品价格）和非货币成本（减少顾客购物时间、简化配送程序、减少顾客风险等）的方式来弥补。若产品价格与竞争者相比无明显优势，则可通过提升产品价值、人员价值、服务价值、品牌价值（强调驰名商标，中国名牌产品等）等构成总顾客价值的要素来弥补，并适时减少顾客购物时的非货币成本。

顾客让渡价值概念的提出为企业经营方向提供了一种全面的分析思路。首先，企业要让自己的商品能为顾客接受，必须全方位、全过程地改善生产管理和经营，企业经营绩效的提高不是行为的结果，而是多种行为的函数。以往我们强调营销只是侧重于产品、价格、分销、促销等一些具体的经营性的要素，而让渡价值却认为顾客价值的实现不仅包含了物质的因素，还包含了非物质的因素；不仅需要有经营的改善，还必须在管理上适应市场的变化。其次，企业在生产经营中创造良好的整体顾客价值只是企业取得竞争优势、成功经营的前提，一个企业不仅要着力创造价值，还必须关注消费者在购买商品和服务中所倾注的全部成本。由于顾客在购买商品和服务时，总希望把有关成本，包括货币、时间、体力和精神等成本降到最低限度，而同时又希望从中获得更多实际利益。因此，企业还必须通过降低生产与销售成本，减少顾客购买商品的时间、体力与精神耗费从而降低货币和非货币成本。显然，充分认识顾客让渡价值的含义，对于指导工商企业如何在市场经营中全面设计与评价自己产品的价值，使顾客获得最大限度的满意，进而提高企业竞争力具有重要意义。

（三）顾客让渡价值实现的途径

1.价值链

罗伯特·林格伦有句名言："真正的问题所在是价值，而非价格"。哈佛大学的迈克尔·波特针对如何实现顾客让渡价值的问题，提出了"价值链"的概念：公司的设计、生产、销售、服务等部门构成一个内部价值链，供应商、分销商、最终顾客构成外部价值链。

价值链列示了总价值，并且包括价值活动和利润。价值活动是企业所从事的物质上和技术上的界限分明的各项活动，这些活动是企业创造对买方有价值的产品的基石。利润是总价值与从事各种价值活动的总成本之差。

价值活动分为两大类：基本活动和支持性活动。基本活动是涉及产品的物质创造及其销售、转移至买方和售后服务的各种活动。支持性活动是辅助基本活动，并通过提供采购投入、技术、人力资源以及各种公司范围的职能支持基本活动。

（1）涉及任何产业内竞争的各种基本活动有五种类型

①进料后勤：与接收、存储和分配相关联的各种活动，如原材料搬运、仓储、库存控制、车辆调度和向供应商退货。

②生产作业：与将投入转化为最终产品形式相关的各种活动，如机械加工、包装、组装、设备维护、检测等。

③发货后勤：与集中、存储和将产品发送给买方有关的各种活动，如产成品库存管理、原材料搬运、送货车辆调度等。

④市场营销：与提供买方购买产品的方式和引导它们进行购买相关的各种活动，如广告、促销、销售队伍、渠道建设等。

⑤售后服务：与提供服务以增加或保持产品价值有关的各种活动，如安装、维修、培训、零部件供应等。

（2）在任何产业内所涉及的各种支持性活动可以被分为四种基本类型

①采购：指购买用于企业价值链各种投入的活动，采购既包括企业生产原料的采购，也包括支持性活动相关的购买行为，如研发设备的购买等。

②研究与开发：每项价值活动都包含着技术成分，无论是技术诀窍、程序，还是在工艺设备中所体现出来的技术。

③人力资源管理：包括各种涉及所有类型人员的招聘、雇佣、培训、开发和报酬等活动。人力资源管理不仅对基本和支持性活动起到辅助作用，而且支撑着整个价值链。

④企业基础设施：企业基础设施支撑了企业的价值链条。

对于企业价值链进行分析的目的在于分析公司运行的哪个环节可以提高客户价值或降低生产成本。对于任意一个价值增加行为的关键在于：a.是否可以在降低成本的同时维持价值（收入）不变；b.是否可以在提高价值的同时保持成本不变；c.是否可以在降低工序投入的同时又保持收入不变；d.更为重要的是，企业能否可以同时实现上述三条。

价值链的框架是将链条从基础材料到最终用户分解为独立工序，以理解成本行为相差异来源。通过分析每道工序系统的成本、收入和价值，业务部门可以获得成本差异、累计优势。

企业的价值链不是一堆相互独立的活动，而是一个由相互依存的活动组成的系统。企业的价值链不仅在内部是互相联系的，而且和其供应商及销售渠道的价值链密切相关。因此，供应商和销售渠道的活动影响着企业的成本和效益，也影响着企业实现顾客让渡价值最大化。

2.业务流程

企业为了实现顾客满意，采用迈克尔·波特的价值链作为工具后，还缺乏一个重要的环节，即改造公司的业务流程，消除公司人为设置的一些壁垒和障碍。一般来说，企业的"核心业务流程"有以下几种形式：

（1）新产品的实现流程，它包括发现、研究，以及成功制造新产品的所有活动。这些活动必须快速、高质量，而且要达到预定成本目标。

（2）存货管理流程，它包括开发和管理合理储运地点的活动，以使原材料、半成品和成品能实现充分供给，不至于因为库存过大或库存不足而造成成本上升。

（3）订货—付款流程，它包括接受订货、核准销售、按时送货以及收取货款等活动。

（4）顾客服务流程，它包括顾客在公司内很顺利地找到适当的当事人，以得到迅速、满意的服务，回答以及解决问题的活动。

上述四种核心业务流程对于企业实现内部协调、提高顾客让渡价值具有重要作用。

其中，新产品的实现流程可以根据顾客的需求及时生产出高质量的产品，从而提高企业的产品价值；存货管理流程可以最大限度地降低企业的生产成本和储运成本，从而降低顾客购买时的货币成本；订货—付款流程和顾客服务流程可以及时准确地发送货物、收取货款，为顾客提供满意的服务，从而提高企业的服务价值，降低顾客采购成本，实现顾客让渡价值最大化。

3.全面质量营销

企业提高顾客让渡价值，建立顾客让渡价值系统的工作不可能由企业的营销部门单独完成，这需要企业的市场营销部门与其他部门很好地协调，在企业内部实行全面质量营销。

美国质量控制协会对此所下的定义是：质量是一种产品或服务的性能和特征的集合体，它具有满足现实或潜在需求的能力。我们认为，这是一种以顾客为中心的质量定义。顾客有一组需求、要求和期望，当卖方的产品和服务符合或超过了期望，我们可以说卖方在传递质量。

一个具有竞争力的企业必须是建立顾客让渡价值系统的企业，而企业要建立顾客让渡价值系统，必须首先树立全面质量营销的观念。那么，如何理解全面质量营销呢？

（1）质量一定是由顾客所理解的。质量工作开始于顾客的需求，结束于顾客的理解，因此质量改进只有建立在顾客理解的基础之上才是有意义的。也就是说，制造商必须将顾客的声音贯彻到整个设计、工程、制造和配送过程之中。

（2）质量必须反映在公司的每一个活动之中，而不仅仅反映在产品中，质量要求全体员工的共同参与。成功的公司是那些消除了部门间壁垒的公司，它们的员工像团队一样协同工作，不仅仅在提高产品的质量，而且在提高广告、服务、产品说明、配送及售后支持等活动的质量。

（3）质量要求有高质量的合作伙伴，即要实现价值链之间的纵向联系。

（4）质量要能不断改进，而且质量的改进有时要求量的飞跃，即制定数量改进的目标，小的改进常可以通过努力工作来实现，但大的改进要求有崭新的措施和方法，甚至是新的理念。

（5）质量并不花费更多的成本。也就是说，质量可以通过认识到"第一次就把事情做好"而得到确实的改进，当企业第一次就把事情做正确时，很多成本就节约了。

（6）质量是必要但有时还是不够的，高质量也许并不能赢得竞争优势，尤其是当竞争者也提高了相当程度的质量时更是如此。

三、顾客忠诚

美国贝思公司的一次调查显示：在声称对公司产品满意甚至十分满意的顾客中，有65%到85%的人会转向其他产品；在汽车业中，尽管有85%到95%的顾客对产品感到满意，但是只有30%到40%的人会再次购买相同厂家生产的产品或相同产品的同一型号；在餐饮业中，"你的晚餐如何"之类的满意度调查基本上无法测出顾客的真实感受，而且，即使顾客真实感受是满意或非常满意，他们之中仍会有60%到80%的人成为"叛离顾客"。由此看来，企业仅仅是顾客满意还不够，还必须有相当高的顾客忠诚度。美国学者雷奇汉（Frederick F. Reichheld）和赛塞（W. Earl Sasser）的研究结果表明，顾客忠诚度率提高5%，企业的利润就能增加25%至85%，吸引一位新顾客的成本是保留一位老顾客成本的五倍。

（一）顾客忠诚的含义

目前，人们对顾客忠诚的定义分歧较大，不同的学者从不同的角度进行了阐述，比较典型的是以顾客的重复购买次数来定义，如Tucker将连续三次购买定义为顾客忠诚。奥立佛（1980年）对顾客忠诚的定义是"顾客忠诚是不受能引致转换行为的外部环境变化和营销活动影响的，在未来持续购买所偏爱的产品或服务的内在倾向和义务"。有学者给服务业顾客忠诚所下的定义是，顾客以积极的态度向特定的服务供应商重复购买的程度，以及在增加对同类服务的需求时，继续选择该供应商为唯一供应源的倾向。我们认为顾客忠诚是指顾客在满意的基础上，进一步对某品牌或企业形成一种偏爱而做出长期购买的行为，是顾客一种意识和行为的结合。

从以上定义来看，顾客忠诚具有如下几个特征：①再次或大量地购买同一企业该品牌的产品或服务；②主动向亲朋好友和周围的人员推荐该品牌产品或服务；③几乎没有选择其他品牌产品或服务的念头，能抵制其他品牌的促销诱惑；④发现该的某些缺陷，能以谅解的心情主动向企业反馈信息，求得解决，而且不影响品牌产品或服务再次购买。

（二）顾客忠诚的层次

顾客忠诚依其程度深浅，可以分为四个不同的层次：

1.认知忠诚，指经由产品品质信息直接形成的，认为该产品优于其他产品而形成的忠诚，这是最浅层次的忠诚。

2.情感忠诚，指在使用产品持续获得满意之后形成的对产品的偏爱。

3.意向忠诚，指顾客十分向往再次购买产品，不时有重复购买的冲动，但是这种冲动还没有化为行动。

4.行为忠诚，此时，忠诚的意向转化为实际行动，顾客甚至愿意克服阻碍实现购买。

四、顾客满意与顾客忠诚之间的关系

长期以来，人们普遍认为顾客满意与顾客忠诚之间的关系是简单的、近似线性的正相关关系，即顾客忠诚的可能性随着其满意程度的提高而增大，不满意的顾客是不会产生顾客忠诚的。但多数实证表明，顾客忠诚并非主要源于满意度，即使获得高度满意的顾客也不一定会发生重购。Peter Zdandan 在超过三万次的访问中，从未发现高度满意顾客可以导致肯定的重复购买。

顾客满意与顾客忠诚既有一定联系，又是完全不同的两个概念。顾客满意是顾客需求被满足后的愉悦感，是一种心理活动。顾客满意与态度相关联，争取顾客满意的目的是尝试改变顾客对产品或服务的态度；而顾客忠诚所表现出来的却是购买行为，并且是有目的性的，经过思考而决定的购买行为。一般来讲，顾客满意是顾客忠诚的必须要素，是顾客忠诚的驱动力，但顾客满意未必就能达到顾客忠诚。顾客满意与顾客忠诚之间究竟有何联系？美国学者琼斯和赛塞的研究结果表明，两者的关系受行业竞争状况的影响，影响竞争状况的因素主要有以下四类：①限制竞争的法律和政策，如政策对电信行业的保护。②高昂的改购代价，如企业在广告协议未完成时更换广告公司。③专有技术，企业采用专有技术提供某些独特的利益，顾客要获得这些利益，就必须购买该企业的产品和服务。④有效的常客奖励计划。

第十章 市场营销环境分析

任何事物的存在和发展，都离不开它所处的环境的影响，商场营销活动也是一样。企业的营销活动除了受企业自身条件的制约外，营销活动所处的环境同样也深刻地影响着企业的营销活动。营销人员只有主动地、充分地使企业的营销活动与市场营销环境相适应，才能使企业的营销活动产生最佳的效果，从而实现企业的营销目标。

第一节 市场营销环境与市场营销环境系统

现代企业并不是生存在真空里，作为社会经济组织或社会细胞，它总是在一定的环境下开展市场营销活动，总是与市场环境的各个方面发生千丝万缕的联系。现代营销学认为，企业营销活动成败的关键就在于企业能否把握不断变换的市场营销环境。因此，作为一个营销人员和管理者，必须了解和认真分析营销环境和营销环境系统。

一、市场营销环境的概念

什么是营销环境？营销环境是一个内涵广泛的经济范畴。菲利普·科特勒对营销环境的解释是：营销环境是影响企业的市场和营销活动的不可控制的参与者和影响力。市场营销环境，是指影响企业营销活动开展的各种外部因素和力量，包括微观和宏观的营销环境。微观市场营销环境和宏观市场营销环境共同构成企业的市场营销环境系统。微观市场营销环境是指与企业具有一定的经济联系，并直接作用于企业，为目标市场服务的各种因素。微观环境又被称为作业环境、直接环境，它包括企业本身、顾客、竞争者、社会公众等。宏观市场营销环境是指企业所处环境中的诸要素与企业不存在直接的经济联系，而是通过微观市场营销环境的相关因素作用于企业的、较大的社会力量。宏观环境又称为间接环境，包括自然环境、人口环境、经济环境、社会人文环境、政治法律环境、技术环境等。企业市场营销环境中的这两种环境之间不是并列关系，而是包容和从属的关系，微观市场营销环境受宏观市场营销环境的大背景所制约，宏观市场营销环境则借助于微观市场营销环境发挥作用。"物竞天择，适者生存"，企业如同自然界中的有机生物一样，只有适应其周围的环境才能够生存并发展。不管企业的管理活动规划得多么完美，都不可能在真空中实施，总要受到机遇的摆布及瞬间变化的影响和干扰。企业应密切关注市场营销环境的变化，并随着环境的变化而不断做出各种相应的反应，通过调整自身一切可以控制的变数，使之与不断变化着的环境因素相适应，以达到与周围环境的平衡。企业要想研究市场营销环境，首先应了解市场营销环境的特点。

二、市场营销环境的特点

市场营销环境是一个多因素、多层次而且不断变化的综合体。其特点有：

（一）客观性

客观性是市场营销环境的首要特征。环境作为企业营销部门外在的因素，是不以营销者的意志为转移的，从这一点上看，市场营销环境对企业的营销活动而言，具有强制性和不可控性，是客观存在的。市场营销环境的客观性并非意味着企业只能被动地适应，由于市场营销环境的变化存在着可预测性的变化规律，企业可以主动适应环境的变化和要求，制定企业的市场营销战略。

（二）差异性

市场营销环境的差异性在企业的微观营销环境和宏观营销环境中都能反

映出来。不同的国家、不同的地区，其政治环境、法律环境、经济政策、文化传统等存在很大的不同；不同的企业，其内部的组织情况不同，企业为之服务的顾客群以及企业的竞争者等微观市场环境也不完全相同。由于环境差异性的存在，企业为适应不同的市场营销环境及其变化，必须制定出不同的和有针对性的营销策略。企业意识到了市场营销环境的差异性，也就意识到了市场营销策略的不可复制性。环境的差异性还表现为同一环境的变化，对不同企业的不同影响。如同面对我国加入 WTO 这一环境变化，不同的行业、不同的企业，其心态有喜有忧，各不相同。

（三）多变性

无论是微观市场营销环境还是宏观市场营销环境，一旦形成后不是一成不变的，而是随着社会经济的发展不断变化的，呈现出多变性的特点，而这种多变性又是有规律可循的。如果企业没有意识到市场营销环境的多变性特点，或不去寻求市场营销环境的变化规律，一旦环境发生不利于本企业的变化，就会使企业措手不及而仓促迎战，其结果可想而知。市场营销环境的变化通常有以下特征：

1.变化的方向由内向外

随着社会经济的发展,影响企业的环境因素在逐渐扩大。如在 19 世纪时，人们只发现市场环境对企业的影响较大，所以当时只将市场当作营销环境，到 20 世纪 30 年代，随着企业经营方式的改进和经营规模不断扩大，人们又发现政府、工会、投资者对企业的影响越来越大，所以又把政府、工会、投资者等有利害关系者也看作环境因素；进入 20 世纪 60 年代以后，影响企业的环境因素进一步扩大，人们又将自然生态、资源、国际形势等因素纳入到影响企业营销的环境因素中。目前影响企业的环境因素仍在不断扩大，国外学者将这个不断扩大的过程称之为"外界环境化"。

2.环境因素的主次地位互换

原来起主要影响作用的因素降为辅助性的次要因素，或原本是次要的上升为主导性的因素。如某一新产品刚出现在市场上时，由于竞争者较少，市场上呈现出卖方市场的格局；随着竞争者的不断涌入，市场逐渐转为供求平衡或供过于求的买方市场。卖方市场向买方市场的转变，必然使起主次影响作用的因素也跟着发生转变。

3.环境因素的可控性质变化

随着社会的发展，在企业市场营销环境的诸因素中，原来企业不可控的因素可能变为可控因素，原来可控的因素可能变为非可控因素。如我国的产品定价问题，在计划经济时期，企业没有定价权或定价权很小，产品价格是非可控因素；随着我国改革的深入，市场经济体制的逐步建立，企业对价格的可控性也日益增强。

（四）相关性

相关性是指各市场营销环境因素之间的相互影响、相互制约的关系。市场营销环境不是由某一个单一因素决定的，它是由一系列相关因素共同作用的结果。例如，商品的价格不但受市场供求关系的影响，而且还受科技进步及财政税收政策的影响。市场营销环境因素相互影响的程度是不同的，有的可以进行评估，有的则难以估计和预测。

（五）可影响性

市场营销环境的可影响性是指营销环境活动受到营销主体的干预和影响并发生改变的状况。虽然营销环境具有客观性和不可控性，但营销环境是动态的和多变的，充分发挥企业的积极主动性，是可以改变和影响环境的，甚至可以影响历史的进程。菲利普·科特勒曾提出大市场营销观念，指出企业为了进入特定的市场，并在那里从事业务经营，在策略上应协调地运用经济的、心理的、政治的、公共关系等手段，以博得外国（或地方）各方面的合作与支持，从而达到预期的目的。营销人员通过各种营销手段，可在一定程度上改变营销环境，影响消费者的行为、偏好。如方便面、速食食品等的出现均影响了消费者的观念。

第二节 微观市场营销环境

企业本身、目标顾客、竞争者和各种公众等与企业具体业务密切相关的个人和组织构成了企业市场营销中的微观环境。微观市场营销环境中各因素的关系如图 3-2 所示。

一、企业

"一个好汉三个帮"，企业营销部门若要成功运作，首先必须要有企业内部其他部门的配合。企业的市场营销部门只是企业的一个职能部门，企业内部的其他部门，如高层管理者、财务、会计、研究与开发、采购、生产与制造等都与企业的市场营销部门有着密切的联系。市场营销部门在制定和实施营销计划的时候，必须考虑其他部门的意见，处理好同其他部门的关系。

高层管理者由董事会、总裁、总经理及其办事机构组成，是企业的最高领导核心，负责确定企业的任务、目标、方针政策和发展战略，营销部门在高层管理部门规定的职责范围内开展工作。营销目标是从属于企业总目标并为总目标服务的次级目标，营销管理者所制定的营销建议、营销计划或营销决策，必须得到高层管理者的批准后才能付诸实施。

企业内部的采购、研究与开发、生产与制造以及财务会计等部门，与企业的营销部门一起各自独立完成自己的工作，有各自的工作重点，但又相互发生联系，形成企业的整体性、系统性和相关性。采购部门想方设法获得足够的原料来满足企业生产；研究与开发部门侧重研究和开发适合市场需求的新产品；生产与制造部门负责安排人员达到企业最大的生产能力，财务管理部门负责解决实施营销计划所需要的资金来源，将资金在各产品、各品牌及各种营销活动中进行最有效的分配，它们最关心利润目标能否实现，会计部门则负责成本与收益的核算，帮助营销部门了解企业利润实现的状况。所有这些部门都对营销部门的活动产生影响。比如，营销部门的营销计划应征求财务部门和制造部门的意见，如果这两个部门在资金使用和生产能力上不能与营销部门协调一致，则营销部门的营销计划也就难以顺利实施。

二、供应商

供应商是向本企业及竞争对手供应产品或服务等各种资源的工商企业和个人，这些资源包括：各种原材料、设备、能源、劳务和资金等等。显然，企业要选择在质量、价格、服务及在运输、信贷、承担风险等方面条件最好的供应商。

供应商情况的变化会对企业营销活动产生巨大的影响。首先，供应商提供生产资源的稳定与及时是企业营销活动顺利进行的前提。如果供应商提供的生产资源供应量不足，供应短缺，企业的生产活动就不能正常开展，营销部门就不能按期完成交货，企业营销计划的完成也就无从谈起。其次，供应商提供的生产资源的价格变动将直接影响到企业的产品成本，如果供应商提高原材料价格，生产企业亦将被迫提高其产品价格，由此影响到企业的销量和利润。第三，供应商提供的生产资料的质量情况将直接影响到企业产品的质量。为减少供应商对企业的影响，企业在选择供应商时，应尽可能不要依赖于任何单一的供应商，而是从多方面获得供应，以免受其任意提价或限制供应的影响，同时企业还应与主要供应商建立良好的、长期的供销关系，以便在供货的时候，尤其是在原材料、能源等生产要素短缺的时候，可以得到"照顾"。

三、营销中介

营销中介是协助企业推广、销售和分配产品给最终买主的那些企业。它们包括中间商、物流机构、营销服务机构和金融机构等。

（一）中间商

中间商是协助企业寻找顾客，或直接与顾客进行交易的商业组织和个人。

中间商分为两类：代理中间商和商人中间商。代理中间商不拥有商品所有权，专门协助企业推销产品，或帮助企业达成交易，如经纪人、代理人和制造商代表等。商人中间商直接参与商品的购销活动，并对所经营的商品拥有所有权，如批发商、零售商。企业可以自己建立本企业的销售渠道，也可以采用中间商的销售模式，这两种销售模式各有利弊。从营销实践来看，大部分企业选择的是中间商的销售模式。中间商对企业的产品从生产领域成功地流向消费领域有着至关重要的影响。

（二）物流机构

物流机构包括仓储公司和运输公司，它们是帮助企业储存、运输产品的专业组织。企业从成本、运送速度、安全性和方便性等因素做出合适的物流计划后，物流机构则成为物流计划的实际执行者。物流机构决定着企业的物流是否畅通，好的物流机构可以为企业创造时间和空间效益。近年来，随着仓储和运输手段的现代化，实体分配单位的功能越发明显和重要。

（三）营销服务机构

营销服务机构的功能是帮助企业选择最恰当的市场，并帮助企业向选定的市场推销产品。市场调研公司、财务公司、广告公司、各种广告媒体和营销咨询公司等就属于营销服务机构。有些大公司有自己的广告代理人和市场调研部门，但他们一般都与专业公司进行合作，或委托办理相关事务。企业在选择营销服务机构时，应比较各服务机构的服务特色、质量和价格，选择最适合自己的有效服务。

四、目标顾客

目标顾客是指企业产品的直接购买者或使用者，是企业的服务对象。企业目标的实现是通过有效地向其目标顾客提供产品和服务来完成的，所以顾客的需求是企业营销努力的起点和核心，认真分析目标顾客需求的特点和变化趋势是企业极其重要的基础工作。

市场营销学根据购买者和购买目的来对企业的目标顾客进行分类,包括:

（1）消费者市场：由为了个人消费而购买的个人和家庭构成;

（2）生产者市场：由为了加工生产来获取利润而购买的个人和企业构成;

（3）中间商市场：由为了转卖来获取利润而购买的批发商和零售商构成;

（4）政府市场：由为了履行政府职责而进行购买的各级政府机构构成;

（5）国际市场：由国外的购买者构成,包括国外的消费者、生产者、中间商和政府机构。

上述每种市场类型在消费需求和消费方式上都具有不同的特色,企业的目标顾客可以是以上五种市场中的一种或几种,一个企业的营销对象包括广大的消费者,也包括各类组织机构。企业必须分别了解不同类型目标市场的需求特点和购买行为。

五、竞争者

在现代社会中,一个组织很少能独自为某一顾客市场服务,垄断经营只是暂时的、相对的,不存在永久的、绝对的垄断经营,企业的营销系统或多或少都会受到竞争对手的挤压。企业要想在激烈的竞争中站稳脚跟,并求得发展,除了要研究消费者的需求外,更要研究自己的竞争对手,要时刻关注他们,要做到知己知彼,随时准备针对竞争对手的行动做出及时的反映。从消费者购买决策的角度来分析,企业的竞争者分为四个层次:

（1）欲望竞争者。即满足消费者各种欲望之间的可替代性。不同的产品可以满足消费者的不同需求,如一个家庭主妇在周日,她可能想洗衣服、看电视、看书或吃零食等,这位家庭主妇的每一种消费愿望决定了她选择某个行业的产品进行消费。

（2）类别消费者。即满足消费者某种愿望的产品类别之间的可替代性。如果这个家庭主妇选择了洗衣服,她可以选择自己洗衣服或购买洗衣服务等。

（3）产品形式竞争者。即在满足消费者某种愿望的特定产品类别中仍有不同的产品形式可以选择。如果这个家庭主妇选择了自己洗衣服,她可以选择手工洗或洗衣机洗。手工洗和洗衣机洗所用的洗衣工具是不完全一样的。

（4）品牌竞争者。即在满足消费者某种愿望的同种产品中不同品牌之间的竞争。家庭主妇如果选择了用洗衣机洗衣服，会有各种洗衣机品牌可供她选择。

对企业而言，欲望竞争、类别竞争、产品形式竞争是比较隐蔽和深刻的，而品牌竞争则是显在的和最常见的，但企业并不能仅仅处于品牌层次竞争的层次，而要研究消费者，创造消费需求，引导消费。

六、公众

公众指对企业实现营销目标有实际或潜在影响力的群体或个人。企业在与竞争对手竞争时，必须要了解它周围公众的感受，了解这些公众是否能接受企业的营销方式。明智的企业都会采取有力措施来保持与主要公众之间的良好关系，随时注意公众对企业的态度，树立企业的良好形象。

（一）融资公众

融资公众包括银行、投资公司、保险公司、证券经纪行等。这些金融机构对企业营销活动提供融资或保险服务。在现代社会里，几乎每一个企业都与金融机构有一定的联系和业务往来。融资公众对企业的运营能力有重要影响，从企业营销的角度来看，企业营销活动会因贷款成本的上升或信贷来源的限制而受到严重的影响。

（二）媒介公众

媒介公众主要指报纸、杂志、广播电台、电视台、互联网等。企业若想在整个社会中树立良好的形象，离不开媒介公众的支持。

（三）社团公众

消费者组织、环保组织等非营利性社会团体在我国的经济生活中发挥着越来越重要的作用，这些社团公众正成为监督企业市场行为的一支重要力量。

（四）社区公众

社区公众指企业所在地或邻近的居民和社区组织。企业如果与周围的居民关系紧张，企业的生产经营就无法正常运作。因受计划经济的影响，我国持有许多中央企业和省属企业，这些企业与驻地形成了一种特殊的关系，企业应妥善处理好这种关系，争取当地公众理解，支持企业的营销活动。

（五）政府公众

国家的产业政策对企业经营起着重要影响，每一个企业都必须做到守法经营。为此，企业在制定营销计划时，应向律师咨询有关产品安全卫生、商人权利等法律事务；在进行广告宣传时应确保广告的真实性；在可能的情况下，应和同行其他企业合作，游说有利于自己的立法，抵制不利于自己的立法。当然，这种游说应建立在科学和合理的基础之上。

（六）一般公众

一般公众指上述各种关系公众之外的社会公众。一般公众不对企业采取有组织的行动，但一般公众对本企业的态度将直接影响到他们是否惠顾本企业的产品，所以企业应采取各种措施，以树立企业在一般公众中的良好形象。

（七）内部公众

企业内部的员工，包括高层管理人员和一般职工构成企业内部公众。企业的营销计划应得到企业内部员工的理解和支持，这样企业的营销计划才能顺利执行。为做到这一点，企业管理者应配合企业文化建设，以增强企业内部员工的凝聚力，增强员工对企业的责任感和满意度。企业内部员工对自己的企业感到满意的同时，也会感染企业以外的公众。

第三节 宏观市场营销环境

宏观市场营销环境指对企业营销活动相关程度较大的社会力量，包括自然环境、人口环境、经济环境、社会人文环境、政治法律环境、技术环境等。各宏观市场营销环境当中又由若干要素组成。

一、自然环境

自然环境主要指营销者需要或受营销活动所影响的自然资源。自然环境是人类生存最基本的活动空间和物质来源，企业的营销活动自然也离不开自然环境的限制。随着人类社会的发展，人与自然和谐相处愈发显得重要，但目前人类所面临的自然环境却不容乐观，自然环境正面临诸多危机。它主要表现在：

（一）自然资源逐渐枯竭

一般人们将地球上的自然资源分为三大类：取之不尽、用之不竭的资源，如空气、水等；有限但可更新的资源，如森林、粮食等；有限又不能更新的资源，如石油、煤和各种矿物。人类社会发展到今天，随着社会经济的不断发展，人类对自然资源的索取和利用量在不断扩大，不仅导致矿产、森林、能源、耕地等资源日益枯竭，甚至连以前认为永不枯竭的水也在世界某些大城市出现短缺。目前，自然资源的短缺已成为各国经济进一步发展的制约力甚至反作用力。

（二）自然环境受到严重污染

随着人类社会经济的不断发展，人类赖以生存的自然资源不仅在日渐枯竭，同时有些自然资源正遭受着工业污染，出现了像海洋污染、温室效应、物种灭绝和奥氧层破坏等一系列资源生态环境危机。这一系列自然环境的变化，促使着人们环境观的改变，国际社会及各国政府对环境问题日益重视，

1992 年 6 月，联合国环境与发展大会在巴西里约热内卢通过的包括《21 世纪议程》在内的一系列重要文件，指出人类社会应走可持续发展的道路。

我国也将可持续发展作为发展经济的基本国策。环境问题对企业而言，一方面是市场营销环境危机；另一方面也是市场营销环境机会。企业在社会舆论的压力和政府的干预下，不得不采取一定的措施控制污染或转移投资，这样可使企业成本增加，但与此同时，也给控制污染、研究开发无污染的新包装材料等行业和企业以发展的良机。目前环境技术是当今世界发展最快的产业之一，且发展前景非常广阔，专家预测环境技术的全球市场份额到 21 世纪中叶将达到年万亿美元以上。从世界范围看，环境保护意识和市场营销观念相结合所形成的绿色市场营销观念正成为新世纪市场营销的主流。

从消费的角度看，自然地理环境会对消费需求产生一定的影响。比如在山区，由于道路崎岖，人们对自行车的需求就比较少；在我国昆明，四季如春，当地居民家庭中极少装空调器；寒冷地区的人爱喝酒也是自然环境作用的例子。

二、人口环境

企业的营销活动是对人的活动，人口构成的基本状况，如人口规模、构成和密度等是影响企业营销策略的最基本因素。

（一）人口规模

人口规模是表明市场潜力的基础指标,从衣食住行等生活必需品来分析，人口规模决定着这些商品的市场规模；从非生活必需品来分析，人口规模只表明市场潜力的大小，并不等于现实市场的大小，现实市场由人口规模、人口的购买力以及人们的生活习惯等共同决定。企业在进行营销决策时，应综合考虑人口规模，企业不仅要关注现实市场规模，更应研究潜在的市场规模。例如：我国的人口规模非常之大，但家庭轿车市场规模不是很大，其中主要的原因是我国的居民购买力有限。近年来我国居民的生活水平提高较快，居民购买力在迅速增加，居民用家庭轿车的潜在市场正逐渐凸显出来，世界上各大汽车制造商纷纷登陆我国，以抢占中国汽车市场。

（二）人口构成

不同民族、不同性别、不同年龄段的人，其消费倾向是不一样的，企业营销人员研究人口构成比研究人口规模，对企业市场营销更具直接意义，正是由于人口构成的不同，才形成各具特色的消费群体。人口构成从大类上可分为自然结构（包括性别和年龄）和社会结构（包括文化素质、职业、民族和家庭）。

1.人口的自然结构

首先人口的性别构成决定了男性和女性的不同消费倾向。男性和女性在生理，心理和社会角色上不尽相同，这种性别的差异决定了他们的消费内容和消费特点。根据男性的特点，一般男性的消费需求表现为粗放型、冒险型、冲动型和事业型。根据女性的特点，一般女性的消费表现为谨慎型、生活型和唯美型。然而，男性和女性的不同消费倾向不是一成不变的，随着人类社会的不断发展，如今越来越多的女性摆脱传统观念的束缚，走向社会，寻求自己的发展机会，女性的消费倾向正悄然发生变化。目前我国的职业女性正成为商家关注的特殊群体。

人口的年龄结构也是企业营销人员在研究营销策略时应重点关注的内容之一。不同年龄段的消费者，其消费倾向也各不相同，青少年可能对摩托车、体育用品感兴趣；中年人可能对住宅、汽车等高档商品感兴趣；而老年人一般对医疗、保健品、生活服务等有较大的消费倾向。企业应根据整个社会人口结构的发展趋势来规划本企业的营销策略。目前我国社会老龄化正在加剧，据中国老年协会介绍，2006年我国60岁以上的老人已超过1.6亿，并以每年3%的速度递增，适合老年人消费的人寿保险、医疗保健、生活服务等将是一个十分庞大的市场。

2.人口的社会结构

首先，不同教育背景的人具有不同的消费倾向，一般受过良好教育的人倾向于优质高档产品、旅游、书籍杂志和其他一些文化消费品等，追求消费的个性化。其次，不同职业的人由于承担着不同的社会角色，其相应的收入水平也相差很大，所以不同职业的人，其消费倾向有很大的差别。即使不同职业者的收入水平相同，由于职业特点，也同样决定着他们不同的消费个性。第三，由于受传统的民族文化的影响，不同民族之间有着鲜明的消费特点。我国是个多民族的国家，除汉族外，其他各少数民族也都有着本民族特殊的消费需求和消费习惯，以不同民族为目标顾客的营销者，必须研究并尊重各民族的文化，根据民族文化的差异性来制定企业的营销战略。

3.人口密度

人口密度首先反映人口在地理上的分布。各地区由于自然和历史的原因，人口在各地区分布的密集度是不一样的，在我国的东部沿海地区和中部平原地区，由于自然条件较好，很适合人类的生产生活。在历史上就是我国主要的人口分布区域，在现代，由于东部沿海地区经济较中西部发达，人口有向东部沿海地区迁移的趋势。从国家的角度分析，各国的社会经济政策、人口政策、文化传统、市场开放程度等对人口在地理上的分布也有重要影响。营销人员在分析人口密度时，不能仅看平均密度，还要看集中度，当人口在一定地区形成一定规模的集中时，也会出现人口密度大的地区的一些市场特点。

地区人口分布的密度不同，就会造成市场需求的不同。人口密度大，市场需求就比较集中，一方面物流规模大，使产品的运输成本、售后服务成本等降低；另一方面，高密度人口地区要求发达的交通网络、充足的电力等能源供应以及完善的生产生活基础设施等等。准确把握人口在各地区的分布情况，将有益于营销者制定有效的营销计划。

应注意的是：人口的地理分布情况不是一成不变的，人口的分布是一个动态的概念。发展中国家人口向城市流动，正在形成人口"程式化"，而有些发达国家的人口由城市向郊区及卫星小城镇转移，出现"城市空心化"趋势。这些现象必将引起市场需求的相应变化，所以营销人员除了要考虑人口的静态分布外，还应充分考虑人口的动态分布趋势，以及这种趋势对商品需求及流向的影响。

4.家庭单位

家庭是社会的基本组成单元，很多商品，如住房、小轿车、家电、家具等大件耐用消费品的消费对象主要是以家庭为单位。我国目前正出现从过去由多人组成的大家庭向"三门之家"的小家庭转变。家庭规模越小，对消费品，尤其是耐用消费品的需求就越大。

三、经济环境

营销人员应研究市场的现实需求和潜在需求，而一个地区的经济环境则决定着该地区的现实市场需求。经济环境包括产业结构、经济增长率、货币供应量、利率、通货膨胀率、个人和企业储蓄率、国内生产总值等诸多因素。营销人员应重点分析影响并决定着社会购买力及其支出结构变化的经济环境因素。

（一）消费者收入水平

消费者收入包括消费者个人取得的工资、奖金、津贴、股息、租金和红利等一切货币收入。消费者收入水平是消费者购买能力的基石。消费者收入水平的高低决定着消费者的消费支出规模和支出结构变化，从而也决定着市场需求的规模和结构的变化。分析消费者收入水平应从个人可支配收入和个人可任意支配收入两方面入手。

个人可支配收入是指在个人总收入中扣除税金后，消费者真正可用于消费的部分。消费者的个人可支配收入首先要购买生活必需品，其次才购买非生活必需品，而购买生活必需品的需求量变化不会很大。购买非生活必需品取决于可任意支配收入水平，所以购买非生活必需品的需求量会变化很大。个人可支配收入是影响消费者购买力水平和消费支出结构的决定性因素。

个人可任意支配收入是指在个人可支配收入中减去维持生活所必须的支出（如食品、衣服、住房等）、其他固定支出（如分期付款、学费等）以及减去稳定的储蓄后所剩余的那部分个人收入。

这部分收入是消费者可以任意使用的收入，没有明确的指向，其使用方式和方向，对每一个消费者来说都可能是不问的，非生活必需品的消费主要受它的限制。所以个人可任意支配收入是影响消费者需求构成的最活跃因素，也是企业营销所要争夺的主要对象。

通货膨胀对消费者的实际收入水平有较大影响。消费者的实际收入从概念上又可分为货币收入和实际收入。货币收入是一种名义收入，并不代表消费者的真实购买力，特别是在通货膨胀比较严重时，消费者货币收入的增长幅度如果低于通货膨胀的上涨幅度，则消费者的实际购买力水平是在下降，而不是在增加。在消费者货币收入的基础上，扣除通货膨胀因素、修正后的收入称为消费者如实际收入。另外，通货膨胀还兼有压抑和刺激消费的双重效应，因为人们的潜意识中应对通货膨胀的原则是保持预期财富的恒定，而预期财富由金融资产加实物资产构成，因此消费者的具体策略是：对于可作为资产看待的产品，价格上涨导致储蓄减少，增加购买，从而导致金融资产减少，实物资产增加，未来总财富不变；对于不构成财产的产品，价格上涨导致储蓄增加，减少购进，进而金融资产增加，实物资产减少，未来总财富不变。

（二）消费者支出模式

消费者支出模式又称消费结构，它是指消费者各种消费支出的比例关系。社会经济的发展水平、产业结构的转变、消费者收入水平的变化都将影响消费者消费结构支出的变化。关于消费者支出模式的分析要涉及"恩格尔定律"。德国经济学家和统计学家恩斯特·恩格尔 1857 年在对英国、法国、德国、比利时等不同收入家庭的调查基础上，提出了关于家庭收入变化与各种支出之间比例关系的定律—恩格尔定律。其后恩格尔定律又得到其追随者的不断补充和修正。该定律已成为分析消费结构的重要工具。该定律指出：随着家庭收入增加，用于购买食品的支出占家庭收入的比重就会下降；用于住房和家庭日常开支的费用比例保持不变；而用于服装、娱乐、保健和教育等其他方面及储蓄的支出比重会上升；其中，食品支出占家庭收入的比重被称作恩格尔系数。恩格尔系数是衡量一个国家、一个地区、一个城市、一个家庭的生活水平高低的标准。恩格尔系数越小表明生活越富裕，越大则生活水平越低。企业根据恩格尔系数可以了解市场的消费水平和变化趋势。

一个家庭处于不同阶段，其消费者支出模式也不一样，当家庭处于新婚阶段时，家庭支出侧重于房屋、家具、家电等耐用消费品，当家庭度过新婚阶段，有了子女时，家庭支出重点则转向婴儿、儿童用品以及教育文娱上；当子女长大成人离开父母后，这时由老年人组成的家庭消费支出重点又会转向医疗、保健、旅游等。

家庭由于所在地点不同，开支也不一样，居住在城市中的家庭和居住在农村中的家庭，在住房、食品、交通、家具等方面也会有不同的消费支出。我国城市居民的收入水平一般要高于农村居民的收入水平。这种城乡收入水平的差距，对消费者而言，会影响到他们的支出结构；对企业的营销而言，从市场细分到目标市场的选定，从产品的策略到分销模式、促销方式的选择，都要把城乡之间不同的收入水平作为基本的决策因素。营销人员应该注意到：消费者支出模式除了主要受消费者收入的影响外，家庭生命周期阶段和家庭所在地点的不同也会造成不同的消费结构。

四、社会人文环境

（一）民族与文化

在人类漫长的历史当中，不同的民族都形成了具有本民族特点的民族文化，这种不同的社会文化深刻地影响着人们的生活方式和行为方式。不同文化背景的人，他们的消费观念和消费倾向有很大差别。东方的华人将春节作为一年当中最隆重的节日，西方人将圣诞节作为一年当中最隆重的节日。这不仅是过节的时间不同，过节的方式、消费的内容也有很大差别。另一方面，由于社会文化背景的不同，人们认识事物的方式、行为准则和价值观念也有很大差别，同样款式的产品，甲民族认为是美的，乙民族可能会认为是丑的。随着经济全球化的发展，国际的产品和服务的交换越来越频繁，企业在国际市场上开展市场营销活动，必须准确把握当地消费者民族特征和宗教信仰情况。当然，不同民族和宗教之间的文化是相互渗透、影响的，企业如果能抓住这种机会，也是开拓市场的大好时机。

（二）传统与风俗

不同的地方、不同的民族一般有很多不同的民风习俗与民族传统，东方人在传统上比较重感情，西方人在传统上比较重理性。企业的营销活动应该积极利用好这些因素，以收到较好的营销效果。

五、政治法律环境

任何企业的营销活动都是在当地政府的管辖下，做到守法经营。当地的政治环境与法律环境必然会对企业的营销活动产生重要影响。

（一）政治环境因素

政治环境是指企业市场营销的外部政治形势和经济政策,包括政治局势、国际关系和税收政策、价格政策、外汇政策、进出口政策等各项经济政策。

1．政治局势

一个国家或地区的政局稳定与否对企业的营销活动将产生重大影响，政局稳定、生产发展、人民安居乐业的政治环境无疑对企业的营销活动十分有利；相反，政局不稳、政权更迭频繁、社会矛盾尖锐、暴乱、罢工、秩序混乱的政治局面、一方面会影响到当地的购买力，另一方面也会给企业员工的心理造成不安全感。企业在营销活动，特别是在计划对外营销活动时，一定要考虑东道国政局变动和社会稳定情况。

2．经济政策

各国在不同时期都会根据本国当时的具体情况制定一些相应的经济政策，以发展本国经济。我国在新中国成立初期、"文革"时期，直至今日，各个时期都有不同的经济政策。从世界各国的经济政策来看，对企业的营销活动有重要影响的经济政策或政府干预措施主要有：进口限制政策、税收政策、价格管制政策、外汇管制政策、国有化政策等。

（二）法律环境因素

法律环境因素是指国家或地区政府颁布的各项法律法规及条例等。法律体现着统治阶级的意志，它的颁布深刻地影响着市场消费需求的形成和实现。各国的政治制度不同，经济发展阶段和具体国情也不尽相同，所以各国的法律环境也有很大的不同，企业应研究并熟悉所在国的法律环境，这样既可保证自身依法管理企业、依法经营，也可运用法律手段保障自身的权益。

市场经济是法制下的经济，随着我国社会主义市场经济的建立和发展，我国的市场法制建设也在不断完善。截至目前，我国已陆续制订或修订了一系列与经济活动有关的法律法规。这些法律法规对企业的营销活动主要体现在两个方面：

1．对企业实施管理的立法

这方面的法律法规主要包括《公司法》《外商投资企业法》《商标法》《广告法》《经济合同法》《反不正当竞争法》，以及财务会计方面的法律法规和税收及税收征管方面的法律法规。这些法律法规明确规定了企业的组织形式、参与经济活动的方式，同时对企业的整个经济活动进行监督和保障，以避免不正当竞争、避免企业利益遭受损失，使国民经济得以正常运转。

2．对社会及消费者的保护立法

这方面的立法主要目的是保护自然环境、防止公害、保护消费者的正当利益。我国的社会主义市场经济并不是完全自由的市场经济，而是在有政府干预下的市场经济，除了我国的政治经济体制因素外，国外发达国家的历史经验也证明，仅靠市场这只"看不见的手"来调节社会经济的运行是行不通的，目前国外的资本主义国家在发展经济时同样也要用政府这只"看得见的手"来调节社会经济的运行。

对消费者利益的保护立法是世界各国都普遍重视的立法。有些企业为了追求企业利益，采取虚假广告和欺骗性包装来招揽顾客，通过以次充好、掺假和低价等手段引诱顾客，所以必须通过立法保护消费者的利益，限制并制裁企业的不正当牟利。

六、技术环境

"科学技术是第一生产力"，科技是推动社会经济发展的根本动力。随着人类社会的不断发展，科技转化为直接的社会生产力的周期日益缩短，科学技术在社会化大生产中的作用呈几何级数递增，特别是第二次世界大战以后，高新技术不断涌现，科技分量在整个经济结构中的分量急剧上升。21 世纪更是高科技大发展的新世纪，科技作为推动社会经济不断发展的同时，也带来了市场环境的多变，并周期性地发展，科技的进步为市场营销提供了更加广阔的领域和更加丰富的营销手段。

（一）新技术的发展和运用促成新的市场机会，产生新的行业

目前由于自动化设备的大量采用以及新技术的运用，涌现出了一些新型行业，如信息处理、光导通讯、遗传工程、海洋技术工程、空间技术工程，以及新技术培训、新工具维修、电脑教育等。新技术、新行业的出现，给企业带来了新的市场机会，同时也带来了新的挑战。移动电话的普及促进了手机行业的迅速发展，但给邮政业带来了很大的冲击；VCD、DVD 的出现在催生了新行业的同时，却减少了人们去电影院的次数，磁带行业更是被逼到了淘汰的边缘。

新技术的出现还可刺激人们产生新的消费需求。人类总是在不断追求更高的生活质量，愿意尝试新的、舒适的生活方式；对新奇的事物给予更多的关注，并愿意付出更高的代价。

（二）新技术的发展和运用赋予了企业改善经营管理的能力

竞争战略学家迈克尔·波特对技术的解释是：技术可以狭义地定义为一种科技类的东西，还可以定义为极为广泛的含义，包括管理、组织创新或其他，而运用新技术的能力是企业获得竞争优势的源泉。数据库管理使企业不再是只能从整体上盲目地猜测目标顾客；互联网提供了一种可以和顾客进行

即时的、互动的沟通方式；各种媒体已经能把信息传递到地球上几乎所有的角落。

（三）新技术的发展和运用改变着零售业的营销方式和消费者的购物习惯

随着网络技术的不断发展，消费者拥有了一项新的购物方式—网上购物；企业也出现了一种新的营销方式—网络营销。目前，消费者轻轻松松在家购物已不再是梦想，网上购物已成为一种时髦的购物方式；而网络营销更是因现代电子技术的高速发展带来的营销方式的重大变革。借助网络，消费者可以了解市场上的商品信息，轻松自由地购物；借助网络，企业可以进行广告宣传，推销产品。看似虚拟的空间，却是开辟了实实在在的市场领域。

第四节　市场营销环境分析

由于企业市场环境具有多变性、差异性和不可控性等特点，企业要想在复杂多变的营销环境中处于有利地位，就必须及时调整营销策略，以适应外部环境的变革。急剧变化的环境对企业营销来说，既蕴含着有利的市场发展机会，又隐伏着不利的营销危机。因此，企业要扬长避短，争取机会，避开威胁，化不利为有利，就必须掌握营销环境分析方法。

一、市场营销环境分析的意义

市场营销环境的变化对企业而言，既有市场机会，也有市场威胁，企业若要在不断变化的市场环境中生存，就必须要只有根据市场环境的变化而进行自我调节的能力。因此分析市场营销环境的变化，对企业来说具有以下四个方面的意义：

（1）预测或把握市场营销环境的变化及其趋势，并以此来指导企业的营销决策，使企业营销决策的适时性均超前性得到很好的结合。

（2）对突发性的、不可控的市场营销环境的变化，采取有效措施，及时调整营销策略，以适应环境的变化，提高企业的应变能力。

（3）从变化的市场营销环境中，寻找对本企业有利的营销机会，适时采取措施，充分利用营销机会，更好地发展企业。

（4）对一些因市场营销环境的变化而给企业带来的不利影响，企业可通过预先分析，及时规避以减少损失。

二、市场营销环境分析的策略

企业对市场营销环境分析的策略总体上可以分为两大类，即消极适应和积极适应。

（一）消极适应

消极适应指企业采用被动地适应市场营销环境变化的策略。采取这一策略的企业认为环境的变化是神秘莫测的，没有规律可循，企业只能被动地适应。这些企业也分析环境的变化，但把分析的重点放在眼前已经变化的环境上，研究已经变化的环境对企业的影响，企业如何采取补救措施。很显然，采取这一策略，一方面企业不能充分利用因市场营销环境变化而带来的营销机会；另一方面对于到来的环境威胁缺乏准备，使企业面临很大的风险。这一策略虽不可取，但在现实生活中也经常被一些企业所采用。在这些企业中，有些是由于认识上的问题而不知不觉地采用；有些是由于企业的自身能力问题而不得不采用。

（二）积极适应

与消极适应不同的是，企业以积极的姿态迎接市场营销环境的变化，而不是被动地接受。市场营销环境的变化是有规律可循的，采取这一策略的企业把分析环境变化的重点放在未来环境变化的趋势分析上，通过已知因素来预测未知因素的变化，充分发挥企业自身的主观能动性，去顺应环境、影响环境、改造环境。

三、环境威胁分析

企业面对因环境变化带来的不利影响。如不采取果断的市场营销措施，将会伤害到企业的市场地位，甚至影响到企业的生存和发展。企业采取措施的基础是对环境威胁的分析。通常对环境威胁的分析采用"环境威胁矩阵图"的办法，如图3-4所示。

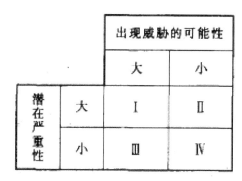

图 3-4 环境威胁矩阵

环境威胁矩阵图的横轴代表出现威胁的可能性，纵轴代表潜在严重性，即表示企业盈利减少程度。在图 3-4 中的四个象限中，第 Ⅰ 象限是企业必须高度重视的，因为它的潜在严重性大，出现的可能性也大，企业必须严密监视和预测其发展变化趋势，及早制定应变策略。第 Ⅱ 象限和第 Ⅲ 象限也是企业不可忽视的，因为第 Ⅱ 象限虽然出现的可能性小，但一旦出现，给企业营销带来的危害就特别大，第 Ⅲ 象限虽然潜在的严重性不大，但出现的可能性大，企业也应该予以注意，准备用有的对策措施。第 Ⅳ 象限主要是注意其发展变化是否有向其他象限发展变化的可能。

面对环境威胁，企业有三种策略可供选择：

（1）积极对抗。企业在市场竞争当中对于来自一些不正当的竞争威胁，如假冒本企业的产品行为、捏造事实影响企业声誉和长远利益等，企业应采取积极对抗的策略，必要时还可拿起法律的武器以维护企业的利益。

（2）化解消融。企业对于来自正常的竞争威胁，可以通过调整市场营销组合来改善市场营销环境，减轻环境威胁，如对竞争对手可采取合并、兼并、联盟的方法；对于来自消费者的批评指责，可采取"有则改之，无则加勉"的虚心接受态度，以赢得消费者的谅解，从而化解威胁。

（3）转移撤退。对于既不能采取对抗策略，又不能化解的环境威胁，企业只有采取转移撤退的方法。如 20 世纪 90 年代，为了治理淮河污染，国务院要求淮河流域年产 5000 吨以下的小型造纸厂全部关停。这一地区的各小造纸厂面临这一政治环境的变化，既不能采取对抗的政策，也不能化解消融，只能转移撤退。

四、环境机会分析

市场营销环境的变化在给企业带来环境威胁的同时，也会给企业带来环境机会。同样的环境变化，对一些企业来讲是环境威胁，对另外一些企业来讲可能就是环境机会；对同一个企业而言，在面临环境威胁的同时，可能也会有隐藏的环境机会。企业应善于研究分析环境机会、发现并充分利用环境机会。要研究分析环境机会，首先应了解环境机会的特点。

（一）环境机会的特点

1.公开性

任何环境机会的出现都是公开的，任何企业都可以寻找并利用它，首先寻找到环境机会的企业没有独占权，所以首先寻找到环境机会的企业应充分意识到潜在竞争对手的存在。

2.时限性

所有的机会都不可能长期存在，环境机会也是一样。环境机会一旦出现，如果企业不能及时利用，它所带来的机会效益就会逐渐减弱，机会也就不复存在，直至下一个环境机会的出现。

3.理论上的平等性和实践中的不平等性

从理论上讲，环境机会是公开的，任何企业都可以发现并利用它，环境机会对任何企业都具有平等性。但在实践中，由于各个企业的具体情况不同，它们发现并利用环境机会的能力并不相同，所获得的机会效益也不同。从这一点上看，环境机会又具有不平等性。

4.多样性

市场营销环境的多样性必然会带来环境机会的多样性。在同一时期、同一地点，同一企业可能面临多个环境机会，企业不可能将每一个市场营销环境都进行开发利用。

（二）环境机会的分析方法

环境机会的分析方法与环境威胁分析方法相类似，可采用"环境机会矩阵"图的方法，如图3-5所示。

		成功的可能性	
		大	小
潜在吸引力	大	Ⅰ	Ⅱ
	小	Ⅲ	Ⅳ

图3-5 环境机会矩阵

环境机会矩阵图的横轴代表成功的可能性，纵轴代表潜在吸引人，表示潜在盈利能力。在图3-5中的四个象限中，第1象限是企业必须重视的，因为它的潜在的吸引力和成功的可能性都很大；第Ⅱ象限和第Ⅲ象限也是企业

301

不容忽视的，因为第Ⅱ象限虽然成功的可能性小。但一旦出现会给企业带来很大的潜在盈利能力，第Ⅲ象限虽然潜在吸引力不大，但成功的可能性大，因此企业需要注意，制定相应对策；对第Ⅳ象限，主要观察其发展变化，并依据变化情况及时采取措施。

（三）搜寻环境机会的方法

1.收集企业内部的意见和建议

这是寻找环境机会的高效低成本的方法，是企业首选的寻找环境机会的方法。企业内部的销售人员、技术人员、管理人员以及一般员工都可以发现许多市场机会。企业内部的销售人员因直接接触市场，他们熟悉现有市场的状况，对市场需求的发展趋势有自己的判断，这部分人的意见和建议应得到企业营销决策者的重视。

从事产品研发工作的技术人员不仅可以发现市场机会，他们还可以通过完善产品的功能、开发新产品，从而创造新的市场机会，因为顾客的很多需求是在看到新的商品或商品新功能而产生的。

其他企业员工（包括管理人员）通过对自己工作和生活中的一些经验的总结，也可以对企业提出很多很好的意见和建议。收集企业内部的意见和建议的关键是如何调动企业员工对本企业的热爱和提出建议的积极性，而这应是企业文化建设研究的课题。

2.收集企业外部的意见和建议

企业外部如中间商、专业咨询机构、教育科研机构、政府部门，特别是终端顾客，他们的意见直接反映着市场需求的变化倾向，是最值得注意的意见来源。收集企业外部的意见和建议可以用询问调查法、观察法、课题招标法、特尔菲法、激励法等。

3.利用市场定位分析和市场细分化搜寻市场机会

企业在进行战略规划、营销策划和选择目标市场时，可利用市场定位分析和市场细分化，发现一些需求量大、进入企业少、满足程度低的细分市场，以占据市场中的有利位置。

（四）企业面对环境机会的策略

1.及时利用

如果出现的环境机会与企业的营销目标相一致，且企业有相关的或潜在的、可供挖掘的资源为之利用，那么企业应及时利用所出现的环境机会，以争取更大的利益，求得更大的发展。

2.适时利用

如果出现的环境机会与企业的营销目标相一致，且环境机会相对稳定，短期内不会有太大的变化，而此时企业没有充足的或潜在的、可供挖掘的资源为之利用，那么企业应待条件允许时，再利用环境机会。

3.果断放弃

如果出现的环境机会与企业的营销目标相一致，但企业没有充足的或潜在的、可供挖掘的资源为之利用，而环境机会存续时间有限，企业则应果断放弃。如果仓促行动，原来的环境机会可能就会变成环境威胁。

五、综合环境分析

如前所述，由市场营销环境变化而带来单纯的环境威胁或环境机会的现象，在现实中很少见，环境威胁和环境机会往往同时并存，只是环境威胁的水平和环境机会的水平不同，企业在分析市场营销环境时，必须同时分析环境威胁和环境机会，即综合环境分析。综合环境分析可采用综合环境分析矩阵的方法，如图3-6所示。

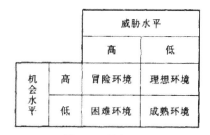

图3-6 综合环境分析

从图3-6中可以看出，综合环境有四种类型：

（1）理想环境。在理想环境中，环境机会水平高，而环境威胁水平低，属于利益大于风险的环境类型。当面临理想环境时，企业应尽快能抓住机遇，开拓创新，创造良好的经济效益。理想环境一旦错过就很难弥补。

（2）冒险环境。在冒险环境中，环境机会水平高，而环境威胁水平也高，属于高风险、高收益的环境类型。当面临冒险环境时，企业应加强调查研究，进行全面分析，根据现有的和潜在的资源，分析企业的优势与劣势，慎重决策，以降低风险，争取利益。

（3）成熟环境。在成熟环境中，环境机会水平低，环境威胁水平也低，属于常规的环境类型。当面临成熟环境时，企业可按常规经营，也可积蓄力量，为进入理想环境和冒险环境做准备。

（4）困难环境。在困难环境中，环境机会水平低，仅环境威胁水平高，这种环境类型是企业最不愿意看到的环境类型。一旦面临困难环境时，企业应分析困难环境出现的原因，如果是因为企业某些方面的工作不利或失误造成的，则有可能通过自身的努力来扭转。如果是大势所趋，无法扭转，则必须果断决策，退出在该环境中的经营。

第十一章 顾客购买行为分析

什么是顾客？谁是我们的顾客，他们有什么样的特征，我们能满足他们的要求吗？在一个顾客主宰的时代里我们该如何营销？这是本章我们要思考的问题。

第一节 顾客概述

顾客是市场上的主人，是公司的一项金融资产，企业在市场上只是扮演着为顾客服务的角色，企业的市场营销成功取决于顾客的满意。汤姆·彼得斯认为，顾客是一项不断升值的资产。尽管在公司的账簿上你是不会发现他们的价值，但他们的确是公司最重要的资产。只有了解顾客，准确地把握顾客的购买行为，才能更好地为顾客服务，从而实现企业的营销目的。在 30 年前，彼得·德鲁克强调了顾客思维的重要性。他说公司的目标是"创造顾客。因此商业活动有两个并且只有两个基本功能：营销和创新。只行营销和创新才能创造成果，所有其他的都是成本而已。"

一、顾客的概念

顾客在我们的头脑中，经常被认为：顾客是上帝，顾客是我们的衣食父母，顾客至上，顾客就是我们的一切。那么到底什么是顾客？在生活中，任何企业和个人都服务于别人，同时也享受别人的服务，并通过服务获得报酬。因此，从这个意义来说，顾客不是企业的衣食父母，只是企业服务的对象；

企业员工的工资也是通过合法劳动换来的报酬；从法律的角度来说，企业和消费者是平等的客体，企业通过合法经营获得利润，消费者通过企业满足消费需求，两者相辅相成，谁侵害了对方的利益都是违法行为。

顾客从英文词汇上看是 customer 和 client。国际标准化组织（ISO）给出的顾客定义是：接受产品的组织或个人，如消费者、委托人、最终使用者、零售商、受益者和采购方等；顾客可以是组织内部的，或组织外部的。这个定义是在汇集了世界上许多专家的观点后，归纳总结而成的，得到了世界上大多数专家的认可。从经济学意义上说，顾客就是有消费能力或购买能力的且愿意购买的人或组织。

安妮·琳达在《企业建设》中指出：对于任何企业而言，顾客永远都是最重要的。顾客不依赖于我们，而我们却依赖于顾客。顾客绝不是对我们工作的打扰，他们是我们工作的目的。顾客光临是我们的荣幸，我们不应该让他们等得太久。顾客是我们商业的一部分，而不是别的什么人，应该受到尊重。顾客应该得到全心全意的服务，因为他们是企业的命根子，是我们的衣食父母，失去顾客，我们只有关门的份了。这段话对顾客做了很好的诠释，没有顾客就没有企业。杰克·韦尔奇说："保留你的顾客的最好方法，是不断地挖掘如何使你的顾客得到更多而让他们花得更少。"在现代社会中，每一个人都可能成为企业的顾客，因为现代人不可能也没必要自己生产自己所需的消费品，从这个意义上分析，顾客的范畴可以涵盖所有的人群。然而所有的人并非一定会成为具体某一个企业的顾客。是否能成为企业的顾客？要取决于顾客的需求，更重要的是取决于企业的市场营销工作。顾客的同一种需求可以从多渠道满足。

二、顾客的类型

按不同的分类标准，可将顾客分为不同的类型。

（一）按顾客需求的种类来分

按顾客需求的种类来分，可以将顾客分为三种类型：

1.现实需求型顾客：是指具有消费能力且愿意购买的顾客。这类顾客是企业当前所要特别关注的，他决定了企业的现金流，决定了企业眼前是否具有盈利能力。一个现实顾客都抓不住的企业，更何谈抓未来的或潜在的顾客。现实顾客决定市场的大小，决定了市场的份额。

2.未来需求型顾客：是指目的暂时无消费需求，或者暂时尚无消费能力，但未来某个时刻会实施购买行为的人。这类顾客是企业将来要开发和教育的顾客。如大学生对房屋的需求，普通人大多对奢侈品劳力士手表、钻石等的需求。这类顾客随着收入的增加，将转化成现实顾客。

3.为他人需求购买型顾客：是指购买商品供别人消费的顾客。这类顾客比较特殊，他是在某些特殊情况下产生的。如单位统一为职工采购年货，或中秋节给职工分发月饼而进行的采购等。

（二）按顾客购买的次数来分

按顾客购买的次数来分，可以将顾客分为新顾客和老顾客。

1.新顾客：初次接受本企业产品的顾客。新顾客初次接受本企业产品的满意程度将决定着他是否会成为本企业的老顾客。新顾客往往是难以对付的，但却是我们需要发展的。

2.老顾客：多次接受本企业产品的顾客。老顾客在多次接受本企业产品的过程中，如果有一个未能使他满意，老顾客就可能离开本企业而成为其他企业的新顾客。

（三）按顾客接受的产品的性质来分

按顾客接受的产品的性质来分，可以将顾客分为：接受生活消费品的顾客和接受生产消费品的顾客。

（四）按接受企业产品的顾客的自身组织特点来分

按接受企业产品的顾客的自身组织特点来分，可以将顾客分为：个体顾客和组织顾客。个体顾客主要指单个的消费者，而组织顾客则包括中间商、政府、非盈利机构等。本章主要分析消费者购买行为和经营者购买行为。

当然，顾客还可以按其他方式和标准来分类，如按顾客的内外关系可分为内部顾客和外部顾客；按忠诚程度可分为忠诚顾客和非忠诚顾客；按对企业的贡献率大小可分为高回报顾客和低回报顾客等等。

三、顾客的特点

（一）消费者

1.消费者的含义

所有的企业都在向顾客提供特定的产品或服务，但并不是所有的顾客都是消费者。这里所讲的消费者是指购买、使用和消费各种产品或服务的个人和家庭。需要指出的是，消费者并不单纯是产品或服务的直接使用者。而是包括参与购买过程和使用过程的所有人。在现实生活中，同一消费过程的购买者、决策者和使用者可能是同一个人，也可能不是。例如学生购买电脑，学生可能是使用者，购买者可能是爸爸，决策者可能是妈妈。这一过程中，爸爸、妈妈、学生都是消费者。

2.消费者的需求特点

（1）需求的差异性。消费者个体不同的心理特点和不同的行动特点决定了消费者在需求方面的不同，如同样是为了解除疲劳，体力劳动者和脑力劳动者选择解除疲劳的方式就会有所不同；同样是为了就餐，高收入者和低收入者在餐馆的选择上也会不同。另外，同一个体在不同的场景也会有着不同的需求。

（2）需求的变化性。消费者的需求是不断变化和不断发展的。消费者所处的各种经济的、政治的、文化的，以及其他各种社会因素的变化都会影响到消费者的需求变化。如：随着社会经济的发展、消费者收入水平的提高，消费者的需求层次也会提高;治安环境恶化会导致消费者对安全需求的增加;文化理念的改变同样也会引起消费者需求的变化等等。

3.消费者购买行为的特点

（1）购买的非营利性。消费者是商品的最终使用者，消费者购买商品的目的不是为了转卖，而是为了获取商品的使用价值，所以消费者购买商品表现出非营利性的特点。

（2）购买的非专家性。消费者消费需求的商品种类繁多，消费者不可能对这些种类繁多的商品都具有专业知识，所以消费者的购买决策在很大程度上容易受个人情感和产品广告宣传的影响，这也称之为消费者的可诱导性。

（3）购买的小型性及重复性。消费者数量众多，但单次购买量小，重复购买次数频繁，所以，为了降低交易成本和便于消费者购买，大部分商品都通过中间商销售。

（二）生产者

1.生产者市场的含义

生产者市场又称产业市场，是由生产型企业作为购买者组成的市场。所谓生产型企业是指购买各种生产资料供自己进一步制造，以提供产品或劳务销售给其他购买者的企业。

生产者市场主要有以下产业构成：农业、林业、牧业、渔业、采矿业、制造业、建筑业、运输业、通讯业、公用事业、银行、金融、保险业和服务业。生产者市场的购买对象主要有：原材料、主要设备、附属设备、零配件、半成品、物料和工业服务等。

2.生产者市场的主要特点

（1）购买者少，一次性购买规模大。生产企业是生产者市场的基本购买单位，相对于消费者市场，在生产者市场中与营销人员直接接触的顾客要少得多，订购次数也很少，但每次订购规模一般很大。如美国的固特异轮胎公司的顾客主要是通用、福特、克莱斯勒三大汽车制造商，但这三大汽车制造商每年的订单都在上亿美元。

（2）生产者的需求属于引发需求。各类生产企业对生产资料的需求都是由于消费者对消费品的需求引发而来的。

（3）购买的技术性较强。生产企业对产品的规格、质量、性能等都有严格的规定，所以对生产资料的技术性要求比较强，一般都由专业知识丰富、训练有素的专职采购人员负责采购。

（4）理性购买，且购买决策复杂。生产者购买一般不会出现冲动性或情感性购买，大多数生产者购买都属于理性购买，且由于生产资料技术复杂，知识性强，生产资料的购买一般是多数人参加的专家性购买，相对于消费者购买，其购买决策要复杂得多。

（5）供需双方关系密切，依赖性强。生产者市场中，购买者需要有源源不断的货源，供应者需要有长期稳定的销路，所以买卖双方都有十分重要的意义；加之有些购买者有特殊的要求，必须有特定的供应者为其供货，这样供需双方的关系就更为密切，互为依赖。

（6）对售后服务要求高。由于生产资料的技术性以及生产的技术性，要求销售者在售后提供技术咨询、设备安装与调试、人员培训、跟踪维修等售后服务。

（7）着重人员销售。经营者市场中，购买者少但购买规模大，所以企业营销人员更倾向于通过人员销售宣传其产品，广告也主要刊登在专业媒体上。

（三）中间商

1.中间商市场的含义

中间商也称转卖者，主要是指各类批发商和零售商。中间商的主要经营目的是转卖或出租给他人以获取利润。中间商购买与生产者购买同属于组织者购买，两者有相同之处，但由于中间商的转卖性，中间商市场又有着自己的本质特征。

2.中间商市场的主要特点

（1）购买者较多，供应范围比较广泛。中间商市场中，购买者没有消费者市场中那样众多，但远远多于生产者市场中的购买者，地理位置也较消费者集中、较生产者分散。

（2）所购商品以适销为主要标准。生产者与中间商虽都同属于经营者，其经营的目的都是为了追逐经济利益，但各自获取经济利益的方式却不同。中间商购买商品主要是为了转卖以获取利润，所以商品是否适销是他们购买的主要标准；而生产者对生产资料的购买最终是否能获取经济利益，还取决于生产的控制情况、产品的质量情况和产品是否适销对路等多种因素。

（3）中间商购买时注重商品的组合配置。中间商进货时，要求商品的品种齐全、花色丰富，以满足消费者的消费多样化。即使专营的中间商，也讲究同类商品的系列、规格、档次和花色等。而生产者购进时，受其生产的产品品种限制，对生产资料的需求就显得比较单一。

（4）对交货的时间、地点等要求较高。中间商由于其转卖性，要求必须抓住有利的销售时机，防止滞销积压，所以中间商对供应商在交货的时间和交货的地点上要求得比较高。

（5）中间商在地域分布上的规律性。中间商属于商业企业，其中批发商的分布与当地的经济特色有密切关系，而零售商的分布则与当地的消费特点、消费规模等有关。

（四）非营利组织

非营利组织市场又称机构市场，泛指为了维护社会正常运转和履行社会公共职能，向社会公众提供产品或服务的各种非营利组织构成的市场。这些组织通常具有稳定的组织形式和固定的成员，不以获取利润为目的，而以推进社会公益为宗旨。如学校、医院、博物馆、环保机构和红十字会等。

（五）政府市场

政府市场是指那些为执行政府的主要职能而采购或租用商品的各级政府单位，也就是说，政府市场上的购买者是该国各级政府的采购机构。政府购买的目的不同于生产者和中间商，主要是为了开展日常政务和履行政府职能。各国政府通过税收、财政预算等掌握了相当大部分国民收入、加之政府又是宏观经济调控的主要执行者，因此政府市场潜力巨大，并对社会总供给和总需求产生深远的影响。

第二节 消费行为分析

消费者行为是指消费者为满足自身需求而发生的购买和使用商品的行为过程。社会生活中，任何人都必须不断消费各种物质生活资料，以满足其生理和心理的需要。因此，消费者行为是人类社会中最具有普遍性的一种行为活动。它广泛地存在于社会生活的各个空间、时间。现实生活中，消费者的行为表现千差万别，各不相同，但无不以某些共同的心理活动为基础。我们可以从中抽取其共性，这些共性包括消费者购买行为模式、"黑箱"效应、影响因素、购买决策过程等。

一、消费者购买行为模式

消费者研究要解决的根本问题是，"消费者是如何进行购买决策的？"假如我们能够掌握消费者的决策过程及其影响因素，我们就可以设法控制并影响这些因素，并进而提高营销效率。行为学家和营销学家进行了大量的研究，仍然没有一个统一的结论，目前只能从购买行为模式入手。消费者购买行为模式，是指消费者做出购买决定后，将在何时、何地、以什么方式购买等问题。国际著名营销学专家菲利普·科特勒总结出通过回答"7O"问题来研究分析消费者购买行为模式。所谓"7O"问题是指回答以下问题：

（1）形成购买群体的是哪些人？（Who）——购买者（Occupants）

（2）他们要购买什么商品？（What）——购买对象（Objects）

（3）他们为什么要购买这些商品？（Why）——购买目的（Objectives）

（4）哪些人参与了购买决策过程？（Who）——购买组织（Organizations）

（5）他们以什么方式购买？（How）——购买方式（Operations）

（6）他们在什么时候购买？（When）——购买时间（Occasions）

（7）他们在哪里购买？（Where）——购买地点（Outlets）

企业在特定的消费对象确定以后，就应将研究的重点转移到消费者购买的时间、购买的地点、购买方式的确定上。

（一）购买的时间

消费者所在的地区、商品的性质、季节和消费者休闲等因素影响着消费者何时购买商品。如我国北方地区的消费者一般在夏季购买冰箱、空调等有制冷功能的电器；日用消费品多在工作之余购买，大件耐用消费品在多空余时间的节假日购买等。

作为企业的市场营销者只有准确地掌握消费者购买时间的特点，才能在消费者做出购买决定时，及时地使商品出现在消费者的面前。

（二）购买的地点

消费者购买的地点有两层含义，即消费者决定购买的地点和实现购买的地点。消费者购买地点的确定对企业的营销方式有很大影响，如日用消费品类，消费者大多是在现场决定购买和现场实现购买；大件耐用消费品类，消费者大多是在家决定购买，节假日时实现购买。所以对日用消费品类的营销策略，多采用现场广告宣传；对大件耐用消费品类，一般先通过各种传播媒体进行广告宣传，以影响消费者在家做出的购买决定。

（三）购买的方式

不同种类的商品，消费者的购买方式会有所不同；不同类型的消费者，对同类商品的购买方式也会有所不同。如消费者对日用消费品和大件耐用消费品的购买方式就有很大不同，对日用消费品，消费者可能会在就近的小超市购买，而大件耐用消费品，消费者一般在大商场或专业商店购买；对家用轿车的购买，有些消费者愿意一次性付清货款，有些则愿意分期付款等等。购买方式的另一层含义是参与购买者是一人，还是多人，每个人对消费者最终实现购买的作用是什么。

二、消费者购买行为的"黑箱"效应

由于消费者决策过程是一种思想过程，难以具体观察和测量，因此，我们只能根据心理学的"刺激-反应"模式，以分析消费者购买行为中的"黑箱"所在。在消费者的整个购买过程中"营销刺激"和各种"外部刺激"是可以看得到的，购买者最后的决策和选择也是可以看得到的，但是购买者如何根据外部的刺激进行判断和决策的过程却是看不见的，这就是消费者购买行为中所谓的"黑箱"效应。"黑箱"由两部分组成：一是购买者特征—决定如何理解问题并对刺激做出反应的主要方面；二是购买者决策过程—直接影响购买者的最后选择。其实，"黑箱"是消费者行为的内部过程，即消费者信息处理过程。市场营销人员在分析消费者购买行为时，重点要对这一"黑箱"进行分析，设法了解消费者的购买决策过程以及影响这一决策过程的各种因素。

三、影响消费者购买行为的主要因素

虽然我们没有搞清楚消费者"黑箱"理论，但并不影响我们对消费者行为的分析，可以从经济学、营销学，心理学、社会学等方面进行综合研究，以寻找答案。消费者作为一个理性的"经济人"，在购买产品或服务时受到多种因素的影响，这些因素中既有经济的因素，也有社会因素、个人因素，还有更深层次的心理因素。

（一）文化因素

文化因素对消费者购买行为的影响最为广泛和深刻。文化因素影响到社会的各个阶层，进而影响到每个人的心理活动和行为活动，是影响消费者行为最直接的、决定性的因素。

1.文化的定义与范畴

文化有广义和狭义之分，广义的文化是指人类创造的一切物质产品和精神产品的总和；狭义的文化是指语言、文学、艺术、传统、宗教等精神产品。每个人在成长过程中无不受周围文化氛围的熏陶，并在这一背景下产生价值观念、生活态度和思维方式，反映在消费者市场中就表现为不同文化背景的人，其消费理念的不同。

2.亚文化群现象

所谓亚文化群是指有着共同生活经验或生活环境的人类群体中的一部分人，他们的信念、价值观和风俗习惯既与整体社会文化相符合，又因他们的特殊生活经历和环境而表现出不同的特点来。亚文化群分为民族亚文化群、宗教亚文化群、种族亚文化群、地理亚文化群。这些不同的亚文化群是一个不同于其所在的大群体中的特殊消费群体，他们表现出与其所在的大群体不同的需求和不同的消费行为，营销人员将以他们作为特定的目标市场。

3.社会阶层

社会阶层也属于文化的范畴。在同一社会中，人们因经济条件、受教育的背景、职业和社交范围的不同而形成不同的社会阶层，这些不同的社会阶层有着不同的消费特征。同一社会阶层的人们与其他社会阶层的人相比，在消费特征上有着更强的类似性，当人的社会阶层发生了改变，其消费特征也会随之改变。社会阶层的行为特征受到经济、职业、职务、教育等多种因素的影响，所以根据不同的因素划分，构成的社会阶层会有所不同，个人社会阶层的稳定归属有时要依据对其最具有影响的因素来定。比如富翁追求贵族生活，白领追求体面的生活，蓝领喜欢光顾折扣店、二手市场等。

4.文化对消费行为的间接影响

文化对消费行为的影响大部分是先通过影响人们的生活和工作环境，进而再影响人们的行为，是一种间接的影响，这种影响既是明显的，又是复杂的。如东方人的饮食文化与西方人的饮食文化有明显的差异，但形成这种差异的原因却很复杂。

（二）社会因素

1.相关群体

从市场营销学角度看,相关群体是指消费者的一些社会联系或人际关系,这些社会联系直接或间接地影响消费者的消费观念和购买行为。人是生活在社会中的，人们的行为方式相互影响，特别是相关群体内的人们，这种相互影响就更为明显。如家庭、邻居、亲朋好友、同事等在生活和工作中密切相关的人，他们的行为方式以及他们的意见、建议对他们当中某人的影响就很大，有时这种影响还会起决定性作用。某人要买某个品牌的冰箱，但他的同事告诉他这个品牌的冰箱他正在使用，质量很差，这个人很可能会放弃购买这个品牌的冰箱，转而购买其他品牌的冰箱。类似的上述人群我们称之为首要人群，还有一种叫次要人群，如各种社会组织和社会团体等，次要人群对消费者行为的影响有些是潜移默化的，有些则带有强制性，如文艺工作者的衣着打扮与一般人相比就显得比较现代和浪漫，这是职业特征的体现，军人穿军装、严肃风纪则是强制性的纪律所决定。还有一种人群叫崇拜性群体，如社会名流、影视明星、体育明星等，他们对消费者行为的影响也非常明显，特别是对青年人消费倾向的影响更为显著。

相关群体对消费者购买行为的影响表现为：一是相关群体为每个人提供了各种可供选择的消费行为或生活模式。使消费者改变原有的购买行为或产生新的购买行为；二是产生从众效应。如追星、赶潮流、学习时尚等。

2.家庭

在消费者当中，家庭是最典型的消费单位。不同的家庭，消费品购买的决策权威者不完全相同：偏于丈夫决策型、偏于妻子决策型、共同决策型和各自做主型。一般情况下，家庭购买决策的方式受家庭的总体收入水平和家庭的民主气氛影响较大，家庭的总体收入水平较高的，分散决策的倾向比较明显；家庭的民主气氛较浓的，共同决策的倾向比较明显。另外，在每种决策型的家庭中，针对不同种类的消费品如何购买，家庭中每位成员的决策权威也是不一样的，一般而言，丈夫对汽车、摩托车、自行车、电视机和烟酒等商品有较大的决策权；妻子对服装、洗衣机、吸尘器、餐具等商品有较大的决策权；而像住房、家具、旅游等，则以夫妻共同决策为主。

家庭的不同生命周期对家庭购买行为的影响也不一样。一个典型的家庭可分为八个阶段：即处于恋爱择偶期的单身阶段；准备成家的备婚阶段；婚后孩子尚未出生的新婚阶段；孩子上学前的育婴阶段；孩子 6 至 18 岁的育儿阶段；孩子18岁以上但未离开家庭的未分阶段；孩子离开家庭独自生活的空巢阶段；夫妻一方去世，家庭重新回到单人世界的鳏寡阶段。在这八个阶段中，每个阶段都有不同的消费特点。

研究家庭生命周期，对分析一个地区或市场的家庭结构与性质、把握市场的总体性质有重要意义。

3.社会角色与地位

个人在各群体中的位置可由角色和地位来确定。角色是指个人所期望承担和实际承担的活动。每种角色都有相应的社会地位，每种角色都在某种程度上影响人们的购买行为，人们往往选择与自己的社会角色和地位相符的产品。产品与品牌可能成为地位的象征，而地位的象征会随着不同社会阶层和不同的地域而各异。

如李经理在单位是"一把手"，很有威望和尊严，回到家里则成了"三把手"，前面是老婆、儿子，成了"妻管严"。不同角色与地位，要求有相应的消费行为方式。

（三）个人因素

生活在同一社会环境中，同一文化背景下，即使是同一家庭中成员，其行为特点和消费习惯也不完全相同，这说明除了文化和社会因素外，消费者的个人因素对购买行为有明显的作用。个人因素主要包括年龄、性别、教育、职业、经济状况、个性和生活方式等。

1.年龄和性别

年龄和性别是最基本的个人因素。不同年龄段，其消费倾向有明显的不同，如对食物的需求上，幼年时期吃婴儿食物，发育和成熟期吃各类食物，晚年吃特殊食物。性别的差异使男女在购物的内容和购物的方式上有明显的不同，如女顾客对服装、化妆品、美容服务等感兴趣，男顾客对大件耐用消费品如汽车、摩托车、音响设备等感兴趣。

2.教育和职业

受教育的背景一般与职业有密切的关系，受过不同教育的人和从事不同职业的人，会产生不同的思想观念，反映在消费行为上，其消费差异也很明显。受教育水平比较高的人可能会进入白领阶层，一般会注意衣着打扮和言谈举止，工作节奏较快，喜欢吃快餐；中学毕业的人可能会进入蓝领阶层，穿工作服，性格豪爽。

3.经济状况

经济状况指消费者可支配收入、储蓄、资产和借贷能力。毫无疑问，经济状况是影响消费者购买行为的重要因素，不同经济状况的人，其购买行为会有很大的差异。经济状况中的首要因素是可支配收入，高收入者其可支配收入相应也高，与中低收入者相比，在购买商品的种类和档次上有很大差异。高收入者会购买一些奢侈品，低收入者则只能以满足基本生活需求为限。此外借贷能力、开支与储蓄的态度对购买行为也有很大影响。

4.个性和生活方式

个性是一个人比较固定的特性，是一个人特有的心理特征。人的个性是在不同的场合通过行为表现出来的，对人的地活方式有很大影响，而生活方式又直接决定着消费方式。

根据人的个性的不同，可将消费者分为六种类型，即：

（1）习惯型。忠于某一种或某几种品牌，有固定的消费习惯和偏好，购买时心中有数、目标明确。

（2）理智型。做出购买决策之前经过仔细比较和考虑，胸有成竹，不容易被打动，不轻易做出决定，决定后也不轻易反悔。

（3）冲动型。易受产品外观、广告宣传或相关人员的影响，决定轻率，易于动摇和反悔。这是促销过程中可大力争取的对象。

（4）经济型。特别重视价格，一心寻求最经济合算的商品，并由此得到心理上的满足。促销中要使之相信，他所选中的商品是物美价廉、最合算的，要称赞他是很内行的、很善于选购的顾客。

（5）情感型。对产品的象征意义特别重视，联想力较强。如我国的消费者对数字中的 8 和 6 比较偏爱，8 与"发"为谐音，寓意"发财"，6 意味着"六六大顺"之意。

（6）年轻型。年轻的、新近才开始独立购物的消费者，易于接受新的东西，消费习惯和消费心理正在形成之中，尚不稳定。

营销人员应研究本企业产品目标市场的消费者属于上述哪种类型，然后有针对性地开展促销活动。

（四）心理因素

消费者心理是消费者在满足需要活动中的思想意识，它支配着消费者的购买行为。一个人心理的形成，除了先天条件外，主要是在生活经历中逐步形成的。由于人们的生活经历各不相同，人们的心理也就千差万别。这也是造成消费者购买行为十分复杂的重要原因。消费者的心理过程主要包括：动机、认知、学习、信念和态度。

1.动机

心理学研究表明，动机是一种无法直观的内在力量，它是人们因为某种需要而产生的具有明确目标指向和即时实现愿望的欲求。动机支配着人们的购买行为，而需要是产生动机的根本原因。

著名心理学家亚伯拉罕·马斯洛将人的需要分为五个层次，即著名的"需要层次论"。该理论认为：根据需要的强度，可以将人的需要分为五个层次，即生理需要、安全需要、社交需要、尊重需要和自我实现需要。

（1）生理的需要。生理的需要是指人类维持和延续个体生命所必须的最基本的需要。诸如满足解除饥饿、抵御寒冷和睡眠等所需的吃、穿、住等方面的需要；维持生命所需的对水、阳光、空气的需要等。生理的需要是人类最低层次的需要。也是最基本、最原始的需要。

（2）安全的需要。生理的需要获得满足以后，人们就会产生希望自己的肉体和精神没有危险，不受威胁，确保其平安的需要，即安全的需要。安全的需要是比生理的需要较高一级的需要，它包括安全操作、劳动保护、环境安定、财产保护、职业保障、免受战乱、社会解体的危害、摆脱瘟疫和病痛等需要。

（3）社交的需要。安全的需要得到保障以后，人们就会追求社会交往的需要，即在社会生活中，希望能被各个群体承认、接纳和重视。社交的需要包括愿意参加社会交往，希望给予或接受感情，寻求关怀、爱护和归属感等。当这种需要强烈时，人们就会致力于与他人培养感情，并建立各种社会关系。

（4）尊重的需要。社会交往的需要得到满足后，一个人就会期望在社会上取得荣誉，受到敬重和好评，得到相应的社会地位。一般来说，尊重的需要是与人们接受教育程度和社会地位密切联系的。人们接受的教育程度和社会地位越高，尊重的需要就越强烈；反之，就相对弱一些。尊重的需要得到满足，可以增强人们的自尊、自信；反之会失去信心，产生自卑感。与前面三个层次的需要不同，尊重的需要是人类高层次的发展需要。

（5）自我实现的需要。自我实现的需要是人的最高层次的需要，即一个人在其他较低层次的需要满足以后，会产生为了实现自己的理想和抱负，充分发挥个人潜能，尽可能地自我开发和自我成长，以取得一定成就和完成一定事业的心理追求。马斯洛指出，如果一个人要从根本上愉快的话，音乐家必须搞音乐，画家必须画画，诗人必须写诗，这样才能发挥他的最大潜能，从而完全实现自我。

"需要层次论"虽然有明显的缺陷（如无法解释有些人为了理想而敢于冒风险等现象），但该理论对企业分析和研究市场却很有帮助。根据该理论，日本学者宇野政雄把消费结构及其发展趋势分为三个阶段：第一阶段为扩大衣食住的量，满足基本生活需要；第二阶段为改善衣食住和生活环境的质，扩大闲暇的量；第三阶段为衣食住和生活环境均已充足，提高闲暇的质，充实精神文化生活。

2.认知

从市场营销的角度来讲，认知是人们因来自外界的刺激而产生的对商品认识的程度。外界刺激可以引起人们对商品的认知，但这种认知程度会各不相同，原因是人们认知能力的有限，对外界的刺激带有选择性。这种选择性表现在：

第一，选择性注意。如人们每天可能会见到很多广告，但能引起人们注意的并不多，只有那些与目前需要有关的，或预期需要有关的，或变化幅度大于一般的刺激物（如大幅度降价等）的广告能引起人们的更多注意。

第二，选择性理解。由于在外界刺激之前，人们已经有了自己的意识和观念，外界刺激产生时，他会用已有的意识和观念来理解外界刺激带来的信息。如同样是看到"250"，西方人可能仅仅把"250"看作一个普通的数据，但中国人会将"250"与"不正常"联系在一起。

第三，选择性记忆。对于和自己的态度与信念一致的信息，人们会易于记住；对于和自己的态度与信念不一致的信息，人们会容易忘记。如人们易于记住自己喜欢品牌的优点，每当需要再次购买时，就想起了这个品牌而不及其他。

3.学习

从某种意义上讲，人的成长过程就是一种学习的过程，人的消费行为大多数也是通过学习而形成的。消费者的学习总体上可分为四类：

（1）行为学习。行为学习的主要方式是模仿，孩子模仿父母学会了吃饭、喝水等，学生模仿老师学会了写字、读书等。成人模仿他人学会了用洗衣机洗衣服等。

（2）符号学习。语言、文字、造型、色彩等符号，是人们通过学习来认知的，在符号学习的基础上，人们通过广告、商标、装潢、标语、招牌等与企业进行沟通。

（3）解决问题的学习。消费者购买过程中的学习大多是解决问题的学习。如消费者通过思考如何解决满足自身需要的问题，从而产生购买的动机；通过学习解决如何消费的问题等等。

（4）情感的学习。具有习惯型、冲动型和情感型购买个性的消费者，在购买行为中带有明显的情感色彩。如出于自身的感受或他人的意见、建议等，会对某家企业、某个品牌产生好感，并逐渐定型。消费者的这种感受便是情感的学习过程。

4.信念和态度

（1）信念。它是指一个人对某些事物所持有的描绘性思想。消费者对商品的信念有的基于科学的基础上，有的基于信仰或情感上。消费者的信念决定了消费者的购买行为。如一般女性相信较好的容貌能获得幸福和成功，所以她们在化妆品、整容等方面会投入大笔资金。

（2）态度。它是指一个人对某些事物或观念长期持有的好与坏的认识上的评价、情感上的感受和行动倾向。不同的信念会导致人们不同的态度，而态度又能使人对相似的事物产生相当一致的行为。因为人们的时间和精力有限，不会对每一个新的事物都做出解释和反映，所以改变一个人的态度就显得很困难。

面对消费者的信念和态度，企业可以用适应策略或改变策略。适应策略是通过适应消费者的需要来建立消费者的信念和态度；改变策略则要改变消费者原有的信念和态度，使消费者建立新的信念和态度，显然这要比适应策略困难得多，但一旦取得成功，企业也受益匪浅。

四、消费者购买决策过程

消费者购买决策过程是一个极为复杂的过程，存在着众多的可变因素和随机因素，包括参与决策的角色、购买决策的类型和购买决策的过程。

（一）参与决策的角色

多数情况下，购买决策并不是一个人单独做出的，而是有其他成员的参与，是一种群体决策的过程。一般来讲，参与购买决策的成员大体可分为五种主要角色，如图4-4所示。

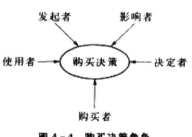

图4-4　购买决策角色

1.发起者：即购买行为的建议人，首先提出要购买某种产品。

2.影响者：对发起者的建议表示支持或者反对的人，这些人不能对购买行为的本身进行最终决策，但是他们的意见会对购买决策者产生影响。

3.决策者：对是否购买、怎样购买有权进行最终决策的人。

4.购买者：执行具体购买任务的人，会对产品的价格、质量、购买地点进行比较选择，并同卖主进行谈判和成交。

5.使用者：产品的实际使用人，决定对产品的满意程度，会影响买后的行为和再次购买的决策。

这五种角色相辅相成，共同促成了购买行为，是企业营销的主要对象。必须指出的是，五种角色的存在并不意味着每一种购买决策都必须要五人以上才能做出，在实际购买行为中有些角色可在一个人身上兼而有之，如使用者可能也是发起者，决策者可能也是购买者。而且在非重要的购买决策活动中，决策参与的角色也会少一些。

（二）消费者购买行为类型

根据消费者在购买过程中的参与程度和品牌间的差异程度，可将消费者的购买行为分为四种类型。

1.复杂型：消费者在初次购买品牌差别很大的耐用消费品时经常表现出的购买行为。对于品牌差别很大的耐用消费品，消费者在初次购买时，由于对商品的认识不足，为慎重起见，他们往往广泛收集各种相关信息以做出购买决策，这时，参与购买的角色就比较多。作为企业的营销人员，为了帮助消费者了解本企业的产品，突出本品牌的优点，应利用报纸、杂志、样本、说明书以及网络等宣传手段，加入到影响消费者购买的角色中。

2.和谐型：消费者在第二次购买复杂的商品时，由于对商品已经有了一定的知识，不会再过多地收集各种品牌的信息，而将注意力集中在价格是否优惠、购买时间是否合适以及地点是否便利等。针对消费者的这种购买行为类型，企业一方面可以通过调整价格、调整售货地点来吸引消费者和方便消费者；另一方面，在商品售出后，应采取各种措施与消费者取得联系，及时提供售后服务，使消费者对自己的购买选择感到满意。

3.多变型：对于有些日用消费品，品牌虽然差异很大，但消费者为了使消费多样化而经常更换品牌。针对此类购买行为中消费者对品牌意识淡薄这一特点，企业首先应保证产品的库存水平，避免缺货；其次，应常做提醒性广告，鼓励消费者重复购买，如采用降价策略，或开发新品种，鼓励消费者试用新品种。

4.习惯型：对品牌差别很小、价值较低、购买频繁、消费者已熟知的商品，通常情况下消费者不会寻找或收集商品的有关信息，而是根据习惯、经验或方便程度等去购买，如对食盐的购买等。习惯型购买属于简单的购买行为。

（三）消费者购买的决策过程

消费者购买的决策是一个动态的发展过程，一个完整的购买决策一般包括五个阶段：引起需要、收集信息、评估选择、购买决策和购后评价。

1.引起需要

需要是消费者购买活动的起点，当需要达到一定程度时，就会引起消费者的购买欲望。需要可以是内在的刺激唤起，如饥饿、口渴、寒冷等；也可以是外界某种因素的刺激而产生，如看到目前的流行服饰而引起自己欲穿戴的欲望等；需要还可以是内在和外在因素共同作用的结果。如消费者在超市中看到某一特色食品而产生品尝的欲望。根据需要的紧迫性，可以将需要分为四类：

（1）日常需要。这是消费者经常所面临的需要，如食品、洗漱用品、学习用品等。日常需要的商品一般价值都不很高，消费者的购买比较简单，且容易形成习惯性的购买，但一次购买得不满意，就可能改变消费者的购买习惯。

（2）紧急需要。此类需要一般是突发性的，需要出现时必须立即解决，一般难以从容解决，不会过多考虑品牌甚至价格。如行驶中的汽车突发故障、某人突发某种疾病等。

（3）计划解决的需要。此类需要是预期的需要，一般无须立即解决，所以消费者对此类需要一般都考虑得比较周密，收集的信息比较丰富，决策比较慎重。如家庭购买大件贵重物品等。

（4）逐步解决的需要。逐步解决的需要是非计划解决的需要，也非立即解决的需要，它实质上是消费者潜在的、有待满足的需要，当这种需要上升为日常需要或计划解决的需要时，消费者才可能考虑满足这种需要。

2.收集信息

一旦某种需要达到一定程度时，消费者就会开始收集信息，着手准备满足这种需要。消费者收集信息的途径一般有：

（1）个人来源：家庭、朋友、邻居、熟人；

（2）商业来源：广告、推销员、经销商、包装、展览；

（3）公共来源：大众传播媒体、消费者评价机构；

（4）经验来源：产品的检查、比较和使用。

3.评估选择

消费者对收集到的信息进行加工，剔除无用的信息、分析相互矛盾的信息、分离出重要的信息等，这是决策过程中的决定性一环。一般而言，消费者对收集到的信息进行加工后，会对备选的产品进行评估，该评估主要涉及三个方面：产品的属性，指产品所具有的满足消费者需要的特性；品牌的信念，指消费者对某品牌优劣程度的总看法；效用要求，指消费者对该品牌每一属性的效用功能应当达到何种水平的要求。

4.购买决策

消费者经过评估选择后，形成一种购买意向，这种购买意向包括：产品种类决策、产品属性决策、产品品牌决策、购买时间决策、购买地点决策、购买数量决策、付款方式决策等。购买意向并不代表购买的实施，购买的最后确定还要受两个因素的影响：一是他人的态度；二是意外因素。他人如果与购买决定者的关系密切，或他人的专业水准较高，他人对购买决定者的否定态度较强时，购买决定者也许会改变购买意向；意外因素如预期收入没有达到、或原定商品价格提高等，购买决定者也会改变购买意向。

5.购后评价

购后评价是消费者在购买商品后，特别是使用一段时间后的心理感受，从而对自己的购买行为和所购商品做出的总体评价，这种评价可分为：很满意、基本满意和不满意三种。当消费者所购商品的性能超过自己预期的性能时，他会感到很满意；当消费者所购商品的性能与自己预期的性能基本一致时，他会感到基本满意；当消费者所购商品的性能没有达到自己预期的性能时,他会感到不满意,且差距越大,不满意越强烈。

消费者的购后评价对企业来讲至关重要。西方企业界有句名言:"最好的广告是满意的顾客"。消费者的购后评价不仅影响到该消费者日后是否重复购买,而且会影响到周围消费者的购买。所以企业应高度重视消费者的购后评价,为此要及时收集信息,加强售后服务,采取相应措施,以进一步改善消费者的购后感受,提高消费者的购后评价。

一般来讲,购买决策可以分为五个阶段,特别是一些大宗货物的购买要经过比较复杂的决策过程。然而实际生活中,由于消费者的经验、品牌忠诚等的影响,在购买决策时,可能会跳过几个阶段而直接进入到购买阶段或购后评价阶段。

第三节 组织购买行为分析

购买产品或服务的不仅有消费者，还有各种组织。有的要采购原材料、燃料、生产设备，有的是购买这些产品或服务后进行转卖，还有的是政府采购。因此我们把这种行为称为组织购买行为。组织购买包括生产者购买和中间商购买、政府购买和非营利组织购买。组织购买与消费者购买相比，其需求和购买行为有着很大的差别。

一、生产者购买

（一）生产者购买行为的主要类型

生产者购买行为的复杂程度和采购决策项目的多少，取决于采购业务的类型。生产者购买行为主要有以下三种类型：

1.直接重购

直接重购是指生产企业的采购部门按过去的订货方案，继续向原供应商购买产品。这是一种重复性的采购活动，是最简单的购买类型。在这种情况下，供应者、购买对象、购买方式等都不变，作为供应者应尽力提高产品的质量和售后服务水平，为客户提供便利，争取稳定的供应关系。因为新的供应者会试图提供新产品和满意的服务，以使采购者转移或部分转移购买，逐步争取更多的订货。

2.修订重购

修订重购是指生产企业的采购部门对过去的订货方案在购买的产品规格、价格、交货条件等分面进行修订，并与原供应商进行协商，或更换供应商。这是比较复杂的一类采购类型，在这种情况下，原来选中的供应商会感到一定的压力，他们会全力以赴继续保持交易，而新的供应者则会感到有较多的竞争机会。

3.新购

新购是生产企业第一次对某种产品或劳务的采购，这是最复杂的一类采购类型。新购的产品大多是不经常购买的项目，如大型生产设备、新建厂房或办公楼等。企业新购的产品或劳务，由于缺乏经验，购买的成本和风险较大，参与决策的人较多，所需的信息也较多，购买决策的时间较长。新购对所有供应商来讲都是机会，供应商应设法接触采购企业的主要采购影响者，并向他们提供有用的信息，帮助客户解决问题，使客户减少顾虑，促成交易。

（二）生产者购买决策的参与者

生产者购买决策相对于消费者购买决策，无论是购买决策参与者的人数还是购买的决策过程，都要复杂得多，生产者购买决策的参与者主要有：使用者、影响者、采购者、决策者、控制者，这些不同角色的人构成了企业的"采购中心"。

1.使用者。在许多情况下，产品的具体使用者往往首先提出购买建议，他们在购买产品的品种、规格和型号中起着重要作用。

2.影响者。它包括直接的影响者和间接的影响者，如本企业的技术人员、企业外部的咨询机构等。

3.采购者。采购者的主要任务是选择卖主和交易谈判，有时采购者也会对购买何种产品规格提出自己的看法。在较复杂的采购活动中，企业的高层管理人员也会参与到交易谈判中。

4.决策者。决策者是指在采购行为中有权决定产品需求和供应商的人员。有些采购活动还要报主管部门或上级部门的批准，构成多层决策。

5.控制者。采购活动中的控制者是指采购信息的控制者，包括采购代理人、电话接线员、秘书等，这些人员能够控制采购信息流向采购中心的其他人员。

上述五个参与购买决策的角色，并非在每次购买中都会出现，购买的类型不同，购买决策的参与者会有所不同；购买不同类别的商品，购买决策的参与者也会不同；企业的规模也会影响到参与购买决策的人数。如在直接重购中，参与采购决策的人员可能就比较少，而新购时，参与采购决策的人员一般就比较多；采购价值较低的物品时，参与采购决策的人员可能就比较少，采购价值较高的物品时，参与采购决策的人员一般就比较多；小企业的采购活动中，参与采购决策的人员可能就比较少，大企业的采购活动中，参与采购决策的人员一般就比较多。

（三）影响生产者购买的主要因素

一般情况下，影响生产者购买的因素可分为四大类，即：环境因素、组织因素、人际因素和个人因素。每大类因素中又有一些具体的小项目，供应商应了解和运用这些因素，引导买方的购买行为，以促成交易。

1.环境因素

环境因素属于宏观因素，且属于不可控因素，但环境因素对企业的发展影响很大，也必然影响到企业的采购计划。企业在采购生产资料时，首先要考虑当时的客观环境及将来变动的趋势，包括企业的未来产品市场供求状况、需购买的生产资料当前和今后的供求状况、市场利率的变化、科学技术的发展趋势、政府有关的经济政策等。企业对这些因素把握的正确与否将直接影响到采购的有效性和经济性。

2.组织因素

组织因素是企业内部采购有关的各种组织因素，包括营销目标、采购政策、工作程序、组织结构和管理体制等，如企业是实行集中采购，还是由各事业部分别采购；企业对采购人员是否施行奖励政策等。而企业的营销目标则直接决定着企业采购物资的种类与特点。

3.人际因素

人际因素是指组成企业采购中心的各种角色（使用者、影响者、采购者、决策者、控制者）在采购过程中各自所起的作用以及他们之间的相互关系。

4.个人因素

生产者采购相对于消费者购买，在采购过程中更显理智性，但采购活动是由具体的人在执行，当所采购的产品在质量、价格、服务等差别不大时，这时采购人员的个人情感因素往往起着重要的作用。决定个人情感的因素主要是年龄的大小、个人收入的多少、受教育的背景、在企业中的职位、个人性格以及对风险的态度等。

（四）生产者购买决策的主要阶段

生产者采购生产资料的过程一般可分为以下八个阶段：

1.提出需要

提出需要的前提是认知需要，这种认知有些来自企业内部，有些来自企业外部。如企业生产新产品，则会需要购买与生产新产品有关的物资；正在使用的机器设备出现了故障，可能需要更换零部件；市场上出现了质量更好、价格更低的原料，会刺激企业产生购买的需要等。作为供应商，应随时了解其主要客户的需求动态，及时满足客户新的需求。对产品进行广告宣传也可吸引一些新的有需求的客户。

2.确定总体需要

提出某种需要后，企业的"采购中心"便要确定所需项目的特点以及所需的数量，如果是常规的简单项目，采购人员就可直接确定；如果是非常规的复杂项目，则需要经过企业的有关各方反复研究、权衡后，才能确定所需项目的特点以及所需的数量。供应商在发现客户有复杂项目的需求时，可以针对客户所面临的问题，及时提供有关资料，并介绍本企业产品的品质、性能、特点等，以争取到客户。

3.评述产品规格

评述产品规格是指对所需产品的规格及型号等技术指标进行详细的说明，并由专业技术人员进行功能与成本的价值分析，以达到在不影响产品功能的前提下降低产品成本的目的。评述产品规格的说明可作为采购人员从事采购活动时的指导。评述产品规格并不是对企业所有的采购都要进行，一般企业只选择所需数量所占比重不大，但成本所占比重却很大的采购项目进行功能与成本的价值分析。作为供应商也应对本企业所提供的产品进行功能与成本的价值分析，以确保为客户提供的是物美价廉的产品、防止竞争对手抢走客户。

4.寻找供应商

企业在进行所需产品规格评述后，就开始寻找物色供应商的工作，特别是重要项目的采购，企业对物色供应商的工作就更为慎重。企业物色供应商的渠道主要有：通过工商企业目录、网络资料查询、本企业原购货记录和其他企业的购货经验等。作为供应商首先应保证进入采购者的视线，其次应设法提高本企业的知名度，以吸引采购者的注意。

5.征求供应信息

征求供应信息是指向初步选定的数家供应商发出邀请，或请他们邮寄产品的说明书、价目表等产品信息资料，以备购买企业对比分析。所以，被初步选定的供应商应高度重视购买者征求供应信息的过程，组织得力人员编写本企业的产品资料，不仅要有产品目录、说明书、价目表，还应有对产品的介绍，并包含促销的内容。

6.选择供应商

选择供应商是最终确定供应商阶段，一般要经过谈判才能最后选择供应商。这时谈判的技巧对供应商就显得非常重要。企业在选定长期的供应伙伴时，一般会选择数家，而将其中一家作为主供应商，以减少采购风险。主供应商会全力以赴保证自己的主供应商地位，次要供应商会通过多种途径争得立足之地后，再图发展。

7.发出正式订单

选定供应商后，购买方就会向供应商发出正式订单，订单中一般包括产品的规格、数量、交货时间、保修条款等。生产企业为了减少其原料的库存以及重复签约的烦恼，往往采取"一揽子合同"方式订货，与供应商建立长期供货关系，要求供应商按合同规定的时间逐次发货。这种"一揽子合同"也可以使供应者的产品销路较有保障。

8.评估履约情况

为了了解供应商的履约情况，建立客户档案，企业的采购机构应定期与使用部门联系，了解使用部门对所采购商品的满意程度以及供贷方的售后服务情况。通过评估履约情况，采购方会决定继续、修订或停止向该供应商采购，所以，作为供应商应主动了解采购企业对本企业的产品和服务的态度，及时改进工作，使客户达到或超过他们预期的要求。

上述八个采购阶段并非每次采购都要经历，依采购类型的不同而可以省略部分采购阶段。如直接重购时，只需要经历"征求供应信息"和"评估履约情况"即可；而新购一般则要经历所有的八个阶段；修订重购则视具体的采购项目，有些阶段可被简化、浓缩或省略。作为供应商的营销人员，应因势利导，为不同的客户制定不同的营销计划。

二、中间商购买

（一）影响中间商购买行为的主要因素

中间商购买与生产者购买同属于经营者购买，所以中间商的购买行为同样受环境因素、组织因素、个人因素等的影响，但由于中间商与生产者的经营方式不同，这些因素对中间商购买行为的影响又有所不同。

1.环境因素

由于中间商的派生需求与源生需求的一致性，影响源生需求及购买行为的环境因素对中间商购买行为的影响同样存在。如消费者中流行某种款式的服装，马上就会引起中间商的大量采购；政府对某种产品的消费做出了限制，在中间商市场上也会很快反映出来。

2.组织因素

对中间商购买行为影响的组织因素，主要指中间商自身的组织特点对其采购的影响。采购什么类别的商品、什么品种的商品、什么档次的商品等，取决于中间商自己在市场上的定位以及竞争战略。如珠宝商一般不会采购服装来经营；高档服装专卖店也不会采购大众服装来经营；大型商场经营的商品种类要远比各类专卖店经营的商品种类丰富得多等等。

3.个人因素

与生产者购买一样，中间商购买行为也会受个人因素的影响，但这种个人因素的影响要比对生产者购买行为的影响明显一些。有学者将中间商采购中的心态分为七种：长期忠诚于某些供应商的忠诚购买者；不固定于某个供应商的随机购买者；选择给予最佳采购条件的购买者；有广告要求的购买者；提出自己想要的交易条件的购买者；价格上要求最优的购买者；琐碎的购买者。

4.供应商的策略

由于中间商的实质是顾客的采购代理者,所以供应商所采取的供货条件、价格折让、运费折让、促销补助等供货策略,对中间商的采购有直接的影响。

（二）中间商购买的类型

与生产者购买的三种类型相比,中间商购买的类型大致可分为四种：

1.新产品采购

中间商一般在扩展经营的业务范围时,会采购一些自己从未经营过的新产品。在采购之前首先会对产品的进价、售价、市场需求和市场风险等做出分析。

2.最佳供应商选择

当中间商经营的同类商品有众多供应商时,中间商会选择其中的最佳供应商。有些中间商有自己的销售品牌,这类中间商会选择愿意为自己制造定牌产品的生产企业。

3.修改交易条件的重购

如果中间商经营的商品种类中出现了新的供应商,或其他的供应商改进了供货策略,该中间商会对自己原来的供应商提出修改交易条件的建议,如加大折扣、增加服务、给予更多的信贷优惠等。

4.直接重购

中间商的这种直接重购类似于生产者购买类别中的直接重购。如果中间商对自己原来的供应商感到满意,在正常情况下,该中间商会按原来的订货目录和交易条件继续向原来的供应商采购商品。

（三）中间商的购买决策过程

1.中间商购买决策的参与者

中间商购买决策的参与者与生产者购买的参与者略有不同，且不同类型的中间商，其购买决策的参与者也不尽相同。以连锁超市为例，中间商购买决策的参与者主要包括：商品经理（负责超级市场总部的专职人员）、采购委员会（由各部门经理和商品经理组成，负责审查商品经理提出的采购建议）和分店经理（下属各零售店的负责人，掌握最终的采购权）。

2.中间商的购买决策过程

由于购买决策的参与者不同，中间商的购买决策过程与生产者的购买决策过程也不完全相同，与生产者的购买决策过程的八个阶段相比，中间商采购有些环节要简单，有些环节则要复杂一些。我们将中间商的购买决策过程分为以下五个阶段：

（1）认知需求。中间商感知或认知需求的主要情况有：市场需求与存货水平的差距、前景较好的新产品的出现、扩展业务范围或改变经营内容等。上述情况的出现，有些对做出需求的决策较容易，如市场需求与存货水平的差距；而新产品的出现以及改变经营范围或经营内容而引发的需求，其决策就比较困难，因为前景较好的新产品并不是自己所擅长经营的产品类别，改变经营范围或经营内容可能会改变自己的经营特色，这样会给未来的经营带来一定的风险。

（2）确认所需商品。中间商在确认需求后，就要确定所需商品的品种、规格、质量、价格、数量和进货时间，并写出采购说明书，以指导采购人员进行采购。

（3）寻求供应商。采购人员根据采购说明书的要求，通过多种渠道搜集市场信息，寻求供应商。如果是直接重购，这项工作要简单很多；如果是新产品采购，这项工作则要复杂一些。中间商选择供应商的标准主要有：商品的价格是否低廉；是否允许推迟付款，商品滞销或跌价时，是否有补偿；交货是否及时；是否有广告支持或广告津贴；售后服务如何等。

（4）谈判与正式订购。这一环节与生产者购买相似，而且中间商也倾向于签订长期供货合同，以保证货源稳定、供货及时和减少库存。

（5）购后评价。除个别类型的中间商外，一般的中间商经营品种较多，所选择的供应商也较多，中间商采购后会对各个供应商的绩效、信誉、合作诚意等因素进行评价，以决定是否继续合作。

在发达的商品经济条件下，市场上绝大多数商品是通过中间商而最终到顾客手里，只有个别商品是生产者直接销售，所以研究与分析中间商的购买行为，对企业的营销人员有着重要意义。

三、政府购买

（一）政府的购买目的

政府采购的范围极其广泛，按照用途可分为军事装备、通讯设备、交通运输工具、办公用品、日用消费品、劳保福利用品和其他劳务需求等。政府采购的目的不像工商企业那样是为了挣钱，也不像消费者那样是为了满足生活需要，而是为了维护国家安全和社会公众的利益等公共服务。

（二）政府购买过程的参与者

各个国家、各级政府都设有采购组织，一般分为两大类：

1.行政部门的购买组织。如国务院将部、委、局；省、直辖市、自治区所属各厅、局；市、县所属的各科、局等。这些机构的采购经费主要由财政部门拨款，由各级政府机构的采购办公室具体经办。

2.军事部门的购买组织。军事部门采购的军需品包括军事装备（武器）和一般军需品（生活消费品）。各国军队都有国防部和国防后勤部（局），国防部主要采购军事装备，国防后勤部（局）主要采购一般军需品。在我国，国防部负责重要军事装备的采购利分配，解放军总后勤部负责采购和分配一般军需品。此外，各兵种也设立后勤部（局）负责采购军需品。

（三）影响政府购买行为的主要因素

政府市场与生产者市场和中间商市场一样，也受到环境因素、组织因素、人际因素和个人因素的影响，但在以下方面略有不同：

1.受到社会公众的监督

虽然各国的政治经济制度不同，但是政府采购工作都受到各方面的监督。主要的监督者有：

（1）国家权力机关和政治协商会议。即国会、议会或人民代表大会、政治协商会议。政府的重要预算项目必须提交国家权力机关审议通过，经费使用情况要接受监督。

（2）行政管理和预算办公室。有的国家成立专门的行政管理和预算办公室审核政府的各项支出并试图提高使用效率。

（3）传播媒体。报刊、杂志、广播、电视等传播媒体密切关注政府经费的使用情况，对不合理之处予以披露，起到有效的舆论监督作用。

（4）公民和社会团体。国家公民和各种社会团体对自己缴纳的税赋是否切实地用之于民也非常关注，并通过多种途径表达自己的意见。

2.受到国内外政治形势的影响

比如，在国家安全受到威胁或出于某种原因发动对外战争时，军备开支和军需品需求就大；和平时期用于建设和社会福利的支出就大。

3.受到国内外经济形势的影响

经济疲软时期，政府会缩减支出，经济高涨时期则增加支出。因国家经济形势不同，政府用于调控经济的支出也会随之增减。我国出现"变粮难"现象时，政府按照最低保护价收购粮食，增加了政府采购支出。美国前总统罗斯福在经济衰退时期实行"新政"，出国家投资大搞基础设施建设，刺激了经济增长。

4.受到自然因素的影响

各种自然灾害会使政府用于救灾的资金和物资大量增加。

（四）政府购买方式

与其他非营利组织一样，政府购买方式有公开招标选购、议价合约选购和日常性采购三种，其中以公开招标为最主要方式。对于公开招标方式，政府要制定文件说明对所需产品的要求和对供应商能力与信誉的要求。议价合约采购方式通常发生在复杂的购买项目中，往往涉及巨大的研究开发费用与风险；有时发生在缺乏有效竞争的情况下。

由于政府支出受到公众的关注，为确保采购的公正性和公开性，政府采购组织会要求供应商准备大量的说明产品质量与性能的书面文件，决策过程可能涉及纷繁的规章制度、复杂的决策程序、较长的时间、采购人员的更换以及部分供应商的抱怨。政府机构也会经常地采取改革措施简化采购程序，并把采购系统、采购程序和注意事项提供给各供应商。供应商必须了解这个系统并投入相当的时间、资金和其他资源来制定有竞争力的标书。政府采购比较重视价格，供应商应当尽量通过降低成本来降低价格。有实力的供应商常预测政府需求，设计适当的产品和服务，以争取中标。

四、非营利组织购买

（一）非营利组织的类型

非营利组织在国内外发展得非常快速，引起了各国的高度重视。ICNPO（the International Classification of Non-profit Organization）将非营利组织分为12 大类，24 小类。非营利组织遍及社会的各个方面，包括公益慈善、赈灾救济、扶贫济困、环境保护、公共卫生、文化教育、科学研究、科技推广、农村和城市的社会发展，以及社区建设等许多领域。我国非营利组织可以采取的合法组织类型，包括社团法人、基金会、民办非企业单位、公益信托等。社团法人包括行业协会、商会、联合会、学会、研究会、联谊会等。

（二）非营利组织的购买特点

1.限定总额

非营利组织的宗旨是向社会提供某些特定种类的服务，而不以赢利为目的，其日常活动经费主要来自国民税收、政府财政拨款或补贴，以及社会资助等。不仅使用经费数额有限，而且对经费预算开支还要进行严格控制。因此，非营利组织的采购经费总额是既定的，不能随意突破。比如，政府采购经费的来源主要是财政拨款，拨款不增加，采购经费就不可能增加。

2.价格低廉

非营利组织大多数不具有宽裕的经费，在采购中要求商品价格低廉，追求较高的"性价比"。政府采购用的是纳税人的钱，要求仔细计算，用较少的钱办较多的事。

3.保征质量

非营利组织购买商品不是为了转售，也不是使成本最小化，而是维持组织运行和履行组织职能，所购商品的质量和性能必须保证实现这一目的。比如，医院以劣质药品供应病人就会损害声誉，采购人员必须购买价格低廉且质量符合要求的药品。

4.受到控制

为了使有限的资金发挥更大的效用，非营利组织采购人员受到较多的控制能按照规定的条件购买，缺乏自主性。

5.程序复杂

由于非营利组织的购买行为受到严格控制，以及各种规章制度的规范约束和社会公众的普遍监督，其购买过程的参与者众多，程序也较为复杂。比如，政府采购要经过许多部门签字盖章，受许多规章制度约束，需准备大量的文件，填写大量的表格，遭遇官僚气息严重的状况则更加难办。

（三）非营利组织的购买方式

1.公开招标选购

即非营利组织的采购部门通过传播媒体发布广告或发出信函，说明拟采购商品的名称、规格、数量和有关要求，邀请供应商在规定的期限内投标。有意争取这笔业务的企业要在规定时间内填写标书，密封后送交非营利组织的采购部门。指标单位在规定的日期开标，选择报价最低且其他方面符合要求的供应商作为中标单位。

采用这种方法，非营利组织处于主动地位，供应商之间却会产生激烈竞争。供应商在投标时应注意以下问题：①自己产品的品种、规格是否符合招标单位的要求。非标液化产品的规格不统一，往往成为投标的障碍。②能否满足招标单位的特殊要求。许多非营利组织在招标中经常附带提出一些特殊要求，比如提供较长时期的维修服务，承担维修费用等等。③中标欲望的强弱。如果企业的市场机会很少，迫切地需要赢得这笔生意以维持经营，就要降低标价；如果还有其他更好的机会，只是来尝试一下，则可以提高标价。

2.议价合约选购

即非营利组织的采购部门同时和若干供应商就某一采购项目的价格和有关交易条件展开谈判，最后与符合要求的供应商签订合同达成交易。这种方式适用于复杂的工程项目，因为它们涉及重大的研究开发费用和风险。

3.日常性采购

指非营利组织为了维持日常办公和组织运行的需要而进行采购。这类采购金额较少，一般是即期付款、即期交货，如购买办公桌椅、纸张文具、小型办公设备等，类似于生产者市场的"直接重购"或中间商市场的"最佳供应商选择"等类型。

第十二章 旅游市场营销管理

第一节 旅游市场概述

一、旅游市场及相关概念

（一）旅游市场

旅游市场属于商品市场的范畴，对"市场"的认识是定义旅游市场的基础。"市场"的定义大致有以下几种。

第一，狭义的定义：市场是指从事商品交换活动的具体场所。

第二，经济学定义：市场是买卖双方交换关系的总和，是商品供给与需求的矛盾统一体。

第三，营销学定义：市场是指某种商品的现实购买者和潜在购买者需求的总和。

狭义定义对市场没有作出根本的解释，仅把市场看成商品交换的场所。后两种扩大了市场的含义。经济学定义认识较全面，看到了市场上的买卖双方，体现了作为商品交换关系的市场是商品供求关系的矛盾统一体。营销学定义站在企业微观主体的立场上来认识市场，认为市场是所有需求的总和。因为在现代市场经济条件下，企业必须按照市场需求规模来组织生产，才能实现企业的目标。

根据经济学的市场定义，旅游市场可定义为旅游产品交换中所反映的各种经济现象和经济关系的总和。它不仅包括旅游产品交换的相关群体，而且涉及一定范围内旅游产品交换中供求之间的各种经济活动和经济关系，即实现旅游产品相互转让的交换关系总和。但这种定义应用并不普遍。

我们通常采用营销学的市场定义来定义旅游市场，就是指旅游需求市场或者旅游客源市场，即某一类旅游产品现实和潜在购买者的总和。

（二）旅游市场营销

1.市场营销

西方市场营销学者从不同角度及发展的观点对市场营销下了不同的定义。著名营销大师菲利普·科特勒（Philip Kotler）于1984年对市场营销下了定义：市场营销是指企业的这种职能—认识目前未满足的需要和欲望，估量和确定需求量大小，选择和决定企业能最好的为其服务的目标市场，并决定适当的产品、劳务和计划（或方案），以便为目标市场服务。

麦卡锡 E. J. Mccarthy）于1960年对微观市场营销下了定义：市场营销是企业经营活动的职责，它将产品及劳务从生产者直接引向消费者或使用者以便满足顾客需求及实现公司利润，同时也是一种社会经济活动过程，其目的在于满足社会或人类需要，实现社会目标。

这两种定义都说明，市场营销活动是在产品生产活动结束时开始的，中间经过一系列经营销售活动，当商品转到用户手中就结束了，因而把企业营销活动仅局限于流通领域的狭窄范围，而不是视为企业整个经营销售的全过程，即包括市场营销调研、产品开发、定价、分销广告、宣传报道、销售促进、人员推销、售后服务等。

美国市场营销协会（American Marketing Association，AMA）于1985年对市场营销下了较完整和全面的定义：市场营销"是对思想、产品及劳务进行设计、定价、促销及分销的计划和实施的过程，从而产生满足个人和组织目标的交换"。

这一定义比前面的诸多定义更为全面和完善。主要表现是：（1）产品概念扩大了，它不仅包括产品或劳务，还包括思想；（2）市场营销概念扩大了，市场营销活动包括营利性的经营活动和非营利组织的活动；（3）强调了交换过程；（4）突出了市场营销计划的制定与实施。

此外，这一概念还表明：

（1）市场营销是一种企业活动，是企业有目的、有意识的行为；

（2）满足和引导消费者的需求是市场营销活动的出发点和中心；

（3）分析环境，选择目标市场，确定和开发产品，产品定价、分销、促销和提供服务以及它们间的协调配合，进行最佳组合，是市场营销活动的主要内容；

（4）实现企业目标是市场营销活动的目的。

2.旅游市场营销

旅游市场营销是旅游产品或旅游服务的生产商在识别目标市场旅游者需求的基础上，通过分析、计划、执行、反馈和控制这样一个过程来协调各种旅游经济活动，从而实现提供有效产品和服务，使游客满意，使企业获利的经济和社会目标。旅游市场营销的主体包括所有旅游企业及宏观管理的旅游局，如旅游景区、景点，旅行社，宾馆酒店和旅游交通部门等。

二、旅游市场的构成要素与特点

（一）旅游市场的构成要素

我们这里研究的旅游市场是旅游需求市场或者旅游客源市场，所以，旅游市场的基本构成要素就包括体现旅游需求的旅游者、旅游购买力和旅游购买倾向等三个要素，而没有考虑作为旅游市场供给方面的旅游企业和旅游产品等要素。

1.旅游者

旅游者是旅游市场上的主体，是旅游市场存在的基础。旅游者数量和旅游者质量是影响旅游市场发展的重要因素，准确分析旅游者数量和旅游者需求，是旅游市场开拓的前提。

旅游者数量决定了旅游市场的规模和潜力。客源国社会经济的发达程度和人口绝对数决定旅游者数量的多少。发达地区和国家，国民的出游率高，是世界上主要的国际旅游客源地，如美洲、西欧地区、日本等。非洲地区虽然人口众多，但由于经济发展水平低，出游人数也较少。国内经济发达的东部地区，特别是北京、上海和广州，成为我国主要的国内旅游客源地。旅游企业营销要重点针对有一定规模和潜力的旅游市场。

旅游者质量决定了旅游市场的购买力、消费水平和需求特征，旅游者的年龄、性别、家庭结构、职业、受教育水平、经济收入、地理分布、民族与宗教信仰的差异都会影响旅游者的质量。旅游企业应根据旅游市场差异，开发与之相适应的产品和服务，同时有条件的旅游企业应该瞄准和开发高质量的旅游市场。

2.旅游购买力

购买力是指消费者购买商品和劳务时的支付能力。购买力的高低通常是由消费者的收入水平决定的。旅游活动中所消费的是享受型的高消费产品，只有当消费者及其家庭总收入达到一定水平并满足了生活基本所需后，才有可能进行旅游消费。决定旅游购买力高低的主要因素是个人可自由支配收入和闲暇时间。一个国家和地区的经济越发达，人们的可自由支配的收入水平越高，人们所拥有的闲暇时间越多，从事旅游活动的可能性就越大，旅游购买力就越强。

3.旅游购买倾向

旅游购买倾向指客源地居民旅游消费主观愿望的强烈程度。旅游购买倾向大的地区，人们出游的可能性大，才能形成一定规模的旅游市场。旅游购买倾向受居民可自由支配收入和闲暇时间的影响。可自由支配收入和闲暇时间越多，旅游购买倾向越大；反之，越小。旅游购买倾向的程度还与高档商品的消费有关。当高档商品成为旅游产品和服务的替代品时，旅游购买倾向就降低，如汽车消费和住房消费等。所以，旅游市场分析尤其是旅游市场潜力分析时，要更看旅游购买倾向分析，对正确选择市场，制定市场战略，有重要的指导意义。

（二）旅游市场特点

与其他专业市场相比，旅游市场有自己鲜明的特点：类型层次的多样性，较强的波动性，明显的季节性，激烈的竞争性和天然的整合性等。了解和掌握旅游市场特征，有利于我们搞好市场营销和市场管理工作。

1.多样性

这是指旅游市场类型层次的多样性。首先，因为旅游市场主体具有多样性，使旅游市场呈现多样性特点，如老年旅游市场、青少年旅游市场、女性旅游市场等。其次，因为旅游市场需求的多样性，形成了丰富多样的专题旅游市场，如度假旅游、商务旅游、宗教旅游、探险旅游等。旅游市场需求的档次不同，还形成了不同层次的旅游市场，如豪华游和经济型旅游。最后，由于旅游吸引物的吸引力大小差异，从空间上形成了国内旅游市场、区域国际旅游市场和洲际国际旅游市场。

2.波动性

旅游市场的波动性是由旅游需求的波动性带来的。影响旅游需求的因素很多，有经济因素、政治因素、自然因素和社会因素等。任何因素的剧烈变动，都会导致旅游需求的巨大变化。如"9·11"恐怖主义袭击事件严重打击了北美旅游市场，2003年"非典"的流行使亚洲尤其是中国旅游市场出现大滑坡，2008年的全球金融危机导致世界旅游市场整体出现大幅下滑。而世界性盛会又会推动旅游人数的迅速增长。如1900年在法国巴黎举办的世博会，入园人数是4810万人次，1970年日本大阪世博会入园人数是6400万人次，1992年西班牙塞维利亚世博会观众达到6000万人次，预计2010年上海世博会将吸引7000万人次参观。

3.季节性

旅游市场的季节性主要是由于气候的季节性造成的。气候的季节差异形成了旅游产品的季节差异，避暑旅游产品一定是在盛夏季节，而滑雪赏雪旅游产品非冬季莫属，于是形成了旅游市场的季节变换，最明显的是形成了冬季旅游市场和夏季旅游市场。一般来讲，冬季是旅游市场的淡季。夏季是旅游市场的旺季。世界各国的旅游目的地都在致力于消除旅游的季节性，丰富冬季旅游产品，加大冬季旅游营销力度，以提高目的地旅游经济效益。但到目前为止，这一努力的成效并不显著，旅游市场仍然呈现明显的季节性特点。

4.竞争性

旅游市场的竞争性主要体现在目的地对旅游者的竞争上，出于旅游资源分布的广泛性，旅游资源内涵的延伸性，世界各地的旅游目的地越来越多。旅游业对区域发展的促进作用越来越受到各级政府的重视，纷纷出台促进旅游业发展的产业政策，并加大旅游营销力度。但旅游者时间和收入的约束性，使其对目的地的选择非常有限。目的地不得不采取各种竞争策略，吸引旅游者前往旅游和消费。

5.整合性

旅游市场的整合性是由旅游消费的综合性决定的。要保证旅游活动的顺利进行，旅游者必须要消费许多行业的产品和服务。旅游市场就成为餐饮业、住宿业、交通业等行业产品整合交易的场所。从这个角度来说，整合性是旅游市场的一个基本特征。旅游市场的整合性还突出表现在旅游产品的整合上。相似的旅游产品可以整合为一条具有鲜明主题的线路，具有互补性的旅游产品更有整合的优势。整合旅游产品一方面是为了更好地满足旅游者多样化的旅游消费需求，另一方面是区域旅游市场整合的核心内容。

综上所述，旅游市场营销人员只有对旅游市场和市场构成要素具有清晰、准确、客观的认识和分析，才能正确发挥旅游市场的机制和作用，将旅游市场作为满足旅游者需求的起点，获取旅游者的信息，并且按照不断变化的市场需求进行市场细分，制定营销策略，实现旅游企业的营销目标。

（三）旅游市场划分

按照旅游市场分类的依据，并充分考虑影响旅游市场发展变化的各种因素，就可以对旅游市场进行科学的分类和细分，以针对不同的旅游市场提供不同的旅游产品和服务。按照目的旅游市场的特点和发展趋势，可根据区域特征、国家范围、旅游距离、旅游目的、消费水平、组织形式等因素，将旅游市场划分为各种类型。

1.按区域特征划分

按区域特征划分旅游市场，是以现有及潜在的客源地为出发点，根据对旅游者来源地或国家的分析而划分旅游市场。世界旅游组织根据世界各地旅游发展情况和客源集中程度，将世界旅游市场划分为欧洲、美洲、东亚太地区、非洲、中东和南亚六大区域性市场。从六大区域性旅游市场的发展看，几十年来，欧美经济发达国家一直占据着国际旅游市场的主导地位，而其他区域旅游市场所占市场份额相对较小。到 20 世纪末期，世界已经形成了欧洲地区、美洲地区和东亚太地区三大旅游区域市场和格局。

2.按国境划分

按国境划分旅游市场，一般分为国内旅游市场和国际旅游市场。前者是指客源来自一个国家本国居民，且旅游活动在国内各地进行；后者是指客源国和目的地国分离的旅游市场，包括入境旅游和出境旅游。

通常，在国内旅游市场上，旅游者是本国居民，主要使用本国货币支付各种旅游开支，并自由地进行旅游而不受国界的限制，因而大力发展国内旅游不仅容易可行，而且可以对国内商品流通、货币回笼等起促进作用。在国际旅游市场上，由于旅游者是其他国家或地区的居民，使用其他国家的货币支付旅游开支，往往涉及货币兑换，还涉及旅游证件和出国护照、进入旅游目的地国家的签证许可等问题，因而国际旅游市场与国内旅游市场相比较要复杂很多。

3.按距离划分

按旅游目的地距离旅游客源市场的远近，可将旅游市场划分为近距离（周边）市场、中距离市场和远距离（远程）市场。

近距离市场是指以满足一日游旅游需求为主的旅游市场，包括相邻国家或地区之间的边境旅游市场、周边城市的城市旅游市场和周边乡村的乡村旅游市场等。中距离市场是指以满足旅游者周末休闲和短期休假的旅游市场。通常，客源地与旅游目的地在同一个区域范围内。

远距离市场是指客源地距离目的地较远，且可以满足旅游者在较长观光、休闲度假的全球范围内跨大洲的旅游市场。

4.按旅游目的划分

由于旅游者的旅游目的不同，对旅游产品的需求不同，从而可划分为不同的旅游细分市场。在 20 世纪 50 年代以前的传统旅游市场中，根据旅游目的可将旅游市场划分为观光旅游市场、文化旅游市场、商务旅游市场、会议旅游市场、度假旅游市场、宗教旅游市场等。自 50 年代以来，除了以上传统旅游市场外，又出现了一些新兴的旅游市场，如以满足人们健康需求的体育旅游市场、疗养保健旅游市场和狩猎旅游市场等；以满足人们未来发展需要的修学旅游市场、学艺旅游市场等；以满足人们寻求刺激心理需求的探险旅游市场、惊险游艺旅游市场等。

5.按消费水平划分

根据旅游者的消费水平，一般可将旅游市场划分为豪华旅游市场、标准旅游市场和经济旅游市场。在现实社会中，由于人们的收入水平、年龄、职业以及社会地位、经济地位的不同，其旅游需求和消费水平也不同，从而对旅游产品的质量要求也不一样。通常，豪华旅游市场的主体是社会的高收入阶层，他们一般不关注旅游价格的高低，而是希望旅游活动能反映出他们高质量生活的水平。标准旅游市场的主体是大量的中等收入阶层，他们既注重旅游价格，又注重旅游活动的内容和质量。经济旅游市场的主体是那些收入水平较低或没有固定收入的群体，他们更多的是注重旅游价格的高低。因此，旅游经营者应根据其提供的旅游产品等级，科学地进行市场定位，以选择合适的旅游目标市场，并努力增强对旅游市场的吸引力，扩大市场占有率。

6.按组织形式划分

根据旅游的组织形式，可将旅游市场划分为团体旅游市场和散客旅游市场。

（1）团体旅游。一般是指人数在 15 人以上的旅游团，其旅游方式以包价为主，包价的内容通常包括旅游产品基本部分，如食、住、行、游、购、娱，也可以是基本部分中的某几个部分。团体包价旅游的优点：

①其活动日程已经提前安排好，旅游者不必为旅游行程中的烦琐环节操心，可放心地随团旅游；

②包价旅游的内容灵活多样，可以根据旅游者的偏爱而自由选择；

③旅行社往往以优惠的旅游价格分别购买各单项旅游产品，然后组织成旅游线路产品再出售给旅游者，因而旅游者参加团体包价旅游，其旅游价格一般较散客自主旅游便宜。

（2）散客旅游。主要指个人、家庭及 15 人以下的自行结伴的旅游活动。旅游者可以按照自己的意向自由安排活动内容，也可以委托旅行社购买单项旅游产品或旅游路线中的部分项目，因而比较灵活方便。散客旅游的主要缺点是旅游者自己要考虑每一站抵离的交通及住宿问题等，其所购买的各单项旅游产品的价格之和比参加同样内容的团体包价旅游的价格要昂贵得多。

三、旅游目标市场

旅游市场的需求具有多样性，任何一个旅游企业都不可能满足所有市场游客的需求，而只能选择其中的一部分加以满足，为此，旅游企业必须进行市场细分。通过市场细分，企业以充分挖掘市场潜力，根据自身条件选择可以盈利的市场，并在此基础上，找准目标顾客群体，找到本企业和产品在市场上的正确位置。

（一）旅游市场细分

1.含义

所谓旅游市场细分，是指企业根据旅游者的特点及其需求的差异性，将一个整体市场划分为若干个具有相类似需求特点的旅游者群体的过程。经过市场细分后，每一个具有相似需求特点的旅游者群体就是一个细分市场。比如，按性别可以细分为男性市场和女性市场；按年龄可以细分为儿童市场、青少年市场、中年市场和老年市场等。

2.旅游市场细分的意义

（1）有利于旅游企业找准最新的市场机会。

（2）有利于按目标市场需要提供旅游产品。

（3）有利于旅游企业集中使用资源。

（二）旅游目标市场

1.旅游目标市场的含义

旅游目标市场是指旅游企业的目标消费者群体，是旅游企业旅游产品的主要销售对象，也是旅游企业在整体旅游市场上选定作为营销活动领域的某一个或几个细分市场。

2.旅游目标市场选择的原则

（1）有一定的市场发展潜力

旅游企业选择某一个或某几个细分市场作为旅游目标市场，其最终目的是期望旅游企业在该市场能长期盈利。因此，目标细分市场必须具有一定的市场发展潜力。测量目标市场的发展潜力，一般要估算目标市场的需求总量。在一定时空条件下，目标市场的需求总量是该市场旅游者人数、旅游者购买能力和旅游者购买意愿三者的乘积。

（2）力求避免"多数谬误"

多数谬误是过多企业都把同一个细分市场作为自己的目标市场，从而造成某一旅游产品的供给大大超过市场需求的情况。许多旅游企业共同经营向一种旅游产品，实际上就是共同争夺同一细分市场有限的消费者群，结果造成社会劳动和资源的浪费，也不能满足其他旅游市场需求，大大提高了企业的机会成本，影响了企业的经济效益。

（3）符合企业的目标和能力

旅游企业选择目标市场必须具备开发该市场所需要的人力、财力、物力资源条件，同时还必须符合企业最终的发展目标。只有选择那些企业有条件进入、能够充分发挥自身资源优势的市场作为目标市场，旅游企业才能增强拓展市场的能力，取得最佳经济效益。

3.选择目标市场的策略

（1）无差异性策略

实行无差异性市场策略的旅游企业,是把整个旅游市场作为一个大目标,针对旅游消费者的共同需要，制定统一营销计划，以实现开拓市场、扩大销售的目标。在旅游行业中，一些有垄断性资源的旅游企业和一些推出新产品的旅游企业，常常采取这种策略。

采用无差异市场策略的优点是：平均成本低，不需要进行市场细分，可以节约大量的费用，规模效应显著。但这种市场策略也存在许多缺点，不能为旅游者提供差异性的、有针对性的旅游产品。

（2）差异性策略

实行差异性目标市场策略的旅游企业，通常是把整体旅游市场划分为若干细分市场作为其目标市场。其优点是：小批量，多品种，机动灵活，针对性强，可以满足不同消费者的需要，有利于提高产品的竞争优势。但由于品种多，以及销售渠道和方式、广告宣传的多样化，旅游产品开发成本、管理成本、营销成本就会大大增加，难以形成规模经济。

（3）集中性策略

无差异性目标市场策略和差异性目标市场策略，都是以整体市场作为旅游企业的营销目标，试图满足所有旅游消费者的需要。集中性目标市场策略，则不是把目标市场放在整体旅游市场上，而是选择一个或几个细分化的专门旅游市场作为营销目标，然后集中企业的总体营销优势开展生产和销售，充分满足某类旅游消费者的需要。

一般来说，实力有限的中、小旅游企业，可以采用集中性市场策略。其优点是，旅游企业可以集中优势力量，为充分满足旅游消费者的需要而奋斗，以取得消费者的信任和偏爱，从而提高销售额、利润额和投资收益率。仅采用集中性市场策略一般风险比较大，因为旅游产品无专利保护的特殊性，使竞争者极易紧跟而入。

第二节 旅游市场竞争和旅游市场营销

一、旅游市场竞争

（一）竞争的必然性

任何竞争总是围绕一定的利益而展开的。旅游市场上的竞争是指各旅游企业为了自身的经济利益，以争夺游客客源为中心而展开的斗争。竞争与市场紧密相连，哪里有市场，哪里就有竞争，旅游市场竞争是客观必然的。

旅游市场的特殊性必然导致旅游企业间的激烈竞争。从旅游市场总体来看，现代旅游市场表现为供给大于需求的买方市场，旅游者在市场上占有主导地位。由于旅游市场需求变化性大、可替代性高等特点，使得企业在把握市场的动态，更好地适应需求方面，面临着巨大的挑战。谁能争得更多的旅游者，谁就能占领市场上最大的份额。另外，由于旅游产品的无形性和不可储存性，使得旅游企业更加注重对旅游客源的争夺。对于旅游企业来说，如果一天没有游客，就一天无法生产，就不能产生效益。因此，每一个企业都不惜一切代价去抓住稍纵即逝的市场机会。

旅游目的地越来越多导致竞争。从世界来看，旅游业已经发展成为世界最大的新兴产业之一，世界主要国家都把发展旅游业放在重要战略地位。近20年来，旅游业持续以高于世界经济增长的速度快速发展，成为全球最大的产业之一。据世界旅游组织公布的数据，目前旅游经济总量占全球 GDP 的10%以上；旅游就业人数占就业总数的 8%以上，成为吸纳就业最多的行业之一；旅游投资占投资总额的 12%以上；新世纪以来国际旅游总收入年均增长6%至 7%，远高于世界经济年均 3%的增长率。世界各国日益从战略上重视旅游业：美国制定了面向 21 世纪的旅游发展战略；日本实施观光立国战略，制定了《推进观光立国基本计划》；法国采取旅游战略管理模式，成立"旅游战略委员会"，巩固旅游优势；西班牙提出旅游业全面质量管理战略；韩国公布《观光旅游业先进化战略》。从国内来看，绝大多数省份都把旅游业作为支柱产业、主导产业或龙头产业，各级党委、政府对旅游业的高度重视，为旅游业发展营造了良好的政策环境和法制环境。广东、云南、浙江、吉林、湖南、福建等地先后出台了加快旅游业发展的意见和决定，绝大多数省份都出台了关于旅游业的地方性法规及政府规章，各地旅游业的发展环境得到进一步优化。国内外旅游业的迅猛发展，使旅游目的地数量越来越多，旅游市场激烈竞争已是必然的结果。

（二）旅游市场竞争策略

旅游市场竞争的目标必须通过竞争策略来实现，旅游市场竞争的策略贯穿于旅游经济活动的各个阶段，常见的有以下几种。

1.价格策略

价格是调节经济活动的经济杠杆之一，也是最常用的竞争手段。我国旅游产品具有低成本、价格弹性大的优势，这为我们制定富有竞争力的价格策略奠定了基础。首先，我们应当采取薄利多销的低价策略，吸引更多的旅游者，迅速占领客源市场。其次，利用某些旅游产品具有垄断性、稀缺性、新奇性和名贵性的特点，采取高价策略，以期在短期内获得较高收益。再次，采取平价策略，使某种旅游产品的价格保持在一定水平，避免或防止旅游企业之间的削价竞争。

2.产品策略

产品策略是旅游企业竞争的中心策略，具体包括以下几种方式。

（1）创新策略。在现代市场经济条件下，旅游需求千变万化，旅游企业必须适应各种变化，不断开发出具有特色的旅游新产品，旅游产品层次多样、内容广泛，产品创新反映在各个层次、各个方面，旅游企业应当根据产品的生命周期，确定合理的产品结构，不断地推陈出新。

（2）优质策略。产品质量是企业生命之所在，旅游企业应该充分考虑旅游产品的特点，尽量突出旅游产品的地方特色和民族风格，生产出高质量的旅游产品，扩大销售额，提高市场占有率。

（3）品牌策略。品牌策略是优质策略的延伸，旅游企业在开发出优质的旅游产品后，应当近一步提高产品的知名度，使之产生较大的品牌效应。由于旅游产品具有结构松散、易模仿等特点，在实施品牌策略的过程中必须运用经济、法律、行政等多种手段方能成功。目前，名牌产品已大量存在于旅游市场，"假日""喜来登"等为世界级的名牌产品，"建国""锦江"等为我国的名牌酒店产品。

3.促销策略

为了招徕更多的旅游者，争取更多的市场份额，就要通过各种渠道和媒介，把旅游产品、旅游目的地、旅游企业、旅游机构介绍给旅游者，除采用广告、宣传册、风光片等促销方式外，还应当采用电话、传真、电子邮件、计算机网络等现代通讯手段、以加强宣传力度，提高传播效率。

4.专营化策略

专营化策略是指旅游企业确定一个或几个细分市场作为目标市场，以相应的旅游产品和服务来满足旅游者的需要。由于目标市场较为单纯，旅游企业可以实现低成本经营，由于目标市场上的旅游产品高度专门化，可以有效地阻止其他竞争者，避免过度竞争。旅游企业在选择目标市场时，应当具有明确的针对性，要注意目标市场的规模，不宜定位于规模太小、划分过细的目标市场，要让旅游企业在市场上有一定的回旋余地，能够健康稳定地发展。

总之，旅游企业的生产者和经营者必须以顾客为中心，以市场为导向，充分满足旅游者的各种需要，对游客的消费偏好和需求倾向加积极地引导，促使旅游经济效益和社会效益共同提高。

二、旅游营销理论的发展

旅游市场营销是通过分析、计划、执行、反馈和控制这样一个过程，以旅游消费需求为导向，协调各种旅游经济活动，从而实现提供有效产品和服务，使游客满意，使企业获利的经济和社会目标。旅游市场营销的出发点是旅游市场需求，目的是获取效益。可见，旅游市场营销是获得效益的重要环节，对发展旅游业有重大作用。

（一）旅游市场营销观念的演变

旅游市场营销观念的演变经历了生产观念、产品观念、推销观念、市场营销观念、社会市场营销观念等五个阶段。

1.生产观念与产品观念

在第二次世界大战后，旅游业开始兴起，大量的人开始热衷于旅游，旅游产品均服务供不应求，这样的卖方市场使我国旅游业在原有市场经济体制下很自然地以生产观念作为经营导向，穷于应付，尽力接待好已有的旅游者，至于市场需求的变化和发展趋势则很少去研究。而产品观念则认为提供一流的产品与服务是企业经营管理工作的核心，因为旅游者喜欢高质量的产品和服务。这样旅游业就有了质的飞跃，但经营者们却忽视了市场的需求与变化。

2.推销观念

20 世纪 70 年代，随着旅游业的发展，大量旅游资源被开发，旅游产品开始供大于求，伴随着科技的进步和社会劳动生产率的大大提高，同类产品和服务的选择余地大，可替代性强，旅游业不得不去重视产品推销。比如，一些饭店成立了销售部，旅行社也设立了营业部，专门从事产品推销活动。

3.市场营销观念

市场营销观念认为企业经营管理的关键是正确确定目标市场，了解并满足这一客源市场的需求与欲望，并比竞争对手更有效地提供客源市场所期望满足的服务。从 20 世纪 80 年代开始，旅游市场由卖方市场转向买方市场，国际和国内旅游业的竞争日趋激烈，旅游企业开始重视在经营活动中去了解旅游者需求，根据旅游者的需要设计和开发自己的产品，调整自己的产品结构，并在价格、促销、渠道等各方面制定整体营销计划，使自己的产品更能适应旅游者的需要。旅游企业也更加注重旅游者对旅游产品的反应和处理，做好售后服务工作。

4.社会市场营销观念

进入 20 世纪 90 年代中后期及 21 世纪初，环境、人口、能源问题日益突出，要求现代企业承担更多的社会责任，由此产生了社会市场营销理念。根据该理念，旅游企业光满足旅游者需求和使企业获利是远远不够的，同时还必须兼顾整个社会的当前和长远利益。

美国 Ben&Jerry's 公司就是社会市场营销导向的典型代表，Ben&Jerry's 公司主要生产冰淇淋、冰冻酸奶、果冻和其他新奇产品，该公司的使命包括三个互相关联的部分。除了产品使命与经济使命外，Ben&Jerry's 公司还提出了社会使命：强烈认知公司在社会结构中发挥的中心作用，以此方式经营公司，首创富有创造性的方法来提升大社区当地、全国和世界层次的生活质量。Ben&Jerry's 公司的使命宣言深刻揭示了要寻求新的富有创造力的方法来结合这三个部分，同时尊重公司的员工和客户，以及他们置身的社区。而 Ben&Jerry's 公司还是少数几个把社会绩效报告作为其年度报告的一部分的公司。这种社会导向的公司价值观和美味的冰淇淋一起，为 Ben&Jerry's 公司赢得了良好的效益。1948 年，该公司的销售额仅为 400 万美元，1999 年则攀升至 2.37 亿美元。

（二）旅游营销组合的发展

1. 4Ps 营销组合

市场营销组合是指企业开展营销活动所应用的各种可控因素的组合。在 20 世纪 50 年代初，根据需求中心论的营销观念，麦卡锡把企业开展营销活动的可控因素归纳为四类：产品（product）、价格（price）、渠道（place）、促销（promotion），即 4Ps 组合。认为一次成功和完整的市场营销活动，意味着将适当的产品（服务）以适当的价格、适当的渠道和适当的促销手段投放到特定市场的行为。因此，提出了市场营销的 4Ps 理论。

产品（product）：注重开发的功能，要求产品有独特的卖点，把产品的功能诉求放在第一位。

价格（Price）：根据不同的市场定位，制定不同的价格策略，产品的定价依据是企业的品牌战略，注重品牌的含金量。

渠道（place）：企业并不直接面对消费者，而是注重经销商的培育和销售网络的建立，企业与消费者的联系是通过分销商来进行的。

促销（promotion）：企业注重销售行为的改变来刺激消费者，以短期的行为（如让利、营销现场气氛等）促成消费的增长，吸引其他品牌的消费者或引导提前消费来促进销售的增长。

4Ps 理论是营销学的基本理论，它最早将复杂的市场营销活动加以简单化、抽象化和体系化，构建了营销学的基本框架，促进了市场营销理论的发展与普及，对实践产生了深刻的影响，被奉为营销理论中的经典。而且，如何在 4Ps 理论指导下实现营销组合，实际上也是旅游企业市场合销的基本运营方法。即使在今天，几乎每份营销计划书都是以 4Ps 的理论框架为基础拟订的，几乎每本营销教科书和每个营销课程都把 4Ps 作为教学的基本内容，而且几乎每位营销经理在策划营销活动时，都自觉、不自觉地从 4Ps 理论出发考虑问题。

4Ps 理论主要是从供方出发来研究市场的需求及变化，及如何在竞争中取胜的。该理论重视产品导向而非消费者导向，以满足市场需求为目标。随着市场竞争日趋激烈，媒介传播速度越来越快，以 4Ps 理论来指导企业营销实践已经"过时"，4Ps 理论越来越受到挑战。到 80 年代，美国劳特朋针对 4Ps 存在的问题提出了 4Ps 营销理论。

2. 4Cs 营销组合

4Cs 营销组合的四个基本要素即消费者（customer）、成本（cost）、便利（convenience）和沟通（communication）。它以消费者需求为导向，强调企业应该把追求顾客满意放在第一位，首先要了解、研究、分析消费者的需求，而不是先考虑企业能生产什么产品。其次是考虑消费者所愿意支付的成本。要了解消费者满足需求愿意付出多少钱（成本），而不是先给产品定价。然后要充分注意到顾客购买过程中的便利性，而不是从企业的角度来决定期售渠道策略。最后还应以消费者为中心实施有效的营销沟通。通过互动、沟通等方式，将企业内外营销不断进行整合，把顾客和企业双方的利益无形地整合在一起。

4Cs 营销组合的内容如下。

消费者（customer）：主要指顾客的需求。企业必须首先了解和研究顾客，根据顾客的需求来提供产品。同时，企业提供的不仅仅是产品和服务，更重要的是由此产生的客户价值（customer value）。

成本（cost）：不单是企业的生产成本，或者说 4Ps 中的 Price（价格），它还包括顾客的购买成本，同时也意味着产品定价的理想情况，应该是既低于顾客的心理价格，亦能够让企业有所盈利。此外，顾客购买成本不仅包括其货币支出，还包括其为此耗费的时间、体力和精力，以及购买风险。

便利（convenience）：为顾客提供最大约购物和使用便利。4Cs 营销理论强调企业在制定分销策略时，要更多地考虑顾客的方便，而不是企业自己方便；要通过好的售前、售中和售后服务来让顾客在购物的同时，也享受到了便利。便利是客户价值不可或缺的一部分。

沟通（communication）：被用以取代 4Ps 中对应的 Promotion（促销）。4Cs 营销理论认为，企业应通过同顾客进行积极有效的双向沟通，建立基于共同利益的新型企业—顾客关系。这不再是企业单向的促销和劝导顾客，而是在双方的沟通中找到能同时实现各自目标的途径。

与产品导向的 4Ps 理论相比，4Cs 理论有了很大的进步和发展，它重视顾客导向，以追求顾客满意为目标，这实际上是当今消费存在营销中越来越居主动地位的市场对企业的必然要求。

但从企业的营销实践和市场发展的趋势看，4Cs 依然存在以下不足：一是 4Cs 是顾客导向，而市场经济要求的是竞争导向，中国的企业营销也已经转向了市场竞争导向阶段。顾客导向与市场竞争导向的本质区别是：前者看到的是新的顾客需求；后者不仅看到了需求，还更多地注意到了竞争对手，冷静分析自身在竞争中的优、劣势并采取相应的策略，在竞争中求发展。二是随着 4Cs 理论融入营销策略和行为中，经过一个时期的运作与发展，虽然会推动社会营销的发展和进步，但企业营销又会在新的层次上同一化，不同企业至多是个程度的差距问题，并不能形成营销个性或营销特色，不能形成营销优势，保证企业顾客份额的稳定性、积累性和发展性。三是 4Cs 以顾客需求为导向，但顾客需求有个合理性问题。顾客总是希望质量好、价格低，特别是在价格上要求是无界限的。只看到满足顾客需求的一面，企业必然付出更大的成本，久而久之，会影响企业的发展。所以从长远看，企业经营要遵循双赢的原则，这是 4Cs 需要进一步解决的问题。四是 4Cs 仍然没有体现既赢得客户，又长期地拥有客户的关系营销思想，没有解决满足顾客需求的操作性问题，如提供集成解决方案、快速反应等。五是 4Cs 总体上虽是 4Ps 的转化和发展，但被动适应顾客需求的色彩较浓。根据市场的发展，需要从更高层次以更有效的方式在企业与顾客之间建立起有别于传统的新型的主动性关系，如互动关系、双赢关系、关联关系等。

3.4Rs 营销组合

针对上述问题，在 21 世纪伊始，美国的艾略特·艾登伯格提出 4Rs 营销理论。4Rs 理论以关系营销为核心，重在建立顾客忠诚。它阐述了四个全新的营销组合要素，即关联（relativity）、反应（reaction）、关系（relation）和回报（retribution）。

关联（relativity），即与顾客建立关联。在竞争性市场中，顾客具有功态性。顾客忠诚度是变化的，他们会转移到其他企业。要提高顾客的忠诚度，赢得长期而稳定的市场，重要的营销策略是通过某些有效的方式在业务、需求等方面与顾客建立关联，形成一种互助、互求、互需的关系，把顾客与企业联系在一起，这样就大大减少了顾客流失的可能性。

反应（reaction），即提高市场反应速度。在今天的相互影响的市场中，对经营者来说最现实的问题不在于如何控制、制定和实施计划，而在于如何站在顾客的角度倾听顾客的希望、渴望和需求。并及时答复和迅速做出反应，满足顾客的需求。目的多数公司多倾向于说给顾客听，而不是听顾客说，反应迟钝，这是不利于市场发展的。当代先进企业已从过去推测性商业模式，转向高度回应需求的商业模式。面对迅速变化的市场，要满足顾客的需求，建立关联关系，企业必须建立快速反应机制，提高反应速度和回应力。

关系（relation），即强调与顾客建立长久、稳定的关系。在企业与客户的关系发生了本质性变化的市场环境中，抢占市场的关键已转变为与顾客建立长期而稳固的关系。从而，企业的营销视角相应转变为：不仅强调赢得用户，而且强调长期地拥有顾客；从着眼于短期利益转向重视长期利益；从单一销售转向建立友好合作关系；从以产品性能为核心转向以产品或服务给顾客带来的利益为核心；从实现销售转变为实现对顾客的责任与承诺，以维持顾客再次购买和顾客忠诚。

回报（retribution）是营销的源泉。对企业来说，市场营销的真正价值在于其为企业带来短期或长期的收入和利润的能力。企业应追求市场回报，并将市场回报当作企业进一步发展和保持与市场建立关系的动力与源泉。因此，营销目标必须注重产出，注重企业在营销活动中的回报。

综上所述，4Rs 理论有四大优势：（1）4Rs 营销理论的最大特点是以竞争为导向，在新的层次上概括广营销的新框架。4Rs 根据市场不断成熟和竞争日趋激烈的形势，着眼于企业与顾客互动与双赢，不仅积极地适应顾客的需求，而且主动地创造需求，运用优化和系统的思想去整合营销，通过关联、关系、反应等形式与客户形成独特的关系，把企业与客户联系在一起，形成竞争优势。可以说 4Rs 是新世纪营销理论的创新与发展，必将对营销实践产生积极而重要的影响。（2）4Rs 体现并落实了关系营销的思想。通过关联、关系和反应，提出了如何建立关系、长期拥有客户、保证长期利益的具体的操作方式，这是一个很大的进步。（3）反应机制为互动与双赢、建立关联提供了基础和保证，同时也延伸和升华了便利性。（4）"回报"兼容了成本和双赢两方面的内容。追求回报，企业必然实施低成本战略，充分考虑顾客愿意付出的成本，实现成本的最小化，并在这些基础上获得更多的顾客份额，形成规模效益。这样，企业为顾客提供价值和追求回报相辅相成、相互促进，客观上达到的是一种双赢的效果。当然，4Rs 同任何理论一样，也有其不足和缺陷。如与顾客建立关联、关系，需要实力基础或某些特殊条件，并不是任何企业可以轻易做到的。但不管怎样，4Rs 提供了很好的思路，是经营者和营销人员应该了解和掌握的。

4Ps，4Cs，4Rs 三者不是取代关系而是完善、发展的关系。由于企业层次不同，情况千差万别，市场、企业营销还处于发展之中，4Ps 是营销的一个基础框架，4Cs 也是很有价值的理论和思路，因而，两种理论仍具有适用性和可借鉴性。4Rs 不是取代 4Ps 和 4Cs，而是在 4Ps 和 4Cs 基础上的创新与发展，不可把三者割裂开来甚至对立起来。所以，在了解、学习和掌握体现了新世纪市场营销新发展的 4Rs 理论的同时，根据企业的实际，把三者结合起来指导营销实践，才能取得更好的效果。

三、旅游营销发展趋势

（一）绿色营销

绿色营销的兴起，源自生态环境的不断恶化与消费者环保意识的不断增强。目前，绿色消费浪潮席卷全球，许多国家的消费者都愿意进行绿色消费。20 世纪 90 年代的一项调查显示，75%以上的美国人、67%的荷兰人、80%的德国人在购买商品时考虑环境问题，有 40%的欧洲人购买绿色食品。随着社会对环境的关注与对生态的重视，消费者追求绿色、崇尚自然的消费心态日趋明显，它要求企业着眼于环境保护，将社会的长远利益纳入企业的合销体系，以实现经济与社会的可持续发展。企业开展绿色营销活动，实现产品从生产到消费全过程无污染，不仅会因承担社会责任树立良好的社会形象，而且会取得价格上的竞争优势。

绿色营销是以环境保护为经营指导思想、以绿色文化为价值观念、以消费者的绿色消费为中心和出发点的营销观念、营销方式和营销策略。它要求企业在经营中坚持自身利益、消费者利益和环境利益相结合的原则。绿色营销的基本过程由绿色生产过程、绿色流通过程、绿色消费过程组成。绿色营销在观念上表现为，注重绿色消费者的调查和引导，注重安全、优质、低能耗、少污染的绿色产品的开发和生产，注重定价中的绿色因素，注重在资源价值观中确立绿色营销观念。

旅游业在确立绿色营销观念和绿色营销目标的基础上，在旅游产品的设计、价格、包装、分销、促销和销售服务等各个环节上始终贯彻绿色原则，并科学地予以组合运用。

（1）开发绿色产品。绿色产品的开发包括绿色旅游线路开发和绿色消费。绿色旅游线路开发是旅游业绿色产品的主要方面，首先要考虑保护环境，使之对生态环境以及当地的社区生活不产生或少产生负面影响。绿色消费要求选择绿色交通工具、绿色饭店，以及设计绿色特色的纪念品，充分保证旅游消费不污染环境，节约、集约利用资源。

（2）制定绿色价格。绿色价格是指附加了开发绿色产品的知识、劳动和物质投入而高于传统产品价格的价格。旅游业绿色价格的制定首先要树立"环境有偿使用"的新观念，要合理考虑人们求新、求异、崇尚自然的心理因素。

（3）开展绿色促销。绿色促销的核心是通过充分的信息传递，在谋求绿色旅游产品与消费者绿色需求的协调中来树立旅游业的绿色形象，实现绿色旅游产品市场份额的不断扩展，并巩固提高企业的市场地位。

（4）完善绿色服务。绿色销售服务是贯穿于绿色营销全过程的服务，要坚决维护旅游者的合法权益，要充分考虑废弃物的回收和处理的方便，要努力减少污染和二次污染。

（二）品牌营销

旅游业作为我国国民经济新的增长点、最具活力的新兴产业，其发展主体在国内旅游市场竞争白热化、世界经济一体化的格局下，如何抢占市场先机，获取竞争优势，赢得持续发展，是一个现实而紧迫的课题。

旅游业属于服务业，其产品不可储存性、不可异地消费和不可试用性的特点，以及旅游消费是一种心理感受消费的特性，决定了旅游品牌形象对于旅游业发展的特殊作用及其所处的特殊地位。可以说，旅游品牌管理是旅游业发展的关键，旅游品牌战略是旅游业发展战略的核心，旅游品牌营销是现代旅游营销的灵魂。

品牌的首要功能在于可以方便消费者进行产品选择，缩短消费者的购买决策过程。选择知名的品牌，对于消费者而言无疑是一种省事、可靠又减少风险的方法。在大众旅游时代，可供旅游者选择的旅游产品和目的地是如此之多，根本无法通过比较旅游产品和服务本身作出准确的判断。这时，在旅游者的购买决策过程中就出现了对产品的"感觉风险"（即认为可能产生不良后果的心理风险）的影响。这种"感觉风险"的大小取决于产品的价值高低、产品功能的不确定性以及旅游者自信心等因素。消费者为了回避风险，往往偏爱选择知名品牌的旅游产品，以消除购买风险，坚定购买信心。而品牌在消费者心目中是产品的标志，它代表着产品的品质和特色，又是消费者消费某种产品的体验和感受。同时，它还是企业的代号，每个品牌的背后都有一种产品和服务支撑品牌的形象和理念，意味着企业的经营特长和管理水准。因此，品牌缩短了旅游者的购买决策过程。

强势品牌能使企业享有较高的利润空间。在传统的市场竞争中，当消费者形成鲜明的品牌概念后，价格差异就会显得次要。当给不同品牌赋予特殊的个性时，这种情况就更为明显。曾有调查表明，市场领袖品牌的平均利润率为第二品牌的 4 倍，而在英国更高达 6 倍。强势品牌的高利润空间尤其在市场不景气或削价竞争的条件下表现出了重要的作用。事实上，这种优势不仅仅得益于通常我们认为的规模经济，更重要的是来自消费者对该品牌产品价值的认同。

品牌是企业的无形资产，在知识经济和市场经济时代，它成为企业乃至地区和国家决胜市场的战略工具，是企业竞争力的核心。在新的时代条件下，市场竞争已从有形产品竞争转移为无形品牌竞争，企业的有形资产只有通过无形资产才能发挥几何级效力。正如凯因斯所言，符号经济决定实体经济，拥有市场比拥有工厂更为重要，而拥有市场的唯一途径，正是拥有具备竞争力的品牌。企业通过品牌经营能够实现对某一市场的占有权，并达到一定的市场占有率，包括通过品牌延伸开发新产品，进入新市场，获得顾客忠诚，冲破各地区、各别市场所设置的各种壁垒等，这正是企业发展的战略目标。

品牌可以超越产品的生命周期。由于需求的变更和竞争的推动，除了少数产品，绝大多数产品不会长久地被消费者接受。一般而言，产品都有一个生命周期，会经历从投放市场到被淘汰退出市场的整个过程，包括投入、成长、成熟和衰退四个阶段。但是品牌却不同，它有可能超越生命周期。一个品牌一旦拥有广大的忠诚顾客，其领导地位就可以经久不变，即使其产品已历经改良和替换。以国际知名酒店品牌为例,凯宾斯基酒店集团(Kempinski):于 1897 年在德国创建。现旗下酒店遍布欧洲、中东、非洲、南美和亚洲,在北京、柏林、布达佩斯、伊斯坦布尔、德累斯顿和圣莫里茨等地拥有 45 处以上的私人酒店和特色酒店。洲际国际酒店集团:创建于 1946 年的英国,前身为巴斯酒店集团(Eass Hotel&Resorts)。旗下有洲际、皇冠(Crowne Plaza)、假日(Holiday Inn)、快捷假日(Express)以及 Staybridge Suites 等。万豪国际酒店集团:创建于 1927 年,总部位于美国华盛顿。旗下拥有万豪、JW 万豪、万丽(Renaissance,1997 年收购)及其属下的新世界(New world)、万怡、丽兹·卡尔顿(Ritz Carlton,1995 年收购)、经济型的 Fairfield Inn、万豪套房酒店(Marriott Suites)、Residence Inn、Towne Place Suite、Spring Hill Suites、华美达国际(Ramada International),以及分时度假式酒店。雅高集团:成立于 1967 年,总部设在巴黎,是欧洲最大的酒店集团。雅高在世界范围内约有 4000 家饭店,从经济型到豪华饭店,雅高提供了全系列不同档次的饭店服务,满足了不同需求层次顾客的需要。

由此可知,品牌的概念比产品本身要广泛很多。它可以随着市场变换加以调整,只要能跟得上市场变化和消费进步,通过改进或创新产品以及保持品牌个性始终如一,可使品牌长期延续下去。

(三)体验营销

体验营销是 1998 年美国战略地平线(LLP)公司的两位创始人 B-josephpine Ⅱ和 James Hgilmore 提出的。他们对体验营销的定义是:"从消费者的感官、情感、思考、行动、关联五个方面重新定义、设计营销理念。"他们认为,消费者消费时是理性和感性兼具的,消费者在消费前、消费中和消费后的体验是研究消费者行为与企业品牌经营的关键。

伴随着物质文明的进步,人们的生活水平和消费需求也在不断升级。在农业社会,人们追求的是温饱的基本满足;在工业社会,生活水准由物质产品数量来衡量;在后工业社会,人们更加关心生活的质量,关心自己在心理上和精神上获得的满足程度。而体验可以说正是代表这种满足程度的经济提供物。可见，人们的消费需求从实用层次转向体验层次是社会发展的结果。同时，激烈的市场竞争使技术传播速度加快，行业内提供的商品和服务越来越趋同。正是因为商品和服务的趋向抹杀了商品和服务给人们带来的个性化、独特性的感受和体验，体验才显得如此珍贵。

体验经济摒弃了传统的价格竞争模式和规模经济的竞争模式，从生活与情境出发，塑造感官体验及思维认同，以此抓住消费者的注意力，改变消费行为，并为产品找到新的生存价值与空间。消费者犹如形形色色的演员，沉醉于企业设计好的情感体验"舞台"之上，玩转着各种"道具"，获得物质与精神上的满足，进而心甘情愿地为如此美妙的心理感受支付一定的费用。

旅游从本质上讲就是人们离开惯常环境到其他地方去寻求某种体验的一种活动，它是一种天然的体验活动。游客投入时间和金钱参与旅游活动，追求的不是物质结果，而是一种探索、一种感受、一种挑战，还有一种在心理上的彻底放松，当然还有舒服地享受休闲时光。去农家院，是以农业旅游的形式体验田园生活；去参观大学或参观工厂，除了看美丽风光，更是为了感受学府气息，或体验宏大与创造……在丽江，游客们流连于那里清新的空气、宁静的小城，以及环绕古城的一弯流水时，更是对纳西族的宗教、文字、语言和音乐情有独钟。他们渴望融入异乡生活，体验其中的玄妙。

为了迎合旅游者对体验的需求，旅游业开展有效的体验营销就势在必行。目前，我国旅游企业虽已经意识到体验营销的重要性，开始了对体验营销活动的设计规划与实施的探索，但普遍缺乏对旅游体验营销的深层思考和实践经验。首先，旅游体验的主题不明确，导致旅游体验产品雷同；其次，未能充分地整合多种感官刺激，建立起与游客的接触，不利于引导游客的体验；另外，缺乏对游客体验的反馈，不了解游客的真实体验；最后，创造游客体验的员工观念落后，严重地影响了游客的体验。我国的旅游企业必须要从战略的高度来认识体验营销的本质和意义，要顺应时代潮流，抓住契机，结合体验营销的模式，切实开展体验营销，为企业同时也为旅游者创造新的价值，实现双赢。

（四）网络营销

现代社会已步入信息经济时代，随着信息技术和互联网的发展，人们获取信息的方式已发生重大转变，越来越多的人倾向于通过网络查找信息，并进行网上交易，为旅游目的地网络营销提供了市场基础。在散客旅游和个性化旅游的大趋势下，旅游者对信息服务的依赖程度越来越高，使网络营销成为 21 世纪最重要的旅游目的地营销方式之一。

互联网的普及和信息技术的发展正在深刻地改变人们的生活方式和消费观念，也改变了旅游企业传统的经营理念和营销模式。旅游网络营销是现代营销理念与互联网技术相结合的绿色营销方式，是企业整体营销战略的重要组成部分，也是旅游电子商务的主要模式。它是指旅游企业以电子信息技术为基础、以计算机网络为媒介而进行的各种营销活动的总称。建立旅游网络营销体系必将成为信息经济时代旅游市场营销模式的主流。

旅游网络营销与传统营销进行有效整合，可提升用户消费体验。旅游网络营销与传统营销的整合，是指利用整合营销策略实现以消费者为中心的统一传播、双向沟通。旅游企业要制定吸引消费者上网并促使他们多次访问和长时间浏览企业网站的营销策略，将传统的市场调研方式和网络调研方式相结合，修正调研结果，提供更多人性化的增值服务，提升用户消费体验，建立快速的反应机制，健全传统的物流管理系统，并利用传统营销中的社会关系多渠道地开展公共关系营销，提高旅游企业的经济与社会效益。

通过加强客户关系管理，建立个性化的存户资料库，旅游网络营销能更好地满足顾客个性化需求。客户关系管理（customer relationship management）是一个详细管理企业与客户之间关系的系统，其目的是实现客户价值最大化。通过建立全面个性化的客户资料库，强化跟踪服务与信息分析能力，建立旅游企业与客户间的"一对一"关系，提高客户满意度。游客的重游率是维持旅游企业长盛不衰的主要因素，旅游企业提供的产品以体验消费为主，所以客户关系管理还要与产品创新并重。

通过发挥媒体经营优势，扩大旅游网站品牌影响力。旅游网络营销必须首先吸引客户注意力，将旅游网站作为媒体来经营。一方面，旅游企业可以通过广告、公共关系等手段，将旅游网站推向受众，建立其知名度；另一方面，旅游网站可以不断尝试新的营销方式来增强品牌影响力。如采用广告投放和线下活动营销相结合、为 VIP 会员提供增值服务、推出"网上旅游课堂"等方式，将旅游的时尚性、娱乐性和知识性融为一体。

为旅游企业开辟综合化的旅游经营模式，开拓网络营销合作关系。随着旅游网站"酒店+机票"收入模式的增长率逐年递减，许多旅游网络企业不断开辟出一种综合化旅游经营模式。根据各自的资源与优势，同时经营会展策划、汽车出租以及消费折扣等业务。此外，旅游企业应开拓多渠道的网络营销合作关系，如将本网站与地区性政府旅游网站（如旅游局网站）链接，此类网站的信息比较权威；与知名门户网站（如新浪、搜狐）建立链接，此类网站侧重于向潜在旅游消费者宣传企业品牌；与商业旅游网（如携程旅游网、e 龙旅游网）建立链接，此类网站侧重于提供具体旅游信息。只有提供综合化的旅游产业服务，旅游企业才能满足用户的个性化需求，进一步拓展网络旅游市场的盈利空间。

与传统营销相比，旅游目的地网络营销因具有扩大营销范围，增强营销效果，降低营销成本，更好地满足顾客个性化需求，与顾客进行双向沟通，实现全程营销等优越性，而在国内外广泛应用，并取得很好的营销效果，促进了目的地旅游业的快速发展。

第三节 旅游产品的开发

在旅游市场上，旅游者购买的商品是旅游产品。在旅游营销组合中，旅游产品是不可缺少的内容。旅游目的地旅游产品开发设计是否具有新意和吸引力，决定着目的地旅游业的兴衰成败。

一、对旅游产品含义

（一）对旅游产品定义的回顾与评价

至今，学术界对旅游产品没有一个统一认可的定义，这里列举几个有代表性的旅游产品定义。

"旅游产品是旅游经营者所生产的，准备销售给旅游者消费的物质产品和服务产品的总和。旅游产品分解成三个部分：（1）旅游吸引物；（2）交通；（3）接待。其中旅游吸引物的地位和作用是首要的，因为它是引发旅游需求的凭借和实现旅游目的的对象。"（肖辉，1991）

"旅游产品是提供给旅游者消费的各种要素的组合，其典型和传统的市场形象表现为旅游线路。"（魏小安、冯宗苏，1991）

"从旅游目的地的角度出发，旅游产品是指旅游经营者凭借着旅游吸引物、交通和旅游设施，向旅游者提供的用以满足其旅游活动需求的全部服务。旅游产品是个整体概念，它是内多种成分组合而成的混合体．是以服务形式表现的无形产品。具体地讲，一条旅游线路就是一个单位的旅游产品。""从旅游需求一方看来，旅游产品乃是旅游者为了获得物质和精神上的满足，通过一定的货币、时间和精力所获得的一个旅游经历。就旅游供给一方而言，旅游产品是指旅游经营者为了满足旅游者在旅游活动中的各种需要，凭借着各种族游设备、设施和环境条件向旅游市场提供的全部服务要素之总和……旅游产品是一个总体概念，它不是为了某个目的而提供的服务，而是指为了现一次旅游活动所需要的各种服务的组合。"（陶汉军、林南枝，1994）

"所谓旅游商品，是指旅游者在旅游活动中购买的，他所需要的产品和服务的总和……是旅游者衣食、住、行、游、购、娱等旅游活动过程中所需要的产品和服务的总和。因此，旅游商品是相对一次旅游活动而言的综合性概念。"（罗明义，1994）

尽管这些定义在旅游产品应包含的要素、各要素的地位及具体的内容表述等方面有所不同。但仔细分析，上述定义仍有以下共同点：（1）旅游产品是食、住、行、游、购、娱等方面的实物产品和服务；（2）旅游产品是多种要素的"总和""组合""混合"；（3）或直接或隐含地指出，旅游产品是由旅游经营者所生产并提供给旅游者的。

这些定义较为清楚地表达了旅游产品的特点，但是，存在的问题也是突出的。例如，随着旅游业的发展，旅游业与其他产业的融合趋势十分明显，旅游者越来越多地享受了非旅游经营者提供的实物产品和服务。将旅游产品的范畴限定于"食、住、行、游、购、娱"已显现出了很大的局限性，不利于旅游业的发展。旅游产品既然是一种"总和"、"组合"、"混合"，那么，这一产品应该具有一定的层次性，在定义旅游产品时就应该体现这一特点，以便我们对那些更深入、更广阔的问题、现象进行研究，更好地把握旅游业发展的规律。因此，有必要对旅游产品进行更完善的定义。

（二）旅游产品定义

秦宇认为有必要区分旅游产品的"概念性定义"与"技术性定义"。其中，概念性定义是对经验现象的本质规定，技术性定义作为一种认识工具则适用于对某一经验现象的专门研究。按照这一思路，秦宇认为旅游产品从本质上讲是旅游者支付一定的金钱、时间和精力所获得的一种特殊经历和体验。与之相对应，从目的地角度看，旅游产品是目的地满足旅游者对一种经历的需求的提供物，包括提供给旅游者用于满足旅游活动过程中的精神、文化、生活需求的物质实体和非物质形态的服务。在技术层次上，为适应不同层面旅游产品分析的需要可将旅游产品区分为以下五个逐次上升的层次：第一是核心产品，对应于六大旅游要素中"游"和"娱"部分，具体指旅游景点、景观等游览项目，在空间形态上与小尺度旅游地概念相当；第二是企业／行业产品，对应于旅游产业中同一类型或同一行业内的企业向旅游者提供的相应物品与服务；第三是产业产品，对应于整个旅游产业协同提供的复合性产品，具体表现为线路产品及不同的产品组合（如度假旅游、观光旅游等）；第四是综合旅游产品，即"大旅游"视野下的旅游产品概念，是行业产品与社会相关行业提供的物品与服务的复合体；第五是总体旅游产品，即大尺度旅游地，如城市、地区、国家等。

按照这一思路，概念性定义可以作为普适性定义应用于旅游学任一子学科。在概念性定义基础上，旅游学各学科可以根据自己对旅游产品的认识角度，构建本学科关于旅游产品的技术性定义。因此，这一方法不仅确立了旅游产品概念在旅游学中的基本定义，而且，其分层的技术性定义又充分考虑了旅游产品在内容要素或项目构成方面所具有的广泛包容性和延伸性特征，从而使不同层次的旅游产品定义相互联结，形成一个清晰的谱系。

二、旅游产品的特征

旅游产品的特征可以归纳为以下几个方面。

（1）效用上的心理满足性。旅游产品能被旅游者购买，是因为它有效用，有使用价值。旅游产品的功能就是满足人们旅游需要。旅游者置身于大自然中所产生的感受和体验，是观看风光片所不能产生的，在特定的文化自然条件下，人们的心态不同，产生的情感不同，满足的程度也不同。正是这种差异促使人们离家远游。

（2）空间上的限定性。由于旅游资源的地域性以及不可转移性的特点，决定了不论是以何种方式生产的旅游产品都离不开一定的空间条件，这也是判断是否是旅游产品的最基本标准。正是由于这一特点，才使旅游与其他休闲活动有了根本的不同。正因为局限在特定的空间内，而且往往远离旅游者的居住地，旅游企业就不可能像其他企业那样将旅游产品通过运输手段进行异地销售。在空间的阻隔下，旅游产品吸引力的强弱就成为旅游企业经营成败的关键。

（3）生产的一次性。旅游产品的生产是旅游经营者一次性开发和创造出来的，尽管经营者会不断开发新的旅游项目或对现有资源进行深度挖掘和不断完善以延长旅游产品的生命周期，但是对基础设施、旅游设施和旅游配套设施的投资和建设在初始阶段已完成，这也是旅游产品能被出售的前提条件。

（4）价值的递减性。旅游产品是有生命周期的。旅游产品的价值体现为时间的递减函数，随着时间的流逝，当旅游市场消费偏好发生变化，产品开发的内外环境条件发生改变，旅游产品如果没有实现对应时点上的交换价值，那么，该旅游产品的价值已经自然损耗，所付出的人、财、物资源就成为一种浪费，损失的价值永远也得不到补偿。

（5）消费的参与性。由于旅游产品的消费涉及文化、审美等多方面的知识，迫使旅游企业必须引导顾客，使他们获得最佳的旅游体验。事实上，旅游企业在引导游客参与旅游产品消费时，自身也参与其中。而且，参与消费的程度越深，就越能满足旅游者的旅游需求。所以，旅游企业员工与顾客的互动行为严重地影响着旅游产品的质量。同时，旅游产品的质量评价因人、因时、因地而异，为了确保旅游产品达到每一个旅游者所期望的质量水平，旅游企业员工的服务技巧、服务水平就起着关键性的作用。

（6）所有权的不可转让性。旅游企业在出售旅游产品时，仅仅是转让旅游产品的使用权，而不是像销售一般消费品那样同时转让了所有权。旅游者在购买这种使用权后不能将旅游产品带走，而且要承诺在使用期间保持旅游产品物质和非物质构成的完好无损。旅游者所购买的仅是有限时间内旅游产品的使用权。

（7）消费的时间性和不具排他性。旅游者购买的仅是特定时间内旅游产品的使用权，决定了旅游产品只能在特定时间段内被使用，并非任由购买者随心所欲。另一方面，旅游者消费旅游产品时可能是独享或是共享。某个旅游者在游玩过程中可能是和许多人一起游玩，消费的对象是共同的，消费者处于同一空间、时间环境中，这是其他产品不具有的特性。

三、旅游产品的分类

按照不同的标准，旅游产品有多种分类方法，下面主要介绍常用的两种。

（一）按旅游产品特点分类

（1）观光旅游。观光旅游是旅游的一项最基本的活动内容，如观赏异国异地的风景名胜、人文古迹、城市美景及其风土人情等。旅游者通过观光游览可达到改变常居环境、开阔眼界、增长见识、陶冶性情、愉悦心情、鉴赏大自然造化之美、享受现代化城市生活的情趣以及满足异地购物等多方面的需求和目的。这种基本的旅游方式，在今后一定时期内仍将继续占据重要地位。

（2）度假旅游。度假旅游是利用假日外出，以度假和休闲为主要目的和内容的，进行令精神和身体放松的康体休闲方式（J．D.Strapp，1988）。早期欧美发达国家的度假旅游是先开发海滨和温泉旅游度假活动（R.C.Mill＆A.Morrison，1985），往往带有保健和治疗的目的，最后才发展成为社会交友、康体休闲和游憩的地方（刘家明，1999）。由此可知，度假旅游即是以度假为主要目的，具有明确目的地的旅游活动。

（3）商务旅游。世界旅游组织将商务旅游定义为：出于商业的目的，人们到达并在非居住地停留的活动。早期的研究认为："商务旅游又叫商业旅游，是以经商为目的，把商业经营与旅行、游览结合起来的一种旅游形式。"商务旅游是以商务为主要目的，区别于一般性的观光旅游和度假旅游。

（4）文化旅游。文化旅游是指旅游者主要以消费文化旅游产品，体验与享受旅游活动中的文化内涵，从而获得身心愉悦的一种旅游活动。

（5）生态旅游。"生态旅游"一词是由世界自然保护联盟（IUCN）生态旅游特别顾问 H.C.Lascurain 于 1983 年首先提出，它的含义不仅是指所有观览自然景物的旅行，而且强调被观览的景物不应受到损失。

世界银行环境部和生态旅游学会给生态旅游下的定义是："有目的地前往自然地区去了解环境的文化和自然历史，它不会破坏自然，而且它会使当地社区从保护自然资源中得到经济收益。"

（6）会议旅游。由跨国界或跨地域的人员参加的，以组织、参加会议为主要目的，并提供参观游览服务的一种旅游活动。其标准化程度低，现场服务要求高，不适于规模化生产。

（7）奖励旅游。由企业或社会团体提供费用，以奖励为目的的一种旅游活动。其旅游内容和实质同观光旅游或度假旅游。

（8）专项旅游。为社会、经济、文化、科研、修学、宗教、保健等某一专门目的而进行的旅游活动。其市场狭小，标准化程度低，不适于规模化生产。

（9）特种旅游。由旅游行政主管部门和相关主管部门专门批准，并进行总体协调的具有竞技性和强烈个人体验的旅游活动，一般需要提前申报计划。如探险、打猎、潜水、登山、汽车拉力赛及洲际、跨国汽车旅行等。其市场狭小，标准化程度最低，现场服务保障要求最高，不适于规模化生产。

（二）按旅游产品的销售方式分类

（1）团体包价旅游。包含两层含义：其一是团体，即参团的旅游者由10人以上组成；其二是包价，即参加旅游团的旅游者采取一次性预付旅费的方式将各种相关旅游服务全部委托一家旅行社办理。按照中国相关旅游管理法规规定，该类团队旅行社必须提供一个专业全程陪同导游。包价旅游的优点是：优惠的价格；预知的旅游费用；团友常常彼此熟知；旅行社提供全部旅游安排和服务，且有组团社导游全程陪同，使旅游者有很强的安全感。包价旅游的缺点是：必须放弃个性适应团队的共性；在旅行社选择上存在风险，因为旅游商品购买后，退货非常麻烦，如果不幸选择一家劣质旅行社，整个旅程将无乐趣可言。

（2）散客包价旅游。包含两层含义：其一是散客，这里的散客并非我们通常所说的零散旅游者，而是指10人以下的旅游团体，它是与团体包价旅游相对应的一个概念；其二是包价，这里的包价同样是指参加旅游团的旅游者采取一次性预付旅费的方式将各种相关旅游服务全部委托一家旅行社办理。散客旅游又称"个别旅游"，包括其旅游日程、线路等由旅游者自己选定，然后再由旅行社作某些安排，如交通、住宿等。其优点是灵活、自由、可选择性强。

（3）自助旅游。人们通常用按是否需要通过旅行社等旅游代理机构来划分团队游客与散客，但随着旅游服务机构业态的发展以及旅游中介服务项目不断丰富，人们自行安排旅游的方式发生了很大变化，在散客市场中有一个群体表现出明显有别于一般散客的共同的特征，人们将这一群体的旅游行为称为自助旅游。自助旅游是一种时尚的旅游方式，它完全自主选择和安排旅游活动，没有全程导游陪同。

从以上界定可以看出，自助旅游与散客旅游这两个概念，既有重叠，又有明显区别。从旅行的组织方式上看，两者都是自行设计旅游线路、自行安排相应的旅游活动，但自助旅游并不排除通过包括旅行社在内的中介机构进行预订（尤其是交通及住宿设施）。仅从旅游目的上看，一般散客的旅游目的涵盖广泛，而自助旅游更侧重纯旅游或消遣性的目的，不包括公务、商务和会议旅游以及由接待单位负责安排的旅游活动，但在出差目的地或途中自行安排的休闲消遣型旅游活动也应视为自助旅游。

四、旅游产品的开发

（一）含义

旅游产品开发是根据目标市场需求，对旅游资源、旅游设施和旅游服务等进行规划设计、开发和组合。它主要包括两个方面：一是对旅游目的地的规划和开发；二是对旅游线路的设计和组合。

（二）旅游产品的开发原则

如何使旅游产品的开发取得较好的经济效益、社会效益和环境效益，一般以最有效地利用旅游资源、最大限度地满足市场需要和最有利于发挥竞争优势为标准。因此，必须遵守下列原则。

1.独特性原则

旅游产品的开发应突出产品个性，充分揭示和发展其本身的特色，把各项构成因素有机地结合起来，形成一个主题，以此来树立旅游产品的形象。

有个性有特色，就容易在旅游者或潜在旅游者心目中产生强烈的意向和吸引力，也就有了竞争力。

2.市场性原则

旅游产品开发应以旅游市场的需求变化为导向，以最大限度满足旅游者的需求为原则。由于旅游者的旅游动机和需求会发生变化，旅游产品在市场竞争中存在过时的风险，因而旅游产品的开发应注重旅游市场的调查和预测，随着市场的变化而选择开发重点，减少开发的盲目性。

3.效益性原则

旅游产品的开发应注意提高它对旅游者的价值和吸引力，要以较少的投资和较短的建设周期产生较大的经济效益和社会效益。同时，要注意开发与保护的有机结合，注意旅游产品开发对生态环境的影响程度，并必须认真进行科学研究，制定保护方案和措施，保持产品开发深度与广度的有机协调。

4.综合性原则

旅游产品的构成要素较多，要通过综合性开发提高旅游产品的吸引力和品质，提高在旅游市场竞争中的知名度，同时还要做好相关设施的配套和供应服务。

（三）旅游产品创新的方法

1.主题创新

对于一个完整的旅游产品来说，无论是自然的还是人文的，都必须有一个恰当的主题贯穿其中，主题的形成可以是自然的也可以是人为塑造的。旅游产品主题开发的主要方向有传统文化、地域风情、动植物观赏、文化遗产等等。主题的选择可以多种多样，教育展览、历史陈列、水上公园、花卉展览和生活娱乐等都是比较受欢迎的主题。

2.结构创新

产品结构创新主要是对现有的旅游产品的补充及选择性旅游产品的开发，对原有产品的组合状况进行整合，完善产品的结构。随着人们生活水平的提高，人们对旅游产品的要求逐渐多样化、个性化，单一的观光旅游产品无法满足消费者的需要。

3.功能创新

旅游产品不能仅仅为游客提供某种"观感"，而应该更多地让游客参与其中，适时适度地增加娱乐活动，提高产品的活力。节庆活动是提高游客参与性的一种重要方式，通过围绕某一主题，展示景区自然、人文、文化风情等旅游景观，使旅游者在旅游过程中受到充分的感染。

（四）旅游产品的设计

1.主题的提炼与设计

主题的设计首先要富于地域特色，体现当地的文脉。主题的提炼主要有两类，即自然和社会文化类。

2.活动的策划与体验过程的设计

活动内容的设计是依据某一主题，以动态的、多样化的方式展示其丰富内涵，变游客被动接受为主动体验的过程。成功的活动策划可以大大激发游客兴奋点，使游客在生动和富有趣味的故事场景中感同身受。

3.情景的设计与体验氛围的营造

旅游情景规划和体验设计的总体理念，是一切从旅游者的角度出发，研究旅游者所接触的情景，研究旅游者的需求，设计旅游者的体验，这也是情景规划和体验设计实际操作的核心。如果违背了这个总体理念，只从经营者自己的概念出发，就会天马行空地蹦出许多并不关注游客、但自己感觉很好、而市场反应必然平平的项目来。

（五）旅游产品的辅助设计

1.大环境建设

大环境是指旅游景区（点）周围的自然面貌和人文环境，在旅游体验时代，这些自然面貌和人文环境已经成为旅游产品价值的一部分。我国目前大部分地方都只注重旅游景区（点）本身的建设，忽视景区（点）周围大环境的改造，旅游景区（点）就像一个个旅游孤岛一样，游客从一个孤岛到另一个孤岛沿途看到了许多大煞风景的东西，难以获得良好的旅游体验。农业旅游要更加注意乡土性的建设，保持农村淳朴、自然的大环境。

2.纪念品的开发

纪念品是旅游产品价值链的一部分，是旅游产品的外延，是在旅游体验时代产品构成不可或缺的一部分。旅游纪念品有助于激起游客对曾经的旅游活动的美好回忆。